广 视 角 · 全 方 位 · 多 品 种

财经蓝皮书

BLUE BOOK
OF FINANCE AND ECONOMY

中国服务业发展报告No.8

服务业：城市腾飞的新引擎

Service Industry: The New Engine Powering
Urban Development

ANNUAL REPORT
ON CHINA'S SERVICE INDUSTRY No.8

中国社会科学院财政与贸易经济研究所
主　编／裴长洪
副主编／夏杰长

社会科学文献出版社
SOCIAL SCIENCES ACADEMIC PRESS (CHINA)

法 律 声 明

"皮书系列"（含蓝皮书、绿皮书、黄皮书）为社会科学文献出版社按年份出版的品牌图书。社会科学文献出版社拥有该系列图书的专有出版权和网络传播权，其LOGO（ ）与"经济蓝皮书"、"社会蓝皮书"等皮书名称已在中华人民共和国工商行政管理总局商标局登记注册，社会科学文献出版社合法拥有其商标专用权，任何复制、模仿或以其他方式侵害（ ）和"经济蓝皮书"、"社会蓝皮书"等皮书名称商标专有权及其外观设计的行为均属于侵权行为，社会科学文献出版社将采取法律手段追究其法律责任，维护合法权益。

欢迎社会各界人士对侵犯社会科学文献出版社上述权利的违法行为进行举报。电话：010-59367121。

社会科学文献出版社

法律顾问：北京市大成律师事务所

中文摘要

城市扩张是现代经济增长的重要特征，而城市是服务业最重要的投入和产出基地。城市与服务业发展之间的良性互动是全球经济的重要趋势。服务业并不单纯是城市产业的一部分，且在拓展城市空间、提升城市功能、促进城市经济发展、提高城市竞争力等方面发挥着重要作用，是城市转型和成长的重要引擎。后工业经济时代，城市转型的主要特征就是形成以服务经济为主的产业结构，进而促进城市功能及其发展模式的重大变化。

城市的转型一般分为三类：工业型城市转型、区域性中心城市转型、资源枯竭型城市转型，其转型的核心目的分别是提升制造业自主创新能力、与周边地区之间形成深入的产业分工与合作、寻找接替产业。为了顺利推进城市转型，工业城市宜优先发展那些能够体现先进制造业与现代服务业融合发展的生产性服务行业，以降低社会交易成本和提高资源配置效率；区域性中心城市则要形成以服务业为主的产业结构，完善服务功能体系，提高服务业的经济实力、影响力和辐射力；资源型城市关键是解决接续或者替代产业问题，实践表明，退出传统的资源性产业，进入生态旅游、信息服务等服务业是一条行之有效的途径。

以现代服务业推进城市转型与成长，信息化是极为重要的手段之一。我国的信息化和城市化进程紧密结合在一起。城市能级是经济增长和社会发展状况在城市范畴内的具体化，信息化与城市能级提升是过程与结果、手段与目标的关系，有效利用信息化发展成果是城市能级提升的关键，也是城市服务业集聚发展的重要支撑。经济全球化和信息技术的发展，使得服务业集聚已成为国际大都市产业发展的主要趋势和重塑城市内部空间的主导力量。我国城市服务业呈现较明显的集聚发展趋势，集聚效应开始显现，对推动城市经济发展，提升城市的影响力和控制力等具有重要作用。

Abstract

Urban sprawl is an important character of modern economic development, and cities are the most significant input-output base of service industry. The benign interaction between cities and service industry is the main trend of global economy. Service industry is not only a part of urban economy, but also acts as an important engine leading the growth and transition of cities by expanding urban spaces, exalting urban functions, improving urban economic development and urban competitiveness. In post-industrial era, the major character of urban transition is to form an industrial structure in which the service sector accounts for a major part, then promoting the great change of urban function and the patterns of development.

The transition of cities is generally classified into three categories: the transition of manufacturing cities, regional center cities and resource exhausting cities. The essential aims of the transition are to improve the innovative ability of manufacturing industries, to form an in-depth industrial division and cooperation between center cities and surrounding areas, and to find new substitute industries. In order to realize the transition smoothly, manufacturing cities should firstly develop those producer services which reflect the integration between advanced manufacturing industries and the modern service industries so as to lower the social transaction cost and improve resource allocation efficiency; regional center cities should form a new service-based industrial structure, to improve their service function system and to enhance the economic capability and influence; the essential issue of resource exhausting cities is to solve the problem of developing substitute industries, and as experience proved, exiting traditional resource-based industry and entering into the new service industries such as ecological tourism and information service could be an effective option.

Urban transition and growth can be achieved by developing modern service industries in which information technology can play an essential part. The informationization and the urbanization in China are closely united. Urban energy scale is the materialization of economic growth and the status of social development in the range of cities, the relationship between informationization and urban energy scale is the relationship between process and result, and between measures and aims. The effective application of the outcomes of informationization is the key to exalt the urban energy scale and to support the urban service agglomeration. Economic globalization and the development of information technology have made the service clustering into the main trend of the international metropolis and the leading force in reshaping the urban spatial structures. Meanwhile, the service industry in China has shown the distinct trend of agglomeration and started to appear the clustering effect, which have a significant effect in promoting the development of urban economics, and exalting the influence and control ability of cities.

目 录

总 报 告

服务业发展与中国城市转型 …………………………… 夏杰长　顾乃华 / 001

专 题 篇

城市与服务业互动发展：趋势与对策 ………………………… 李勇坚 / 030

城市转型与服务业发展：国际经验与启示 ………………… 张颖熙 / 052

信息化与城市能级提升 ………………………… 冯永晟　荆林波 / 074

城市规模、劳动就业与发展现代服务业 ……………………… 田　侃 / 095

服务业集聚发展：重塑城市空间形态的主导力量 …………… 刘　奕 / 114

服务业开放与城市新一轮增长 ………………………… 姚战琪 / 138

服务外包：城市增长的新引擎 ………………………… 霍景东 / 158

案 例 篇

软件与信息服务业：支撑北京经济增长的重要力量

　　…………………… 夏杰长　霍景东　刘　奕 / 178

上海建设全球性国际贸易中心的战略构想 ………………… 裴长洪 / 200

国际贸易中心：上海的目标与对策 ……………………… 李清娟　宋浩亮 / 221

承接服务外包：助推广州经济增长 ……………………………… 吴　竑 / 240

文化创意产业：提升杭州品质与竞争力的"推手"

　　……………………………………… 郑吉昌　夏　晴　郭立伟 / 264

服务业发展与西部区域中心城市转型：以兰州为例 …… 姚战琪　张丽丽 / 279

发展生产性服务业与促进资源型城市转型：以东营为例 ………… 课题组 / 298

皮书数据库阅读**使用指南**

CONTENTS

General Report

Service Industry Development between Urban Transition in China

Xia Jiechang, Gu Naihua / 001

Subject Reports

The Interactive Development of Cities and Service Industry:

Trends and Countermeasures *Li Yongjian* / 030

Urban Transition and the Development of Service Industry:

International Experiences and Enlightenments *Zhang Yingxi* / 052

Informationization and the Exaltation of Urban Energy Scale

Feng Yongsheng, Jing Linbo / 074

Urban Scale, Employment and the Development of Modern

Service Industry *Tian Kan* /095

Agglomeration of Service Industry: A Major Factor

in Remodeling Spatial Urban Structure *Liu Yi* / 114

The Opening-up of Service Industry and a New Phase

of Urban Development *Yao Zhanqi* / 138

Service Outsourcing: The New Engine Powering Urban

Development   *Huo Jingdong* / 158

Case Studies

Software and Information Service Industries: A Significant factor

    for Beijing's Economic Development   *Xia Jiechang, Huo Jingdong and Liu Yi* / 178

The Strategic Tentative Plan to Build Shanghai into a

    Global Trading Center   *Pei Changhong* / 200

Toward an International Trading Center: Objectives

    and Measures of Shanghai   *Li Qingjuan, Song Haoliang* / 221

Taking in Service Outsourcing to Propel Economic Growth

    of Guangzhou   *Wu Hong* / 240

Creative Industry: a Driving Force in Improving the Quality

    and Competitiveness of Hangzhou City   *Zheng Jichang, Xia Qing and Guo Liwei* / 264

The Development of Service Industry and the Transition of Regional

    Center Cities in Western Areas: A Case Study of Lanzhou

                                 Yao Zhanqi, Zhang Lili / 279

The Development of Manufacturing Service Industries and the

    Transition of Resource-based Cities: a Case Study of Dongying   *Project Team* / 298

服务业发展与中国城市转型

夏杰长　顾乃华*

摘　要: 根据中国不同类型的城市性质,可将它们的转型概括为如下三类:工业型城市转型、区域性中心城市转型、资源枯竭型城市转型,其转型的核心目的分别是提升制造业自主创新能力、与周边地区之间形成深入的产业分工与合作、寻找接替产业。工业城市转型,宜优先发展生产性服务行业,以降低社会交易成本和提高资源配置效率。区域性中心城市转型要形成服务业为主的产业结构,完善服务功能体系,提高服务业的经济实力、影响力和辐射力。资源枯竭型城市转型关键是要解决接续或者替代产业问题,实践表明,退出传统的资源性产业,进入生态旅游、信息服务等服务业是一条行之有效的途径。为了充分发挥服务业发展对城市转型的支撑作用,既要注

---

* 夏杰长,中国社会科学院财政与贸易经济研究所服务经济研究室主任、研究员、博士生导师,主要研究方向为:服务经济理论与政策,财税政策;顾乃华,暨南大学产业经济研究院副教授、中国社会科学院应用经济学博士后,主要研究方向:服务经济与服务管理。

重集聚经济效应（人口密度和经济密度等）、现代制造业对服务业发展的拉动作用，又要从更高的层次、更广的区域范围统筹服务业的发展，消除地方保护主义，降低服务业发展的交易成本。

关键词：服务业发展　城市转型　集聚经济　地方保护

一　引言

与其他产业相比，服务业具有生产和消费同时发生且服务产品不可储存的特点，所以服务业的布局有自身的特有规律。一般认为，城市是服务业的最主要集聚地，城市经济也是服务经济（程大中，2008）。与服务业的出现晚于农业、工业相对应，学者们对服务业发展和布局规律的关注也迟于对农业布局和工业布局的研究。在服务业发展演变规律方面，最著名的莫过于"配第 - 费雪 - 克拉克定理"，该定理揭示：生产结构的演变表现为生产要素不断地由农业转向制造业，再由制造业转移到服务业。在 20 世纪中后期，这一规律先后被库兹涅茨、富克斯、钱纳里等众多经济学家的实证研究所证实。在服务业空间布局方面，德国经济学家 W. Christaller 在 1933 年提出"中心地理论"，核心是阐述服务在城市中的功能地域（空间）网络体系规律，这为服务业的区位分布研究奠定了基础。Christaller 从最小化交通成本的角度出发，认为服务业应尽可能地靠近消费者，中心地的基本功能是作为影响区的服务中心，为其提供中心性商品和服务。由于这些中心性商品和服务依其特性可分成若干档次，因而城市也可按这种划分方式而分成若干等级，各城市之间构成一个有规则的层次关系。尽管 W. Christaller 提出的"中心地理论"产生了不小的影响，也带动一批学者参与到服务业空间布局的研究之中，但正如 Daniels（1985）所认为的那样，与农业和工业相比，服务业的空间分布规律长期且明显地被人们忽视。

自 20 世纪下半叶开始，城市转型及其服务业发展已日益成为全球性的重要问题，尤其是发达国家的主要城市都先后经历了这一转型过程，并引起了学界和政府部门对此问题的极大关注（陶纪明，2009）。转型是世界各大城市共同面临的一个课题，一个城市经过一段时期的发展，就需要经历从产业结构到城市建设、社会文化等多方面的全面转型。只不过转型方向、路径不尽相同：有的城市需要从资源型城市向加工制造型城市转变，有的城市则由制造型向服务型转变，也有的城市可能会直接向文化创意型城市转变。也正是从这个时候起，一些地理学家开始关注服务业空间布局这个领域，由此带动了更多的经济地理学家、经济学家和社会学家进入，也促使此领域理论的不断发展和完善。研究的焦点则主要集中在生产性服务业的空间分布方面，因为很多学者认为生产性服务业的发展以及不同城市之间生产性服务业的相互关联是理解城市系统转型的关键环节。

在城市理论研究领域，服务业发展同样成为热点问题。根据陶纪明（2009）的综述，这阶段的城市理论研究不仅关注城市转型成功进而演变为全球城市的案例及其经验，同时也关注那些在工业革命时期都曾辉煌一时，但转型不太成功、地位有所衰落的城市。Noyelle 和 Stanback（1984）以美国 140 个最大的大都市标准统计区作为研究样本，以就业结构为研究对象，以区位商为指标，把美国大都市转型的结果分为四种主要类型：多元化服务或节点型城市、专业化服务型城市、生产型城市和消费导向型城市。他们发现，尽管城市在转型的过程中表现出多样化特征，但共同呈现的一个规律性的现象是：城市内部的服务业获得了空前的发展，城市的专业化程度在不断地提高；大公司以及非营利组织和公共机构的作用越来越突出，经济活动的区位和工作的性质都发生了深刻的变化；与制造业不断地远离大都市甚至是美国本土的趋势不同，生产性服务业表现出明显的非均衡发展特征，主要集聚在多元化和专业化城市内部。Sheets 等（1987）、Stanback 等（1982）对美国城市体系及其产业定位的研究发现，从 20 世纪 60 年代早期开始，美国大多数大城市都经历了一场深刻的经济转型，这一转型带来了很长时期的经济痛苦、大规模的经济结构调整以及面向城市居民的就业和收入机会的巨大变化。服务业的发展使得大多数城市渡过了持续至 20 世纪 70 年代的经济难关。Stanback 等指出，服务业的发展改造了美国城市经济。

有关城市转型案例还表明，转型方向、路径不同往往会导致截然不同的发展结果。在世界上，伦敦和纽约在 20 世纪 70~80 年代成功完成转型，由制造业城市转型成为服务型城市，目前伦敦正在进行新一轮的向创意型城市的转型，堪称城市转型的典范。芝加哥的转型也非常成功，该城市由过去以汽车制造为主导转变为以专业服务为主导，在 10 多年不断的自我更新过程中，逐渐站到了各个专业服务领域的最前沿，形成了极具特色的多样化经济结构。而与此形成鲜明对比的是，曾占据美国首要制造业城市地位的底特律，由于缺乏创新与转型而陷入一蹶不振的衰退之中。洛杉矶和东京则尚处在转型的阵痛过程中。可见，走错方向的转型对一个城市来说是痛苦的，而且转型时间也可能是漫长的。

在我国，无论是学术研究领域还是在政策层面，均对服务业在城市发展中的作用给予了高度重视。目前人们已经达成普遍共识：服务业发达程度是衡量地区综合竞争力和现代化水平的重要标志。《中共中央关于制定国民经济和社会发展第十一个五年规划的建议》中指出，大城市要把发展服务业放在优先位置，有条件的要逐步形成以服务经济为主的产业结构，并要求继续开放服务市场，有序承接国际现代服务业转移。

由于国情差别，尽管发达国家城市转型的经验对我国有借鉴意义，但显然不能原封不动地照搬，必须加以甄别。同时，城市发展与城市转型显然是既相关但又有区别的概念，城市转型是手段，发展则是目的。由于城市发展阶段、发展模式及发展重点的不同，其转型的方向也会各不相同。与之对应，支撑各类城市转型的服务业发展内容也必然有所区别。目前，我国有655个县级以上城市，其中含4个直辖市、15个副省级城市、268个地级市、368个县级市。试图用一种转型模式去指导这655个城市的发展显然不恰当，同样地，适合这些城市发展的服务业内容肯定也会不一样。现在的问题是，中国城市转型类型应该怎样分类，服务业发展支撑不同类型城市转型的作用机制又是怎样，在我国体制转型阶段城市服务业发展最重要的动力机制是什么？很显然，明晰上述问题，对于促进城市产业升级和功能转型、寻求经济增长的新的动力引擎、保持城市经济社会持续发展和繁荣，都是异常重要的。

二 服务业支撑城市转型机制：基于中国现实的分类研究

赵弘（2009）对城市转型的一般目的以及常规性影响因素作了比较全面的分析。他认为，城市转型的目的是重建符合城市化要求和城市自身发展规律要求的新产业结构和经济发展模式，以保持城市经济的生命力。城市经济转型与城市化进程密不可分，城市化要求城市改变原有的产业结构和城市功能，是导致城市经济转型的直接原因。在城市化过程中，人口、产业、资本等各种资源要素不断流动，在空间分布上不断发生变化，使得城市经济发展呈现明显的空间周期规律。根据发达国家大都市区人口增长的周期变动，学者们提出了城市化进程的空间周期理论，即由向心城市化、城郊化、逆城市化和再城市化四个连续的变质阶段构成大都市的空间生命周期。在城市空间生命周期的不同阶段，城市经济转型面临的课题不同，城市经济发展战略也具有不同的特征（见表1）。向心城市化阶段即通常说的城市化阶段，在这一阶段，资金、技术和人才日益向城市集中，城镇人口迅速增多，中心城区成为城市经济发展的重心；在城市郊区化阶段，城市经济发展重心逐渐向郊区转移，新城区以及各种类型的经济开发区规划和建设成为城市经济发展战略的重要内容，背后的动因可归于特大城市人口激增、市区地价不断上涨、汽车广泛使用、人们追求低密度的独立住宅等；逆城市化阶段指不仅中心市区人口继续外迁，而且郊区人口也向外迁移，整个大都市区出现人口负增长；再城市化阶段指面对经济结构老化、人口减少等问题，城市积极开发市中心衰落区，以吸引年轻的专业人员回城居住，导致中心市区实现人口正增长。

表1　不同阶段城市发展的特征及主要影响因素

城市发展	影响因素	特征
向心城市化	工业化进程加速；城市人口增长	城市中心区的形成和扩展，由外围的落后地区向中心移民
城郊化	技术（自动化、铁路、电话等）与经济发展，规模不经济；工业结构改变，由工业经济向服务经济转变，城郊基础设施建设	城市中心区进一步发展，城市郊区向城市中心的移民速度减慢；城市拥挤，市中心向城郊移民，出现分散化趋势
逆城市化	通信条件改善，工业结构继续变化	内城区衰落，新的城镇出现
再城市化	信息技术迅猛发展，信息网络带动新的信息革命	新的城市体系与格局形成

　　资料来源：利亚姆·班农等主编《信息社会》，上海译文出版社，1991。转引自赵弘《国外典型城市经济转型对我国城市的借鉴》，《中国高新区》2009年第7期。

　　由上可见，理解赵弘所说的城市转型目的以及影响因素，城市化这一概念无疑是核心。但遗憾的是，尽管国际学术界对城市化的研究已有数十年的历史，但由于各个学科对城市化的理解不一，迄今为止仍没有形成关于城市化概念的完整统一的解释。基于人类学、经济学、地理学等学科的视角，可以给出城市化如下四种含义：①是城市对农村影响的传播过程；②是全社会人口接受城市文化的过程；③是人口集中的过程，包括集中点的增加和每个集中点的扩大；④是城市人口占全社会人口比例提高的过程。美国学者 J. Friedmann 将城市化过程区分为城市化 I 和城市化 II。前者包括人口和非农业活动在规模不同的城市环境中的地域集中过程、非城市型景观转化为城市型景观的地域推进过程；后者包括城市文化、城市生活方式和价值观在农村的地域扩散过程。因此，城市化 I 是可见的物化了的或实体性的过程，而城市化 II 则是抽象的、精神上的过程。可见，城市化是一个非常复杂的概念，其在诸多维度与城市转型是同义反复的，因而从城市化入手导出城市转型概念以及分析城市转型的影响因素的思路也是值得商榷的。与以往的研究不同，我们倾向于从城市性质完善和功能演进角度来定义城市转型。

城市的性质至少可以从三个方面来界定：从量或规模的层面上界定，可以分为国际大都市、特大城市、大城市和中小城市；从城市功能层面界定，可以分为综合城市和特色城市（工业城市、旅游城市、文化城市等）；从国际关系与开放的层面上界定，可以分为国际城市和非国际城市（龙绍双，2001）。结合城市性质的外延，在人类经济、政治和文化活动的全球一体化的背景下，可以将城市转型定义如下：城市规模由小变大、城市功能由特色向综合转变、城市开放度日益提高。根据中国不同类型的城市性质，又可以将它们的转型概括为如下三类：工业型城市转型、区域性中心城市转型、资源枯竭型城市转型，它们对应的核心目的分别是提升制造业自主创新能力、与周边地区之间形成深入的产业分工与合作、寻找接替产业。下面将具体分析服务业发展支撑这三类城市转型的具体机制。

（一）服务业发展与工业型城市转型

改革开放 30 多年来，中国经济的快速发展主要依靠的是工业成长的支撑。2007 年，地级及以上城市第二产业实现增加值 79311.6 亿元；第三产业实现增加值 72580.4 亿元，比第二产业低 8.49%。然而，随着经济长期快速增长，制造业发展所累积的一系列问题也日益突出出来，主要包括：制造业发展的粗放型特征，如高能耗、高物耗、高排放和劳动力的密集性使用等所造成的能源、资源、劳工的日趋紧张和环境污染的日益严重；制造业"大而不强"，在国际产品中、高端市场缺乏核心竞争力；由于行业自主研发、设计和创新能力严重不足，造成行业缺乏具有自主知识产权的关键核心技术与国际知名品牌，因而在参与国际分工当中，难以切入国际产业分工体系的高端环节，而仅从事加工组装等中低端环节，或者资源能源消耗比较大、对环境影响比较严重的产品的生产，因此所能创造的增加值和实现的利润都极其微薄；此外，一些真正具有国家战略意义的行业、领域和环节（比如，装备制造业、高新技术产业）的发展也都明显落后，产业结构调整和升级的空间仍然很大；由于过分依赖技术引进和吸引外资，使得经济受外资控制的现象日益严重，在一些地区和行业，甚至出现了本土产业发展受到以跨国公司为主导的外资经济的"横向挤压"和"纵向压榨"现象；由于中国制造业产品总是以低成本竞争优势出现在世界市场上，不仅产品的国际市场形象较差，而且经常引发贸易争端和摩擦，遭遇国外的反倾销调查也时有发生（高传胜，2006）。

上述问题凸显出我国工业城市面临发展转型与升级的紧迫性。制造业转型主要包括如下几方面含义：从长期以来依靠消耗资源等刚性投入扩大生产规模的增长方式向更多依靠创新、知识等柔性资源投入、不断丰富发展内涵和提高产品的附加值转型；提高制造企业的技术创新能力，改变长期以来制造业过多依赖引进技术的贴牌生产发展模式，向增强自主创新能力，形成自主知识产权的自有品牌化生产转型；由原来的"引进来"为主向"引进来"与"走出去"并重转型。上述转变主要是为了顺应服务型制造的趋势。近年来，一些明显的环境和产业的变化使得制造业的服务化成为一种世界范围的新趋势。这些变化主要表现在三个方面：①消费行为的变化。终端顾客由传统的对于产品功能的追求转变为基于产品的更为个性化的消费体验和心理满足的追求。这使得在制造环节更加贴近客户的需求和心理满足，最终表现为对客户服务价值实现的追求。②企业间合作和服务的趋势。由传统的单个核心企业转变为企业间密切的合作联系，企业间通过密切的交互行为，充分配置资源，形成密集而动态的企业服务网络。③企业模式转变。世界典型的大型制造企业纷纷由传统的产品生产商转变为基于产品组合加全生命周期服务的方案解决上。概言之，服务型制造是服务与制造相融合的先进制造模式，能使传统制造产品向"产品服务系统"和"整体解决方案"转变。因此，推动城市制造业转型，必须跳出制造业的圈子，到服务业领域来寻找答案。事实上，正是由于许多城市服务业尤其是生产性服务业发育不足，制约了工业门类中主要产业链的延伸、优化和生产环节的价值增值，而且影响区域内与区域间的产业关联、融合与拓展，这才导致了上述一系列问题的产生。因此，从某种程度上看，工业城市推动制造业转型升级的过程，实质上就是它们补偿性发展生产性服务业，使其作用日益增强的过程。

相对于直接满足最终需求的消费者服务业来说，生产性服务业具有如下三个显著特征：第一，它的无形产出体现为"产业结构的软化"；第二，它的产业是中间服务而非最终服务，体现为被服务企业的最重要的生产成本；第三，它能够把大量的人力资本和知识资本引入到商品和服务的生产过程当中，是现代产业发展中竞争力的基本源泉（刘志彪。2006）。事实上，在现代化大生产中，生产环节越来越被"低端化"、"边缘化"。而与制造环节密切相关的流程管理、供应链管理则越来越受到重视。也就是说，作为现代生产的组织者和生产效率的决定因素，生产性服务业日渐成为现代制造业发展的主导力量。正因为如此，发达国家将制造业生产过程分解成若干个环节，并将非核心的制造环节大量移向要素成本更低廉的发展中国家和地区，国内主要保留着核心化的关键制造环节和现代生产性服务体系。

需要注意的是，在经济发展过程中，生产性服务业的特性和功能并非静止不变，而是经历了一个不断凸显和强化的过程（见表2）。在工业时代，由于生产性服务越来越广泛地被动参与到生产制造的过程中，它的角色逐渐从具有润滑剂效果的管理功能，转变成一种有助于工业生产各阶段更高效运营以及提升产出价值的间接投入。后工业时代，经济发展不仅仅依赖于工业生产，而且仰仗于各个经济部门，生产性服务更全面地参与到经济发展的各个层面而成为新型技术和创新的主要提供者和传播者，具有更多的战略功能和"推进器"效果。

表2　生产服务在先进的生产系统中角色的演变

I（20 世纪 50 ~ 70 年代）管理功能（"润滑"效果）	II（20 世纪 70 ~ 90 年代）促进功能（"生产力"效果）	III（20 世纪 90 年代 ~ ）战略功能（"推进器"效果）
＊财务 ＊总量控制 ＊存货管理 ＊证券交易	＊管理咨询 ＊市场营销咨询 ＊咨询工程（咨询业） ＊商业银行 ＊房地产	＊信息和信息科技 ＊创新和设计 ＊科技合作 ＊全球金融中介 ＊国际性大项目融资服务

资料来源：李江帆、毕斗斗撰《国外生产服务业研究述评》，《外国经济与管理》2004 年第 11 期。

在发展方向方面，工业城市为了顺利推进城市转型，宜优先发展那些能够体现先进制造业与现代服务业融合发展的生产性服务行业，以降低社会交易成本和提高资源配置效率。具体而言包括如下行业。

1. 现代物流业

建立在现代综合交通运输体系和现代通信网络及信息化管理基础上的现代物流业是影响制造业竞争力的重要外部因素，物流成本降低、效率提高会极大地提高制造业的竞争力。工业城市在转型中应注重改变"低、小、散"、"大而全"、"小而全"的传统物流格局，按照"整合一批、剥离一批、引进一批"的思路，扶持、壮大第三方物流企业，积极培育第三方物流服务体系，重点发展集包件、速递、货代业务于一体的专业化物流服务。以信息技术和供应链管理技术为核心，显著提升物流企业的专业化、信息化和社会化水平。引导企业间的物流合作，实施市场化的重组，培育大型物流企业，形成以交通运输设施和公共物流区为依托、龙头企业为核心、中小企业为辅助的现代物流产业群。建设物流信息平台，围绕从生产要素到消费者之间时间和空间上的需求，处理从制造、运输、装卸、包装、仓储、加工、拆并、配送等各个环节中产生的各种信息，使信息能够通过物流信息平台快速准确传递到现代物流供应链上所有相关的企业、物流公司、政府部门及客户或代理公司。

2. 中介服务业

中介服务业主要包括企业管理服务、法律服务、咨询与调查、广告业、职业中介服务等行业，它是符合现代服务业要求的人力资本密集行业。工业城市应注重按照组织网络化、功能社会化、服务产业化、行业规范化的发展方向，初步形成种类齐全、分布广泛、运作规范、基本与国际接轨的中介服务体系框架。重点培育和发展融资担保、信用评价、人才培训、技术信息、法律服务、资产评估、工程监理、环境监测、旅游服务等行业准入要求高、专业技术要求强的知识密集型中介咨询机构。积极吸引国内外知名的会计、法律、咨询、评估等专业服务机构进驻，扩大专业服务合作。加强与高校、研究机构的合作，设立从事研究、开发、设计的中介咨询机构；鼓励和支持现有中介咨询机构打破资质壁垒，通过自身拓展、购并重组、联合经营等方式，向规模化、综合化方向发展，形成知名品牌的大型中介咨询机构。此外，还应深入推进中介组织与政府部门的脱钩改制，全面确立中介服务机构的独立市场主体资格。逐步建立起公开透明、管理规范、全行业统一的中介咨询服务行业市场准入制度，鼓励民营企业在更广的领域参与中介咨询服务业的发展。

3. 金融业

金融是现代经济的核心。在美国和印度，因为有健康而良好的金融服务体系，有力地支持了与制造业相关的技术创新活动，制造业产品的技术含量因此得到不断提高，产品更新换代速度加快。各工业城市应以培育多元化、多功能的金融组织体系为基础，加速金融现代化，提高金融效率；推动金融产品创新和服务创新，满足企业和居民全方位、多层次的金融服务需求；积极创造条件，力争引进一批外资银行以独资、控股、参股等形式落户，引进一批股份制商业银行分支机构及非银行金融机构、形成竞争格局；引导和鼓励国际专业金融服务机构围绕重大建设项目开展金融服务，包括银团贷款服务；积极引导金融机构聚集发展，精心打造功能齐全、运行高效的金融功能区；加强金融部门与企业之间的信息沟通，建立中小企业信用担保体系，引导和支持民间资本设立商业性或互助性信用担保机构，拓宽中小企业的融资渠道；鼓励和吸引国内外知名担保公司设立分支机构，开展担保业务，构建包括工程担保、商业担保、海事担保等在内的专业化信用担保体系。

4. 工业设计业

工业设计业是伴随自主创新而进入企业和政界视野的，起初仅仅被局限于一个研发概念上。事实上，在发达国家，工业设计早已被提升到借以打造差异化竞争优势的战略高度；其外延也不是大多数国人通常所理解的产品外形设计，而是覆盖产品的综合设计、形象设计、展示设计、平面设计、环境设计等众多领域。国际工业设计协会联合会对工业设计的定义如下：就批量生产的产品而言，凭借训练、技术知识、经验及视觉感受，赋予产品的材料、结构、形态、色彩、表面加工及装饰一新的品质和规格，并解决宣传展示、市场开发等方面的问题，称为工业设计。由此可见，工业设计涉及包括市场需求、市场概念、产品的造型设计、工程的结构设计、快速模型模具的制造、小批量的生产直到批量化上市，以及形象品牌的策划等领域。美国标准产业分类体系中"工业设计"行业是指主要从事创造和发展性设计、规格说明、最优化使用价值及产品的外观设计。这些服务主要包括材料、建筑、机械、形状、颜色和产品表面的测定，这些都是基于人类的特点和需要、安全性、市场号召力以及在生产、分配、使用和维修中的效率等而设计的。由工业设计产业的内涵和外延可以看出，工业设计产业是智能化、知识密集型的产业，具有很强的渗透力，可以极大提升产品的附加值。国际上一些大城市在实现工业化以后，都把发展工业设计创意产业作为催化经济增长的重要战略举措。在欧美发达国家，工业设计的资金投入一般占到总产值的5%～15%，高的可占到当年产值的30%。而我国很多城市绝大多数工业企业设计的资金投入尚不足总产值的1%。因此，工业城市应注重大力发展工业设计业，将其作为应对"微利时代"和"高成本时代"挑战的内在要求。

5. 信息服务业

信息服务业有很多种分类方法，比较常用的是将其分为三大类：信息传输服务业、IT 服务业和内容服务业。目前，工业城市转型应注重以信息化带动工业化，以生产和提供数字内容为重点，推进信息资源服务产业发展，促进地区信息化水平和城市经济运行效率的提高。以"三网"（电信网、互联网、有线电视网）融合为依托，积极推动电信、互联网产业、3G 应用等新业务和增值服务的发展，保持信息传输业的领先地位。以信息技术改造和提升传统产业，加快数字化设计、数字化生产、数字化装备、数字化管理的开发和应用，以网络化制造技术带动企业间协同发展，加大相关产业的网络链接，实施上下游企业的供应链管理、电子商务和配套企业的客户关系管理。鼓励和引导商业性信息资源的产业化开发，全方面、大规模发展信息增值服务。进一步加强政府的示范和引导作用，积极开展 B2B（企业与企业之间通过互联网进行产品、服务及信息的交换）、B2C（商业机构对消费者的电子商务）等电子商务形式的试点工作，扩大网上成交规模，使网上交易、网上购物等有较快发展。条件成熟的城市可考虑规划建设软件、动漫游戏开发基地，进一步加强孵化服务平台建设，促进作业外包和系统集成产业化，加大对国内跨国公司及日、美、欧等国的软件外包市场开拓力度，构筑设施先进、服务完善的信息技术服务体系。

（二）服务业发展与区域性中心城市转型

1915 年，城市和区域规划的先驱格迪斯最先提出"世界城市"的概念。1982 年和 1986 年，美国学者沃尔夫和弗里德曼指出，世界城市应在全球范围内起到世界或世界某一大区域的经济枢纽作用，它是世界经济活动越来越向国际化推进的产物。新中国成立 60 年来，特别是改革开放 30 多年来，我国城市的发展为世界瞩目。截至目前，已形成 200 万人以上的特大城市 10 多个，在城市的住宅建设、基础设施建设、环境建设诸方面取得了巨大的成就。但是，迄今为止，除香港特别行政区以外，我国尚无一座城市堪称名副其实的现代化国际大都市（王鑫鳌，2007）。但值得欣慰的是，北京、上海、广州等一批城市均明确提出要建设国际性的大都市，其他一些省会城市甚至中小城市也意欲打造成区域性的中心城市。在城市化进程中，区域性中心城市的发展极为重要。但区域性中心城市有层次之分，有的是大区域的中心城市，有的是较小区域的中心城市。

区域性中心城市往往与大都市圈概念联系在一起，大都市圈发展的主导力量就是区域性中心城市。大都市圈的概念最早被法国的地理学家 J. Gottmann 提出，我国国内学者也对这个概念进行了相关的研究。周一星提出都市连绵区概念，是指以若干区域性中心城市为核心，大城市与周围地区保持强烈交互作用和密切社会经济联系，沿一条或多条交通走廊分布的巨型城乡一体化区域。李廉水（2006）认为，大都市圈是指一个或多个中心城市和其有紧密社会、经济联系的邻近城镇依托交通网络组成的一个相互制约、相互依存，具有一体化倾向的协调发展区域；它是以中心城市为核心，以发达的联系为依托，吸引辐射周边城市与区域，并促进城市之间的相互联系与协作，带动周边地区经济社会发展的、可以进行有效管理的区域。从大都市圈的定义看出，在区域经济发展中，大都市圈扮演着异常重要的角色。谷永芬等（2008）认为，大都市圈绝不是一个地域概念，更是一个具有密切联系的经济实体和社会实体。从本质上讲，大都市圈首先是一个经济圈，因为其根本动力在于城市之间的相互作用，这种相互作用是以"流"的形式出现的，具体表现为各种要素在经济活动空间上的聚集和扩散。因此，大都市圈可以被看做一种经济活动的地域组织形式，各种产业和经济活动在此高度聚集并且相互联系，构成了一个高度一体化的有机整体。其次，高度一体化的大都市圈不仅聚集着各种要素和经济活动，也聚集了大量的人口和社会活动。因此，大都市圈不仅是一个经济圈，而且也是一个社会圈。经济一体化还带来了发达的、完善的和便捷的交通、通信网络，以加强大都市圈内人财物和信息的交流与合作。事实上，在我国经济发达的地区，如长三角、珠三角、环渤海等区域，正是大都市圈在充当推动经济社会发展的强大引擎，吸引人口和经济要素高度聚集，推进基础设施建设和快速提高城镇化水平。

既然大都市圈的形成离不开区域性中心城市的推动，那么，推动一批城市转型成长为区域性中心城市就显得异常重要。但一个城市要想转型为区域性中心城市，在当前高新技术突飞猛进、国际服务产业加速转移以及全球经济竞争日益加剧的新形势下，必须具备如下基本特征：①区域经济发展的资源配置枢纽。在市场经济条件下，区域性中心城市的首要特征是充当一个区域的资源配置枢纽。区域性中心城市必须是所指区域人流、货流、信息流和资金流的汇集点，它要能在极度分散的供需之间发现某种联系，提供产生联系所需的资金、技术、人才、信息的支持。②区域创新的策源地。面对未来激烈的竞争环境和日趋严峻的资源约束，知识的创造和传播、新知识向产业渗透的进程将日益加快。区域性中心城市要能聚集高密度的要素，并导致各种创新活动的出现，使各种新思想、新技术、新时尚等创新成果源源不断涌现，从而形成对其他地区具有试验导向意义的孵化器功能，影响乃至决定着整个都市圈内科技发展的方向，能够从协作内容和质量两个方面引导连绵区经济的发展方向，加速整个区域的科技进步。③区域经济发展的调节中枢。区域性中心城市在都市圈中等级位次高、能量强，由于其市场集中、信息灵通、市场机制完善、政府组织有力、区域联系成本较低，因而具有有效的调节功能，是决定整个区域复杂分工体系效率的核心。区域性中心城市与所辐射的连绵区的社会再生产系统，通过协调性规划、资金的区域性调剂来控制、协调、监督区域经济运行。④对外开放和区域合作的前沿地带和中转站。开放性是经济全球化的内在要求，开放促进生产要素流动和产业的培育和发展。在全球化的大背景下，任何一个地区要想获得可持续发展，都必须更深、更广地参与国际产业分工，充分利用国际国内资源，发挥国际国内两个市场的作用，引进来和走出去平衡发展，充分利用国际产业分工体系弥补弱势、增强优势，积极争取在国际产业分工中的有利地位。区域性中心城市必然是对外开放和区域合作的前沿地带。更为重要的是，区域性中心城市还要担负起连绵区开展对外开放和进行区域合作的中转站的角色。这就要求区域性中心城市不仅要具备便捷的交通，更要在跨境运输、海关通关、投资贸易自由化等方面具有独特的优势。

将区域性中心城市上述基本特征映射到功能方面，可以发现，区域性中心城市通常是带动全球、国家和地区经济发展的引擎，一般都具有强大的政治、经济、文化、科技等综合功能，功能结构极其复杂。其功能特点概括如下：①是区域性的政治权力服务中心，拥有众多政府组织和非政府组织，为特定区域提供组织、管理与控制、协调等公共管理服务。②是生产性服务中心，表现在四个方面：首先是跨国公司总部集聚地和全球性商业组织所在地；其次是国际贸易与国内贸易中心；再次是主要的银行、保险和金融中心，包括大型跨国银行、保险公司、大型投资公司等；最后是重要的专业服务中心，如聚集大量的大型广告代理服务、会计公司、法律服务机构、信息咨询服务业等机构。③是交通运输节点服务中心，具备完善发达的铁路枢纽、高速公路枢纽、港口和航空运输设施等，尤其是航空运输中心的作用更加明显，能够为全球提供高质量的完善的交通运输服务。④是信息汇集、处理、传播与扩散中心。拥有发达的通信基础设施、计算机网络和信息传播机构，并提供出版服务、广告服务、翻译服务、广播服务、电视和卫星资料服务等信息服务。⑤是文化、艺术和娱乐中心，拥有一流的剧院、艺术中心，博物馆、纪念馆和展览馆等，集聚一大批顶级文化艺术专业人才，以及大型文化传播公司。⑥是研究与开发和科技创新中心。拥有高水平科研机构和高素质科研人员，知识密集型产业集聚，信息产业发达；一般劳动力充足、高级科技人才集中。⑦是举办大型全球性活动的候选地。如具备先进的体育场馆、国际会议展览场馆和高级酒店等完善的配套设施，是国际体育运动中心、国际会议展览中心、全球会议备选地。⑧是区域性消费中心，拥有足够大的人口规模，消费需求与消费潜力巨大，消费性服务业发达，消费服务设施完善。

近年来，随着世界科技进步和信息技术的飞速发展，经济全球化加剧，国际劳动分工不断深化，全球典型区域性中心城市的产业结构演进发展出现了一些新趋势，主要表现在以下几个方面：第一，高级生产性服务业的集聚程度不断加强，在经济结构中的地位越来越重要，低层次服务业开始出现扩散趋势。主要体现在新兴生产性服务业上，如金融、保险、办公活动和商务服务等行业的最高管理控制服务出现了进一步强化的趋势，其在大都市的服务业产值及就业比重逐步上升。第二，新兴服务行业不断涌现，服务业的多样化趋势更加明显。由于信息技术的广泛应用，服务部门的分工进一步深化，对服务业的日益增强的需求产生了更多的新兴服务业。第三，服务业的专业化水平不断提高。受科技进步和信息技术发展的影响，现代服务业中心的服务业内部分工进一步细化，而服务业的专业化水平进一步提高。包括会计、广告、管理顾问、国际法律服务、工程服务、信息生产和服务以及其他商务服务等内容，此外还有保证客流、货流在城市内外的安全、便捷地流动而提供的城市交通运输服务，通信信息服务；为贸易发展提供的中介咨询服务，会展服务；为城市居民、旅游者提供的个性化的娱乐休闲服务。第四，知识与技术密集性服务业发展最快，并逐步占据主导地位。电子信息技术和互联网是知识与技术密集型服务业发展的核心推动力量，现代服务业中心的高层次科技人才充足，创新活动十分活跃，依托完善的服务体系，知识与技术密集型产业集群快速发展，并逐步占据核心地位。第五，国际化程度日益加深，高等级金融商务活动的影响日益扩大，国际服务贸易占国际贸易的比重不断提高。

由上述区域性中心城市的特征、功能特点以及产业结构演进特点可以看出，我国的某些城市要想转型为区域性中心城市，必须要形成如下产业结构：①现代服务业高度集聚，占据绝对主导地位。不论现代服务业增加值占 GDP 比重，还是现代服务业就业人口占总人口的比重，都占据绝对优势。②现代服务业的结构完善，辐射功能强大，服务经济实力雄厚。不论生产性服务业、消费性服务业还是公共服务业，都得到充分发展，服务功能体系十分完善，服务业具有强大的经济实力、影响力和辐射力。③生产性服务业高度发达，如创意设计、金融保险、房地产、会计、法律、信息咨询等行业在整个服务业中占主导地位，不仅能够为本地的跨国公司总部运营提供重要保障，而且还能向外输出服务。④现代信息服务业发展迅速，成为区域性中心城市经济增长的重要动力。现代信息服务业是信息技术催生的新兴服务行业，它的发展壮大能够大大提高传统制造业和服务业的运行效率，甚至促成新业态的产生，进一步强化现代服务业中心的控制能力和中心地位。⑤不同层次的区域性中心城市的服务业内部结构存在明显差异。国际顶级区域性中心城市（即全球城市）的高级生产性服务业和公共服务业高度发达，服务业内部结构高端化；而中低层次区域性中心城市的生产性服务业发展水平要相对较低，批发餐饮等传统服务业所占比重较大。

（三）服务业发展与资源枯竭型城市转型

资源型城市是指资源的开发、生产和经营活动创造的产值和提供的就业岗位显著高于平均水平的城市。中国科学院地理科学与资源研究所沈镭等将我国 178 个城市划定为资源型城市，包括 98 个地级市和 80 个县级市。国家发改委宏观院根据资源型产业总产值占整个城市产值的比重、从事资源型产业的劳动力占劳动力总数的比重这两个指标，将资源型城市压缩为 118 座。2003 年 8 月，国家发改委"资源型城市经济结构转型"课题组又从 118 个资源型城市中确定 60 个为典型资源型城市。中国资源型城市的形成与计划经济体制下国家产业政策密切相关。新中国成立后相当长时期内一直实施优先发展重工业的赶超战略，过分强调对资源型产业进行投资，在一部分城市形成了以资源开采为主的产业结构。从资源开采与城市形成的先后顺序看，资源型城市的形成主要有两种模式：一种为"先矿后城式"，即城市完全是因为资源开采而出现的，如大庆、金昌、攀枝花、克拉玛依等。另一种为"先城后矿式"，即在资源开发之前已有城市存在，资源的开发加快了城市的发展，如大同、邯郸等。

在计划经济时期，资源型城市被冠以"煤城"、"钢城"、"铜都"等功勋称号，为国民经济恢复和发展作出了不可磨灭的历史性贡献。但资源型城市一般都会经历开发建设（初始阶段）、中兴鼎盛、经济衰退的产业调整过程。与一般城市相比，资源型城市的产业结构不仅具有高度的非均衡特征，而且这种特征还具有很强的刚性，成因则主要是由于制度约束和产业技术约束（叶素文、闫国庆，2005）。在所有权与管理体制上，资源型产业主要是国有企业，从投资、生产到销售都实行国家全程包揽，所开采或加工资源也以国家计划价格出售或无偿调拨，城市利益则主要是通过政府补贴的形式得到实现，这使资源型产业形成了相对独立的运行系统，弱化了对所在城市的产业关联作用。产业技术约束则使资源型产业形成很高的产业"锁定"性。资源型产业中的大量资产（包括设备、基础性生产设施、专业技术知识、人才等）具有较高的专用性，难以进行流动和重组。此外，资源型城市普遍存在企业办社会、企业功能等同于城市功能的不正常现象。正是由于这些刚性，随着资源濒临枯竭，资源型城市会普遍陷入困境。具体表现在：产业结构单一，替代产业发育不良；城市经济基础薄弱，可持续发展功能萎缩；资源耗竭严重，生态环境破坏严重。继2007年12月24日，国务院制定出台《关于促进资源型城市可持续发展的若干意见》后，国家发改委于2008年3月17日确定了国家首批12个资源枯竭城市，包括阜新、伊春、辽源、白山、盘锦、石嘴山、白银、个旧（县级市）、焦作、萍乡、大冶（县级市）、大兴安岭；2009年3月，国务院又确定了第二批32个资源枯竭城市，包括9个地级市、17个县级市和6个市辖区。这些城市不仅要承受过去资源开采带来的社会经济环境方面的负担，同时又必须努力探索和开拓新的发展路径。有人将资源枯竭型城市的上述发展困境形象地描述为"带着沉重的翅膀起飞"。

既然资源枯竭型城市的根本困境在于产业结构单一，那么寻找接替产业，推动单一主导型产业结构向多元主导型产业结构转变，就是资源枯竭型城市转型的唯一出路。从以往资源枯竭城市转型的经历看，服务业在其中大有作为。退二进三，即退出传统的资源性产业，进入生态旅游、信息服务业等服务业，被众多成功案例证明是一条行之有效的途径。如甘肃的白银，河南的焦作、平顶山注重发展高新技术产业和生态旅游产业等接替产业，均取得了明显的成效。又如山西省的朔州市为了避免陷入"因矿而生，因矿而兴，因矿而衰"的发展怪圈，以旅游作为发展服务业的突破口，以现代物流业和现代机电维修业为重点，着力推进产业结构多元化，也取得了比较好的成效。

解决劳动力再就业是资源枯竭型城市转型需直面的另一个重要问题，而解决该问题离不开发展职业培训产业。为了顺利解决资源型产业劳动力再就业问题，一是要根据资源型产业的寿命周期，对不同发展时期的岗位需求作出科学的预测，然后有步骤、有计划地组织培训，逐步将部分工人转移到其他产业，这样就可以避免出现因企业关闭而导致工人大批集中下岗的被动局面；二是要大力加强转岗培训，要根据新产业发展的需求和个人志愿，开展有针对性的职业培训，力争把培训的过程转变为劳动者提高综合素质的过程。

三　中国转型期城市服务业发展特征及其原因的实证分析

前文分析了不同类型城市转型与服务业发展之间的对应关系，分析方法属于规范性的，解决的是"应该怎样"的问题。那么在事实上我国城市服务业发展到底呈现怎样的特征和规律性呢？

胡霞（2006）的研究发现，我国城市服务业集聚特点逐渐强化，各城市服务业之间存在很强的空间相关和依赖。服务业分布呈现明显的核心－外围地域特征，已经形成以东南沿海城市为核心，以西部和西南地区城市为外围的发展格局。此外，城市的区位对服务业的生产效率产生显著影响，处于东部地区的城市比位于中部地区或西部地区的城市的服务业生产效率高，对服务业的发展水平的推动力要强；中部地区城市比西部地区城市更能加强对服务业生产效率的正向影响作用，对服务业的发展水平的推动力更强。再者，胡霞认为，对地区服务业发展差异起影响作用的地理因素，是很难通过政策加以调整的。由于地理和新经济地理因素的作用，服务业地区间的差异是服务业发展过程中的必然趋势。地区服务业协调发展的实现并不是要扭转经济力量的收益递增性所导致的服务业发展差异，而是应该通过深化经济改革，加强基础设施建设，加快落后地区的服务业发展进程。程大中（2008）的研究表明，自20世纪90年代以来，我国直辖市服务业的劳动生产率增长相对滞后，对服务的需求缺乏价格弹性，居民的服务性消费支出趋于增加，服务价格而非收入水平的上升是导致居民服务消费支出比重上升的主因。因此，在服务业方面已显露出"成本病"问题。这不仅会给政府带来财政困难，而且会对服务业自身的发展产生消极影响。解决这一问题的关键在于如何统筹兼顾好服务业的需求与供给。在需求方面，要使服务消费对服务业的拉动作用从主要通过价格渠道转为主要通过收入渠道上来；在供给方面，应进一步推动服务业领域改革，促进市场竞争，提高服务质量与劳动生产率，增加服务供给，遏制服务价格过快上涨，防止由此引起的整个经济的通货膨胀倾向与财政拖累。

与已有的研究不同，本节主要关注城市服务业发展是否会引起Baumol所担心的"成本病"问题，以及我国城市服务业比重的影响因素有哪些，从而为廓清增强服务业对城市转型支撑作用的政策导向，提供实证依据。

（一）城市服务业发展与"成本病"

Baumol提出的"成本病"模型又被称为两部门非均衡增长宏观经济模型，该模型研究的出发点是当时美国城市日益增长的财政危机问题，但后续的研究揭示该模型所蕴涵的思想也适用于分析服务业，而且分析的范围也由城市扩展到整个经济（程大中，2009）。在模型中，Baumol将整个经济划分为技术进步部门和技术停滞部门，前者主要对应制造业部门，后者主要指服务业部门。制造业部门之所以被称为技术进步部门，直接的原因是这些部门更容易产生创新、提高资本密集度、获得规模经济。而服务业部门的情形恰好与之相反，仅会发生偶尔的生产率变化。Baumol认为造成服务业和制造业生产率差异的根本原因在于劳动力的作用不同。在制造业部门，劳动力只是生产最终产品的工具。随着技术变迁，许多制造业产品在生产中所需的劳动力投入越来越少，同时还伴随着产品质量的提升。但对于许多服务产品而言，产品本身直接以劳动体现，劳动投入的多少是判断产品质量好坏的直接标准。模型引申出的结论包括如下四方面：①服务业单位产出的成本将无止境地增长，制造业单位产出的成本将保持不变；②如果某些服务行业的需求具有价格弹性，那么其产出将趋于零，即这种行业会在经济中消失；③保持服务业和制造业的产出比重不变时，随着时间的推移，劳动力将不断转移到技术停滞部门，而制造业的劳动力比重将趋于零；④当制造业与服务业的生产率存在显著差异时，如果要实现均衡增长，相对于劳动力的增长速度而言，总体经济增长率将逐步下降。特别需要指出的是，如果服务业的劳动生产率和整个劳动供给量都保持不变，那么整个经济的增长速度将逐渐趋于停滞。

Baumol 的两部门非均衡增长模型虽得到一些学者的赞同，但争议也一直不断。许多实证研究发现，某些服务行业（如通信业等）的生产率增速高于大多数制造业部门。有些批评者认为 Baumol 忽视了服务业内部组成部门的异质性，将所有服务部门统称为停滞部门太武断。Barras R.（1984）等学者指出，随着信息技术在服务业中的广泛采用，很多服务行业已经不再像理发业那样采用手工劳动方式，将服务业贴上劳动密集和缺乏规模经济的标签，是一种应该摒弃的过时观念。Pavitt K.（1984）根据服务业技术进步的源泉将服务业细分为如下三类：供给者主导行业（如餐饮、美容等个人服务以及教育、公共管理等公共服务）、规模密集物理网络行业和信息网络行业（前者如运输业、批发业等，后者如保险、通信等）、知识密集和专业提供者行业（如软件服务业、商务服务等）。诚然在供给者主导行业中，服务组织的绩效通常更依赖于职业技巧、美工设计、品牌和广告，而非技术进步。但是在其余两类行业中，信息技术往往有较大应用余地，通过常规的研发活动往往可以获得规模经济，最终不断提升生产率。有学者从生产、消费维度对信息技术迅猛发展背景下服务业与制造业的特征进行了比较，得出它们正日益趋同的结论（参见表3）。Nicholas Oulton（1999）对 Baumol 模型的结论提出质疑，他指出只有当停滞部门是最终产品生产部门时，Baumol 的非均衡增长模型引申出来的第 4 个结论才能成立。他从经验观察发现，目前迅速扩张的服务部门主要是金融和商务服务这些生产中间投入服务品的部门。Nicholas Oulton 通过建立一个内生结构转变模型得出结论，即使中间投入部门属于停滞部门，资源向这些部门转移也可能伴随上升的而非下降的总体经济增长率。生产服务业崛起后出现的整体经济增长率回升的现象，似乎也说明 Baumol 模型的结论值得商榷。在我国，程大中（2009）的实证研究表明，在需求方面，近些年来上海很多服务项目都是缺乏价格弹性的，服务价格在不断上涨，服务的支出比重在扩大，这使得上海已经显露出"成本病"的迹象。

表 3　服务业与制造业的趋同

	服务业的变化	制造业的变化
生产		
技术	资本密集程度在提高 越来越多的设备使用了信息技术 服务越来越技术密集化	越来越多的设备使用了信息技术 在技术方面与服务业的差别缩小
劳动力	越来越倾向于使用技术型劳动力 白领员工比重下降 注重使用外包战略	生产向知识密集型转变 白领员工比重提高 注重使用外包战略
劳动过程的组织	利用新技术和组织技术使生产流程标准化	出现新的工作组织形式 销售以及其他一线员工责任强化
生产过程	规模经济 众多服务行业出现"工业化"现象	弹性增强 利用"准时生产制"减少存货
产业组织	跨国企业的重要性提高	将业务集中到核心业务 业务全球化
产品		
产品本质	许多新服务借助媒体体现出来	产品周期在缩短
产品特色	产品标准化	弹性生产允许批发定制
知识产权	让服务体现在可获得专利的有形产品中	许多使用软件程度较高的产品难以保护知识产权
消费		
产品传递	利用信息技术等新型载体传递	利用信息技术系统使生产同设计、市场之间的联结更紧密
消费者的角色	消费者与信息技术系统接触强化,而与一线员工的接触减少	让消费者更多介入产品设计和研发 售后的辅助服务增加
消费的组织	利用某些载体分离服务消费和生产	租用设备 提供"服务包"而非单一实物产品
市场		
市场的组织	公共服务私营化 原先区域化的经营面临全球竞争	制造企业内部化某些服务 国有企业和公用企业私营化
管制	管制与放松管制 在服务的获得、贸易方面出现新的制度 标准化变得日益重要	环境管制增加 标准化变得日益重要
营销	营销越来越重要,产品展示占用更多精力	大市场营销导向 顾客导向增强

资料来源:Boden Mark and Ian Miles. *Services and the Knowledge-based Economy*. YHT Ltd. London,2000. p.10。

下面我们首先检验我国城市服务业是否存在"成本病"问题。我们将是否存在"成本病"问题转化为如下两个可以利用相关数据检验的假说：①服务业就业比重显著高于增加值比重。在服务业市场化改革不断推进的背景下，很多服务行业的价格已经市场化了，而且除了医疗、教育等服务外，大部分服务行业均属于非生活必需品甚至是奢侈品，因而其价格是具有弹性的。因此，倘若我国城市服务业发展存在 Baumol 所说的"成本病"问题，而且服务业相对生产率低下是造成该问题的主要原因，那么服务业就业比重将可能显著高于增加值比重。②服务业增加值比重、服务业就业比重与整个城市 GDP 增速负相关。

我们首先利用 2008 年《中国统计年鉴》（对应 2007 年数据）提供的中国内地 286 个地级以上城市（不含拉萨市）数据对上述两个假设进行检验。2007 年样本城市市辖区服务业（同第三产业统计口径）增加值比重为 41.29%，就业比重为 50.17%，前者低于后者 9.12 个百分点，这似乎说明服务业的生产率水平要低于制造业。但我们应注意到，在我国城市辖区服务业就业中，公共服务业（主要包括教育，卫生、社会保障和社会福利业，文化、体育和娱乐业，公共管理和社会组织）占了相当大的比重，2007 年平均为 41.25%。这部分行业对应的产出主要属于非市场产出。由于非市场产出不是在市场上出售的，不能为估价相应的产出提供一个适当的基准，在统计时通常是按照其生产期间发生的成本之和估价，包括中间消耗、雇员报酬、固定资本消耗、生产税减补贴等。由于非市场服务的非营利性，其营业盈余总是假定为零。非市场服务的统计特性决定了其增加值比重会大大低于就业比重，如果将这一因素考虑在内，那么城市服务业的就业比重和增加值比重之间的差距将大大缩小。也就是说，倘若不考虑公共服务业，仅考察消费性服务业和生产性服务业，那么将无法得出服务业生产率显著低于制造业的结论。而很显然，公共服务业效率提升问题在很大程度上不属于一般意义上的产业发展范畴，而应划归为公共体制改革领域。

将 2007 年各城市市辖区 GDP 增长率设定为因变量，将城市市辖区服务业就业比重和增加值比重设定为自变量，同时引入人均 GDP 的对数值作为控制变量，从而构建回归方程以检验城市服务业发展是否与 GDP 增速负相关。考虑存在异方差情形之后的稳健性回归结果显示：GDP 增速与服务业就业比重呈正相关，回归系数为 0.0127，但未能通过 10% 的显著性水平检验；GDP 增速与服务业增加值比重呈负相关，回归系数为 -0.047，且通过 10% 的显著性水平检验。上述情形表明，城市服务业发展并不会导致明显的成本病问题。而且，这个结果还是在未剔除公共服务业的情况下得出的。若考虑进我国城市公共服务业普遍存在的低效率问题，上述结论将更加稳健，甚至有可能得出城市服务业发展有助于提高 GDP 增速的结论。

（二）城市服务业发展影响因素的理论和实证分析

城市服务业发展受哪些因素影响？胡霞（2006）的实证研究显示，城市服务业发展状况受多重因素影响，主要又集中在需求、供给、地理因素和制度环境等方面。需求影响因素可分为两种：一是影响生活服务业的因素，主要有人均可支配收入、城市规模、人口密度、城市化和分工水平；二是生产服务业需求影响因素，主要有工业发展状况、分工和市场化程度。在供给方面，资本和劳动对服务业发展均有显著推动作用，但前者的影响更大；要素配置结构也有明显的促进作用；人力资本水平也表现出非常重要的影响。经济的集聚程度对服务业的生产效率有显著的正向促进作用，企业越密集，经济活动越密集，服务业的生产效率就越高，当地的服务业发展水平就越高。此外，市场化也是中国城市服务业增长的重要政策因素。与胡霞主要关注城市服务业生产效率不同，我们考察的是城市服务业增加值以及就业比重的影响因素。综合以往研究，下面从集聚经济和地方保护主义两个角度提出有待检验的假说。

1. 集聚经济与城市服务业发展

可以从产业、空间和时间维度来深入理解集聚经济（Rosenthal & Strange，2003）。从产业维度看，可以区分两种基本的集聚经济形式，即本地化经济（Localization Economies）和城市化经济（Urbanization Economies）。这两种集聚经济的存在，均可因为不同类型的企业聚集而产生外部经济性。胡佛最早提出并区分了上述两种集聚经济类型，前者是指"相互紧密联系的产业部门形成的综合体"为本地企业创造的生产合作优势，又称"反映单一产业集中程度的外部经济"；后者是指"巨大城市聚集体的组成要素"，又称"反映城市规模的外部经济"。本地化经济与城市化经济也被称为马歇尔外部性。雅各布斯（Jacobs，1969）强调了多样化集聚的外部经济性，认为多样化促使新思想的产生。在考虑到产业集聚的时间维度后，上述两类集聚经济形式动态化后分别被称为动态本地化经济和动态城市化经济，前者亦称马歇尔－阿罗－罗默外部性（Marshall-Arrow-Romer externalities），表示企业的产出不仅是其当前投入的函数，而且还受其所处地区该产业过去规模的影响；而后者亦称雅各布斯外部性（Jacobs externalities），是指企业产出还要受其所在地区过去经济总规模的影响。

随着新经济地理（New Economic Geography）理论的兴起，具有与马歇尔外部性完全不同理论基础的集聚经济形式被提了出来：即供求关联经济（Demand-linkage Economies）（Hanson，2000）。根据新经济地理理论的观点，在内部规模经济与运输费用（或更一般的空间转移成本）的综合作用下，企业趋向于将全部生产活动集中在接近大市场的地方，企业的区位选择又会进一步改变市场规模的分布，并吸引上下游企业的集中（Krugman，1993；Fujita et al，1999；Fujita & Thisse，2001）。

利用上述概念，结合服务业生产消费的同时性、服务产品无法储存等产业特征，我们很容易理解集聚经济的存在对于服务业发展的好处。服务业的产业特征决定了企业（包括制造企业和服务企业）的集中，无论是对于服务业本身发展而言，还是就制造业发展来看，均将产生本地化经济和城市化经济。Black & Henderson（1999）利用1972~1992年的美国企业普查数据，对企业产出的影响因素进行了分析，他们发现在高技术产业存在明显的静态和动态本地化经济效应，企业产出受到现有企业和新出现企业数量的影响比较显著。结合有关集聚经济产生的微观基础文献，我们可以从以下几方面来理解集聚经济对于服务业发展的意义所在。

（1）外溢效应。除了资本密集度（劳均装备的资本量）提高能提升生产力外，生产过程的重组和迂回也是提高生产力的重要因素。因为更加迂回的生产过程不仅需要使用更为专业的劳动力与更多的资本，而且生产步骤的增加也增加了中间投入的数目。Francois（1990）认为，随着市场的扩张，厂商个数和生产规模会扩大，进而促使生产行为被细分为较清楚的生产步骤，从而提高生产的专业化程度以及间接劳动相对于直接劳动的比重。Francois据此认为，制造业与生产性服务业是互动关系，同时他认为二战后生产性服务业日益重要，是市场扩张的结果。而贸易则因有助于市场扩张，进一步刺激了生产性服务业的成长。

（2）劳动力蓄水池。马歇尔在《经济学原理》中最早明确论述了劳动力蓄水池思想，他指出"企业集中能避免工人因某个企业破产而遭受失业的威胁。工人愿意在其他企业时刻准备雇用他的地方以一个较低的工资就业"。在此基础上，Rotemberg & Saloner 给出了另外一种解释：工人并不是因聚集在行业附近规避了失业而受益，而是众多企业的存在保证了工人免受人力资本投资专有性的束缚。由该理论出发，一个地区企业越是集中，不仅可以通过提供服务业就业岗位直接带动劳动服务业发展，而且也可以通过降低工人的失业风险提高服务业的就业水平和质量。

（3）投入品共享。基础设施等公共物品往往具有不可分性，如果这些设施的供给需要很大的固定成本，那么通过发展服务业，使其同制造业共享本地基础设施，将带来总规模报酬递增的收益。Fujita 等也认为，地理上集中的产业不仅可以支持专业化投入品的生产者，而且厂商之间的地理集中可共享某些有用的信息和基础设施。

（4）知识扩散。知识在一定程度上是具有地域性的（Helsley，1990），知识的传递表现出随着空间距离的增加而衰减的特征。Jacobs 和 Lucas 指出，当地化信息和知识溢出既是经济活动之所以在城市集聚的原因，也是促使城市经济增长的基本原因。克鲁曼则指出，来自外部规模经济的报酬递增是城市经济增长的关键。而外部规模经济的实现在一定程度上依赖于知识溢出效应。但是，"人们接受思想的能力或远离思想源地的距离影响知识的增加，距离越远，思想的交流也相对越难"。因此，如果支撑服务业发展的某些知识作为整个国民经济发展的一种伴随产品，那么一个地区的服务业发展水平将因为整个国民经济的发展以及隐含其中的特殊知识在本地区的扩散而得到加速增长。

2. 地方保护与城市服务业发展

地方保护是指地方政府维护其辖区内经济主体利益（包括其自身利益）的各种保护行为。在经济转型阶段，在地区产业调整的进程中，地方保护主义被认为是造成国内市场分割的重要因素。商务部于 2004 年对全国 22 个省、自治区、直辖市的一次调查显示，有 20 个省市均有产品或服务遭受地区封锁的侵害。国务院发展研究中心对近 4000 家企业的问卷调查显示，63％的企业认为地方保护对企业的生产经营有影响（李善同等，2004）。由于服务业市场化进度慢于工业，因此其存在地方保护的程度也高于工业。我国地方保护产生和发展的原因一直是研究者们关注的焦点问题，提供的解释也有多种，如地方政府财政激励、地方政府的政绩、官员考核制度方面的欠缺、法律制度不健全、政府官员的晋升博弈等等，但改革开放以来的分权体制及其地方政府间的竞争成为这些解释的共同因素，也是地方保护产生的最主要根源（踪家峰，2006）。毋庸置疑，造成服务业发展领域中的地方保护的原因是非常复杂的，但可以用一个三方博弈的框架给出大致的解释。在这个博弈框架中，上级政府在第一阶段制定对所辖的各下级政府进行服务业发展绩效考核的标准；博弈的第二阶段，各个下级政府在上级政府制定的考核标准体系之内展开服务业发展竞争。在现有的考核体系中，居于最主要地位的无疑是服务业增加值、地方财政收入的增长等。在这种条件下，各个地方政府实行地方保护就是其占优战略，即不管其他地方政府是否实行地方保护，自己实行地方保护和市场分割是最优的战略。具体而言，如果别的地方政府实行地方保护，那么，自己实行比不实行更加有利于自己的政绩；如果别的地方政府不实行地方保护，而自己实行也比不实行更加有利于自己的政绩。之所以如此，是因为在给定的较短任期内，地方保护和市场分割对促进当地生产总值的提高和财政收入的增长，具有立竿见影的效果。但是，消除地方保护和市场分割带来的福利增长，却难以在短期内体现为自己的政绩。正是这种博弈结构的广泛存在，导致地方保护和市场分割不能根除。

发展服务业往往比发展工业能更有效地提高一个城市的财政收入，这主要与1994年实施的分税制改革有关。1994年的分税制财政体制改革，是新中国成立以来调整利益格局最为明显的一次制度变革，它将来自工业产品的增值税的大部分和消费税的全部划归中央，而把来自服务业的税种主要划归地方。这种中央和地方政府间分配格局的调整，显然会刺激地方政府重新分配发展工业和服务业的资源，使政策尽量向服务业倾斜。郝硕博、李上炸（2008）的研究表明，主要来源于服务业的营业税是地方税的第一大税种，占地方财政收入的比重年均维持在25%~28%。李善同等的调查显示，被保护的行业和产品往往具有五个显著特征：其一，增加值率和行业利润水平高，是地方经济发展的支柱行业；第二，在经济发展中具有基础性地位；其三，关系到人们的身心健康；其四，具有自然垄断性特征；第五，关系到工业化的未来和产业带动。而且，对经济增长和财政贡献大的行业被保护的力度也强，他们的调查显示，地方保护的直接目的是为了地方经济增长和地方财力的增强。平新乔（2004）利用第二次全国基本单位普查数据进行的经验研究也证实了这点，他发现地方政府进行的地方保护存在巨大的物质利益，政府有动力对生产要素（主要是劳动）的边际生产率高的产业进行控制和保护。此外，还应注意到目前我国对服务业的大部分行业征收营业税，仅对批发零售贸易业和提供修理修配服务的行业征收增值税，现行税制中的营业税征税方式和税率的设计同增值税相比，更会增大企业的负担，这也是服务业发展中存在地方保护主义的重要原因。李齐云（2003）的实证研究指出，1996年第三产业税收负担率大大高于第一产业，也高于第二产业。同时，第三产业的税收负担逐年上升,而第二产业则逐年下降。

3. 城市服务业发展影响因素的实证检验

我们同样利用2008年《中国城市统计年鉴》提供的数据构建相关变量的衡量指标(样本为除拉萨以外的286个地级以上城市),对集聚经济、地方保护主义与服务业发展之间的关系进行实证检验。集聚经济分别用人口密度(用常住人口数除以城市市辖区建成区面积)的对数值以及经济密度(用GDP总量除以城市市辖区建成区面积)对数值表示。政府保护效应主要体现在贸易壁垒方面(胡向婷、张璐,2005),但由于地方政府设置的保护壁垒,不管是商品贸易还是在跨地区投资上,都是非常多样和隐蔽的,这使得壁垒无法被全面和直接度量。因此,这里遵从以往研究的做法,从政府设置壁垒的动机——保护税基出发,用城市地方财政收入占GDP的比重间接度量地区间贸易壁垒的程度。这里暗含的假设是:这个比重越高,政府的保护动机越大,贸易壁垒越严重。为增强稳健性,引入人均GDP对数值、城市虚拟变量(直辖市和副省级城市取1,其他取0),以控制集聚经济、地方保护主义以外因素的影响(如前文曾提及的发展阶段、政策优惠、地理区位等等)。分别以服务业增加值比重和就业比重作为因变量,并采用考虑异方差的稳健性估计方法,得到如下回归结果(见表4)。

表4　城市服务业发展影响因素的实证检验结果

模型	因变量为服务业就业比重		因变量为服务业增加值比重	
	方程1	方程2	方程3	方程4
截距	138.32	158.78 ***	166.02	93.76 ***
	(3.87 ***)	(10.99)	(7.20)	(8.18)
人口密度	2.13		-5.90 ***	
	(0.96)		(-3.86)	
经济密度		2.26		-2.94 **
		(1.40)		(-2.45)
地方保护程度指数	0.24	0.25	0.61 ***	0.66 ***
	(0.99)	(1.00)	(2.85)	(3.09)
人均GDP的对数值	-10.83	-13.19 ***	-7.22 ***	-2.65 *
	(-6.54)	(-9.46)	(-5.94)	(-1.93)
城市虚拟变量	8.19 ***	8.30 ***	12.31 ***	11.71 ***
	(3.18)	(3.22)	(6.25)	(5.81)

注:括号中为t检验值; *** 、 ** 、 * 分别表示变量通过1%、5%和10%的显著水平检验。

回归结果显示，在四个回归方程中，城市虚拟变量均显著地与服务业就业比重、增加值比重正相关，这表明政策扶持以及地理区位在服务业发展中是异常重要的，同时也揭示建设区域性中心城市离不开服务业的支撑。人均 GDP 的对数值与服务业就业比重和增加值比重显著负相关，这表明在当前阶段，制造业仍是我国绝大部分城市经济增长的第一推动力。与前文理论预期一致，地方保护程度指数的回归系数显著为正，表明地方保护主义或者说追求财政收入增加的动力确实是城市服务业增加值提高的重要因素。但实证结果并不支持集聚经济有助于提高服务业发展水平的结论，人口密度和经济密度的回归系数要么通不过显著性水平检验，要么显著为负。

上述实证检验的结论蕴含的政策含义非常明确：为了充分发挥服务业发展对城市转型的支撑作用，也应"两手抓"：一方面要注重集聚经济效应对服务业发展的拉动作用，另一方面应从更高的层次、更广的区域范围统筹服务业的发展，消除地方保护主义，降低服务业发展的交易成本。

参考文献

Noyelle, Thierry J. and Stanback, Thomas M., Jr., *The Economic Transformation of American Cities*, Rowman & Allanheld Publishers, 1984.

J. Friedmann &Wolff G., "World City Formation", *International Journal of Urban and Regional Research*, 1982 (3).

Gottmann Jean, *Megalopolis: The Urbanized Northeastern Seaboard of the United States*, New York: The Twentieth Century Fund, 1961.

Baumol, W. J., "Macroeconomics of Unbalanced Growth", *American Economic Review*, 1967 (57).

Pavitt, K., "Sectoral Patterns of Technical Change: Towards a Taxonomy and a Theory", *Research Policy*, 1984 (13).

Nicholas Oulton, Must the Growth Rate Decline? Baumol's Unbalanced Growth Revisited. Bank of England, 1999.

Rosenthal, S. S. and Strange, W. C. Geography, "Industrial Organization, and Agglomeration", *The Review of Economics and Statistics*, 2003 (85).

Black, D and J. V. Henderson., "A Theory of Urban Growth", *Journal of Political Economy*, 1999, 107 (2).

Francois, J. F., "Trade in producer services and returns due to specialization under monopolistic competition", *Canadian Journal of Economics*, 1990 (23).

Rotemberg and Saloner, "Collusive Price Leadership", *Journals of Industrial Economics*, 1990 (39).

Helsley, " The stochastic city". *Journal of Urban Economics*, 1990 (28).

程大中:《中国服务业存在"成本病"问题吗?》,《财贸经济》2008 年第 12 期。

周振华主编《城市转型与服务经济发展》,格致出版社、上海人民出版社,2009。

赵弘:《国外典型城市经济转型对我国城市的借鉴》,《中国高新区》2009 年第 7 期。

龙绍双:《论城市性质、功能、结构及其相互关系——兼论广州建设国际大都市的基本着力点》,《城市问题》2001 年第 2 期。

高传胜:《制造业发展转型对生产性服务的需求研究》,载任旺兵主编《我国制造业发展转型期的生产性服务业发展问题研究》,国家发改委宏观经济研究院 2006 年度重点课题。

刘志彪:《论现代生产者服务业发展的基本规律》,《中国经济问题》2006 年第 1 期。

王鑫鳌:《北京——建成现代化国际大都市的基本内涵》,《城市开发》2002 年第 2 期。

李廉水:《都市圈发展——理论演化国际经验中国特色》,科学出版社,2006。

谷永芬、宋胜洲、洪娟等著《大都市圈生产性服务业——以长三角为例》,经济管理出版社,2008。

叶素文、闫国庆:《中国资源型城市的主导产业"短链"问题及可持续发展对策》,《美中经济评论》2005 年第 5 卷第 1 期。

胡霞:《中国城市服务业发展差异及其影响因素分析》,中山大学博士论文,2006。

李善同等:《中国国内地方保护问题的调查与分析》,《经济研究》2004 年第 11 期。

踪家峰:《中国地方保护的研究进展》,《上海经济研究》2006 年第 6 期。

郝硕博、李上炸:《地方财政的税源结构及变动趋势实证研究》,《税务研究》2008 年第 6 期。

平新乔:《政府保护的动机与效果——一个实证分析》,《财贸经济》2004 年第 5 期。

李齐云:《我国财政转移支付制度的缺陷分析与改革构想》,《当代财经》2003 年第 10 期。

胡向婷、张璐:《地方保护主义对地区产业结构的影响——理论与实证分析》,《经济研究》2005 年第 2 期。

魏后凯主编《现代区域经济学》,经济管理出版社,2006。

程大中:《服务业发展与城市转型:理论及来自上海的经验分析》,《中国软科学》2009 年第 1 期。

方远平、毕斗斗:《国际大都市服务业结构与功能特征》,《城市问题》2007 年第 12 期。

顾乃华:《转型期中国服务生产率研究》,经济科学出版社,2008。

郭蕾：《以中心城市为核心推动区域经济发展》，《经济经纬》2007 年第 2 期。

韩汉君、黄恩龙：《城市转型的国际经验与上海的金融服务功能建设》，《上海经济研究》2006 年第 5 期。

孙瑞生等：《寻找资源型城市转型的"良方"》，2009 年 8 月 1 日《山西经济日报》。

夏杰长等：《高新技术与现代服务业融合发展研究》，经济管理出版社，2008。

张贤、张志伟：《基于产业结构升级的城市转型——国际经验与启示》，《现代城市研究》2008 年第 8 期。

专 题 篇

SUBJECT REPORTS

城市与服务业互动发展：趋势与对策

李勇坚*

摘　要： 城市的扩张是现代经济增长的一个重要特征，而城市是服务业最重要的产出基地。传统理念认为，服务业是随着城市的扩张而被动增长的。本研究表明，城市与服务业发展之间的良性互动关系是全球经济的一个重要趋势，虽然全球城市的出现并没有缩小大中小城市服务业发展之间的差距。由于种种原因，中国的城市化与服务业发展之间并没有形成良性互动关系，而是在低水平上实现了均衡。中国城市要成长为全球城市还有很长的路要走。转换城市功能是促进中国城市与服务业协调发展的必由之路。

关键词： 城市化　服务业　城市与服务业互动

* 李勇坚，经济学博士，中国社会科学院财贸所助理研究员，主要研究方向为：服务经济基础理论、内生经济增长理论等。

城市化是伴随着现代经济增长而出现的一种现象。据世界银行数据，1900～2000 年间，全球生活在工业与服务业占主导地位的城市地区人口的比例从 15% 上升到 47%，全球从事农业工作的就业人口则从 1960 年的 55% 以上降至 2004 年的 33% 左右。而 2008 年是联合国认定的世界城市人口超过农村人口的第一年，这意味着在人类历史第一次出现了大部分人口居住在城市的现象。

与此相适应的是，城市的经济产出占据了全球经济的主体，我们估计，全球经济产出的 80% 以上集中在城市。在一些大城市，其 GDP 产出之高，可以用"富可敌国"来形容。全球知名会计师事务所普华永道根据联合国和世界银行等机构的相关数据，依照按购买力平价（PPP）计算城市的 GDP，根据他们的计算结果，2005 年，日本东京 GDP（1.19 万亿美元）居全球各城市之首，美国纽约（1.13 万亿美元）位列第二。这是一个很惊人的数字。要知道，在 2008 年，人口超过 10 亿的印度的 GDP 产出不过 1.237 亿美元。

与传统理念将城市作为工业中心并不一致的是，现代城市绝大部分已成为服务业中心，服务业在城市经济中扮演了最重要的角色。正如库兹涅茨（1985，中译本）指出的，现代经济增长实际上就是经济结构的全面变化，它绝不仅仅是一场工业革命，它还是一场以交通通信技术变革为基础的服务革命。

一般认为，城市化引起生活方式的市场化转变与生产方式的聚集化发展，这为服务业的发展提供市场条件。这使服务产品的生产自始就与市场交换相联系。此外，由于服务产品的不可储存性与不可运输性，[①] 使服务产品的需求要有足够的人口密集度才能达到规模生产的要求。从发达国家的增长经验来看，服务业发展与城市化基本是同步的，因此，城市化进程就是在产业结构变化过程中发生的经济要素的空间集聚与分化过程（孟祥林，2008）。从产业结构来看，城市已经成为全球服务业最重要的基地，而城市服务业（特别是生产性服务业）的大规模发展，将会促进城市知识、资本、信息、人力资源等软性资产的大规模流动，使城市的功能实现转型，使城市成为"流的空间"（flow of space）。这种"流的空间"的形成，使城市能够快速扩张自己的影响力，并使城市与服务业之间形

---

① 由于网络、电话等 ICT 技术的进步，使现在的服务产品也有了某种程度的离岸性，例如，美国已将大部分呼叫中心转移到印度以降低成本。参见〔美〕托马斯·弗里德曼《世界是平的——21世纪简史》一书的相关论述。

成了一种快速互动关系，二者之间相互依赖、相互促进。对此，Castelns（1996）指出，现代城市是与"先进服务、生产中心、全球网络市场相联系的"。①

从理论研究的角度来看，现有的研究主要关注了城市化与工业化之间的关系，而较少关注城市与服务业之间的互动关系。这是因为城市发展初期基本上都与工业相联系，发达的工业曾被视为城市发展的标志。然而，进入 20 世纪下半叶后，服务业成为全球经济增长的新源泉。进入 21 世纪之后，随着知识经济的兴起，知识交换成为最重要的经济活动，城市作为知识经济的中心，它们具有知识交换地的功能，是新知识产生和交换的孵化器，成为价值创造中心，服务业成为地区与城市经济发展的重要驱动因素，也成为城市竞争力的最重要的来源。在这种背景下，经济学家所关注的，不仅是城市因其人口密集与交通便利而促进服务业发展的一面，更应关注服务业对城市功能提升与价值创造的另一面。

基于以上考量，本文将从服务业与城市的互动关系出发，对中国城市与服务业之间的关系进行深入考察。本文将按如下方式进行安排：第一部分对城市与服务业的互动关系的基本现象进行分析，并对相关理论进行综述；第二部分对当代城市与服务业互动过程中所出现的新趋势——随着全球城市的兴起，"世界越来越平坦的同时，世界也越来越不平坦"——进行分析；第三部分对中国城市与服务业发展的问题与对策进行初步分析；第四部分是结论。

一 城市与服务业的互动：现象与理论

1. 城市与服务业互动发展已成为全球经济的一个重要趋势

从经济史的角度来看，发达国家城市经济已经经历或正在经历着三个阶段：第一阶段，以制造业为中心的工业化时期；第二阶段，以制造业为主导、服务业为辅的工业化后期时代；第三阶段，以服务业为主导、兼有某些新型制造业的后工业化时代（张庭伟，2005）。

肇始于 20 世纪 80 年代的信息技术革命，大大降低了全球各个城市之间的沟通交流成本，使城市正在朝两个方向发展：第一个方向是城市不断扩展，并且在新的动力机制——服务化的作用之下，其功能结构不断完善，分工定位更为明

---

① 转引自郑吉昌、夏晴（2004）。

确；第二个方向是，城市不但成为促进服务业发展的原因，更是服务业高速发展的结果。

表 1 的数据说明了全球城市化率在 1980 年代之后进入了一个加速增长的年度。从 1950 年到 1980 年的 30 年里，全球城市人口大约增加了 10 亿人，而从 1980 年到 2000 年的 20 年里，全球城市人口增加了 11 亿人。而下一个 10 亿人只需要 15 年（2000～2015 年）。城市化率的增长也呈现了同样的趋势。

表 1　全球城市化水平的增长

单位：万人，%

年份	总人口	城市人口	城市人口增加数量	城市化率	城市化率变化
1950	251862.9	73272.9		29.1	
1960	302147.5	99275.3	26002.4	32.9	3.8
1970	369249.2	132954.8	33679.5	36.0	3.1
1980	443468.2	173684.4	40729.6	39.2	3.2
1990	526359.3	227324.1	53639.7	43.2	4
2000	607058.1	285692.7	58368.6	47.1	3.9
2010	683028.3	350534.7	64842	51.3	4.2
2015	719724.7	385587.0	35052.3	53.6	2.3
2020	754923.7	421539.7	35952.7	55.9	2.3
2025	785145.5	457919.2	36379.5	58.3	2.4
2030	813014.9	494467.9	36548.7	60.8	2.5

资料来源：转引自孔凡文、许世卫（2006），第 23 页，表 3.1。引用时作者进行了整理计算。

从表 2 的数据可以看出，在全球城市人口加速增长的同时，全球经济服务化的趋势更为明显。1971～1980 年间，服务业占全球产出的比重增加了 2.7 个百分点，而在 1980～1990 年间，增加了 5 个百分点，在 1990～2000 年间，增加了 6.1 个百分点。全球经济服务化呈现加速趋势。

表 2　1970 年以来世界服务业的增长

单位：%

国　家	1971 年			1980 年			1990 年			2000 年		
	农业	工业	服务业	农业	工业	服务业	农业	工业	服务业	农业	工业	服务业
世界平均	8.3	38.9	52.8	6.4	38.1	55.5	5.4	34.1	60.5	3.8	29.6	66.6
发达国家	5.2	39.8	55	3.9	37.7	58.4	3.4	34	62.6	2	28.3	69.7
发展中国家	21.0	35	44	15.8	40	44.2	15.9	35.6	48.5	11.8	35.2	53

资料来源：世界银行发展指标库。

从横向比较来看，我们根据《国际统计年鉴 2008》表 5 - 7、表 4 - 12 所提供的数据，对世界上主要的 44 个国家 2006 年服务业占 GDP 的比重以及相应的城市化率进行了分析，并将其数据绘制成散点图，可以发现服务化与城市化之间存在着明显的线性关系。具体参见图 1。

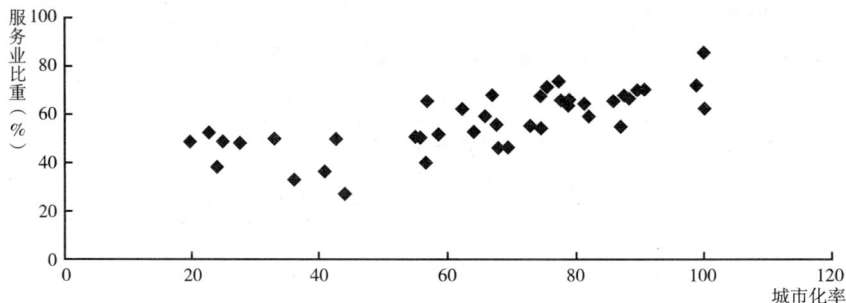

图 1　2006 年全球服务业发展与城市化之间的关系

使用 SPSS 软件对 2006 年的国际截面数据进行回归分析，我们可以得到如下回归方程，这个方程的自变量城市化率在 1% 的水平显著，具有良好的统计性质：

$$S_i = 33.711 + 0.377C_i \tag{1}$$

方程（1）中，S_i 表示服务业在 GDP 中的比重；C_i 表示城市化水平。这个方程说明，城市化率每提高一个百分点，将使服务业占 GDP 的比重提高 0.377 个百分点。

前述分析表明，服务业与城市之间存在着线性关系。由于城市的发展提供了服务业发展的必要条件（密集的人口以及交易的条件，以及知识交换中心），使城市化驱动了服务业的发展。但是，服务业的发展并不是一个被动的角色，服务业通过其聚集效应，[①] 促进了城市经济的发展，拓展了城市的空间。更进一步，

---

① 主流的经济学观点认为，聚集经济有两种类型，当地化经济和城市化经济。当地化经济是同一产业的企业集中在一个地区时带来的外部经济。中间投入品的规模经济、劳动力市场共享和知识的溢出是当地化经济出现的三个主要原因。城市化经济是指不同产业集中在一个地区时产生的外部经济。城市化经济源于整个城市经济的规模，并为城市中所有企业带来利益。城市化经济也表现在中间投入品、劳动力市场和知识的溢出三个方面。但与当地化经济不同的是，城市是通过向不同行业的企业提供共有的具有规模经济的商务服务（如银行、保险、房地产、旅馆、建筑物维修）和公共服务（如治安、消防、交通、学校）来降低每个企业的成本、实现城市化经济的；城市还在整个城市范围内提供劳动力市场的共享服务，使企业可以更容易地增加或减少劳动力；城市聚集了各行各业的人才，具有不同特长和兴趣爱好的人进行面对面的交流，加速了技术的传播和创新思想的产生。参见高敏（2006）、刘俊杰（2008）。

正如我们在下文所要分析的，在信息革命条件下，服务业促进了全球城市、世界城市、国际性都市等当代城市的形成，提升了城市化的质量与城市的功能，使城市当之无愧地成为当今世界的经济中心。

2. 城市化与服务业互动发展的理论解释

早期的发展经济学理论认为，服务业是一个落后的产业部门，服务部门在本质上是一个消耗性部门，这个部门不生产发展所需要的物质条件。从发展的过程来看，服务业是随着工业化与城市化而出现的，因此，服务业的发展是被动的。这种观点的主要理论支撑是，服务业份额的上升一部分来自服务消费需求的增长。[①] 服务业本身并不会对城市化起到支撑或促进作用。

刘易斯所建立的二元经济模型在发展经济学中具有经典的地位。这个模型背后的故事是，在发展中国家存在着城市与乡村两个极端，乡村具有大量隐性就业人员，这些人员的边际生产力为零甚至为负，造成农村生产率极其低下。发展的目的就是要将这些人员转移到城市工业中。后续的研究人员进一步指出，农村剩余劳动力必须转移到城市工业部门，才能实现高效率的城市化。如果城市化的速度超过工业化，则大量的农村剩余劳动力在转移到城市后，只能在非正规部门就业。而这些非正规部门主要是传统的服务业，这些部门是小规模的、效率低下的，无益于经济增长。这样，由服务业所推动的城市化是低效率的城市化，是贫困的城市化。研究者对此所举出的例子就是拉美的过度城市化以及由此带来的"城市病"。

我们认为，这种观点只看到了问题的一个方面。从统计数据来看，城市服务业的增长更多来自新兴服务部门的增长，而非传统服务部门的扩张。20 世纪 20 年代后，服务业中增长最快的部门大部分都属于新兴服务业，与此同时，现代服务业中雇用的劳动力数量也急剧上升。在 G7 国家，现代服务业雇用劳工的比重自 20 世纪 20 年代开始就快速上升。例如，1970～1986 年，美国现代服务业的产值与就业分别增长了 173.3% 和 200.8%，远远高于同期服务业 91.0% 和 85.3% 的增长速度，也远远高于国民经济的整体增长速度。从 OECD 国家的情况来看，自 80 年代以来，现代服务业占 GDP 的比重逐步上升。这说明了现代服务业在服务业内部的比重越来越高。而现有的研究表明，现代服务业并不是像第一代发展

---

① 尽管存在争议，主流的观点还是认为服务的消费需求弹性大于 1。

经济学家所描述的那样，是一个被动的角色。随着专业化分工的深化和专业服务外置化趋势的发展，制造业竞争力将越来越依赖于设计策划、技术研发、物流等现代服务业的支撑。这说明在城市化过程中，服务业并不单纯充当了劳动力蓄水池的作用，更重要的是，服务业的发展支撑了城市产业的升级，提升了城市的发展空间，增强了城市的竞争潜力，是一个积极的部门。

其后，一些研究服务经济的学者使用经济史的数据与事实对服务业与城市化的互动关系进行了深入研究。Singleman（1979）实证研究了工业化国家1920～1970年劳动力转移过程，动态比较的结果说明劳动力在城市非农业部门特别是服务业部门集中，研究发现城市化是促成一个国家由农业型经济向服务型经济转变的重要因素，他首次明确了城市化是服务业发展的原因。因为服务产品的特点要求服务的供需双方直接面对面，而城市设施以及人口密度为此提供了便利条件。城市化还促进了政府服务和其他非营利服务行业发展。但是，Singleman忽略了服务业发展过程中所存在的聚集效应以及由此产生的"自我增强"机制，因而对服务业促进城市化的作用机制并没有进行探讨。

Riddle（1986）指出，服务业在经济发展中并不是一个被动的角色，从经济史的角度来看，商业革命是工业革命的前奏与先驱。而服务业的创新成为工业革命的支撑。例如，职业研究活动的出现，教育系统的改进，运输方式的改善，金融创新的出现，为工业革命提供了良好的基础。因此，Riddle提出，服务业份额的上升不是经济增长的结果，而是经济增长的原因。因此，他得出了这样的结论："服务业是促进其他部门增长的过程产业。服务业是经济的黏合剂，是便于一切经济交易的产业，是刺激商品生产的推动力"。很明显，在Riddle看来，服务业发展本身将通过促进经济发展，进而促进城市的发展。

我们认为，服务业发展与城市之间互动关系的最重要的纽带是分工。随着分工的深化，使原来融合于第二产业内部的服务业独立出来，这使服务业获得了长足的发展动力。从经济现实来看，现代社会人类生产已经形成十分复杂的分工体系，各个生产企业和消费者就像大海里的各个孤岛，需要一个巨大的"网络"将它们连接起来。"网络"所发挥的功能包括：连接商品的传递、沟通信息和转移风险，形成一种新的生产资源。现代服务业很大一部分是这个网络的主要节点。正如杨小凯所指出的，分工网络的发展是现代经济增长的最初动因。而分工网络的日益发展，将会产生很多新兴的服务行业，使服务行业占GDP的比重迅速上升。分工的发展也使原来存在于制造业内部的服务业独立出来，例如营销、设计、研究与开发等部门，在过去都是制造企业内部的一个部门，而在现代经济背景下，独立出来成为一个独立的部门，这同样导致了服务业的快速成长，提高了服务业在 GDP 中的比重。

从另一方面来看，由于制造业生产过程中所存在的交易成本以及制造业非密集使用土地资源的特征，会使制造业首先在一个区域集中起来，这个过程就是城市化过程。这种城市就是工业城市（藤田昌久与克鲁格曼，1999）。使用藤田昌久与克鲁格曼的模型进一步推导会发现，将制造业者集中起来之后，制造业者之间的分工（产品分工）、制造环节的分工（产品内分工）以及功能化分工（价值链分工）将会不断地演化，这导致交易数量大为增加，这种交易数量的增加对于交易本身的专业化提出了要求，从而出现了服务业的规模化集聚，使后工业化城市得以出现。

当今世界的分工已不是亚当·斯密时期的古典式分工，而是基于价值链的功能化分工。这种分工是基于价值创造的每一个环节，而非具体的产品或服务。关于部门间分工、部门内分工与价值链分工之间的区别，参见表3。

表3　分工的进化

分工类型	传统分工	新型分工	
	部门间分工	部门内分工	价值链分工
专业化形式	部门专业化	产品专业化	功能专业化
分工特点	不同产业之间	同一产业不同产品之间	产业链的不同环节、工序、模块
产业边界	清晰	较清晰	弱化
分工模式	垂直分工	水平分工为主	混合分工
空间分异	不同产业在空间的分离	同一产业不同产品在空间分离	价值链的不同环节、工序
形成机理	比较优势或资源禀赋	产品差异、消费偏好、规模经济需求的重叠	资源禀赋和技术水平差异、规模经济、产业关联经济
对城市的影响	工业城市形成	专业化城市形成	后工业城市形成，并造成了城市之间发展的不平衡

资料来源：魏后凯撰《大都市区新型产业分工与冲突管理——基于产业链分工的视角》，《中国工业经济》2007 年第 2 期。引用时进行了修改。

由于产业分工的不同，将会出现不同类型的城市。而这些不同的城市曾主导不同的发展时期。随着分工的发展，当今世界最重要的城市不再是原来占主导地位的工业城市（包括重工业城市、轻工业城市及制造业城市），而是以商务办公以及高技术产业为主导的后工业城市，在这些城市里，知识密集、金融资本密集、技术密集、人力资本密集成为主要特征，其主导产业以及竞争力源泉都是现代服务业。关于这些产业及相应的城市特征，具体参见表4。

表4　主要产业及其相应的城市特征

产业类型	产业特征	空间特征	典型城市	主导时期	中国代表性城市
重工业	产业资本密集	专业城市出现 依托资源产地	德国鲁尔区 美国匹兹堡	19世纪	唐山、包头
轻工业	劳动密集	产业集聚现象 人口流动频繁 环境污染现象	伦敦、曼彻斯特	19世纪	宁波、东莞
精密制造	技术密集	传统工业地域 城市密度不高	瑞士伯尔尼 德国南部 葡萄牙中部	20世纪	苏州
商务办公	知识密集、金融资本密集、人力资本密集	依托大城市和区域中心，并依据现代通信交通技术使之走向分散	伦敦、纽约、东京	20世纪末至21世纪	北京
高技术产业	知识密集、技术密集	两种类型：科研类型和制造类型，两种类型在空间上逐渐分离	美国硅谷、奥斯丁、英国剑桥、法国科学城	20世纪末至21世纪	

资料来源：转引自刘俊杰（2008），第132页，表3.3。引用时作者进行了必要的增删。

从理论上看，分工的出现与深化，都是经济系统中经济人（agent）最优决策的结果。因此，分工演进是一个社会化的过程。在分工演进过程中，交易效率（包括交易成本与协调沟通成本等）是十分重要的。因为整个经济必须考虑分工带来的效率增加与分工带来的协调费用等交易费用的增加之间的折中（trade off）。而与交易相关的现代服务业，如金融、交通、法律、会计等行业的快速兴起，将极大提高交易效率，[①] 扩大分工范围，促进经济的增长。因此，分工将促进现代服务业的成长。

---

① 李敬、冉光和、温涛（2007）的研究表明，金融交易效率与商品交易效率共同制约着分工演进与经济增长，但金融发展伴随的金融交易效率提高对劳动分工和经济增长的作用具有二重性。在商品交易效率足够高的条件下，金融交易效率与劳动分工水平和经济增长之间存在长期均衡关系，金融交易效率的提高显著地促进了劳动分工与经济增长；在商品交易效率极低的环境里，金融对劳动分工与经济增长的正面推动作用并不显著。这个模型可以解释为什么金融业会聚集在一些全球城市里。

从分工与城市化关系来看，第一个使用严格数理方法的分工模型来分析城市化的经济学家是杨小凯。杨小凯在其开创性的论文《发展、结构变化与城市化》一文中，使用其超边际分析方法建立了一个城市化模型，在这个模型中，交易效率对分工以及社会经济发展极其重要。如果所有的人居住在一个由很小的地方组成的城市，则交易效率会因每对贸易伙伴之间的距离降低而提高，因此，分工水平与生产力水平也会提高。这个模型从产品生产的角度论证了分工、集聚以及城市之间的关系。而藤田昌久与克鲁格曼则通过使用迪克西特－斯蒂格利茨（1977）所创造的多元化消费效用函数，提出了一个商品数量内生自发形成的经济模型。这个模型说明了商品数量无限扩展与交易成本之间的冲突。模型的本质是，消费者偏好多样化消费，但多产品生产将带来交易成本的上升以及规模不经济。因此，消费者以及生产者之间的距离应该足够近才能产生消费者效应最大化。这就产生了生产者之间的集聚。如果进一步引入 Romer 等人关于中间产品投入对生产效率的影响，① 这个模型就可以解释分工、城市与服务业之间的互动关系：分工带来城市化，城市化通过降低交易成本促进分工，而后者又将促进服务业的快速发展。

在关于城市与服务业的实证研究方面，国内学者有过少量研究。这些研究说明了城市与服务业之间的互动关系。郭文杰（2006）使用中国 1978～2004 年的数据进行实证分析的结果表明，城市化引致人口向城市的流动，产业集聚的邻近效应节省了交易费用，提高了交易效率，工业部门的快速增长直接带动了经济发展和居民收入增加，从业人员结构的改变最终促进了服务业的发展。潘海岚（2008）计算了中国各个省会城市 2000 年与 2006 年的区位商。分析结果表明，无论是 2000 年还是 2006 年，省会城市除了石家庄外，服务业区位商均大于 1。这说明中国主要城市具有集聚服务业的功能。肖林、王方华（2008）认为，中心城市所具有的集聚功能与辐射功能、创新功能，将对周边地区经济发展起着龙

---

① Romer（1987）在其一篇开创性论文中，将迪克西特－斯蒂格利茨型的效用函数作为生产函数使用。在这个生产函数里，最终产品的生产效率是由中间产品投入种类决定的，也就是说，中间产品投入种类越多，生产效率越高。因此，经济发展取决于中间产品品种的扩展。然而，中间产品投入品种越多，交易中间产品的成本越高，这样，经济会在中间产品交易成本与中间产品扩展之间取得一个折中。很明显，依据这个模型，如果所有中间产品厂商都集聚在一起，对于最终产品生产效率提高是极其有利的。这会导致城市的出现。如果将中间产品的定义放宽至包括服务，则服务种类的扩展也会变得极其自然。关于 Romer 模型的细节，可参阅 Romer, P. M.（1987），"Growth Based on Increasing Returns Due to Specialization", A. E. R., V. 77 – NO. 2, pp. 56 – 62.

头作用。这种功能的形成,来源于中心城市服务经济的发展。

3. 服务化与城市化的动态发展过程理论

从上文的分析中我们可以看出,城市与服务业之间的互动关系的基石是分工。分工发展需要交易效率的提高,这产生了大量交易性服务业以及城市;在城市出现后,服务业本身也从工业中分离出来,产生了大量的生产性服务业。这又促进了城市的扩展。因此,服务业与城市互动关系表现为一个动态发展过程。

在工业发展的初期,由于工业的非密集使用土地特性以及降低交易成本的考虑,工业将产生一定程度的聚集,这种聚集带动了城市的兴起和繁荣,产生了一大批工业性城市。大量工业品的出现,使得集中生产和分散消费之间的矛盾凸显,流通服务获得了快速发展,城市进一步成为流通中心与分配中心,城市功能扩张。当城市扩张到一定程度时,其聚集生产要素的功能将进一步体现出来。与此同时,随着交通成本的降低,工业内部分工、产品分工以及功能分工等各种分工形式渐次出现,全球性分工网络开始形成。生产性服务业作为协调分工的最重要手段,使工业获得了分工所带来的规模经济与交易成本降低的双重好处,从而成为城市的主导性产业,出现了以现代服务业为支撑的后工业城市。这种城市以服务业为主导,具有协调全球生产的功能。

与此相适应的是,城市化呈现一个有规律的发展过程。根据城市地理学家瑟诺姆对城市化发展规律的研究,城市化进程具有阶段性规律,全程呈一个拉平的S形。当城市人口比重超过30%以后,城市化进程出现加快的趋势,这种势头一直要维持到城市人口比重超过70%以后。因此,一般称城市化率低于30%的发展阶段为城市化的起步阶段,城市化率处于30%～70%之间的阶段为城市化的加速发展阶段,城市化率达到50%为基本实现城市化,城市化率处于70%以上的阶段为城市化的高级发展阶段。

高敏(2006)通过对英、美、巴、韩四个典型国家的实证分析表明,服务业发展的一般规律是:随着城市化水平的提高,服务业在经济中的总比重不断上升,服务业内部结构逐渐优化;流通服务、社会服务和生产者服务渐次成为城市化中前期、中期和中后期的主导性服务行业;在空间布局上,随着城市化水平的提高,城市体系内大中小城市逐步形成合理的服务功能分工,在城市内部,服务业的空间布局呈现由集中到分散再到高等级聚集的规律性变化。

二　城市与服务业互动的趋势：全球城市的
兴起与正在变平的世界

按照畅销书《世界是平的——21世纪简史》作者托马斯·弗里德曼的说法，我们正在经历全球化3.0时代。[①] 这是一个以信息技术驱动的、全球性个体联合的时代。在这个时代里，世界正在变平。问题的关键是，信息技术在将全球各个角落联结在一起时，是否真的使全球在收入、产业结构等方面变得更为平坦呢？我们认为，信息技术的发达，的确使个人融入全球化生活之中，但是，这种融入并不是以全球经济的平面化为特征。相反，在这个时代里，由于数字鸿沟的存在，使全球城市的"马太效应"变得更为重要，世界成为一个赢家通吃的社会。世界在信息交流方面虽然越来越平坦了，但是，在其他方面（如收入、技术、信息等）变得越来越不平坦。

就城市与服务业的互动关系而言，我们正在看到一种新的趋势：随着国际化都市（International Metropolis）、世界城市（World City）、全球城市（Global City）等的兴起，全球城市正在呈现一种金字塔形结构，少数城市在高端服务业方面占据了绝对优势地位，而其他城市在服务业发展方面受到了压制。中国的北京、上海虽然成长速度很快，但离占据高端还有很长的路要走。

1. 从国际性大都市到全球城市：概念过程

尽管城市的国际联系从19世纪开始变得更为紧密，但是，对于这种现象进行理论关注是20世纪后半叶。1915年，苏格兰城市规划家帕特里克·格迪斯（Patrick Geddes）在《演化中的城市》一书中首次提出"世界城市"的概念。但他并没有对这个概念进行深入的探讨。1966年，英国的城市规划家伯特·霍尔（Peter Hall）以"国际城市"作为其著作的名称，霍尔在这本著作里全面描述了世界上主要的具有国际影响力的城市，从此拉开了国际城市研究的序幕。霍尔认为，世界城市专指那些对全世界或大多数国家发生全球性经济、政治、文化影响的国际第一流大都市；这些城市除了拥有巨大的人口规模之外，还应该是金融中

---

①　弗里德曼认为，全球化1.0版本从1492年开始持续到1800年，这个时代肇始于哥伦布远航开启新旧世界之间的贸易。全球化的推动力量是国家。全球化2.0版本从1800年开始持续到2000年，这个年代的推动力量是跨国公司。而全球化3.0时代开始于2000年，使个人或小集团能够通过互联网等信息交换工具无缝接入到全球各个地方。

心、贸易中心、人力资源中心；从产业结构来看，这些城市的主导产业是服务业（霍尔认为娱乐业应该是世界城市的一种主要产业）。

1986年，弗里德曼发表了《世界城市假说》，阐述了世界城市的理论。弗里德曼认为世界城市的本质特征是拥有全球经济控制能力，并据此划分了国际化城市体系的三级分类：全球性城市——区域级全球性城市——国际性城市。其中，前两类又往往称为国际化大都市。

1991年，美国经济学家S. 沙森（S. Sassen）在其《全球城市：纽约、伦敦、东京》一书中，运用经济学、社会学和区域科学的理论，在经济全球化的基础上对纽约、伦敦和东京进行了实证研究，将世界城市定义为高度集中化的世界经济控制中心，尤其是在金融市场具有绝对的影响力。其基本职能表现为：世界资本市场的交易中心、世界货币市场的交易中心、世界经营决策管理中心和全球生产性服务的交易中心。这些城市还拥有大量全球性公司的总部或区域总部，并通过这些部门直接影响全球经济。2001年，美国的斯柯特提出"全球城市带"这一概念。斯柯特的观点认为，随着全球城市向周边地区扩展，会形成一些新的产业，如高科技制造业、旅游观光产业、文化创意产业等，进而形成一个城市带。

目前公认的全球城市包括纽约、伦敦、东京。这些全球城市最大的特征是服务业极其发达，而且在高端服务业（APS，Advance Produce Service）方面具有无与伦比的竞争优势，这些产业的高速发展支撑了城市的持续发展。

从统计数据来看，纽约现代服务行业在私人部门就业的比重从1977年的29.8%上升到1987年的37.7%，制造业部门则下降了22%，交通运输业下降了20%。据此，莫伦考夫（J. MoUenkopf）认为，纽约20世纪70年代后期以来的经济高速发展主要得益于强大的现代服务业。到2002年时，纽约信息服务、专业和技术服务、金融与保险三个部门占GDP的比重上升到了22.9%。伦敦中心区1984~1987年现代服务部门在总就业中的比重从11%上升到18%，1989年达到20%，而其他行业出现了下降趋势。到2005年时，金融服务业与商务服务业就业人口占全部就业人口的比例超过32%。20世纪80年代以来，东京情报信息业、广告业、金融保险业等发展得非常快，90年代末，金融保险业占东京都国内生产总值的比重为12.5%，比80年代初上升约6个百分点。

2. 城市与服务业互动：世界正在变平吗

全球城市的形成，说明大城市尤其是世界级的大城市在服务业发展方面的战略优势。在全球经济一体化过程中，由于实体产品生产已走向全球化网络之中，大量设计、营销、物流等服务职能亦已向外进行分包，这造成了大型跨国公司的管理与控制正在趋向于高度复杂化，规模越来越大。而且，随着全球金融市场的一体化，世界级银行、金融证券机构、保险公司大批出现，这些机构管理总部的职能越来越复杂。而全球城市由于其在基础设施、人力资源、金融传统、管理制度等方面的优势，成为这些机构的聚集中心，成为全球中央商务区，并最终起到全球经济运行管理和控制中心的作用。

因此，全球城市不单纯等于拥有跨国公司、国际航班、五星级酒店、酒吧、别墅、高尔夫球场、地铁、西餐、外国乐队、巨型建筑这些符号化的东西，而是其对全球经济的管理与控制功能。

从总体上看，随着信息时代的来临，中心城市的功能正在发生根本性的变化。它们正在由产品的生产与交易中心转变为知识的生产与交易中心。正如丹尼尔·贝尔在其《后工业社会的来临》中写道的：许多农业社会，如印度，有较大比例的人口从事服务业，但那是属于为个人服务（如家庭仆役），这是因为劳动力便宜，而且经常就业不足。在工业社会中，各种服务性行业不断增长，是因为必须对生产提供辅助性劳动，例如运输和销售。但是，在后工业社会里，突出的是一种不同类型的服务业。如果我们把服务业分类为个人性质的（零售商店、洗衣店、汽车修理、美容店）；企业性质的（银行和金融业、房地产、保险业）；运输、通信和公用事业；以及保健、教育和管理，最后这个类别的增长对于后工业社会是具有决定意义的。因为这是一个新的知识界——在大学、研究机构、各种专业以及管理部门——不断扩张的类别。

信息技术的应用推动了经济的全球化和网络化，这促使城市成为全球、区域和全国等不同层次经济网络的节点和信息中心，城市发生了根本性的变化。具体参见表5。

表5　从工业时代到信息时代中心城市的功能转变

时　期	工业时代	信息时代
基本职能	生产制造职能	管理、协调职能
产业类型	工业为主	现代服务业和新型制造业为主
企业组织类型	大型化、纵向一体化	小型化和虚拟化
生产对象	物质性资产和传统服务	信息集聚、加工处理，研发
生产要素	物质资源为主	人力资本为主

资料来源：引自刘俊杰（2008），第194页，表4.6。

在城市功能向信息中心转变时，城市发展要依托高度密集的人力资源和具有高起点的发展环境，拥有较好的国际化、地区化和多方式的易达性，具备完善的社会服务和高水平的教育科研机构，拥有高质量的人力资源，拥有国际机场、高速列车、铁路、公路和城市内高效快捷方便的交通基础网络，以及高质量的电子通信设施、高品质的城市生活，这些对城市发展都是至关重要的。上述条件只有在较大的城市才能得到满足。因此，信息技术革命在部分地消除服务时空限制性的同时，又使服务业空间布局的不平衡显著加强，城市体系内大城市的服务优势更加明显，小城市和小城镇的发展机会日益减少，服务业向中心城市的聚集加剧。

在全球化时代，生产和资本流动的全球化导致在不同国家开展业务的一家公司，在地域上越是分散，其中心功能——公司运作网络的管理、协调、服务和融资工作就越是复杂和具有战略性，因此，经济活动的区域分散带来了强化中心控制与管理的必要性，这些管理和控制活动是高度专业化和技术密集的服务活动，其生产区位集中于少数的中心城市（Sassen，2001）。

另一方面，为了降低运营成本，大量位于区域性中心城市的服务企业正在将低端服务业分包出去。除了以客户服务为主的前台功能（Front Office Activites）要保持与既存客户、潜在客户以及其他专业服务机构的紧密接触而保留在这些城市之外，部分后台功能（Back Office Operation）正在外移。因此，就区域性中心城市而言，全球化时代的来临，使其受到上下两端的挤压，一方面是来自国际性大都市的虹吸效应，另一方面来源于新兴城市的竞争。

这一观点得到实证研究的验证。我国研究者向俊波、陈雯对长三角大都市区的二级城市——无锡、杭州、苏州的现代服务业进行了考察，发现首位城市上海利用资金、人才、信息等方面的优势，占有了二级城市的现代服务市场，二级城市现代服务业的发展处于首位城市的阴影之下，城市产业升级的空间受到明显限制。这一研究结果反映出生产者服务向高等级城市的聚集发展给低等级城市带来了潜在的不利影响。这一点从我国中等发达城市服务业占 GDP 比重的分布可以看出（见表6），在中国比较发达的城市里（这些城市的人均GDP 都在 10000 美元左右，一般被称之为二级城市），其服务业占 GDP 的比重均比较低。即使在以服务业发达著称的深圳，其服务业占 GDP 的比重亦不超过 50%。

表6　2007年中国中等经济发达城市服务业发展比较

单位：亿元，%

城市名称	东莞	大连	宁波	青岛	苏州	深圳	大庆	唐山
GDP	3151	3131	3433.1	3786.52	5700	6765.4	1822.4	2779.1
第二产业增加值占GDP比重	56.8	49.1	55	51.6	63.7	50.9	85	57.4
服务业占GDP比重	42.8	43	40.5	43	34.6	49	12	32.3

资料来源：作者根据各市统计公报进行整理计算。

　　世界银行2009年世界发展报告认为，工业革命以来的全球社会并没有造就平稳均衡的增长。在这份题为《重塑世界经济地理》的报告中，世界银行的专家认为，城市化、地区发展和全球一体化之间存在紧密的关联。但全球化虽然在信息联结方面使世界变平，却没有使区域之间的差异变平。

　　综上所述，全球城市的兴起以及正在变平的世界，是当今世界城市与服务业互动发展的一个重要特征。对任何城市而言，这都充满了机遇与挑战。

三　中国城市与服务业互动发展的问题与对策

　　从中国的现实情况来看，由于严格的户籍制度使我国城市化严重滞后，而不当的城市规模政策又使我国的城市水平在很低的质量层面达到了均衡，因此，城市与服务业发展之间并没有形成一种良性互动关系，这严重制约了我国城市的功能扩展，也阻滞了我国服务业的快速发展。

　　1. 严格的户籍制度导致我国城市化严重滞后，并使城市与服务业之间无法产生相互促进的良性互动关系

　　自改革开放以来，我国的城市化快速发展。单纯从统计数据所计算的城市化率来看，我国城市化率从1978年的17.9%提高到了2006年的45.7%，提高了27.8个百分点，平均每年提高约0.9个百分点。与此同时，中国服务业占GDP的比重也获得了较快的提高，从23.9%提高到了40.1%（见图2）。

　　但是，无论是同世界平均城市化水平相比，还是同一些发展水平相近的发展中国家相比，中国的城市化水平均相对偏低。按照世界银行数据，1978年中国城市化水平为19%，低于世界平均水平27个百分点。到1998年，中国城市化水平与世界平均水平的差距缩小到21个百分点，到2005年进一步缩小到17个百

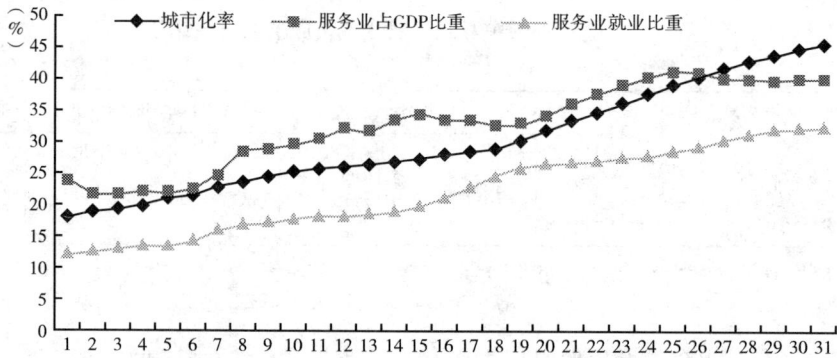

图2　1978~2008年中国服务业与城市化的关系

资料来源：《中国统计年鉴2008》，2008年数据根据统计公报进行推算。

分点。1978年中国城市化水平比中低收入国家平均水平低22个百分点，2005年仍然低15个百分点；与发展水平相近的其他国家相比较，中国的城市化率除高于印度以外，要显著低于印尼（48.1%，2005年）、菲律宾（62.7%）、巴西（84.2%）、南非（59.3%）等国，具体参见表7。

表7　与中国发展水平相近国家的城市化率与非农业人口比重

单位：美元，%

国家/地区	人均GDP		城市化率	
	1999年	2006年	1999年	2006年
喀麦隆	625	1080	48	53.7
土库曼斯坦	668	—	45	46
印度尼西亚	688	1420	40	46.9
安哥拉	689	1980	34	52.6
科特迪瓦	723	870	46	44.6
乌兹别克斯坦	726	610	37	36.8
巴布亚新几内亚	763	—	17	17.9
刚果共和国	764	950	62	59.8
乌克兰	773	1950	68	67.7
中国	789	2010	35	43.9
斯里兰卡	840	1300	23	15.2
洪都拉斯	855	1200	52	46.1
算术平均值	742	1337	42	60.5

资料来源：1999年数据来源于《世界发展指标2001》，但是，中国的数据根据《中国统计年鉴2007》进行了修正，2006年数据为非农业人口比重，根据《世界发展报告2008》附表A1计算。

我们的一项研究表明，中国城市化的滞后与严格而僵化的户籍制度相关。这种严格的户籍制度限制了农村的迁徙，并导致了候鸟式城市化，[①] 大幅度降低了城市化水平，导致城市迁徙人口收入与消费的分离，影响了服务业的发展，使城市与服务业发展之间缺乏良好的互动关系（李勇坚、夏杰长，2009）。

2. 城市规模政策的失误

除了户籍制度之外，另一个影响中国城市与服务业之间良性互动关系形成的因素就是城市规模政策的失误。1978 年我国第三次城市工作会议确定了"控制大城市规模，多搞小城镇"的城市建设方针，1980 年全国城市规划工作会议正式把"控制大城市规模，合理发展中等城市，积极发展小城市"确定为国家城市发展的总方针，1990 年城市规划法又将其改为"严格控制大城市规模，合理发展中等城市和小城市"。这些政策大幅度降低了我国城市化的质量，据估计，我国 6 亿城市人口中，大约有 1.5 亿人生活在不足 10 万人口的小城市以及城镇中。

作为抑制大城市发展的政策的一个后果是，我国城市体系的规模分布更趋平均化了，1960 年，中国城市的空间基尼系数是 0.47，世界水平是 0.59，到 2000 年，中国城市的空间基尼系数转变为 0.43，世界水平是 0.56。中国城市的规模分布在低水平上更加平均化，说明我国城市人口向高等级中心城市聚集发展的程度明显滞后于世界平均水平，高等级城市的规模优势不明显。

我们前面的分析表明，生产性服务业尤其是高端服务业，总会优先在大城市中出现并发展起来，大城市在发展服务业方面具有先天的优势。吉昱华等人（2004）的实证研究表明，服务业的效率随着城市规模的扩大而显著提高，通过发展大城市来促进服务业的发展，必然会有利于经济增长的过程。Daniels（1982）发现，在 1960~1970 年间，美国百万人口以上的大城市的服务业就业比其他城市增长得更快，服务业大部分从业人员集中在美国的大城市中。

而我国城市规模过小，导致服务业在这些城市发展速度不快。一个明显的例证是，1992~2008 年的 16 年内，中国城市化率增加了 18.24 个百分点，平均每年增加 1.14 个百分点。与此同时，我国服务业占 GDP 的比重仅提高了 5.3 个百

[①] 候鸟式城市化主要表现是人口流动在很大程度上表现为单身、短期迁移，大量农业人口虽然已经在城市就业，但却无法获得当地户口和相应的福利，很难在迁入地定居下来。这些人口在城市的居住都具有明显的短期性与临时性。这一点并不同于其他很多发展中国家人口流动的永久的、家庭为主导的迁移。

分点，平均每年增加 0.32 个百分点。而从 2000 年到 2008 年的情况来看，在我国城市化快速发展的情况下（城市化提高了 9.48 个百分点），服务业占 GDP 的比重在使用全国经济普查的数据进行调整后，亦没有明显的增长（从 39.0% 略微提高到 40.1%）。这说明我国城市与服务业发展之间并没有形成良好的互动关系。

3. 促进我国城市与服务业互动发展的对策

从前述分析可以看出，我国城市与服务业发展之间还没有形成一种良好的互动关系。由于缺乏这种互动关系，导致我国服务业发展缓慢，城市化质量低下。因此，协调我国城市与服务业发展的互动关系，使其相互促进，对我国未来服务业的发展具有重要意义。为此，应采取如下对策。

第一，大力发展大城市，并完善大城市的生产服务功能。1980 年代中国抑制大城市发展战略的后果是，在几十年的经济发展过程中，中国并没有形成全球城市，连世界城市或国际性大都市都不多见。《商业周刊》2008 年 10 月份刊登了一份《世界最具全球性的城市》报告，这份由美国科尔尼咨询公司和芝加哥全球问题委员会合作产生的报告认为，以商业活跃性、人力资本、信息交换、文化氛围和政府参与度衡量，纽约的"全球性"名列第一，伦敦第二，巴黎第三，亚洲地区的东京、香港、新加坡、首尔分别名列第四、第五、第七、第九。而中国内地仅有 4 座城市入围前 60 名，其中北京排名第十，上海①、深圳、重庆分别排名第 20、54、59 名。因此，我国应鼓励大城市发展高端服务业，以完善城市的功能，使中国的大城市真正走向全球。

第二，中等城市的发展要根据当地实际情况，从完善城市功能出发，切实发展城市服务业。对于中等城市来说，找准自己的定位极为重要。进入 21 世纪后，我国许多城市不顾发展水平和实际需要，盲目扩大规模，提高标准，纷纷提出建设国际性大都市的目标。据不完全统计，我国已有 182 座城市提出要建国际性大都市。而据有关国际组织对世界公认的 11 个国际性大城市进行的综合评估，除伦敦、东京、纽约 3 个城市外，巴黎、芝加哥、香港、悉尼、新加坡、首尔、莫斯科、法兰克福等 8 个城市目前也只具备了国际性城市的一部分功能。

---

① 这使我想起沙森在《全球城市：纽约、伦敦、东京》中指出的："世界对上海的想象似乎已超过了她的真实力量"。

由国家计委、建设部、中国科学院和南京大学完成的建设部"九五"重点科研项目"经济全球化与中国城市发展跨世纪中国城市发展战略研究"对什么是国际性城市的概念进行论述后，按国际公认的标准对我国内地18座主要特大城市经济实力进行定量分析后认为，随着我国经济实力的增强，城市化进程的加快，21世纪初叶至中叶，在这18座城市中，最有可能进入国际性城市之列的城市只有两座，北京和上海，再加上回归后背靠深圳的香港，最终形成三个真正意义上的国际性城市。因此，182座城市进入国际性大都市行列，根本就是脱离实际情况的大而空的目标。

因此，对于中等城市来说，切实找准自己的定位，切实承接一线城市的服务外包，发展为本地生产生活服务的服务产业，积极辐射周边地区，才是发展的正道。

第三，城市化的速度要根据社会经济生活需要，稳步提高，不要盲目求大求快。进入21世纪后，我国城市化水平提高很快，城市化率年均提高1个多百分点。在城市化加速发展时期，我们更要注意产业结构进行及时转换与其衔接。在这方面，巴西是一个教训。作为发展中大国，巴西的城市化率超过了80%。但是，由于巴西的产业结构转换没有及时跟上城市化的脚步（例如，到2000年时，巴西的交通运输业与金融保险业的就业人数仅占社会全部就业人数的6.8%，相比1990年下降了0.9个百分点），而导致了"城市病"的出现。据统计，近20年来，巴西城市人口增长了24%，贫民窟人口却增长了118%。目前居住在城市贫民窟中的人口达到3500万，占全国城市人口的25.4%。

第四，要将服务业作为一个战略性产业加以发展。正如我们在前文所指出的，全球城市最关键的是其对全球经济的控制力。这种控制力表现在其高端服务业的充分发达，例如金融、研究与开发、管理咨询等行业。因此，我们一定要剔除只有制造业才能创造城市竞争力的陈旧观念，将服务业尤其是高端服务业作为一个战略性服务业加以发展。

四 结论

长期以来，经济学界主流的观点认为，服务业是随着城市的扩张而被动增长的。然而，本文的分析表明，城市与服务业之间可以形成一种良性互动关系。这种互动关系将使城市与服务业发展相互促进。城市为服务业的发展提供最基本的条件，而服务业为城市的功能提升与竞争力提高提供持续的动力。

在全球化的时代里，全球各个城市之间的交通以及通信联络方式越来越趋向于便捷化，这使得服务的消费与生产可以在某种程度上进行时间与空间上的分离，发达城市已趋向于将某些低端、便于数字化的服务行业进行外包。这种外包并没有如弗里德曼所说的一样，将城市之间的差异碾平。相反，那些全球城市仍然占据了城市金字塔的顶端，是全球的商务中心，在高端服务业等方面具有一如既往的优势。中国城市要成长为全球城市还有很长的路要走。

从中国的情况来看，中国并没有形成城市与服务业发展的良性互动关系。大部分城市的功能仍然停留在工业时代，并没有完成向信息时代的转换。因此，转换城市功能是促进中国城市与服务业协调发展的必由之路。

参考文献

Dixit, Avinash K. and Joseph E. Stiglitz. (1977), "Monopolistic Competition and Optimum Product Diversity," *American Economic Review* 67, June 1977. pp. 297 – 308.

Riddle, Dorothy I. (1986), Service-Led Growth-the Role of the Service Sector, Praeger, 1986.

Singleman (1979), *From Agriculture to Service*, Sage Publication.

Fujita , J. , P. Krugman and A. J. Venables, *The Spatial Economy*：*Cities, Regions, and International Trade*, 1999, MIT Press.

肖林、王方华：《中国都市圈服务经济与全球化竞争战略》，格致出版社、上海人民出版社，2008。

潘海岚：《中国现代服务业发展研究》，中国财政经济出版社，2008。

孟祥林：《城市化进程的经济学分析》，西南财经大学出版社，2008。

张庭伟：《制造业、服务业与上海的发展战略》，《城市规划学刊》2005 年第 3 期。

刘俊杰：《分工、结构演进与城市化》，经济科学出版社，2008。

高敏：《服务业与城市化协调发展研究——一般经验与中国模式》，厦门大学博士学位论文，2006。

向俊波、陈雯：《二级城市发展现代服务业的困境和解决途径》，《城市问题》2003 年第 1 期。

杨小凯：《发展经济学——超边际与边际分析》，社会科学文献出版社，2003。

郭文杰：《服务业增长、城市化与经济发展——改革开放后中国数据的经验研究》，

《当代经济科学》2006 年第 5 期。

刘维奇：《我国服务业与城市化的相关性研究》，《北京工业大学学报（社会科学版）》2007 年第 6 期。

〔英〕Peter Hall：《全球城市》，陈闽齐译，《国外城市规划》2004 年第 4 期。

郑吉昌、夏晴：《服务业与城市化互动关系研究》，《经济学动态》2004 年第 12 期。

孔凡文、许世卫：《中国城镇化发展速度与质量问题研究》，东北大学出版社，2006。

〔美〕库兹涅茨著《各国的经济增长：总产值和生产结构》，常勋等译，商务印书馆，1985。

〔美〕丝奇雅·沙森：《全球城市：纽约、伦敦、东京》，周振华译，上海社会科学院出版社，2001。

〔美〕丹尼尔·贝尔：《后工业社会的来临》，高铦等译，商务印书馆，1986。

〔美〕托马斯·弗里德曼：《世界是平的——21 世纪简史》，何帆、肖莹莹、郝正非译，湖南科学技术出版社，2008。

李敬、冉光和、温涛（2007）：《金融发展、劳动分工与经济增长》，工作论文。

城市转型与服务业发展：
国际经验与启示

张颖熙*

摘　要： 后工业经济时代，城市转型的重要特征就是形成以服务经济为主的产业结构调整，进而促进城市功能及其发展模式的重大变化。以国际上大都市转型案例分析，多数发达国家及部分新兴市场国家的大都市在转型中都经历了制造业比重下降，服务业增速加快，且超过 GDP 增速，并在产业结构中逐步占据主导地位，从而引起城市功能发生根本性转变的过程。城市转型与服务经济发展中存在着一般规律与共同特征，这对我国城市转型及服务业的发展有着重要的启示和借鉴意义。

关键词： 全球城市　城市转型　现代服务业　生产者服务

一　引言

从经济社会发展的历史来看，任何一个城市都经历过多次的重大转型。很多城市都曾经历过从一个商业城市逐渐转变为制造业城市然后又转型为区域城市、世界城市或全球城市的过程。城市作为一个系统总是处于动态的发展过程中。当这种动态变化积累到一定程度就会引起城市的规模、地位、功能以及发展模式和发展路径发生质的改变，我们把这种质的改变称为城市转型。[①] 以更广阔的视角看，城市转型也是城市在全球经济体系和全球城市网络中重新定位、重塑功能的一个过程。

---

*　张颖熙，经济学博士，中国社会科学院财政与贸易经济研究所。主要研究方向为服务经济理论与政策。

①　周振华：《城市转型与服务经济发展》，上海人民出版社，2009，第 2 页。

其中，产业结构调整作为一个主要子系统，其转型的方向及发展模式是至关重要的，是城市转型过程中的主导性变量。在城市转型过程中日渐形成以服务经济为主的产业结构调整，进而促进城市功能及其发展模式的重大变化，是城市转型的重要标志之一，而且这一主导性发展通常是一个经济发展自然演进的过程和结果。

通过国际经验的比较，多数发达国家及部分新兴市场国家的大都市在转型中都经历了制造业比重下降，服务业增速加快，且超过 GDP 增速，并在产业结构中逐步占据主导地位，从而引起城市功能发生根本性转变的过程。换句话说，服务业取代制造业成为城市经济的主体，是城市转型过程中的最主要特征。与传统的制造业相比，服务业特别是现代知识密集型服务业的发展对城市功能的转变产生了质的影响，即强化城市功能、提升城市形象。为此，作者通过分析部分典型的转型城市的案例，探讨城市转型中产业结构变化的主要特征，进一步总结城市转型与服务业发展中存在的一般规律，进而提出对我国的借鉴与启示。

二　国际经验与比较

城市转型是任何城市都曾经历或正在面临的问题。伴随着向服务业和金融业转移的全球经济结构转型，赋予主要城市作为某些特定生产、服务、市场和创新场所的一种全新的重要性。① 也就是说，随着产业结构的调整，城市功能也逐渐发生了转变。但由于每个城市都有自身的特殊性，因而城市功能转型的路径和模式也各不相同。依据国家经济发展程度和城市功能的差异，本文主要选择了三类具有代表性的城市：一是工业型城市向服务型城市的转型，以美国纽约和日本东京为代表的发达国家在工业革命时期崛起的重要城市；二是以高度专业化和单一化为特征的资源型城市转型，以美国匹兹堡为代表；三是新兴市场国家和地区的城市转型，以东南亚地区的新加坡和韩国首尔作为典型。

通过案例的比较，具体分析产业内部、服务业内部构成变化，从而考察城市转型过程中的产业结构变化，并凸显服务业经济地位上升及其在转型过程中所起的作用。

---

① 〔美〕丝奇雅·沙森：《全球城市：纽约伦敦东京》，周振华等译，上海社会科学出版社，2005，第 3 页。

（一）纽约

1. 城市转型与产业结构变动的特征

纽约早在19世纪上半叶就已经成为美国的工业、金融和贸易中心。纽约的区位优势（港口、通往美国中西部的伊利运河和两条铁路大通脉的开通）奠定了纽约在进出口贸易和航运方面的绝对优势，成为美国运输业最发达的地区。20世纪50~60年代，美国产业结构发生了变化，纽约制造业无论绝对数量还是相对比重都开始大幅下降，经济出现了萧条。产业结构的变化影响了美国城市体系。到了七八十年代，在生产性服务的带动下，纽约产业集聚现象凸显，经济再度繁荣。产业结构转型使纽约成为一个典型的后工业化城市。而作为后工业化时期的国际城市纽约，其功能逐渐从物质生产中心功能向为生产和流通提供服务的金融中心、服务中心、信息中心、管理中心、科学、文化和教育中心等多功能演变，从而成为一个综合性的全球城市。

我们以1950~2001年纽约市制造业与服务业就业人员的变动来分析纽约产业结构变化的特征，如表1。

表1　1950~2001年纽约市就业结构的变化

单位：万人

年　份	1950	1960	1970	1980	1990	2000	2001
制造业	103.9	94.7	76.6	49.6	33.8	24.3	23
服务业	50.8	60.7	78.6	89.3	114.9	145.7	146.5
总　量	346.8	353.8	374.6	330.1	356.6	372.1	370.8

资料来源：陈志洪、高汝熹等撰《纽约产业结构变动对上海的启示》，《上海经济研究》2003年第10期。

（1）制造业人数大量减少，比重持续下降。第二次世界大战结束后，随着美国全国产业结构的调整以及传统工业部门的衰落，纽约的制造业也开始进入衰退期，这种衰退涵括了制造业从中心城市迁出的现象。1950年，制造业就业人数为103.9万人，占整个非农产业就业人数的30%，而2001年制造业的就业人数仅为23万人，占整个非农产业就业人数的6.2%。

（2）服务业就业人口和比重持续上升。服务业就业人口从1950年的50.8万人增加到 2001 年的 146.5 万人，增加了 95.7 万人，就业比重从 14.6% 上升到 39.5%。

（3）服务业内部形成以金融保险、商务服务业为主导产业的集群发展模式。金融保险和房地产业就业人数自 1950 年到 2001 年增加了 15.1 万人，就业比例从 9.7% 上升到了 13.1%。

2. 纽约城市成功转型的原因

（1）纽约城市转型是在美国从工业经济向服务经济转型这个大背景下展开的，纽约制造业衰落是在全球化背景下美国制造业竞争力衰落的一个鲜明体现。在这一宏观经济背景下，纽约制造业的衰落不是纽约本身的问题，同样，商务服务业的兴起也不单是纽约的独特现象。

（2）纽约所具备的得天独厚的条件为其成功转型奠定了坚实的基础。纽约在转型前已经具备了发展高级商务服务业和金融保险业的全球性比较优势，主要体现在其综合性城市功能，金融、航运和贸易发达，国际化程度高，大学教育和公共文化设施发达，全球性高级人才集聚等发展基础使纽约成为后工业化社会的最佳生产基地。

（3）曼哈顿的区域集聚效应也是纽约成功转型的重要因素。金融服务业在曼哈顿聚集发展受多方面因素影响。一方面，曼哈顿的中心地位由来已久，一直保持先进和现代的设施，为现代服务业集群创造了良好的外部条件；另一方面，曼哈顿存在大量提供金融服务和消费金融服务的人群。因此，金融产业的集聚效应使纽约的金融业获得了空前的发展机遇，纽约作为全球金融中心的地位得到进一步的强化和巩固。

（4）与产业调整发展相适应的政策。自 20 世纪 50 年代起，纽约市政府就十分重视产业结构升级，推出了一系列促进产业结构调整的政策措施。比如在制造业领域，政府大力扶持高新技术产业的发展，对高新技术企业实行房地产税减征 5 年计划（前 3 年减 50%，第 4 年减 33%，第 5 年减 16.7%），免除商业房租税（前 3 年租税全免，第 4 年免 66.7%，第 5 年免 33.3%）等，促进了制造业的技术升级。

（5）纽约土地价格的上升成为产业结构转型的又一动力。由于土地价格的上涨，那些占地广、规模效应显著的大型制造企业被迫迁出纽约甚至美国本土，而大型公司总部、金融保险、房地产以及商务服务业则在产业升级的浪潮中顺利保留下来。

（二）东京

1. 城市转型与产业结构变动的基本情况

20 世纪五六十年代，日本经济处于高速增长时期。在当时，由首都东京及附近的横滨、川崎等城市组成的京滨工业区是日本制造业的生产基地和研发中心，是日本经济的"发动机"，带动京滨工业带乃至整个日本经济持续繁荣。随着日本经济高速增长期的结束，重化工业开始陆续迁出这一传统的工业地带，并由此引发东京制造业的持续衰退。与此同时，东京的服务业则稳步成长，就业人数和产出均出现了较大幅度的增加。东京逐渐由日本的制造业中心转变为制造、金融、服务、商业和文化为中心的综合型国际大都市。

（1）制造业地位下降，第三产业支撑东京的产业发展。2002 年，制造业次于服务业，在 GDP 中的比重为 11%，较 1990 年的 16% 大幅度下降，与全国的制造业在日本 GDP 中占 20.4% 的比例相比，东京也是比较低的。与此同时，东京第三产业的就业人口占到整个就业人口的八成以上。2001 年，包括运输通信业、批发零售及餐饮业、金融保险业、房地产业、服务业在内的第三产业的全部就业人口为 672 万人，占东京当年全部就业人口 837 万的 80.3%。

（2）从服务业内部结构来看，商业、金融保险和房地产业具有明显的优势。1992 年，这三个产业占第三产业增加值的比重分别为 25%、11.7% 和 34.3%。在商业方面，东京的主要特点是批发业占据了主导地位。到 1991 年，东京的批发额与零售额之比已高达 10.5:1，批发额占全国的比重也达到 34.7%，批发业的从业人员多达 100 万人，比零售业的 72 万人多出 39%。值得注意的是，东京批发业的集聚效应十分明显，区位分布也很集中。

（3）东京的总部经济也非常突出，银行保险业总部大多设在东京，东京成为日本跨国企业的总部以及全球金融、商业、信息和文化中心，集中度非常高，充分显示了东京作为日本经济、金融和贸易中心的雄厚实力。

2. 东京产业结构调整的特点

东京产业结构的调整也带来了城市的顺利转型。东京产业结构转型的主要特点有以下两点。

（1）东京产业结构转型平稳、自然，制造业的衰退和转移并未带来经济的衰退和失业人数的增加。比如东京制造业就业人数在 1969 年到达顶峰后出现了持续的下降，到 2001 年较顶峰时期减少了 80 万人，但由于同期第三产业就业人口增加较快，所以总体就业并没有出现较大的下降和波动。

（2）制造业向生产服务性企业转变。经历几十年的产业调整，生产职能向海外转移。东京制造业逐渐集中在规模小、能耗低、占地小、增值高的知识、技术密集型行业内，比如出版、时装、箱包以及部分机械加工业。东京的机械加工业也向研究所或者开发型、试产型的工厂转变，不少工厂从传统制造业转变为以研发、试验、技术服务为主的生产性服务业。

3. 东京城市成功转型的原因

东京的产业结构具有集聚性好、产业相对成本低、辐射能力强的优点。实际上，一种产业结构的形成通常是多方面因素作用的结果。除了根本性的需求和成本因素以外，产业政策的诱导也对东京产业结构特色的形成起了重要作用。日本在 20 世纪 60 年代推行"国民收入倍增计划"时就提出了建设沿太平洋工业地带的设想。从 20 世纪 60 年代到 80 年代，产业政策中又相继明确了控制大城市规模、改善生活质量和居住环境的指导思想。在这些政策的影响下，东京原有的一些重化工业相继迁往其他沿海地区，为东京现代城市型工业的集聚腾出了发展的空间，这些城市型工业的集聚又为批发业的发展创造了良好的条件。相对零售业而言，批发业的辐射力要强得多，而且其自身也具有集聚的倾向。可以说，只有批发业的高度集聚，才真正标志着东京贸易中心地位的形成，而这种中心地位又为现代服务业提供了发展的契机。

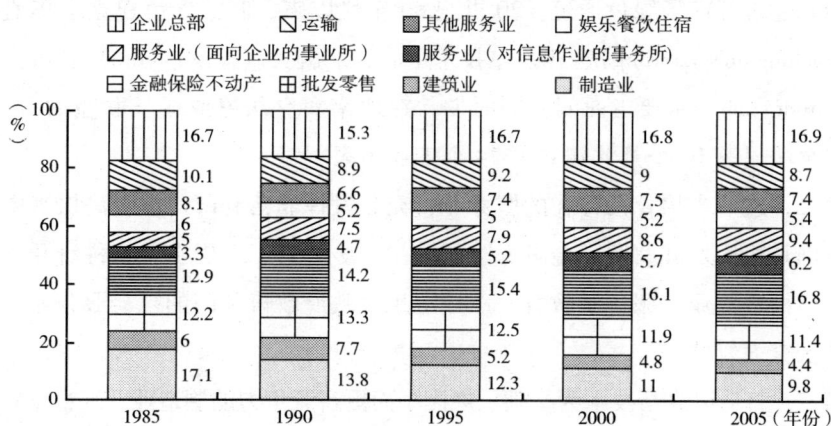

图 1　东京相关行业的构成和比重

资料来源：http：//www.chijihon.metro.tokyo.jp/keikaku。

（三）匹兹堡

匹兹堡是具有代表性的资源型城市转型成功案例之一。由于城市经济高度专业、单一，随着钢铁冶金业成为后工业社会时期的夕阳产业，二战后匹兹堡逐渐沦为委靡不振的老工业城市。1981 年，匹兹堡最重要的民间机构阿勒根尼社区发展会议（the Allegheny Conference on Community Development）组建了经济发展委员会，以加强对本地区经济的全面了解。1984 年，这个委员会发表了他们的调查报告《增长的战略：匹兹堡地区经济发展计划》。这一报告确立了匹兹堡未来经济发展战略的基本设想。阿勒根尼社区发展会议提出的致力于匹兹堡的"全面社会改良"复兴计划，使其城市转型逐渐步入良性轨道。

为避免过去单一产业所带来的脆弱性，匹兹堡提出了以多样化为基础的现代化经济发展目标，大力发展高新技术、教育医疗和各项文化产业，打造城市新形象，使城市吸引力和竞争力大大增强。其多样化的"经济复兴"做法主要有以下几点。

第一，加强基础设施建设和工业园建设。阿勒根尼社区发展会议于 1985 年成立了一个"交通改善指导委员会"。在"21 世纪战略"里一个主要提议就是兴建一个新的机场和一条到机场的高速路——南高速路。这个新机场成为匹兹堡"在 21 世纪世界经济中竞争的关键"。除此之外，匹兹堡市在高速公路和铁路建设方面投入了大量的资金。与此同时，政府的各项政策和文件为各县开发新的工业用地和建筑开辟了绿色通道。20 世纪 80 年代以来，匹兹堡市建立了华盛顿陆地（Washington's Landing）、匹兹堡技术中心、北脚尖（Northpointe）和滨河地带（Waterfront）四个主要工业园。同时期，在西南宾夕法尼亚成长联盟的帮助下，西南宾夕法尼亚 10 个县共建立了 24 个工业园区。①

第二，进一步培育已存在的服务业，充分发挥非营利部门在经济振兴中的作用。特别是积极发展商贸、金融保险、法律、房地产、工程设计、科研开发等活动的生产性服务业和服务于教育、医疗卫生及政府政策部门的社会服务业，使城市和社区全面复苏。

第三，打造以高新技术为基础、规模小而更富竞争力的制造业。匹兹堡在大力

---

① *Allegheny Conference on Community Development*. 2001 Report〔DB/OL〕.（2004 - 10 - 03）〔2004 - 16 - 12〕.

发展服务业的同时，以金融服务等现代服务为依托，推动制造业的转型。同时加大了在创新和产业化方面的投入，开发了医疗保健、生命科学、咨询通信等产业。

第四，传承工业遗产，大力发展文化旅游产业。匹兹堡充分利用工业遗产概念，即工业化时期的工厂、仓库、码头、员工住宅等作为一份珍贵的历史遗产得以保护和修复，使之成为展示城市独特历史博物馆一样的文化场所。同时积极开发工业旅游业，通过文化旅游产业提高人们的生活品质。

经历了几十年的艰苦努力，匹兹堡终于实现了从传统老工业城市到新兴绿色产业基地的华丽转身。如今的匹兹堡已经成为囊括钢铁、机电、医药、金融、教育以及新能源、信息技术等众多高科技领域的综合性产业基地。

（四）新加坡

东南亚国家的主要大城市大都经历了相似的发展过程，即先后采取了相似的经济发展政策（如从自给自足型经济向出口型经济的转型，从强调"经济独立"向强调"和国际接轨"的转变）和相似的城市发展政策（如进行城市空间重组，为以现代服务业为代表的新兴产业提供有吸引力的城市空间以增强城市竞争力）。其中，以新加坡的转型最具代表性。新加坡的转型得到了世界的认可，世界银行将新加坡作为具有高度竞争力的城市范例。[①]

1. 新加坡经济结构转型的特点

1950～1990年，新加坡经历了两次转型。第一次是从传统农业经济转向制造业。直至80年代初，制造业一直是新加坡经济发展最重要的支柱。1985年的国际经济震荡使新加坡政府开始减少对传统制造业的依赖，大力支持服务业，尤其注重吸引跨国公司的高端服务活动，如研发、行政和管理中心等，从制造业进入以国际金融为中心的现代服务业。1986～1996年，新加坡服务业年均增长率高达9.6%，比整体经济增长率高出0.3个百分点，服务出口额居全球第12位。

新加坡的总部经济非常突出，其天然的地理优势和发达的信息产业吸引了大量跨国公司总部的进入。同时，新加坡通过完善的金融和现代服务体系为企业的商务活动提供了优质高效的服务，通过培养本土高素质人才和大力吸引全世界的优秀人才为企业总部的发展提供了人力资源保障，通过与世界各国签订自由贸易

---

① 张庭伟、吴浩军：《转型的足迹：东南亚城市发展与演变》，东南大学出版社，2008。

协定为企业实现国际化提供了便利的通道。这些措施创造了良好的企业总部发展环境，增强了新加坡对全球企业总部的吸引力，推动了新加坡总部经济的发展。

2. 新加坡城市成功转型的关键

新加坡实现成功转型的关键在于，政府提出了从劳动密集型到资本密集型再到知识密集型的转型的明智决策。这一决策主要体现在"智慧国 2015 计划"和"2010 科技计划"中。

智慧国 2015 年计划是于 2005 年 4 月启动的一项国家计划。该计划是由新加坡资讯通信管理局主导的一项为期 10 年的总体规划，旨在将新加坡建设成为全球领先的信息化国家，使信息通信技术成为社会生活不可或缺的一部分。其四大策略为：①基础设施的大幅度提升，②强化新加坡制造的竞争能力，③建立国际化人才战略，④提升七大经济领域的发展水平。新加坡政府认为，只有继续借助信息通信技术才能不断巩固和加强新加坡的国际竞争力。该计划不仅仅培育本国 IT 人才，而且使其通过新加坡的整体经济环境吸引全球 IT 人才。

2010 年科技计划是新加坡贸工部 2006 年 2 月出台的 2010 年科技计划，旨在保持新加坡的创新型经济增长和竞争优势，提出了未来 5 年的预算计划和希望实现的目标，并提出了五项战略举措：①增加预算。未来 5 年，国家将投入 135.5 亿美元用于研发，其目的是把新加坡经济模式改造成一个研发和创新推动的经济模式。②开发和管理研发人力资本。新加坡科技研究局负责开拓并保持研究人才的大量供应，以便满足产业界的需要。③促进私营部门的研发。继续开展更多重大的研发项目，并且吸引更多的跨国公司在新加坡开展研发活动。④加强公共研究成果的商业化。把商业化当做与研究一样重要的核心活动，并建立激励和资助模式。⑤研发基础设施。吸引外国企业和全球的人才到新加坡，把公共和私营研究会聚一处，并且产生公共研究和企业的协同作用。

（五）首尔

1. 城市转型与产业结构变迁

作为发展中国家的新兴城市，韩国首尔产业结构经历了由农业生产为主、工业生产为主、第三产业为主的三个发展阶段。20 世纪 60 年代，首尔的第二产业占据主导产业地位，并且是韩国的制造业中心。自 20 世纪 70 年代，首尔的制造业增长步伐减缓，制造业的平均增速开始低于全国水平。进入 80 年代后，由于成本上涨等市场因素加之政府的政策引导，首尔制造业版图发生剧烈变动，制造业纷纷迁往市郊、外围城市甚至向中国和东南亚的境外转移。以制造业为主的首尔工业产业开始萎缩，由生产性城市向服务性城市的方向发展。

从表2可以看出，自1980年以来，首尔的第三产业比重由1980年的45.7%上升至1999年的51.5%。但与纽约、香港等国际化城市相比，仍有20个百分点以上的差距。这说明首尔要实现加快经济发展的目标，仍面临着产业结构的优化升级。

表2 首尔的三次产业构成

单位：%

年 份	1980	1990	1995	1997	1998	1999
第一产业	14.4	8.5	6.2	5.4	4.9	5.0
第二产业	39.9	43.1	43.2	43.1	43.8	43.5
第三产业	45.7	48.4	50.6	51.6	51.2	51.5

资料来源：国家统计局国际统计数据2001。

2. 生产者服务业高速增长

首尔在转型期内的最大特点之一，便是生产者服务业的高速增长。20世纪80年代，在制造业向外转移的同时，大型公司总部、工程服务、软件服务、设计、广告等生产者服务业却"逆向"聚集首尔。统计数据显示，1984~1994年的10年间，首尔的服务业就业增长了104%，其中商务服务业增长了334%。从空间分布上看，首尔的服务业区位优势同样明显，首尔集中了韩国全国50%的商务服务业、80%的技术和计算机服务，并且这一聚集趋势仍在持续。

3. 文化创意产业发达

韩国政府在经济转型过程中非常重视文化创意产业的发展，并将其作为战略产业和支柱产业，把发展创意产业提高到战略高度，并采取相应的政策措施和手段来扶持其发展，最大限度地挖掘知识经济的潜力，发展文化创意产业。比如，韩国政府在1990年设立了"文化产业局"，之后又在此基础上成立"文化观光部"，统领文化创意、观光事务等机构。1997年的亚洲金融风暴更使韩国政府意识到，创意产业是21世纪最重要的产业之一，并迅速纳入国家宏观支持计划。政府逐年增加文化经费预算，大力支持创意产业的发展，计划到2010年全国共建成10多个文化产业园区，10个传统文化产业园区，1~2个综合文化产业园区，形成全国文化产业链，旨在优化资源配置，发展集约经营，形成规模优势，提升研发生产能力和文化产业的整体实力。为了保障计划的落实，1999 年政府出台了《文化产业振兴基本法》，并建立了"文化产业基金"，为新创文化公司提供贷款。[①]

首尔的经济转型，是经济全球化的市场力量和政策引导的政府力量相结合的成功典范。一方面，在经济全球化浪潮的背景之下，首尔制造业顺利、顺势实现转移，另一方面，政府放松金融监管、扶持企业创新，拓宽了生产者服务发展的空间。在这两种力量的推动之下，加之首尔作为韩国首都所具有的高级人才、金融资源、信息等综合优势，使得首尔的生产者服务出现高速增长。

（六）主要转型城市的产业特征及比较

产业结构调整作为城市转型中的一个主要子系统，其转型的方向及发展模式是至关重要的，是城市转型过程中的主导性变量。归纳世界各主要城市转型中产业结构变动的共同特点，主要表现在产业结构的服务化和服务产业的生产者服务化这两个方面。

1. 产业结构的服务化

城市转型中产业结构变化的最重要的特点是，形成以服务经济为主的产业结构，进而促进城市功能及其发展模式的重大变化。

（1）从产值比重看，这些城市在成功转型后产业结构中都有一个非常明显的特征，即第三产业在整体产业结构中占有绝对的比重。表 3 中最低的新兴市场国家的服务业比重也超过 50%，而在发达国家和地区的城市，服务业所占比重甚至超过 80%。

表 3　各大城市的产值结构

单位：%

城　市	年份	第一产业	第二产业	第三产业
伦　敦	1998	0.2	17.4	82.4
东　京	2005	0.05	14.2	85.75
新加坡	2003	0.1	32.7	66.4
首　尔	1999	5.0	43.5	51.5
台　北	2001	0.13	17.69	82.19

数据来源：屠启宇、金芳等著《金字塔尖的城市——国际大都市发展报告》，上海人民出版社，2007。

---

① 中国科学技术信息研究所：《韩国文化创意产业发展》，http://www.zhongman.com/cul/whzh/culchangy/200707/29772.html。

（2）从就业比例看，以纽约、东京和伦敦为例，图2、图3分别反映了三个城市在1977年、1985年和1996年制造业与第三产业的就业比例，从中可以看出，三大城市在转型过程中都伴随着制造业就业比重下降和服务业就业比重上升的趋势。特别是纽约、伦敦的第三产业的就业比重均在90%左右，台北、香港的第三产业就业比重也超过80%，如表4所示。

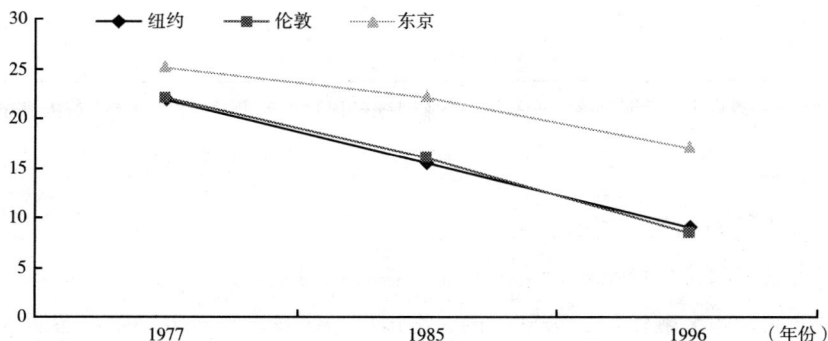

图2　纽约、伦敦、东京制造业就业比例变迁趋势

数据来源：屠启宇、金芳等著《金字塔尖的城市——国际大都市发展报告》，上海人民出版社，2007，第13页；〔美〕丝奇雅·沙森著《全球城市：纽约、伦敦、东京》，周振华等译，上海社会科学出版社，2005，第190页。

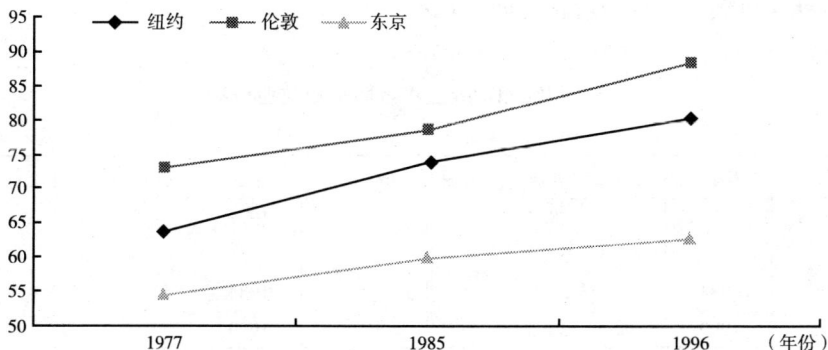

图3　纽约、伦敦、东京第三产业就业比例变迁趋势

数据来源：屠启宇、金芳等著《金字塔尖的城市——国际大都市发展报告》，上海人民出版社，2007，第13页；〔美〕丝奇雅·沙森著《全球城市：纽约、伦敦、东京》，周振华等译，上海社会科学出版社，2005，第190页。

表 4　各大城市的就业结构

单位：%

城　市	年份	第一产业	第二产业	第三产业
伦　敦	2001	0.1	10.1	89.8
纽　约	2001	0	9.57	90.43
东　京	2005	0.3	18.9	80.8
新加坡	2003	0.18	16.3	74
香　港	2003	1	14	85
台　北	2005	0.2	19.5	80.3

数据来源：屠启宇、金芳等著《金字塔尖的城市——国际大都市发展报告》，上海人民出版社，2007。

2. 服务产业的生产者服务化

在大城市和特大城市中，第三产业的核心部门主要是外部效应较高的现代生产者服务业，如金融保险、信息咨询、房地产、研发、物流等。生产者服务业比制造业具有更明显的集聚效应，它是支撑城市地位和发挥城市功能的重要因素，其比重越高，城市的能级越高。在世界主要城市的转型过程中，生产者服务业获得了快速增长。整体来看，1971~1999 年间，生产者服务业占城市服务业就业的比重都稳定在 30% 左右，如表 5 所示。另外，从生产者服务业内部主要行业看，在 1980~1999 年间，纽约、伦敦和东京三地的金融保险、房地产及商务服务业的就业份额也在稳步增长，如表 6。

表 5　纽约和伦敦生产者服务业就业份额

单位：%

城　市	年份	占城市服务业就业份额	城　市	年份	占城市服务业就业份额
伦　敦	1971	28.0	纽　约	1971	29.8
	1981	31.0		1981	32.9
	1984	32.8		1984	37.7
	1999	30.8		1999	27.5

数据来源：〔美〕丝奇雅·沙森著《全球城市——纽约、伦敦、东京》，周振华等译，上海社会科学出版社，2001。

这里我们以服务业产值和就业比重的增加，说明了转型城市经济结构调整中向服务业转变的特殊性，实际上，最为重要的不是服务业比重的增加，而是发达

表6　伦敦、纽约、东京生产者服务业的就业份额

单位：%

城　　市	年份	银行和金融	保险	房地产	商业服务
伦　敦	1981	4.5	1.9	0.6	8.1
	1984	4.8	1.7	1.0	10.2
	1999	8.4	—	2.2	—
纽　约	1981	10.2	3.4	3.0	8.3
	1985	10.7	3.2	3.1	9.4
	1997	8.8	3.8	7.2	8.5
东　京	1980	4.0	—	1.8	—
	1985	4.2	—	1.9	—
	1997	5.7	—	2.5	—

数据来源：〔美〕丝奇雅·沙森著《全球城市——纽约、伦敦、东京》，周振华等译，上海社会科学出版社，2001。

经济组织形态中不断增强的服务密度。所有的制造企业在转型期购买了更多的会计、法律、广告、金融、经济预测等服务。不管是在全球还是在区域性的范围，城市中心都适合于此类专业服务的生产，并且通常是其最好的生产场所。当涉及这些服务的生产是主要面向全球性部门时，城市的区位优势就变得尤为重要了。此类服务在一些城市中的快速增长和过度集中，标志着这些城市在丧失了制造业规模生产主导经济部门的优势之后，再一次成为主要的"生产"场所。它们不再具有流水线生产的比较优势，使其丧失了主要的制造生产功能，而它们所具有的金融和专业服务的比较优势，又使其获得了新的生产功能。

三　城市转型与服务业发展的一般规律

第一，城市由制造业向服务业转型是城市由低级阶段向高级阶段发展的一个过程，在这个过程中，城市越来越成为信息、技术、知识和创新的发源地和输出中心。这一观点是目前学界对城市转型与服务业发展达成的基本共识。与传统的制造中心不同，[①] 先进的工业城市或服务型城市的基本作用是生产和分配知识，

———————————

① 传统的制造中心的基本作用是生产和分配工业产品。

它的功能是管理和经营技术。对于这类城市的基本组织结构，尤尔斯（1991）认为，"共同组成社会经济基础的是管理机构、辅助机构、相关的专业技术服务、多国公司以及其他国际性的新兴组织所需要的商业服务"。

第二，以金融、信息为核心的高级生产者服务形成向大都市中心聚集化的趋势，从而使城市在空间上表现为中心区高度集聚，并向外呈非连续性扩展，各城市与中心城市的联系加强，整个城市群区呈融合趋势。

如果说工业经济时代的城市功能建立在要素大规模集聚以追求规模效应的激励基础上，那么进入服务经济时代，制造业和现代生产者服务业在地域上的相对分散打破了原有产业大规模聚集的单一模式，与此同时，现代知识密集型服务业（特别是金融、研发、公司总部等）则表现出强烈的向心集聚态势。而且，大都市中心区与其周边地区在发展生产者服务业的业态选择上呈现差异化趋势。如伦敦地区（包括大伦敦都市和大都市外围地区），在中心区的外围，起支配作用的是信息技术、批发、航运等部门；而在中心区则是货币金融、管理、文化服务等部门。Gordon（1995）发现，伦敦内圈区位明显呈现一种特色产业的集合以及这些产业的特别功能，而外围地区趋向于有较普遍的制造基地，包括电子、生物医药等高技术产业。

第三，城市转型是伴随着产业结构升级的经济、社会、环境的全面进步与发展的。国际经验表明，城市转型是一个系统性变革和演化的过程。以服务经济为主的产业结构的确立，并不是一个简单的制造业比重下降、服务业比重上升的过程，而是一个政府职能、法律和监管环境、人口和产业空间布局、交通运输体系、各种非政府组织、生活环境以及产业结构同时发生深刻的变革、调整和转变的过程，其中任何一方的不完善都会影响到大都市服务业的发展，影响到其在地方区域乃至全球经济中的地位及功能的发挥。

与工业经济相比，服务经济及其内部的生产者服务业对城市的发展环境，比如诚信体系、交通信息网络、文化商业氛围、宜居性，以及政府的职能等均提出了更高的要求，这也是它之所以能提升城市功能、改善城市面貌的关键所在。

第四，城市转型与服务业之间存在着一种动力机制和路径依赖。[①] 经济学家们普遍认为，经济增长、技术变革、制度环境、城市区位以及其他一些特殊事件

---

① Daniels，P. W.，*Services Industries in the World Economy*，Blackwell Publishers，1993.

是推动城市转型的主要动力。而 Daniels（1991）的研究认为服务业在大城市的发展是三种因素相互作用的结果。这三种因素是：城市的规模和服务业的多元性，城市在国际和国家城市体系中的地位，区位以及一些特殊的地方因素。可以说，路径依赖是揭示城市转型能否成功的一个重要因素。

纽约、伦敦、东京这些国际大都市在转型初期便已经具有非常发达的服务业和综合性的比较优势，如良好的交通和基础设施、丰富的高级劳动力、一流的教育基础和生活条件以及众多的跨国公司总部等。这些地方化因素是其能在全球化背景下迅速脱胎换骨的重要原因。相比之下，我国上海城市转型与服务业发展中，既有市场化取向，改革后的体制性释放效应，也有对外开放的催化效应，同时还包括浦东开放开发政策的极化效应以及上海自身的区位和资源禀赋的综合比较优势效应。上海城市转型与服务业发展模式及其路径选择是这些效应综合作用的结果。

第五，政府与市场的合力是推动城市转型与服务业发展的力量。美国是一个典型的市场经济国家，市场在经济资源的配置过程中发挥着基础作用，只有通过市场，通过竞争和价格变动，才能引领产业结构未来的发展方向。但这并不意味着政府在产业结构调整上的无所作为，政府在产业结构调整中，不仅要营造一个适合于产业结构合理化和高级化的微观经济环境和宏观经济环境，更重要的是要有强有力的政府政策引导。以上海为代表的发展中国家城市转型与服务业发展也是一个内部结构的校正和与外部修复结合的过程。这主要来自体制变革与市场经济发展内生需求的有机结合，即市场经济对产业结构均衡发展的内生需求得到体制和政策层面的支持，表现为束缚服务业发展的体制性障碍得到逐一消除或化解，从而使其潜在受压抑能量被极大地释放出来。

第六，和发达国家相比，发展中国家和地区有着更为复杂的内部和外部环境，因而转型的目标有很大的不同，转型中普遍存在首位城市现象，表现出经济社会资源配置的高度非均衡性，即在同一个国家内，经济发展水平、城市区位等方面的差异导致了城市发育程度和建设质量的差异，其首位城市往往积聚了国内巨大的经济资源，在国内的地位要显著高于发达国家的首位城市。①

---

① Townroe，P. M.，1996，"The changing structure of the city economy" and "Sheffield：restructuring of a city economy over two dacades"，in Harris，N.，Fabricius，I. et al.，1996，*Cities and Structural Adjustment*，London：UCL Press：13 – 28.

首位城市的过度发展，不仅造成首位城市自身因人口和各种功能过度密集带来的规划建设问题，也造成国家资源分配的极大不平衡。而一个国家人口和经济过度的不平衡分布，最终会影响整个国家的经济发展和社会稳定。

第七，就资源型城市转型来看，一般分为"产业链延伸模式"、"资源转换模式"和"多元化模式"这三种类型。由于篇幅的限制，案例中只介绍了美国匹兹堡作为资源型城市转型的代表。发展中国家资源型城市转型和发达国家的主要差别在于，西方国家资源型城市（如美国）的转型主要依靠市场力量的推动，转型期一般比较长，而发展中国家资源型城市（如中国）的转型往往是政府主导，引导市场发展，因而其城市转型通常具有一定的计划或行政色彩，转型期相对较短。

四 城市转型与服务业发展的借鉴与启示

（一）国外大都市转型期发展服务业的主要措施

第一，重视城市规划，明确城市服务功能定位，增强规划的要素调配作用。如伦敦发展局于2003年公布了《伦敦创新战略与行动计划（2003～2006)》，其中明确提出了伦敦创新战略的目标，即建成"世界领先的知识经济"。新加坡政府于2000年提出Infocomm 21五年计划，计划在21世纪的前五年要将新加坡由一个智慧岛提升为全球性的信息通信资本市场。

第二，出台系列产业发展政策与战略。如纽约制定了"曼哈顿振兴计划"这一综合经济激励政策，包括商业振兴项目和曼哈顿能源项目两部分，鼓励商业、零售业和住宅业等相关产业的发展。新加坡在2002年的"产业发展战略"中，提出通过贸易使新加坡成为全球贸易中心，通过物流使新加坡成为全球物流集聚中心，通过金融服务业使其成为亚洲金融中心的振兴计划。

第三，积极改善社会发展环境。如2005年，纽约政府在联邦租赁补贴的基础上，为88730户家庭在私人住宅群里寻找和租借房子提供帮助，此外，政府还通过109个社区中心、41个高级中心和一系列项目为居民提供服务。新加坡规划部门把城市土地分为几类，然后按此规定公共住宅的价格：在中心区的公告住宅价格高于政府建造的成本价，在建设开发的新区的住宅价格低于政府开发的成本价，其他地区的住宅价格和成本价格相同。这样，营造了较公平的社会发展环境。

第四，大力培育和发展服务外包。例如，韩国对外包服务企业实行"国家公认资格证书"制度，将服务外包提升至战略高度加以培育；新加坡政府则积极通过政府外部采购活动，发挥政府购买对服务外包的促进作用。国内城市如大连在信息和软件服务外包方面取得了长足的进步，据亚太区全球交付指数数据显示，大连的软件交付指数在全球位居第五，仅次于印度的班加罗尔、马尼拉、新德里和孟买，在中国城市中位居第一。

第五，为中小服务企业提供支持和服务。例如，通过减轻中小企业行政负担和放松管制来改善中小服务企业的经营环境，如简化中小企业注册、登记和申请程序等。为中小服务企业提供资金融通渠道、创新中小服务企业的金融服务，如美国通过政策性金融机构给中小企业提供了大量的资金支持，欧盟委员会设立"创业资本基金"来扶持中小企业成长。通过专门机构和互联网为中心企业提供信息、营销、对外贸易等方面的援助等。

（二）对我国城市转型的启示——以上海的转型为例

上海是我国最大的城市，但在新中国成立以来的长期计划经济的制度性框架下，上海被塑造为一个以制造加工业为主的功能单一的生产型城市。与此同时，服务业的发展也受到抑制，在1952～1978年的26年间，服务业增长率仅为GDP增长率的59%，远低于同期第二产业的增长速度。1978年以后，上海开始由工业城市向综合经济中心城市转变，服务业在此期间也获得了巨大的发展（见图4）。

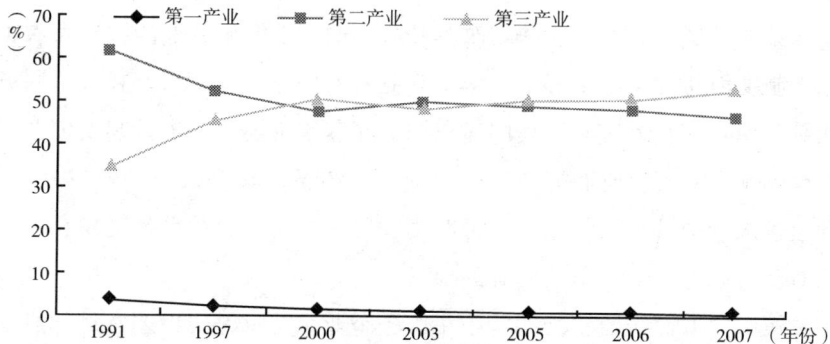

图4 1991～2007年上海三次产业产值比重的变化情况

数据来源：《上海统计年鉴2007》。

但是，上海服务业发展也面临着新的挑战，特别是进入 2000 年以后，服务业发展速度趋缓，尤其是功能性服务业发展速度受到抑制。统计数据显示，1990～2000 年间是服务业快速发展的时期，但在 2001 年服务业增速降至10.5%，且此后一直维持较低的增长率，平均增长率仅为 11.5%，甚至低于同期 GDP 平均 12.2% 的增速。从横向比较来看，国际大都市在人均 GDP 5000～8000 美元阶段，服务业占 GDP 比重都在 60% 以上，超出上海当前 50% 的比重，相比之下，上海的服务业发展明显滞后（见表 7）。

表 7 上海与香港、新加坡同一发展阶段的服务业比较

城　市	人均 GDP(美元)	服务业增加值(亿美元)	服务业占 GDP 比重(%)
香　港	5120(1983 年)	175	67.3
新加坡	6484(1983 年)	107.8	62
上　海	7300(2006 年)	670.6	50.6

数据来源：《上海统计年鉴 2007》及香港、新加坡统计网站 www. info. gov. hk，www. singstat. gov. sg。

目前，上海正处于加快建设国际经济、金融、贸易、航运中心，确立社会主义现代化国际大都市地位，全面提高城市综合竞争力和现代化水平的新阶段。"四个中心"的城市定位与现代化目标客观上要求上海必须更加重视借鉴国外城市转型过程中服务业发展经验，实现上海全球城市的顺利转型。

第一，推动政府制度创新和政策引导。不少成功的城市转型都来源于政府与市场的合力推动，对中国城市而言，政府的政策引导虽不可少，但政府的制度创新对于服务业发展尤其不可或缺。改革开放初期，上海服务业的快速发展很大程度上缘于制度创新消除或化解了束缚服务业发展的体制性障碍，释放了服务业的潜在能量。现阶段，上海应该利用浦东综合配套改革契机，进行制度创新，改革行政管理体制，实现政府职能转变。目前，制约城市转型及服务业发展的因素，如服务业进入壁垒较高、行政缺乏透明度、法规不明确、关系型交易、市场分割等，均对政府职能转变提出了明确的要求。

在政策引导方面，要积极扶持中小服务企业，拓宽融资渠道。例如成立财政出资的中小服务业贷款担保基金，通过税收优惠鼓励风险投资基金参与服务业的发展，等等。

第二，依托长三角经济圈推动经济转型。世界上很多城市转型都依赖于广阔

的经济腹地，通过地区间的协作推动自身经济发展。例如，上海将本地制造业的生产加工环节向周边的长三角地区转移，而保留研发设计、市场销售等环节，从而形成上海总部和长三角生产基地之间的生产性服务需求。就服务业来说，上海主动撤除产业合作与企业流动的壁垒，推动长三角区域内的产业链配套合作，鼓励异地企业的联合重组，构建长三角服务业大市场。

第三，改善城市经济的空间布局。一般来说，转型城市的空间布局亦表现出一定的规律性，如首尔的市郊为技术密集型行业，而中心城区则聚集了信息、时尚等现代产业。有鉴于此，上海的中心城区应主要发展金融保险、广告、咨询、专业服务、信息服务、商务会展等高端生产者服务，以及文化、旅游、商贸服务和各种类型的创意产业，通过集聚效应促进其增长。郊区应主要发展高端制造业，依托工业园区发展与制造业相关的生产者服务业。

第四，吸引外资参与城市转型。在东南亚国家的城市转型过程中，不少国家充分利用外资为己所用。例如，外资在建设开发区和基础设施中投资，将会加快城市空间结构和商务环境的改善，进而吸引跨国公司总部和金融机构总部入驻，有力地推动城市转型进程。最新研究表明，上海的 FDI 已经从 20 世纪 90 年代的以制造业为主转向以服务业为主，上海应该通过吸引外资来培育具有国际竞争力的服务业，实现转型为全球城市的目标。

（三）对我国城市转型的借鉴意义

第一，城市的兴起和发展离不开所在的区域，其产业结构的调整必须与区域的产业结构形成协调和互补。因此，城市转型要立足于城市原有的比较优势和原有的基础条件，因势利导地发展经济，实现城市转型。纽约、伦敦在转型之初就拥有金融和贸易的比较优势，这也为两者成功转型为世界金融中心奠定了坚实的基础。正如上海拥有良好的航运、贸易和金融优势，是国家提出建设上海"金融、航运中心"的原因所在。

第二，配合城市转型要建立起良好的经济运行软环境。与工业经济相比，服务经济及其内部的生产者服务对发展环境，如诚信体系、交通信息网络、文化商业氛围、宜居性等，并且对政府治理、法律环境等都提出了更高的要求。例如，日本政府通过健全法律法规的配套措施来保证产业合理化政策目标的实现。在推动文化产业发展的过程中，最具代表性的法律是 1970 年颁布的《著作权法》。

近年来，根据文化产业发展的新形势，日本又制定了多部新的法律，如《IT基本法》、《知识产权基本法》、《文化艺术振兴基本法》等。这些法律法规具有很强的可操作性，同时，还制定更为具体的措施与之配套，为产业发展创造了良好的法律环境和保障。

第三，城市转型过程中要充分发挥政府的政策引导作用。政府要通过转变职能，注重体制创新，强化社会管理、完善公共服务、优化投资创业环境，按照区域一体化和统筹发展的思路，调整产业结构、解决环境污染、促进区域经济协调发展，指导城市的有效转型和可持续发展。例如在国外资源型城市如匹兹堡的转型过程中，政府就提出过"经济复兴计划"，该计划对于促进匹兹堡市从钢铁冶金业向教育、医疗等为主的服务业的成功转型功不可没。我国城市转型过程，绝不是单纯的经济总量的增长而带来的经济结构的自然演进，更要政府通过政策的制定来突破服务业发展的体制性障碍。

第四，通过开放经济、借力外资以实现本地经济转型。例如东南亚国家由于认识到开放经济、融入全球经济的重要性，抓住了全球化过程中产业转移的机会，顺利发展了本国的加工制造业。我国的沿江沿海城市比较容易和国际经济接轨，位于内陆地区的城市也可以通过建立"无水港"、"路上港口"间接融入国际经济体系。

第五，要大力发展以金融保险、信息、物流、商业服务为核心的生产者服务业，重视产业结构的融合性与多样性。在成功转型的城市中，多以服务业为主导产业，而服务业内部又以生产者服务为主体。借鉴美国部分城市产业结构调整的普遍做法，一方面，依靠高新技术改造传统产业，降低生产成本，提高产品质量，实现传统产业生产现代化；另一方面，大力发展电子、通信、生物、医药、航空等高新技术产业，同时发展现代服务业，即金融、商务、交通、文化、旅游、教育以及法律、财务等生产性服务业，使产业结构呈现多样化发展和融合性发展。

第六，发展和不断完善各类中介服务体系。中介服务体系是城市创新体系中的一项基本要素，在实现城市产业转型和提高城市竞争力中发挥着不可替代的作用。特别是对资源型城市来说，接替产业的成长多是从中小型企业开始的，而中小型企业往往缺乏大型企业那样的研发能力和创新资源，在其规模化过程中经常会遇到一些难以克服的技术障碍，导致这些产业难以迅速成长壮大，而中介服务机构可以在中小企业与研发机构之间起到桥梁和纽带作用。因此，需要制定政策法规，鼓励和规范各类中介服务机构的发展。

参考文献

Daniels, P. W., 1993, *Services Industries in the World Economy*, Blackwell Publishers.

Daniels, P. W., O'Connor, P., Hutton, T. A., 1991, "The planning response to urban service sector growth: an international comparison", *Growth and Change*, 22, 4: 3 – 26.

安德鲁·M. 哈默、琼汉尼斯·F. 林：《发展中国家城市化：模式、问题和政策》，载埃德温·S. 米尔斯主编《区域和城市经济学手册（第2卷）：城市经济学》，安虎森等译，经济科学出版社，2003。

大桥英夫：《国际大都市·东京的制造业集聚——对上海经济的启示》，上海社科院经济研究所国际研讨会论文，2007。

〔美〕丝奇雅·沙森著《全球城市——纽约、伦敦、东京》，周振华等译，上海社会科学出版社，2001。

〔奥〕曼弗雷德·费希尔、〔德〕贾维尔·迪亚兹、〔瑞典〕福克·斯奈卡斯著《大都市创新体系——来自欧洲三个都市的理论和案例》，上海人民出版社，2006。

程大中：《服务业发展与城市转型：理论及来自上海的经验分析》，《中国软科学》2009 年第 1 期。

韩汉君、黄恩龙：《城市转型的国际经验与上海的金融服务功能建设》，《上海经济研究》2006 年第 5 期。

刘俊杰、王述英：《现代服务业的集聚——扩散效应与城市功能转型分析》，《太平洋学报》2007 年第 2 期。

屠启宇、金芳等：《金字塔尖的城市——国际大都市发展报告》，上海人民出版社，2007。

王战、周振华主编《城市转型与科学发展——2006/2007 年上海发展报告》，上海财经大学出版社，2007。

周振华：《崛起中的全球城市——理论框架及中国模式研究》，上海人民出版社，2008。

周振华主编《城市转型与服务经济发展》，上海人民出版社，2009。

张庭伟、吴浩军：《转型的足迹——东南亚城市发展与演变》，东南大学出版社，2008。

张养志：《发达国家文化创意产业发展模式研究》，《国外社会科学》2009 年第 5 期。

信息化与城市能级提升

冯永晟　荆林波*

摘　要： 中国的信息化和城市化进程紧密结合在一起。城市能级是经济增长和社会发展状况在城市范畴内的具体化，信息化与城市能级提升是过程与结果、手段与目标的关系，有效利用信息化发展成果是城市能级提升的关键。经过 30 年来的发展，中国城市的信息化极大地促进了城市能级的提升，不过同时也存在一些认识误区和实践问题。只有从思想观念、制度保障、资源保障和人力资源等多个方面采取有效政策措施，信息化才能保证城市能级的进一步提升。

关键词： 信息化　城市能级　服务业

一　引言

中国的信息化仍处于初级发展阶段，而且这一阶段还将持续一段时期；[①] 同时，城市是发展信息化的主要载体，因此，中国的信息化和城市化进程便紧密地结合在一起。正确处理二者关系是中国实现各项经济、社会发展目标的前提和保障。然而就目前中国现实而言，一方面理论界尚缺乏对这一问题的深入研究，另一方面，信息化建设出现了两极分化的态势，城市间的数字鸿沟在拉大。这一切都表明，我国目前迫切需要对这一问题进行深入研究并给予解答。

基于以上考虑，本研究系统梳理并发展了信息化与城市能级理论，指出各类

---

* 冯永晟，经济学博士，中国社会科学院财贸所助理研究员，主要研究方向为产业经济学和服务经济学；荆林波，中国社会科学院财贸所副所长，研究员，博士生导师，信息经济与电子商务研究室主任，主要研究方向为电子商务、信息技术外包等。

① 工业和信息化部副部长杨学山在 2008 年 5 月 26~27 日举行的亚太地区城市信息化论坛第七届年会的讲话表达了相同观点。

经济增长和社会发展状况在城市范畴内具体化为城市能级，信息化与城市化的关系是过程与结果、手段与目标的关系，信息化是提升城市能级的关键。在此基础上，本研究对中国城市的信息化建设与城市能级的现状和信息化比较发达的城市进行了较为全面的分析，并指出了在信息化与城市化进程中存在的认识误区和问题。最后，本研究就如何通过信息化提升城市能级提出了相关政策措施。

二　信息化与城市能级基本理论

城市化是工业文明的标志之一，其特点是人口和经济功能的集中化。在经济全球化的推动下，城市发展也进入了全球性的高速增长阶段，城市化水平的提高预示着城市数量增加和城市规模扩大，城市的集聚和辐射作用日益增强。与此同时，信息通信技术的发展已经渗透到社会生活的各个领域，深刻地改变了人们的生活方式：人们不仅开始通过网络进行工作、购物、学习、医疗、储蓄、娱乐，而且可以在网上享受到政府和企业提供的各种服务。

在这种背景下，信息交流的速度和规模日益成为经济社会发展和现代化水平的决定性因素。城市作为吸纳力强、辐射面广的信息集散地，理应充当信息化的先导，城市信息化已变成城市发展的新主题和社会发展的新动力。显而易见，传统的城市发展观念和管理模式不能适应现代城市前进的步伐，运用科学、整体、系统的思维来提升城市能级已成为必然趋势。在深入分析这一问题之前，本研究需要首先界定城市能级的基本内涵。

（一）城市能级的基本理论

城市能级是一个具有中国特色的概念，最早由中国学者孙志刚（1998）提出，然而理论界对这一概念的使用并不多，最近几年才开始见诸政策性文件，不过仍较少见于学术类研究文献。① 城市能级在西方城市经济学（Urban Economics）体系中也没有与之对应的术语，但其分类方法借鉴了西方城市经济学的内容。

总体来看，人们对"城市能级"的理解和使用还比较混乱。孙志刚（1998）

---

① 可参阅赵全超、汪波、王举颖《环渤海经济圈城市群能级梯度分布结构与区域经济发展战略研究》，《北京交通大学学报（社会科学版）》2006 年第 2 期。

从城市的对外功能角度，将城市能级解释为城市对城市以外地区的辐射影响程度，这就导致其字面含义与实际内容存在较大的差异。严格来说，其定义的"城市能级"改为"辐射功能"或许更恰当。本研究从更加全面的角度界定了城市能级的内涵，并建立起信息化与城市能级之间关系的分析框架。

1. 城市能级的内涵

为更加明确地界定城市能级概念的内涵，下面先分析城市竞争力和城市功能两个概念。首先看城市竞争力。城市竞争力也是在最近十几年来广大发展中国家工业化进程和城市化进程中才出现的概念，国内外理论界还未在其确切含义上达成共识。Oral（1997）认为城市竞争力集中体现在城市如何利用自身条件为企业和产业发展创造良好的竞争环境；郝寿义、倪鹏飞（1998）认为城市竞争力是指城市在国内外市场上与其他城市相比所具有的自身创造财富和推动地区、国家创造社会财富的能力；由倪鹏飞主编、每年发布的《中国城市竞争力报告》集中体现了国内学者对城市竞争力的跟踪研究成果。

比较来看，城市竞争力侧重于不同城市之间的横向比较，反映城市间的比较优势差异，强调城市的对外效果。城市能级则更全面地反映城市发展的效果，既体现城市间的横向差异，又体现城市自身的纵向发展效果，比如在城市发展进程中的公平问题，就是城市竞争力无法涵盖的。

再看城市功能。城市功能的确切定义要视划分的维度和层面而定，最重要的划分维度即经济发展，从宏观层面来讲，城市功能可以划分为集聚和辐射。集聚功能强调城市如何吸引各类生产要素，为己所用；辐射功能则强调城市对区域经济的带动作用。如果向微观层面延伸，城市功能则可以按社会生活的领域，如经济、文化、政治等划分；再进一步，则可更加细化，比如在各经济产业发展中的功能、在教育发展中的功能、在环保方面的功能等。

比较来看，城市功能侧重于说明城市"能做什么"，而至于城市功能实现的效果效率，这一概念本身并无法给出判断。城市能级则直接反映城市发展的效果，并通过效果的比较分析，进一步反映城市发展的效率。只有以城市能级提升为引导，城市功能才能有效实现。

综上，城市能级是城市发展效果的综合体现，是以对各类资源的利用为基础，以城市功能的实现为依托，表现出来的自身发展水平和对外竞争力的综合状况，概括起来，城市能级就是人类社会中经济增长和各类社会发展状况在城市范畴内的具体化。本研究根据城市经济学的基本原理，将城市能级分解为人口能级、土地能级、经济能级和市政能级四个方面。这四个方面的能级既紧密联系，又相互交织，共同组成了城市能级提升的基础。

（1）反映城市人口能级的要素包括城市人口规模、人口增长率和人口流动性等。首先，根据城市经济学基本原理，城市规模（以人口计）不可能极小化，而只能极大化，因此，较高能级的城市一般具有较大的人口规模。但要注意的是，人口规模的扩大要以自然资源和社会资源约束为前提，否则也可能面临"大城市难题"。其次，人口增长率是经济增长的决定性因素之一，城市经济要实现能级提升和可持续发展，需要保持适度的增长率。再次，人口的流动性是城市能级提升的重要因素，较高能级的城市能够保持本地人口基本稳定并吸引外来人口，以充实本地劳动力市场。

（2）反映城市土地能级的要素包括城市面积、城市土地利用模式和空间布局结构等。首先，除非受地理条件限制，否则城市面积一般会随着城市人口规模的扩大而增加，因此，较高能级的城市面积一般较大。其次，较高能级的城市需要有比较完善的土地利用模式，工业区、商业区、居民区、绿化区等划分健全科学，同时，随着能级的提升，城市还会发展出新型的土地利用模式，比如国际性大城市中出现的 CBD。再次，能级较高的城市具有合理空间布局结构，比如新老城区的布局、功能设置以及高层建筑的规划等。

（3）反映城市经济能级提升的要素包括信息产业发展、传统产业改造、产业集聚、专利传播等。信息产业无疑是 21 世纪的支柱产业，较高能级的城市需要具有发达的信息相关产业；传统产业也要依靠信息化实现设备改造和技术升级，较高能级的城市能够利用信息化成果实现传统产业的可持续发展；较高能级的城市往往容易吸引生产要素的流入，从而形成产业集聚地，同时较高能级的城市具有较好的信息网络，容易促进知识的传播和专利的推广，具有较强的专利转化能力。

（4）城市市政能级又可以细分为城市的环境能级、政府能级和文化能级。环境能级包括自然环境和社会环境：城市作为人类生产生活集中的区域，需要与自然环境发生大量的能量交换，较高能级的城市应该实现与自然环境的平衡发展，不以损害自然环境为代价；在社会环境方面，较高能级的城市应该具有完善的城市交通系统，并能应对安全性事件的冲击；具备完善的市政基础设施，具有良好的治安状况，能够为居民提供足够的安全保障；具有良好的社会保障系统。

政府能级提升的要素包括法制建设、职能转变、电子政务等。法制是城市运行的制度保障，较高能级的城市具有健全的法律法规体系；随着城市能级的提升，政府职能应逐渐从管理型政府向服务型政府转变，这时也要求政府实现电子政务，提高政府效率。城市文化能级提升的要素包括市民整体素质的提高、传统文化的保护、新文化的传播等。较高能级的城市具备较好的教育资源和教育文化产业，能够促进文化的交流传播，并提供足够的发展空间。

2. 城市能级的分类

目前来看，国内外的理论界还没有发展出合理的划分标准，每一种划分只能反映四个能级中的一个或几个，无法涵盖城市能级的全面内涵。尽管如此，一些既有的划分标准在一定范围内仍然能够反映城市能级的差异，比如我国按城市人口规模将城市划分为小城市、中等城市、大城市和特大城市的方法，无疑能够从人口能级角度在一定程度上反映内地城市之间的能级差异。但这种比较是有条件的，比如将内地城市与香港比较时，大多数省会城市的人口规模要远大于香港，但在能级上相差很远。

也正是看到单一划分标准的缺陷，所以研究者在实践工作中根据研究的需要，制定出了不同的标准。比如按城市综合经济实力和世界城市发展的历史来看，城市分为集市型、功能型、综合性、城市群等类别，这些类别也是城市发展的各个阶段。Freidman（1997）则从国际劳动分工的基础上，将世界城市划分为全球金融节点、跨国节点、重要的国内节点和重要的区域性节点四种类型。

总体来看，目前各类所谓城市能级的划分都存在一定局限性，完善的划分标准应该从城市能级的基本内涵出发，坚持体现效率、体现公平和体现可持续性三大原则，全面反映城市发展的综合效果。不过建立城市能级的划分标准是一个系统的研究工程，已经大大超出本研究的范围，本文不作深究。

（二） 城市信息化的内涵

由于信息技术发展迅速，应用领域不断扩大，对经济社会发展的影响作用不断增强，因此，理论界对信息化的认识也在不断发展，虽然没有形成统一的定义，但也积累了丰富的研究成果。一般而言，信息化是以信息通信技术的开发利用为基础，以信息通信技术在社会生活各个领域的扩展应用为依托，在经济增长和社会发展过程中逐渐成为主要影响因素或主导力量的过程，从城市的社会化发展角度来看，城市信息化就是这一过程在城市发展中的具体实现，同时也是城市社会形态由工业社会向信息社会转变的动态发展过程。

早在 1997 年 4 月，全国信息化工作会议就提出了国家信息化体系的六个要素：信息技术应用、信息资源、信息网络、信息技术和产业、信息化人才、信息化政策法规和标准规范。承继成和王浒（2000）则认为城市信息化的内容应包括六个方面：①城市信息化资源得到充分的开发和利用，②城市的信息技术得到高度的发展和普及，③城市信息产业的高度发展，④城市信息服务体系高度完善和健全，⑤城市教育受到广泛重视，⑥城市的作息政策、法规制定和管理技术得到充分重视。吴伟萍（2008）则认为城市信息化建设的内容分为四个部分：①网络与信息资源，②城市管理与运行，③服务与社区，④产业与经济。

（三）信息化提升城市能级的功能

从城市能级的定义可以看出，城市能级的变化可能源自资源条件的变化或城市功能实现效率的变化，或二者兼而有之。理论上讲，资源利用永远面临约束，如何应对既有资源约束是经济学所关注的问题，因此，问题的重点就自然而然地转移到如何提升城市功能实现的效率上。在信息时代中，信息通信技术的发展逐渐成为提升城市能级的主要动力之一，如何有效利用信息化满足城市发展需求就成为城市能级提升的关键。这就表明，信息化和城市能级提升是过程与结果、手段与目标的关系。

三 信息化与城市能级现状

改革开放 30 多年来，我国城市发展取得了巨大成就，城市化水平由改革之初的 18% 上升到目前的 45%，平均每年提高 0.93 个百分点，相当于世界同期城市化平均速度的 2.5 倍。特别是近十年来，伴随着信息化的飞速发展，我国城市的能级更是得到了普遍提升。需要注意的是，行政区划中的"城市"（City）与城市经济学意义上的"城市"（Urban）存在区别，本研究使用的是经济学意义上的城市，其对应的相关统计口径是"市辖区"。

（一）信息化与城市能级总体发展状况

总体来看，近 10 年来我国城市的信息化建设和城市能级提升都保持了相近的增长态势，表明信息化在城市能级提升上发挥了重要作用，同时城市能级的提升也对信息化的发展提出了更高要求，二者在我国城市化进程中紧密联系。

1. 信息化总体发展状况

2007 年底，全国地级以上城市平均电信业务量达到了 295232.09 万元，比 2001 年增长了约两倍；平均的本地电话用户数达到 63.7 万人，比 1999 年增长了近两倍，平均的移动电话用户数达到 122.03 万人，比 2001 年增长了近 3 倍；平均互联网用户数达到 22.6 万人，比 2001 年增加了两倍多。平均全市电信业务量、本地电话用户数、移动电话用户数和互联网用户数的变化如图 1~4 所示。

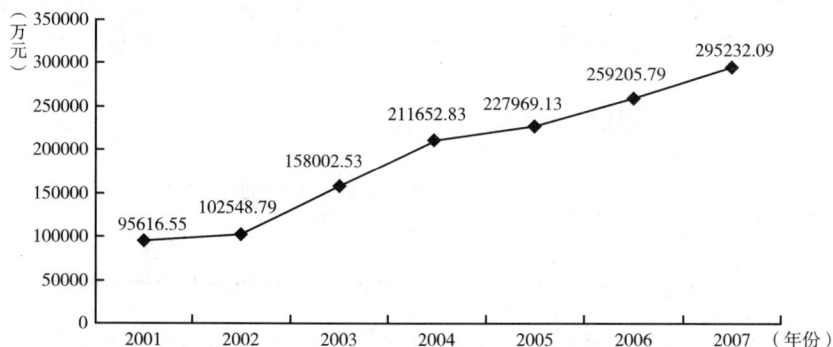

图 1　2001~2007 年地级以上城市平均电信业务量

资料来源：根据国家统计局编《中国城市统计年鉴》（2002~2008）整理，中国统计出版社，2000~2008。

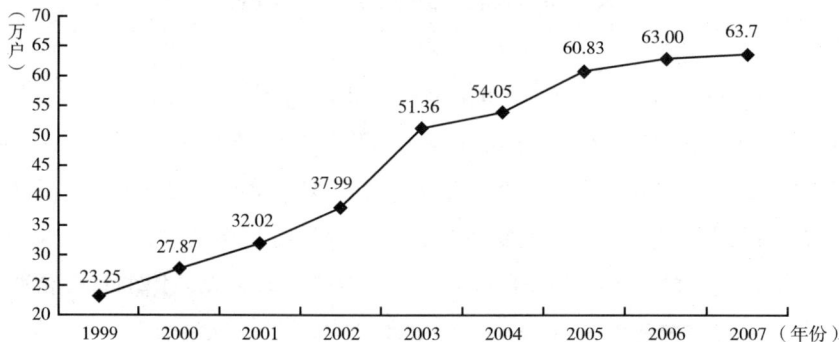

图 2　1999~2007 年地级以上城市平均本地电话用户

资料来源：根据国家统计局编《中国城市统计年鉴》（2000~2008）整理，中国统计出版社，2000~2008。

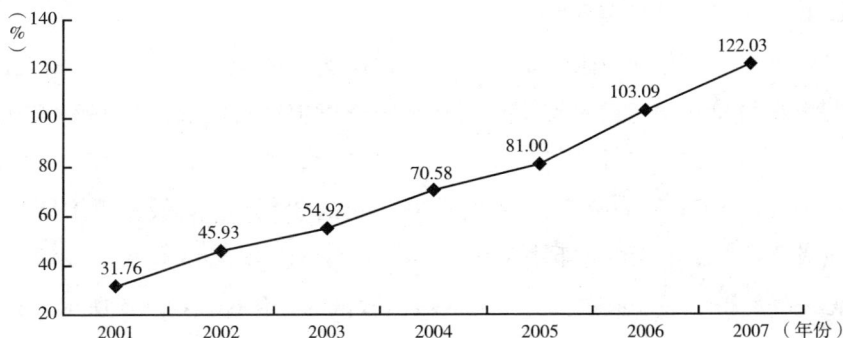

图 3 2001～2007 年地级以上城市平均移动电话用户数

资料来源：根据国家统计局编《中国城市统计年鉴》（2002～2008）整理，中国统计出版社，2000～2008。

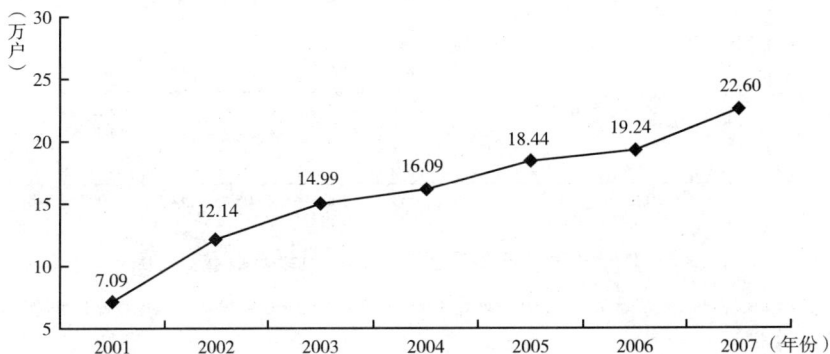

图 4 2001～2007 年地级以上城市平均互联网用户数

资料来源：根据国家统计局编《中国城市统计年鉴》（2002～2008）整理，中国统计出版社，2000～2008。

从这些数据可以看出，我国城市的信息化建设有了长足的进步。不过这些指标还仅仅是从基本的信息终端设备普及程度和网络发展程度来反映信息化建设成果，考虑到更广泛的指标体系后，成果的反映会更加全面。当然，这既需要我国尽快完善城市信息化评估指标体系，① 又需要我国健全相应的城市统计指标体系。

① 相关研究成果可参阅李农《中国城市信息化发展与评估》，上海交通大学出版社，2009，第130～175 页。

2. 城市能级总体发展状况

进入 21 世纪后，我国城市化进程驶入快车道，总体城市规模有了较大提高。在建制市数量总体稳定的情况下，我国地级及以上城市的数量由 1999 年的 240 个增加到 2007 年的 287 个，平均每年增加近 9 个；相应的，县级市数量则有了大幅下降，从 1999 年的 427 个减少到 2007 年的 368 个。县级及以上所有城市中，地级及以上城市所占比重由 1999 年的 35.98% 上升到 43.82%，反映了我国城市化进程取得了显著成效。历年各级城市数量的变化过程如图 5 所示。

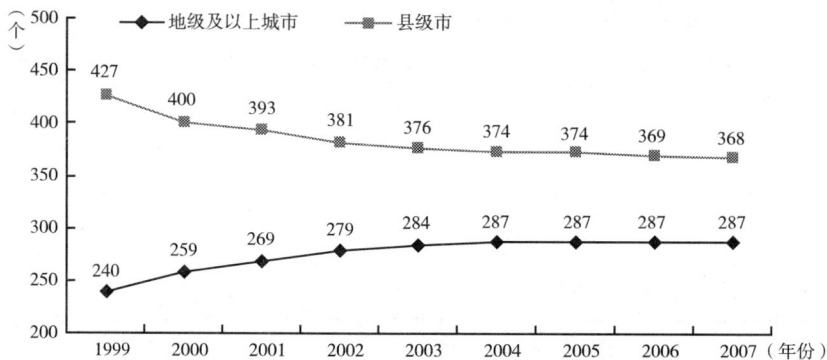

图 5　1999～2007 年地级以上城市和县级市数量变化图

资料来源：国家统计局编《中国城市统计年鉴》（2000～2008），中国统计出版社，2000～2008。

与此同时，主要的城市能级也有了巨大提升。在人口能级方面，2007 年我国地级以上城市市辖区平均人口数量达到 129.46 万，比 1999 年增长了 20 余万，增幅约为 20%。在土地能级方面，2007 年地级及以上城市平均市辖区建成区面积为 96.12 平方公里，比 1999 年增长了 34.01 平方公里，增幅超过 50%。在经济能级方面，市辖区经济更是有了突飞猛进的发展，2007 年地级及以上城市平均市辖区 GDP 达到 547.96 亿元，比 1999 年增加 381.05 亿元，增长近 2.3 倍。在市政能级方面，地级及以上城市平均市辖区平均的人均道路面积由 1999 年的 4.9 平方米增加到 2007 年的 9.01 平方米，增加 4.11 平方米，增幅达 83.88%；市均高校数量由 1999 年的 4.06 所增加到 2007 年的 6.5 所，增加 2.44 所，增幅达 60.1%；市均医院数量由 1999 年的 69.7 家增加到 2007 年的 74.25 家，增加 4.55 家，增幅达 6.53%。各城市能级指标的变化过程如图 6～11 所示。

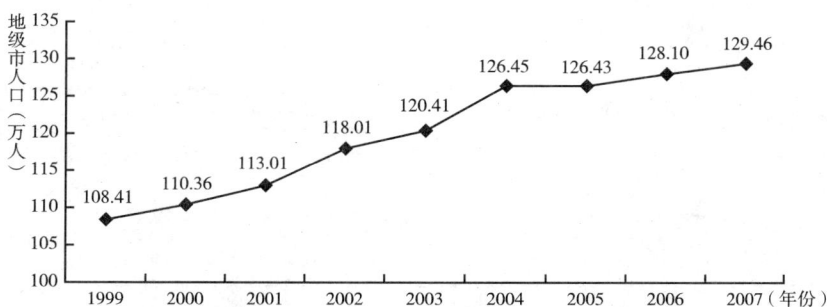

图6　1999～2007年地级以上城市平均人口变化图

资料来源：根据国家统计局编《中国城市统计年鉴》（2000～2008）整理，中国统计出版社，2000～2008。

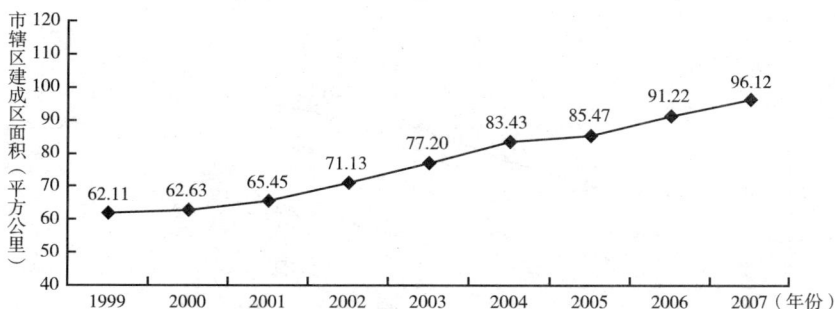

图7　1999～2007年地级以上城市市辖区建成区面积变化图

资料来源：根据国家统计局编《中国城市统计年鉴》（2000～2008）整理，中国统计出版社，2000～2008。

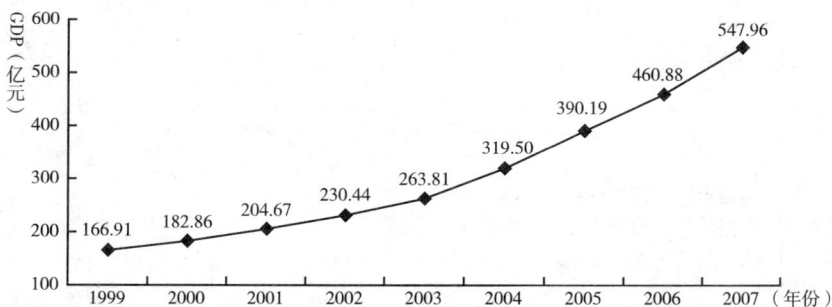

图8　1999～2007年地级以上城市GDP变化图

资料来源：根据国家统计局编《中国城市统计年鉴》（2000～2008）整理，中国统计出版社，2000～2008。

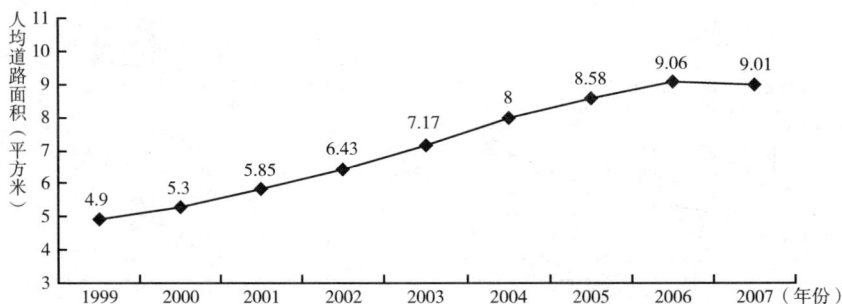

图9　1999～2007年地级以上城市人均道路面积变化图

资料来源：根据国家统计局编《中国城市统计年鉴》（2000～2008）整理，中国统计出版社，2000～2008。

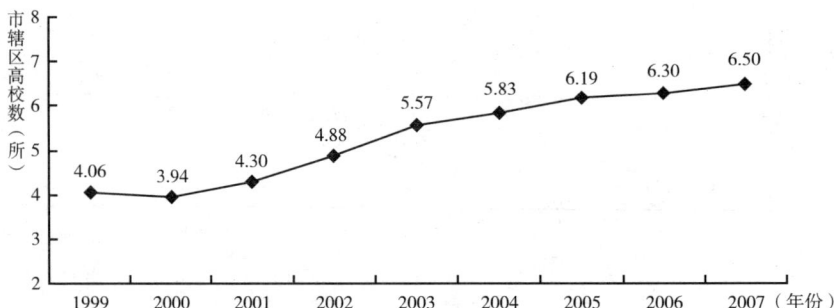

图10　1999～2007年地级以上城市市辖区高校数量变化图

资料来源：根据国家统计局编《中国城市统计年鉴》（2000～2008）整理，中国统计出版社，2000～2008。

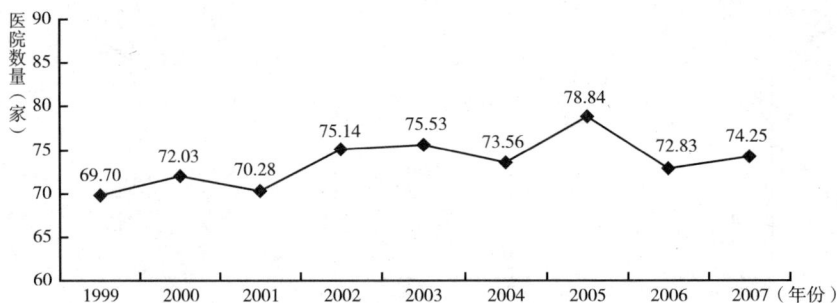

图11　1999～2007年地级以上城市医院数量变化图

资料来源：根据国家统计局编《中国城市统计年鉴》（2000～2008）整理，中国统计出版社，2000～2008。

当然，限于统计数据的范围，以上指标还不全面，但是从中仍反映出两个主要结论：第一，总体城市能级，无论是城市人口数量、城市面积、经济实力还是市政建设，都在向着更高水平发展；第二，城市能级的提升还不均衡，比如经济能级提升速度较快，而市政能级则相对缓慢，这是我国在今后发展中需要注意的问题。

3. 信息化为城市能级提升作出重要贡献

与西方发达国家实现城市化的过程不同，中国的城市化进程与信息化革命同步进行，这为中国城市化建设创造了前所未有的条件，可以说，信息化在中国城市能级提升的过程中发挥了重要的推动作用。

第一，人口能级提升方面。根据国家人口计生委 2007 年发布的《中国国家人口发展战略研究报告》，目前我国的综合生育率为 1.8，中国人口在 2033 年达到 15 亿的峰值，人口增长压力巨大，同时，我国处于快速城市化的进程中，大量农村人口向城市转移，因此，城市实际上承担了绝大部分的人口增长压力。与此同时，改善人口结构、解决老龄化问题、提高人口素质、加强流动人口管理、改革户籍制度等问题也十分复杂。

全国推行的计划生育信息化建设，如育龄妇女信息管理系统、流动人口信息交换平台等系统的推广使用，极大地提高了城市人口特别是城市流动人口计生工作的效率，确保了人口基本信息的真实性和准确性，为国家贯彻计划生育工作，控制人口数量提供了坚实的技术支持，同时也为解决各类人口问题创造了良好条件。

第二，土地能级提升方面。在城市的土地利用问题上，合理规划是关键。改革开放的 30 多年里，我国的城市规划行业信息化建设取得了重大进展，各种先进技术在规划领域的应用，为科学规划城市建设与发展提供了强有力的技术支持。许多城市都通过信息化提高了城市规划的效率，为城市土地的合理利用奠定了坚实基础。

天津大力实施"一网通"工程。2008 年，天津市规划局全面实现利用城乡规划管理系统（"一网通"工程）受理办理审批事项，做到"一体化管理、一张图管理、一套机制监管"，实现规划管理的无缝衔接和全覆盖。进一步加强了天津市规划规范化管理工作，积极稳妥地推进了城乡规划管理体制改革，实现了全市规划管理的有序进行。①

---

① 网络信息资料来源：http://www.dzghj.gov.cn/。

南京则致力于建设"数字规划"第三代平台。南京市较早地开始了信息化建设工作，于1994年开始研制第一代系统，主要解决了办公自动化问题；2000年开始二代系统的研制，进入信息化的实践推广阶段。为提升和普及规划信息化水平，南京市规划局在现有系统的基础上进一步创新管理、优化结构、整合资源、提升平台、改进性能，充分利用新技术，全面实现规划管理的信息化、集成化和智能化，于2007年推出"数字规划"第三代平台（简称"三代系统"），就制度和规范进行了全面的整合和提升。①

总体来看，我国绝大多数地级及以上城市都因地制宜地建立了自己的城市规划信息化系统，有效地促进了城市土地能级的提升。

第三，经济能级提升方面。尽管我国城市经济取得了长足进步，但是经济增长过程也存在许多问题，经济增长方式还没有完全转变，资源约束瓶颈日益紧张，产业结构仍需要进一步调整，国际竞争力仍需要加强。信息化的发展在很大程度上缓解了这些问题，提高了我国城市经济发展的质量和效益。首先，信息化有效地推动了传统产业特别是汽车、石化、机械装备、轻纺等产业的升级改造，引领制造业向高质量、高附加值、低成本、高效率、强竞争力的方向发展。通过大力推进信息技术和经济适用技术，我国正在逐步摸索出一条新型工业化的道路。其次，信息化推动了信息产业的巨大发展，电子信息设备制造业、电子信息设备销售和租赁业、电子信息传输服务业、计算机服务和软件业，以及其他信息相关服务业都从无到有，逐步发展壮大。

第四，市政能级提升方面。长期以来，我国城市的各项市政能级相对落后。信息化的发展则使这一现象有了较大改观，比如信息化推动了政府职能的转变，增加了政府与社会、民众之间的沟通渠道，提高了行政水平和办事效率；推动了城市公共交通、公共安全和基础保障体系的建立和完善；此外，信息化还在构建城市社会保障体系，完善社区服务，提高市民文化、教育素质和提升市民医疗保健水平方面，发挥了巨大作用。

（二）信息化较发达城市发展状况

在我国信息化和城市化进程中，大城市成为通过信息化提升城市能级的领跑

---

① 网络信息资料来源：http：//www.dzghj.gov.cn/。

者。它们为其他城市的发展提供了宝贵的经验，其中，广州、北京和上海等地是典型代表。

1. 广州信息化发展状况

经过 30 多年发展，广州市的信息基础设施已经达到国际先进水平，电子政务、电力商务和企业信息化水平均居全国前列。根据广东省发布的研究成果，①广州市在信息化基础设施建设、信息化发展环境和信息技术应用等三个方面处于全国领先行列，其中，在信息基础设施建设和信息装备水平方面与北京、上海和深圳相比具有一定优势，在信息化发展环境和信息技术应用方面，与其他三个城市相比存在一定差距。广州在居民计算机及宽带网络普及率、信息人才总量资源和信息消费水平等方面有较大优势，但在信息产业发展、企业信息化、教育信息化的普及以及政府网卡公共服务方面还有所欠缺。

2. 北京信息化发展状况

北京在 1999 年就提出了建设"数字北京"的发展目标，并为此进行卓有成效的工作，比较有代表性的包括：①建立北京市信息资源网，构建北京公共信息的平台；②开展北京市空间信息工程，服务北京市的规划、建设、管理工作，是人口、资源、环境、经济社会的可持续发展的信息基础设施和平台；③建立北京市无线政务专网，提升北京市行政管理效率；④开展数字奥运工程，为奥运会圆满举办提供了坚实的信息技术支持；⑤开展"北京数字绿化带"工程，极大方便了市民的生活。

3. 上海信息化发展状况

上海市已经建立起比较完善的信息基础设施，已经拥有全球最大的城域有线电视网，同时是全球国际海光缆登陆和无线通信设施最密集的城市之一。上海的信息产业已经成为其第一大支柱产业。同时，上海的电子政务、电力商务和电子社区建设也取得了可喜的成绩：在电子政府方面，上海市政府大力推行网上办公，提高了政府工作效率；在电子商务方面，上海建立了信用记录数据库，商贸信息平台也取得重大进步；在电子社区方面，综合性的信息服务平台"上海城市通"极大方便了市民的生活。此外，上海的空间信息基础设施建设也卓有

---

① 广州市信息化办公室和广东省社会科学院产业经济研究所：《城市信息化发展战略思考——广州市国民经济和社会信息化"十一五"规划战略研究》，2006 年 6 月。

成效。

4. 信息化较发达城市的发展经验

总体来看，信息化较发达城市促进城市能级提升的主要经验包括以下几点。

第一，观念上重视，制度上保障。几个城市的发展轨迹都表明，这些城市较早地确立了通过信息化提升城市能级的发展方向，并提出了明确的发展规划和目标。同时，这些城市还成立了专门的管理机构来协调城市发展过程中各个部门、各个领域的关系，比如广州成立了广州市信息化办公室、北京成立了北京市信息化工作领导小组，下辖多个职能部门，上海则设立了国民经济和社会信息化领导小组，从而在体制上保障了信息化工作的进行。

第二，制定明确的发展战略和规划。比如广州为国民经济和社会信息化"十一五"规划进行了专题研究，对广州市的信息化发展水平、发展环境和条件、信息化需求都进行了深入研究，并在此基础上形成了发展战略思路和发展目标。为了实现这一思路和目标，广州市又对"十一五"期间的重点项目和布局进行了规划，并提出了完成规划目标所应采取的具体保障措施。

第三，确保信息化建设投入。信息化涉及城市社会、经济、政治、文化、环境等各个方面，直接影响着企业运营、政府运作和人民生活，因此需要强大的信息基础设施支撑，需要大量的数据库建设、运行和更新，更需要有效的数据挖掘和信息分析。长期来看，还需要大量的系统开发、更新和维护，这都要求长期的、大量的人力、物力和财力投入。几个主要城市在信息化建设上都保障了重点项目的建设，从而保证了信息化对城市能级提升作用的持续发挥。

四 信息化提升城市能级的误区和问题

尽管我国的信息化极大促进了城市能级的提升，但是在发展过程中仍存在许多认识上的误区和实践上的问题。

1. 对信息化提升城市能级的内涵缺乏深刻认识

已有的信息化发展纲领或多或少地表现出偏重信息化建设、轻视城市能级全面提升的片面性，这导致了城市发展表现出为了信息化而信息化的倾向，特别是对一些中小城市，由于政府主导的重点信息化建设项目是城市经济发展计划的重要组成部分，这种倾向便更加明显。一时间，信息化成了各个城市经济和社会发展的终极目标之一。

由信息通信技术的特性所决定，加强信息基础设施建设和信息技术应用本身能够促进生产效率的提高，然而这种提高如果不与城市能级提升的目标结合起来，那么将是不可持续的。显然，认识上的不足根源于我国处于信息发展初级阶段的实际情况，但如果不及时转变观念，那么我国的信息化、城市化和工业化进程将会受到极大制约，而且还会造成巨大的资源浪费。

2. 城市间的数字鸿沟在扩大，信息化发展缺乏全国统一规划

北京、上海、广州、深圳等大城市借助于原有的雄厚经济基础和技术、人才储备，在信息化建设过程中走在了全国前列，而绝大部分中小城市的信息化进程则相对落后。信息化发展导致的城市两极分化十分明显，而且这种分化是一种全面分化，具体表现在：大城市具有信息化发展的有利条件，并具有明显的自我强化效应，而中小城市相对较差；大城市具有系统的信息化发展战略，而中小城市则缺乏相应规划；大城市借助信息化开始向以服务业为主导的产业结构演变，而中小城市则仍在工业化阶段摸索前进。

中国的信息化建设实际上正在经历一条"大城市先发展起来，再带动中小城市发展"的道路，在这一过程中，大城市通过什么方式支持中小城市的信息化建设、城市能级的提升？信息化发展战略如何与国家的产业结构布局相协调？如何与区域经济发展相协调？如何与收入分配相协调？这些问题已经并且将会越来越明显地随着数字鸿沟的扩大而凸显出来。就我国目前的实际情况而言，城市间数字鸿沟的扩大有其必然性和合理性，然而如果不加控制地任其发展下去，势必影响我国经济的全局和可持续性。从这个意义上讲，城市能级的提升不仅是单个城市的问题，更是所有城市需要共同面对的问题，这需要国家做出全局性的统一规划。

3. 不同领域的信息化发展程度不平衡，制约了城市能级的提升

总体来看，信息化涉及城市发展的方方面面，如信息网络的建立与信息资源的收集、城市管理与运行、城市服务功能与社区建设、城市产业与经济发展等。众多领域之间存在着相互影响的关系，然而各领域内的信息化程度存在差异，这就导致信息化程度较低的领域可能制约其他领域的发展，进而影响了城市能级的全面提升。这种情况在我国各个城市发展过程中普遍存在。

4. 信息化与城市能级指标体系不完善，影响发展效果评估和目标制定

了解城市信息化建设现状的前提是具备完整的信息化建设评估方法和基本数据，然而目前我国仍没有建立起完整统一的信息化指标统计体系，相关数据统计分析工作难以适应产业发展的要求；在城市信息化评估实践方面，全国各城市的进度也不一致，导致我国仍缺乏全国层面的、系统的城市信息化建设数据。这些问题已经影响到我们分析当前形势和制定发展目标的工作。

五　信息化提升城市能级的政策措施

基于以上分析，为保障信息化有效提升城市能级，各级城市的政府、企业需要在思想观念、制度保障、资源保障和人才保障方面采取切实有效的措施。

1. 思想观念层面

切实认清信息化与城市能级提升之间的关系，摒弃为信息化而信息化的发展思路，一切以切实提升城市能级为出发点。各级城市要根据本市实际情况，明确城市定位和发展方向，认真分析城市发展的信息化需求，在城市人口、土地规划、经济问题和市政发展等方面制定完善的信息化发展措施和城市发展规划。同时，要认识到信息化不仅仅是大城市的任务，中小城市同样要借鉴信息化发达城市的发展经验，吸引教训，结合自身实际，切实树立通过信息化提升城市能级的观念。

各级地方政府甚至包括企业要统一思想，提高认识，增强通过信息化提升城市能级的责任感和紧迫感。要积极转变思想观念，深刻理解中央关于信息化和城市化的总体战略，把发展信息化的重要性提高到战略地位。要把信息化提升城市能级的思路纳入各地国民经济和社会发展的长期规划中去，从各地实际出发，立足长远，合理设计，协调配套，制定信息化和城市化的发展战略。同时要拓宽发展思路，着力解决存在的主要问题，使信息化能够有效推动城市能级提升，促进国民经济又好又快发展。

2. 法律、政策和体制层面

总体来看，政府要加强立法，完善政策，为信息化建设提供制度保障。目前我国的国家和地方性的信息法律法规、政策规定等制度性保障都大大落后于信息化建设实践，从国际经验来看，世界主要的发达城市都为信息化建设提供了足够的制度保障，如新加坡的"IT2000"计划和"Inforcom 21"计划，香港的"数码21"计划，纽约的"电子港"计划等。因此，国家和地方都要把构建科学、健全的信息化法律体系放在首要位置。

具体而言，中央政府要从全国层面制定保障信息化发展的根本性法律，如技术标准、知识产权保护、信息化统计规范等法律体系；地方政府要结合城市实际情况，着重制定城市信息化建设管理、信息资源管理、信息安全、信息工程项目管理的条例和规定。二者相互配合，逐步建立起具有完整体系和合理结构的法律政策体系，并建立健全的执法体系和监督体系。

同时还要尽快制定政府信息公开法，丰富社会信息资源。政府的信息活动规模巨大，是国家信息资源的最大拥有者，也是最大的信息生产者、使用者、发布者。政府信息资源对社会公众具有强大影响力，政府依法及时公开非密信息，是实现全社会信息共享的关键环节，此举还能非常有效地丰富社会信息资源，推动信息资源的公益性与商业性开发和利用，从而带动信息服务业以至整个社会信息化的发展。

在政府的体制保障上，中央政府需要为全国信息化发展和城市化进程进行总体规划和宏观指导，使得城市能级的提升与产业结构调整、区域经济发展和收入分配等政策相互配合，并积极探索大城市帮助中小城市通过信息化提升城市能级的实现方式。同时，地方政府也要积极发挥职能。根据周振华（2002）的研究，政府推动信息化建设的模式主要有三种：政府主导型的直接推动模式、政府适度推动模式和政府间接推动模式。地方政府要根据本地实际，选择合适的模式推动本地信息化建设和城市能级提升。

3. 资源保障层面

第一，加强投融资力度保障。在制定和实施城市的经济、社会发展规划时，应将信息化提升城市能级摆在突出的战略地位，并制定信息化建设的专项规划。在政策上实行重点倾斜，用财政、信贷、税收等经济手段保证信息化重点项目的优先发展。在信息化启动初期，政府适宜作为信息化建设主导，当达到一定规模后，信息化建设应该按照市场规律运行，为此需要废除对民营资本的歧视性规定，吸引民间资本参与到信息化和城市化进程中，保证信息化发展的活力，为城市能级提升提供持续动力。

第二，加强基础信息设施建设。完善综合信息基础设施，推动网络融合，优化网络结构，提高网络性能，推进综合基础信息平台的发展；加快改革，从业务、网络和终端等层面推进"三网融合"。建设一批基础性、公益性和示范性重大项目，促进信息服务业的发展。要在公共技术支撑平台、关键技术的产业化、产业关联度大的应用项目三方面进行突破。

第三，推进电子商务体系建设。营造环境、完善政策，发挥企业主体作用，大力推进电子商务。以企业信息化为基础，以大型重点企业为龙头，通过供应链、客户关系管理等，引导中小企业积极参与，形成完整的电子商务价值链。加快信用、认证、标准、支付和现代物流建设，完善结算清算信息系统，注重与国际接轨，探索多层次、多元化的电子商务发展方式。

第四，大力发展现代服务业。信息化与现代服务业密不可分，可以说，信息化是"现代服务业之核"。要切实把发展现代服务业作为通过信息化提升城市能级的战略性选择，为此需要重点把握以下几个方面：大力发展高等教育，着力提高城市的文化品位；做强生产性服务业；加大电子商务开发；加强公共服务业，增加公共品的供给；提高现代服务业的市场化程度（宋庆迎，2005）。具体措施包括：大力发展应用软件开发和软件外包服务业，大力发展数字内容创意产业、知识技术密集型的高端信息咨询服务业，同时有条件的城市还要以建设各类电子信息产业基地为契机，加速产业集群的环境建设，更重要的是，要提升信息的自主创新能力。

第五，推进电子政务体系建设。推行电子政务，改善公共服务，逐步建立以公民和企业为对象、以互联网为基础、中央与地方相配合、多种技术手段相结合的电子政务公共服务体系；加强社会管理，整合资源，形成全面覆盖、高效灵敏的社会管理信息网络；强化综合监管，满足转变政府职能、提高行政效率、规范监管行为的需求。

建立健全政府信息公开制度，推动政务信息资源共享。推进政府信息公开，充分利用政府门户网站、重点新闻网站、报刊、广播、电视等媒体以及档案馆、图书馆、文化馆等场所，为公众获取政府信息提供便利。推动需求迫切、效益明显的跨部门、跨地区政务信息共享。鼓励社会力量对具有经济和社会价值、允许加工利用的政务信息资源进行增值开发利用。支持和鼓励信息资源的公益性开发利用，加强农业、科技、教育、文化、卫生、社会保障和宣传等领域的信息资源开发利用。

4. 人力资源层面

首先，健全人才培养储备体系。人才队伍建设是信息化的关键，也是城市化的动力之源。信息化需要多方面多层次的专门人才，尤其是软件开发人员需求量大，培养周期较长，必须高度重视。因此，一定要大力建立完善的人才培养、培训体系，加快高等院校专业结构设置的调整，增开各类信息专业课程，重视培养学生的信息意识和获取利用信息的能力。

其次，完善人才引进机制，拓宽人才引进渠道。信息化的竞争，关键是人才竞争。要适应当前人才竞争日趋激烈的形势，千方百计地创造良好的条件，用事业、政策、环境、待遇、感情吸引人才，留住人才。打破人才引进和人才使用的部门界限、身份界限、地域界限和所有制界限，不拘一格选人才。进一步创造良好创业条件吸引海外优秀人才回国发展，尤其要引进学术、学科带头人及科技管理人才。

最后，完善人才交流机制，加强国内国际互动合作。采取切实措施，创造更为宽松的人才流动环境，比如实施科技人才居住证制度，建立可户口不迁、关系不转、双向选择的柔性人才流动机制等。积极走出国门参与国际信息交流，同时要举办国际交流会议，让国内各个城市的政府与企业拥有更多直接与国外交流的机会。

参考文献

阿瑟·奥莎利文著《城市经济学》，周京奎译，北京大学出版社，2008。

承继成、王浒：《城市信息化的基本框架》，《测绘科学》2000 年第 4 期。

广州市信息化办公室、广东省社会科学院产业经济研究所：《城市信息化发展战略思考》，广东经济出版社，2006。

国家统计局：《中国城市统计年鉴》（2000～2008），中国统计出版社，2000～2008。

郝寿义、倪鹏飞：《中国城市竞争力研究：以若干城市为安全》，《经济科学》1998 年第 3 期。

李农：《中国城市信息化发展与评估》，上海交通出版社，2009。

牛凤瑞、潘家华、刘治彦：《中国城市发展 30 年（1978～2008）》，社会科学文献出版社，2009。

宋庆迎：《现代服务业发展与城市能级提升》，《理论学习》2005 年第 4 期。

孙志刚：《城市功能论》，经济管理出版社，1998。

吴伟萍：《城市信息化战略理论与实证》，中国经济出版社，2008。

徐光远、陈松群：《城市经济学》，中国经济出版社，2009。

赵全超、汪波、王举颖：《环渤海经济圈城市群能级梯度分布结构与区域经济发展战略研究》，《北京交通大学学报（社会科学版）》2006 年第 2 期。

周振华：《论城市能级水平与现代服务业》，《社会科学》2005 年第 9 期。

城市规模、劳动就业与发展现代服务业

田 侃*

摘 要：本文通过对城市规模、劳动力就业及发展现代服务业三者之间内在逻辑关系的理论梳理及实证研究，发现三者之间存在互相关联、相互推进、共同作用的关系。因此，加快城市化进程，有利于调整产业结构、发展现代服务业，从而增加劳动力就业；发展大中城市，发挥其实现经济、社会、人口、资源和环境协调发展的综合性和规模性的城市发展功能；突破体制性障碍，推进现代服务业的市场化，提高服务业的就业弹性，统筹解决我国人口就业问题，才能保证城市化、劳动力就业与发展现代服务业之间协调可持续发展。

关键词：城市化 劳动力就业 现代服务业 经济增长

一 引言及文献综述

城市化是工业革命的产物，是一国或一个地区农业人口趋向城市的过程，即由分散走向集聚，摆脱传统农业作业，而趋向于第二产业、第三产业的过程。与此相应的城市化水平，也叫城市化率，是衡量城市化发展程度的数量指标，一般用一定地域内城镇人口占总人口比例来表示。

城市化过程是农业人口向非农人口转移的过程，同时也是服务业逐步发展的过程。纵观世界各国产业发展与劳动力就业的经验，服务业特别是现代服务业的发展，不断创造出了更多的就业岗位，有力地保证了劳动力就业；且城市

* 田侃，经济学博士，中国社会科学院财政与贸易经济研究所助理研究员。主要研究方向为服务经济理论与政策、信用经济理论。

化发展使得服务业特别是现代服务业呈现产业集聚特征，即向城市中心区集聚。不仅在扩大容量的城市空间中扩展，而且要不断推进工业撤离并填充其遗留下的空间（裴长洪、谢谦，2009）。反过来，服务业发展、劳动力就业水平的提高，又有利于城市化质量的提高，从而推进城市化的进程。这个过程实质上就是经济结构转型的过程，只有特大、大城市才具备转型的条件与实力，也只有特大、大城市才具备服务业高度、快速发展的基础与条件，进而提高城市化质量。

改革开放30多年来，我国城市建设获得了很大的发展，主要表现在城市基础设施建设明显加强，城市规模不断扩大，城市人口持续增加，城市化水平快速提高等方面。到2008年，我国城市化率已达到45.7%（国家统计局，2008），城市化进程的加速推进，奠定了我国服务业特别是现代服务业快速发展的基础，创造了更多的劳动就业机会，提高了我国劳动力就业水平，极大地促进了我国经济、社会的和谐发展。

（一）关于城市规模与经济增长的相关关系

城市规模与经济增长直接相关。Zong Lin（1988）认为，就经济利润来看，特大城市是小城市的两倍多；就每平方公里土地的利润和支付给国家的税额来看，特大城市是小城市的7倍。考虑到特大城市污染、拥挤等问题以及小城市投资收益率不高的状况，Zong Lin建议鼓励发展人口在20万～100万的中等规模城市，因为中等规模城市具有重要的经济功能，且所要求的人均投资小。Fan（1988）提出在中国确定最佳城市规模的一些标准，如最佳投资收益、最佳社会收益、城市居民享受的舒适度等，认为投资收益和城市规模之间呈倒U形关系。王小鲁、夏小林（1999）就城市规模经济效应提出城市经济模型，即由于城市的聚集效应，城市经济具有规模经济递增的特点。在城市总规模收益和外部成本两者相抵后，他认为当城市规模在100万～400万人口之间时，城市的净规模收益最大，这一区间的城市可以称为最佳规模的城市；当城市规模超过1000万人，规模收益被外部成本抵消，再继续扩大规模就形成负效益。郭松（2006）指出，城市规模对经济增长的影响是显著的，城市规模在发展的每一个阶段，都有一个对应的最优城市规模。由此可以看出，城市规模与经济发展之间有着重要的关系，表现为城市的规模效应在很大程度上促进了经济的增长；反过来，经济增长又会推动城市规模的扩大，但是，这个扩大过程一般会受到最佳城市规模的限制。因此，需要两者之间协调发展。

（二）关于城市化与经济、产业发展的相关关系

1. 城市化水平与经济增长高度相关

1965 年美国地理学家贝里选用了 95 个国家的资料进行分析，得出了城市化与经济增长具有正相关关系的结论。瑞诺（Renaud B，1981）在对 111 个国家进行分析后，发现一国经济发展与城市化水平紧密相关，当人均 GNP[①] 从 250 美元增加到 1500 美元时，城市化水平一般会从 25% 上升到 50%，当人均 GNP 达到 5000 美元时，城市化水平会上升到 75% 以上。更进一步，城市经济学家维农·亨德森（2003）利用不同国家的横截面数据计算出城市化水平与人均 GDP（取对数）之间的相关系数为 0.85。

2. 城市化与产业发展密切相关

李培祥、王利明（2003）论述了产业结构的演变与城市化的关系，认为二者相互作用、相互影响、互为因果。李诚固、韩守庆、郑文升（2004）进一步指出，城市产业结构的持续升级不仅促进了城市发展能力的增强，而且是现代城市化的重要推动力，产业结构的升级促进城市化模式、城市地域形态的有序变化。

刘玉博（2005）认为，我国城市化发展速度较快，但仍滞后于工业化进程；小城市的数量较多，不利于第三产业发展和产业结构优化；不同规模城市的地区分布不均衡。在以我国 2002 年 278 个地级及以上城市为样本，对城市规模聚集的经济增长效应进行了量化分析后得出结论：30 万～1500 万人口的城市规模为可行规模，人口小于 30 万或大于 1500 万会引起聚集不经济，100 万～500 万人口是城市最佳经济规模，此时城市的聚集效益最高。由此，提出了建设国际化大城市、大力发展中等城市、加快发展现有小城市的大中小城市协调发展的结论。

3. 城市化与服务业发展互相促进

Singelmann 首次提出了城市化是服务业发展的原因，并实证研究了实现工业化国家 1920～1970 年劳动力转移过程。通过对纵向动态比较，说明劳动力在城

---

① 1980 年以后国民生产总值（GNP）与国内生产总值（GDP）的差额为国外净要素收入。

市非农业部门特别是服务业部门高度集中。城市化是促成一个国家由农业型经济向服务型经济转变的重要因素，因为服务产品的特点要求其供需双方直接面对面，而城市设施为此提供了条件。同时，城市化还促进了政府服务职能和其他非营利服务行业的发展。

郑吉昌等（2004）提出，城市是服务业的基地，集中了服务业的大部分劳动力，服务业的效率随着城市规模的扩大而显著提高，通过发展大城市来促进服务业的发展，有利于经济增长。城市化进程同服务业发展的相关性要高于同第二产业发展的相关性。江小涓等（2004）通过研究服务业与经济增长的相关性和增长潜力，指出城市化水平是影响城市服务业增加值比重的重要因素。陈柳钦（2005）提出，第三产业后续动力作用主要表现在生产配套性服务与生活消费性服务的增加。高度发达的社会化大生产要求城市提供更多更好的配套性服务行业，随着收入的提高和闲暇时间的增多，人们追求更加丰富多彩的物质消费和精神享受。第三产业的迅猛发展赋予了城市新的活力，使城市化进入更高的层次。因此，在工业推动的基础上，第三产业的发展构成了城市化向纵深跃进的后续动力。

郭文杰（2006）研究指出，城市化是推动服务业发展的重要动力，服务业发展是一国经济发展水平提高的必然结果。杨治、杜朝晖（2006）通过对美国1870~1970年城市化率的变化与第二产业就业比重的变化、第三产业就业比重的变化之间求取相关系数，得出的结论是：城市化进程同第三产业就业发展的正相关性要高于同第二产业就业发展的正相关性。同时，他们在对世界和我国工业化发展中就业结构变化一般规律的探讨中发现，在工业化的后半期，城市化的发展将主要依赖于第三产业的发展。由此表明，城市化为服务业提供动力。

季斌（2007）论述了城市化水平与城市服务业发展存在本质的关联关系。选取1985~2003年的时间序列指标数据为研究对象，通过误差修正模型得出两者存在着长期的均衡关系；Granger 因果关系检验结果表明，在滞后期为4期的情况下，两者存在着显著的双向因果关系。郭文杰（2007）通过实证计量分析，指出城市化是服务业增长的重要动力，城市数量的增加和规模的提升、非农人口比重的提高极大地刺激了对服务业的需求，服务业从业人员的增加直接推动了服务业的发展。

由此可见，加快城市化进程，推动服务业发展，应进一步调整和转换就业结构，引导劳动力进入服务业部门，提高城乡居民收入和消费水平，以促进经济发展和服务业水平的提高。

（三）关于城市化与劳动力就业的相关关系

加速我国的城市化进程，不仅指城市数量的增多，更重要的指标之一是提高劳动力就业水平。刘伟德（2001）通过分析我国人口城市化水平对城乡就业率的影响，提出低人口城市化水平导致低第三产业发展水平，低第三产业发展水平又导致低就业率，低就业率又导致低人口城市化水平。这"三低"问题，严重影响了我国经济社会发展和现代化进程。同时他还指出，滞后的人口城市化进程是导致中国当前城乡就业问题的主要原因，而今后一段时期内努力提高中国的人口城市化水平，可有效刺激城乡经济增长，增加就业机会，提高城乡就业水平。张欣（2002）指出，必须适度提高城市化水平，优化产业结构，有力促进第一、第二和第三产业的协调发展，特别是第三产业的发展，从而推动经济增长，提高城市化水平及就业率，缓解当前和今后的就业压力。

杨宜勇（2005）分析指出，表象上看城市化推进与大量城市失业存在着矛盾。但是，进行深层次分析，这只是一种静态分析的结果，从动态过程来看，城市化对于扩大城市就业乃至整个社会就业都具有积极意义。曾令华、江群和黄泽先（2007）通过分析非农就业增长与城市化进程的相关性，指出城市化进程与非农就业、城镇就业存在显著正相关关系，城市化与劳动就业增长相互促进；城市化进程对就业岗位的创造具有规模效应。

（四）关于劳动力就业与产业发展的相关关系

威廉·配第在《政治算术》中揭示出了产业结构演变的基本方向，即工业的收入多，而商业的收入又比工业多。这就是我们常说的产业结构调整问题。配第之后的英国经济学家科林·克拉克在1940年出版的《经济进步的条件》一书中，揭示了人均国民收入水平与结构变动的内在关联，发展为"配第—克拉克定理"。随着经济的发展，第一产业国民收入和劳动力的相对比重逐渐下降；第二产业国民收入和劳动力的相对比重上升；当经济进一步发展，第三产业国民收入和劳动力的相对比重也开始上升。之后，俄裔美国经济学家库兹涅茨在继承克拉克研究成果的基础上，在《各国的经济增长》一书中分析得出：在按人口平均产值的较低组距内（70～300美元），农业部门的份额显著下降，非农业部门的份额相应大幅度上升，但其内部（工业与服务之间）的结构变动不大。在按人口平均产值的较高水平组距内（300～1000美元），农业部门的份额与非农业部门份额之间变动不大，但非农业部门内部的结构变化则比较显著。钱纳里等人（1989）研究指出，与农业产值比重下降的幅度相比，农业劳动力份额的下降存在明显的滞后现象。而制造业就业增长又大大落后于农业就业。这就显著表明，在工业化及产业结构变动过程中，劳动力的转移主要发生在农业与服务业之间。

在我国，李玉凤、高长元则运用协整理论对我国的产业结构与就业结构变动的状况进行研究，指出我国的产业结构演变的格局是"二一三"到"二三一"的模式，将来预计转为"三二一"的模式；就业结构演变的格局是从"一二三"到"一三二"模式，将来预计为"三一二"的模式。

在劳动力就业与发展现代服务业方面，①赵建国（2002）通过对我国1978～2000年服务业就业数据的分析，提出在我国通过发展服务业促进就业是可行的，并且是持续有效的。增强服务业就业首先要加大支持服务业的发展力度，缩小与发达国家的差距；其次是加强第二产业与第三产业的联动效应，发挥第二产业对第三产业的带动和促进作用。②蒲艳萍（2005）用我国1978～2002年的数据就第三产业发展带动就业增长问题作了实证分析，并进行了国际比较。结果表明我国服务业发展水平相对比较落后，服务业增加值在GDP中的比重偏低，其就业所占的比重更低；但是，从时序分析上看，我国服务业吸纳就业的能力逐渐增强，已经成为接纳新增就业的主要部门。因此，大力发展服务业将是我国今后解决就业问题的主要途径。③刘辉群（2005）指出服务业的就业效应包括显性就业效应和隐性就业效应。显性就业效应是指由于服务业产值的增长所带来的服务业就业量增长的效应。隐性就业效应是指服务业部门的扩张带动国民经济系统其他部门产出规模的扩大，引致国民经济系统其他部门就业量增加的效应。这种效应大小可以用服务业产出乘数进行间接衡量。④欧阳旭等（2006）提出，现代服务业的发展对于现阶段我国的就业有较强的吸纳能力，同时还存在间接的就业增长机制。⑤韩景华（2007）指出，随着经济的发展，服务业成为推动劳动力就业结构转变的主要动力。目前，服务业已经成为我国发达城市吸纳劳动力的主渠道，且现代服务业对经济增长和就业的推动作用远远超过传统服务业。因此，我国经济发达城市应把发展现代服务业作为促进就业增长的核心战略。

综合上述文献回顾可知，我国在城市化（城市规模取向）、劳动力就业、服务业发展两两之间关系的研究上已取得了较为深入的研究成果，相关研究成果已被间接转化为我国城市化进程中的劳动力就业与发展服务业的政策规划。但是，就三者之间关系作进一步研究的文献不多，这也是本文着重关注的地方。本文通过对三者之间内在逻辑关系的理论梳理与实证研究，得出三者互相关联、互相推动、共同作用的结论。同时，指出加快城市化进程，有利于调整产业结构、发展现代服务业，从而增加劳动力就业。政府部门在制定政策时，要兼顾三者关系，有机处理城市化进程、发展现代服务业与提高劳动力就业，促进经济、社会和谐发展。

二 城市化进程中劳动力就业与服务业发展的实证分析

（一）我国城市化水平发展的阶段分析

改革开放以来，我国城市化进程大体可以分为两个阶段。第一阶段是1978～1995 年。这一阶段城市化率从 1978 年的 17.92% 提高到 1995 年的 29.04%，发展速度比较缓慢。这与改革开放前期经济社会发展主要处于积累阶段有关。第二阶段是 1996～2008 年。这十多年我国城市化水平获得了比较大的发展，从 1996 年的 30.48% 提高到 2008 年的 45.68%，平均每年增长将近 1.3 个百分点（详见图 1）。

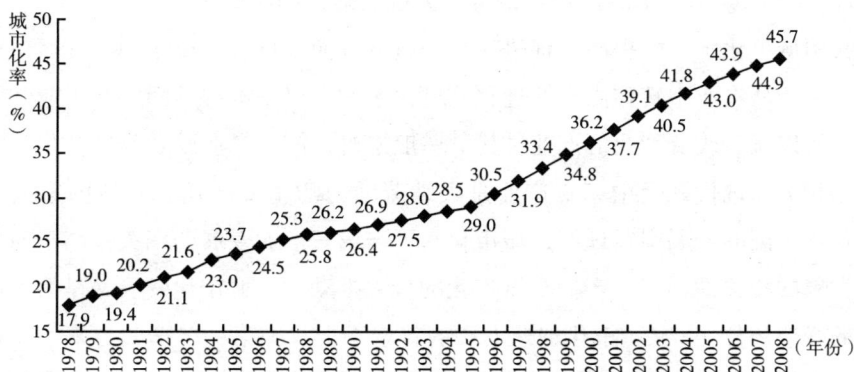

图 1 我国 1978～2008 年城市化发展水平

注：城市化率 = 年末城镇人口/年末总人口 ×100%。
资料来源：根据中国经济信息网统计数据库数据测算所得。

根据国际城市化发展经验，当城市化水平达到30%的时候，将步入城市化快速发展阶段。由此，我国城市化进程开始进入快速发展阶段。但是，由于我国的农村人口基数庞大，我国城市化发展道路艰难曲折，这从我国城市化率与世界城市化率的比较中可以看得更清楚。从表1可以得知，我国2008年的城市化率大概相当于20世纪90年代中期的世界平均水平，与发达国家相比差距还很大。

表1　我国与世界城市人口占总人口比重对比

单位：%

年度	世界	我国	差距	年度	世界	我国	差距
1980	39.5	19.4	20.1	2005	48.7	40.4	8.3
1990	43.3	26.4	16.9	2006	49.1	41.3	7.8
2000	46.7	35.8	10.9	2007	49.5	42.2	7.3
2003	48.0	38.6	9.4	2008	50.0	45.7	4.3
2004	48.3	39.5	8.8				

注：由于统计口径不同，会导致表1我国城市化数据与图1数据不一致。

资料来源：①1980~2007年数据均来自世界银行数据库；②由于2008年世界城市人口占总人口比重尚未公布，该数为联合国经济社会事务部人口司2008年的估计数；③我国2008年数据来自2008年年末城镇人口与年末总人口的比重。

（二）我国城市化进程中产业发展与劳动力就业的关系分析

1. 第一、第二、第三产业吸纳劳动力就业能力的比重分析

我国城市化水平的提高在促进劳动力就业方面发挥着重要作用。在城市化进程中，由于从农业中转移出来并迁移到城镇中的人口基本都是固定在工业和服务业中，所以就会改变就业的产业结构。一般来讲，第三产业发展与城市化发展水平密切相关，现代社会中第三产业是吸纳劳动力的主要产业。发达国家诸如美国、日本等国的发展实践证明：城市化水平与第三产业发展的相关性高于与第二产业发展的相关性，第三产业是城市化的最大推动力，城市化发展又是第三产业发展的必要条件。[①] 在城市化加速发展的背景下，我国第一、第二、第三产业吸纳劳动力就业的能力是不同的。国际经验表明，未来劳动力就业的发展趋势将会更多地依赖于第三产业的发展。

---

① 王红梅：《城市化与就业的相关性分析——以苏州市为例》，硕士论文，2009。

从表2可以看到，第一产业（农业）在我国劳动力就业中的比重自1979年以来，几乎处于不断下降趋势，但是，截至2008年，仍然达到39.6%的较高水平，表明第一产业在我国劳动力就业中仍占有重要地位；虽然第二、第三产业劳动力就业比重在近五年来有一定程度的提高，如2008年第二、第三产业劳动力就业比重合计达到60.4%，但就第三产业劳动力就业比重而言，只有33.2%，与其他发达国家相比，有较大差距。从客观上讲，劳动力就业比例的扩大有利于扩大整个消费市场，并进一步扩大对服务业的需求，促进服务业的发展；而服务业的发展在很大程度上会提供更多的就业岗位，促进社会经济的和谐稳定发展。因此，我们要加快城市建设和发展，加大力度调整产业结构，促进第三产业对劳动力就业的吸纳能力。

表2　我国第一、第二、第三产业拉动劳动力就业所占比重

单位：%

年份	第一产业	第二产业	第三产业	年份	第一产业	第二产业	第三产业
1979	69.8	17.6	12.6	1994	54.3	22.7	23.0
1980	68.7	18.2	13.1	1995	52.2	23.0	24.8
1981	68.1	18.3	13.6	1996	50.5	23.5	26.0
1982	68.1	18.4	13.5	1997	49.9	23.7	26.4
1983	67.1	18.7	14.2	1998	49.8	23.5	26.7
1984	64	19.9	16.1	1999	50.1	23.0	26.9
1985	62.4	20.8	16.8	2000	50.0	22.5	27.5
1986	60.9	21.9	17.2	2001	50.0	22.3	27.7
1987	60	22.2	17.8	2002	50.0	21.4	28.6
1988	59.3	22.4	18.3	2003	49.1	21.6	29.3
1989	60.1	21.6	18.3	2004	46.9	22.5	30.6
1990	60.1	21.4	18.5	2005	44.8	23.8	31.4
1991	59.7	21.4	18.9	2006	42.6	25.2	32.2
1992	58.5	21.7	19.8	2007	40.8	26.8	32.4
1993	56.4	22.4	21.2	2008	39.6	27.2	33.2

资料来源：中国经济信息网统计数据库。

2. 第一、第二、第三产业吸纳劳动力就业能力的弹性分析

测算第一、第二、第三产业对就业拉动效应的一个较好工具是就业产值弹性系数。就业产值弹性是衡量各产业产值增长引起就业增长的一个指标。以第三产

业为例，它表示第三产业的产值每增加1%，在第三产业中就业的人数能相应增加的百分比。对于第一、第二产业，这一定义及其意义可依此类推。用 e 表示就业产值弹性，L 表示劳动力，Y 表示产值，则就业产值弹性公式为：

$$e = \frac{\Delta L/L}{\Delta Y/Y}$$

根据上述就业产值弹性公式和中经网统计数据库相关统计数据，测算得到 1979~2008 年我国第一、第二、第三产业就业产值弹性（见表3）。

表3　1979~2008 我国三次产业就业产值弹性

年份	第一产业	第二产业	第三产业	年份	第一产业	第二产业	第三产业
1979	0.183	0.472	0.743	1994	-0.698	0.126	0.860
1980	-1.136	0.502	1.143	1995	-0.600	0.161	0.898
1981	0.321	2.021	0.718	1996	-0.392	0.289	0.660
1982	0.316	0.765	0.188	1997	0.016	0.202	0.263
1983	0.114	0.384	0.557	1998	0.276	0.036	0.276
1984	-0.070	0.724	0.889	1999	0.600	-0.133	0.197
1985	0.472	0.445	0.440	2000	0.320	-0.131	0.332
1986	0.121	0.786	0.451	2001	0.466	0.048	0.198
1987	0.278	0.332	0.460	2002	0.337	-0.316	0.410
1988	0.740	0.251	0.434	2003	-0.352	0.148	0.359
1989	0.976	-0.381	0.365	2004	-0.555	0.472	0.546
1990	2.346	4.906	7.941	2005	-0.708	0.588	0.315
1991	0.197	0.083	0.374	2006	-0.830	0.485	0.293
1992	-0.217	0.114	0.469	2007	-0.927	0.497	0.089
1993	-0.560	0.214	0.666	2008	-0.457	0.250	0.338

资料来源：根据中经网统计数据库相关统计数据测算所得。

通过对上述测算结果按照时间顺序进行分析，得知我国第一、第二、第三产业在就业弹性上有以下特点。

第一，在改革开放初始几年里，我国三大产业的就业产值弹性都比较高，国内生产总值的增长和就业的增长基本是同步的，说明产业发展能够吸纳较多的劳动力就业。1980 年和 1984 年这两年我国第一产业的就业弹性皆为负值，这在一定程度上说明了我国劳动力就业和产业结构调整的趋势开始出现，与此相应的是，这两年间我国第三产业的就业弹性还是比较高的，如 1984 年，第三产业增加值每增加 1 个百分点即可带动就业人数增加 0.889 个百分点。

第二，1985 ~ 1991 年间，三大产业的就业弹性都保持了一定的增长，尤其是在 1990 年，三大产业的就业弹性达到了迄今为止的最高峰，分别达到 2.346、4.906 和 7.941。数据表明，随着改革开放的深入，我国生产力获得了很大的发展，产业结构的调整也取得了一定的成就，三大产业对于劳动力的吸纳能力得到了很大的提高。

第三，1992 ~ 1996 年间，第一产业的就业弹性值皆为负值，说明农业吸纳劳动力就业的能力开始逐步下降，而在此期间，第二产业就业弹性值保持了比较平稳的增长，第三产业的就业弹性值则是比较高的，这一时期第三产业吸纳了更多来自农村的劳动力。20 世纪 90 年代以来，尤其是 90 年代中期以来，我国城市化进程开始步入快速发展时期，我国流动人口尤其是来自农村的流动人口更是有了比较大的增加。

第四，1997 ~ 2002 年间，第一产业的就业弹性值有所增长，表明这期间农业的发展是对前几年发展相对滞后的一种反弹，我国粮食产量的最高峰就出现在这一时期内。其间，我国第二产业就业弹性值有三年出现了负值，分别是 1999 年、2000 年和 2002 年，这在一定程度上是我国国有企业改制与转型的结果。同时，第三产业就业弹性值保持了较为平稳的发展，我国产业结构调整进入了一个新的时期。

第五，2003 ~ 2007 年间，第一产业就业弹性值每个年份都为负值，说明农业吸纳劳动力就业的能力进一步下降，且存在继续下降的趋势；第二、第三产业就业弹性值则保持了一定的发展。第三产业的就业弹性值有潜在下降的趋势，说明我国产业结构调整压力很大。

第六，值得注意的是，1979 ~ 2007 年间，我国第三产业就业弹性值没有出现过负值，说明改革开放以来，我国第三产业获得了很大的发展。总的来看有三个阶段，即 20 世纪 80 年代、90 年代、2000 年以来。其中第三产业就业弹性值在 20 世纪 90 年代达到最高峰，进入新世纪以来，有缓慢下降趋势，表明我国第三产业吸纳劳动力就业的能力有所下降，也说明我国城市化进程、经济结构调整、劳动力就业和第三产业的发展等诸多问题都交织在了一起。因此，如何实现我国城市化发展、劳动力就业和经济发展的协调与平衡是当前我们必须面对且急需解决的现实难题。

（三）基于动态计量理论的城市化进程、劳动力就业与服务业发展关联分析[①]

动态计量经济的发展，具有数据驱动特征，对经济理论依赖性不是很强，且进一步关注了数据的平稳性，能够有效地克服传统计量分析方法因数据可能出现非平稳而导致的伪回归现象。本文主要运用了常规的 ADF 单位根检验法，检验变量的平稳性，并将非平稳性变量进一步处理成平稳变量。若变量是单整，可对相关变量进行协整检验。Engle and Granger（1987）指出，如果两个或两个以上的非平稳时间序列（含有单位根的时间序列）的线性组合能构成平稳的时间序列，则称这些非平稳时间序列是协整的。平稳的线性组合为协整方程，说明这些变量之间存在长期的均衡关系。通过 Johansen 协整检验，若变量间存在协整关系，进而建立误差修正模型（ECM）进行短期因果关系分析；如果变量间不存在协整关系，则利用格兰杰因果关系检验法对变量之间关系做进一步分析。本文着重研究城市化进程中的劳动力就业与服务业发展情况，城市化指标（Urba）用城镇人口占总人口比重代替，劳动力就业指标（Pop）用年末从业人员占总人口比重代替，服务业发展指标（Serv）用第三产业增加值占国内生产总值比重代替。变量使用的所有数据均来自中国经济信息网（www. cei. gov. cn）统计数据库。

通过系列单位根检验与协整关系建模分析，劳动力就业与服务业发展两个序列能够在较长时期内存在一个正方向影响关系，是相互促进的。服务业占国内生产总值比重每提高一个百分点，对劳动力就业占总人口比重的长期影响在 0.479 个百分点。在长期均衡影响的基础上，进一步建立误差修正模型（ECM）来分析二者之间短期动态调整关系。根据误差修正模型，短期来看，滞后一期的劳动力就业指标对下期劳动力就业产生较小的负向冲击，而滞后一期的服务业发展指标则对劳动力就业形成向上有效调整。也就是说滞后一期的服务业发展水平对下一期劳动力就业会产生较大的利好效应，服务业占比变化每提高一个百分点，就会拉动劳动力就业 0.14 个百分点。而从对服务业发展水平的短期调整来看，滞后一期的劳动力就业指标与服务业发展指标均对服务业发展水平形成正向调整，

[①] 由于篇幅限制，本部分略去了数学模型和具体的计算过程，只使用计算结果来说明。

进而促进服务业发展。

通过基于 Pop、Serv、Urba 之间的格兰杰因果检验，结果表明，在 5% 的显著水平上，只有 "URBA does not Granger Cause POP2" 假设被拒绝，说明城市化率是引起劳动力就业的格兰杰原因。也就是说城市化程度的提高，有利于提高全社会劳动力就业水平。其次是 "URBA does not Granger Cause SERV" 假设，尽管在 5% 的显著水平被拒绝，但 F 统计量仍处于 1.69 的较高水平，一定程度上可以说明城市化进程是推进服务业发展的弱格兰杰原因，城市化推进有利于服务业发展。

（四）内外多重因素推动下的我国城市化道路选择

经过 30 多年的改革开放，我国城市化已提高到较高的水平，由 1998 年的约 30% 上升到 2008 年的 45.7%。但是，如果按照目前发达国家 60%～70% 的城市化水平来衡量，我国仍有较大差距，需要走的路还很长。这次席卷全球的金融危机，发生在我国经济、社会、资源、环境、人口、体制等面临一场新的变革之时，在政府与市场双重力量应对危机的过程中，包括政策与外部因素的综合作用，必然对我国下一步城市化道路的选择形成较大冲击，即我国城市化道路究竟是以大中城市为主，还是通过建设城镇让农村变成城镇的城镇化？

从城市规模效应看，大城市较中小城市有着更大的规模集聚效应，即大城市普遍具备完善的公共服务能力、发达的基础设施、信息沟通以及资源供应能力等。即使大城市各种成本比较高，也会因较高的收益预期而吸引更多的农业人口流入。

从城市化发展道路来看，选择什么样的城市化道路，大、中、小城市发展以谁为主，在某种程度上不是某一时点所要达到的效果，而更多的是在经济、社会、环境持续发展过程中不断转化的结果。如果用人口转移程度来反映城市化进程，那么转移的初级阶段一般都显现农村向城市进行的空间上的位移。而转移的高级形态则是整个社会结构处于变革或是经济结构、产业结构处于转型的过程中，自然要求城市化发展程度有所不同，城市化质量有所提高，进而使得城市化、劳动力就业与产业结构调整形成良好的逻辑关系纽带。

1. 世界城市化普遍规律要求城市化向大中城市发展

世界城市化发展的一个普遍规律就是，在城市化发展初期与中期，特大、大城市人口增长速度快于中、小城市。1950～1996 年，世界人口规模在 100 万以上的大城市数量从 72 个增加到 326 个，这些城市的人口占世界城市总人口的比重也从 1950 年的 23.47% 上升到 1996 年的 36.16%，发达地区的相应比重从 24.20% 上升到 35.71%，发展中地区的相应比重从 21.55% 上升到 36.39%。发达国家或地区城市化初步完成了从数量向质量的转变，正日益形成城市规模与城市集聚效益的综合考量，城市规模与城市集聚效益呈正相关。在经济与信息全球化的大背景下，各种要素的国际流动十分密切，我国的城市化不可能摆脱世界城市化的一般规律。我国应抓住大城市发展的规模效应，一方面注重提高城市化数量，另一方面，时刻把握城市化的质量。

2. 产业集聚与城市化双向推动城市化向大中城市发展

在世界经济史上，经济运行轨迹主要沿着农业经济向工业经济再向服务经济延伸。城市化与经济发展水平关系密切，城市化是经济发展的基础与动力，经济发展又为城市化提供扩张空间。经济结构的调整则进一步为城市化发展指明方向。在城市化发展的高级阶段，也就是城市化水平达到 60%～70% 以后，城镇人口比重的增长再趋缓慢甚至停滞，会出现郊区化和逆城市化，第三产业逐步占据主导地位。[①] 20 世纪 50 年代以后，发达国家的经济结构开始了第二次变化，到 80 年代中后期，发达国家的服务业比重普遍超过 60%，城市经济逐渐从工业经济为主转向以服务经济为主，服务业成为城市经济的主导产业。而我国由于城乡分割等体制障碍以及管理权限高度集中，服务业发展受到严重约束。而以制造业为主的我国工业化体系在经历了 30 多年的粗放式发展后，需要在技术升级与替代产业上提前做好结构调整的准备，在做好这种准备的同时也在要求城市化朝着新的方向发展。

3. 经济、社会、人口、资源和环境和谐发展战略要求城市化向大中城市发展

进入新世纪以来，科学发展观逐步深入人心，这是我国在借鉴已经实现现代化和城市化的发达国家以及我国近代以来的现代化、城市化和工业化发展实践的经验和教训的基础上，得出的新的经济社会发展的战略思想。这一思想要求我国城市化要走经济、社会、人口、资源和环境协调可持续发展的道路，这一目标的

---

① 信春霞：《中国人口城市化率的深层次分析》，《上海财经大学学报》2002 年第 6 期。

实现，关键在于我国城市化要走集约化、规模化道路，也就是说，这一目标事实上意味着我国城市化要走以大中城市为主体的发展道路。其主要原因在于，经济、社会、人口、资源和环境和谐可持续发展本身就是一个系统工程，需要战略性的城市发展规划和大量的各种资源，相较于小城市、城镇来说，大中城市往往具有这样的优势。进一步说，大中城市更具有实现经济、社会、人口、资源和环境协调发展的综合性和规模性的城市发展功能，这对于城市和谐发展来说具有重要意义。具体来说，主要体现在以下几个方面。

第一，全面贯彻落实科学发展观、转变经济增长方式，要求城市化向大中城市发展。曾经三分天下有其一的乡镇企业由于高耗能、低效益、破坏环境等问题逐步走上了转型的道路，要达到低耗能、高效益、环境友好，实现经济增长方式的转变，必然要求城市化向大中城市发展，中小城镇往往不具备转变经济增长方式的能力。

第二，构建和谐社会、建立节约型、创新型社会要求城市化向大中城市发展。有学者的研究表明：超大、特大城市在节约资源（例如教育资源、水资源、电资源等），提高资源利用率和建立节约型社会上，比中小城市有着更大的优势。① 事实上，这同样也体现在环境保护方面。

第三，人口流迁的大趋势要求城市化向大中城市发展。自改革开放以来，我国人口流动规模呈现了强劲的扩大势头，大量流动人口流入各级城市尤其是东部沿海发达城市和区域性中心城市，这在客观上促使我国城市化以大中城市发展为主，只有这样符合人口流迁发展的大趋势，才能实现人流、物流、资源流、信息流等的集聚；实现城市经济、社会、人口、资源和环境的和谐可持续发展；实现高水平、高质量的城市化。

4. 区域经济增长极的重新布局要求城市化向大中城市发展

区域"增长极"理论显示，增长并非同时出现在所有的地方，它以不同的强度首先出现在一些增长点上，然后通过不同的渠道向外扩散，并对整个经济产生影响。我国改革开放前和改革开放后的发展战略同样都是不均衡发展战略。但是，城市化水平却有着截然不同的效果。究其原因，两者所处的环境和条件的巨大差异造成了我国城市化水平在两个时期的不同。可以说，前者的不均衡发展战

---

① 周丽苹：《走以大城市为主导协调发展的城市化道路》，《市场与人口分析》2006 年第 3 期。

略是一种静态的不均衡发展战略，后者则是一种动态的不均衡发展战略。静态不均衡发展战略已被实践证明是行不通的，而动态不均衡发展战略发展到极致就是一种新的均衡状态的出现。

自改革开放以来，我国实行的区域发展战略在很大程度上推进和加速了城市化的水平和进程。20世纪70年代末期我国重点发展珠三角，80年代末期着力打造长三角，90年代以来重点建设环渤海地带，90年代末期开始实施西部大开发，2003年又提出了振兴东北老工业基地的发展战略，近年来实行中部崛起的发展战略。时至今日，国务院已经通过或正在酝酿一些新的区域发展规划：江苏沿海地区发展规划、重庆城乡整体规划、海峡西岸经济区、横琴总体发展规划、辽宁沿海经济带发展规划、长株潭两型实验区、泛珠三角、西三角经济区（把西安与重庆市、成都市联合，组成对中国西部发展具有战略意义的三角形经济区）。

由此可知，这些区域增长极都是以在一定地域范围内具有辐射全国能力的大中城市、特大城市为载体的。同时，一个不容忽视的现象是：这些区域增长极同时也是我国城市化水平较高的地区。这些地区形成了以特大城市、大城市为核心的城市群、城市带，最后可能形成我国城市化发展史上的遍地开花现象。

三　结论与建议

通过上文分析，我们可以得出以下简单结论：第一，我国城市化进程的推进有利于带动劳动力就业水平的提高，二者之间存在长期均衡关系，并在短期波动内相互有着正向的调整影响；第二，城市化进程有利于服务业水平的提高，促进了服务业的发展；第三，服务业的发展为劳动力就业提供了大量的岗位，而劳动力就业的发展反过来又促进了服务业的增长。我国城市化发展、劳动力就业与服务业发展整个过程中的多个因素共同决定了今后我国城市化发展模式应以大中城市为主的方向，这个方向不论对就业拉动还是服务业发展都是现实客观需要与必然。

1. 加强城市发展规划，促进服务业发展

在城市化快速发展的过程中，要加强对城市发展的规划，加强服务业发展的规划以及相关政策的制定和实施工作。研究城市化与服务业共同发展的机制。在城市建设与发展的前提下，大力推进服务业的集聚发展。通过政策鼓励支持服务业集聚，进而产生促进就业的效应。促进服务业区域布局科学化，加强区域规划，制定较为合理的区域产业政策；运用宏观经济杠杆和产业政策对区域产业结构变化进行有明确目的的调控，弥补市场机制的不足，以推动区域产业结构合理化，从而更好地发挥服务业的集聚效应，促进其对就业的拉动作用。[1]

2. 制定全面的产业发展政策，促进服务业发展

在制定服务业发展的产业政策中，应该多考虑其对就业的扩散性影响，将产业政策和就业政策有机结合起来，把创造更多的就业岗位作为产业发展的重要目标。在发展服务业的同时，要优先促进有利于增加就业的服务产业发展，在招商引资时既要重视规模和技术等级，也要重视其对就业的影响，采取多种宏观政策来促进就业。[2]

3. 合理加快我国城市化发展，促进人口就业

我国现在处于城市化加速发展的关键时期，要大力推进大中城市的发展，加快城市建设的步伐，从整体上进一步提高我国的城市化水平，增强城市的人口容纳能力，促进城市发展与人口发展的协调与统一。同时要采取多种措施，降低农村人口和劳动力进入城市的门槛和成本，促进流动人口融入城市。

4. 坚持服务业向市场化发展方向，促进人口就业

发展服务业尤其是现代服务业，要大力突破体制性障碍，推进现代服务业的市场化。通过推进体制改革，进一步打破服务业中的垄断经营，改变一些垄断性行业中的产业结构组织，加快建立有利于公平竞争的市场秩序，以提高效率，改善服务。促进现代服务企业数量和规模的增大，形成多元经济主体参与的充分竞争格局。此外，要培育符合市场经济体制和国际竞争需要的微观主体，在全面提升经济服务化的基础上，寻求向整个经济系统渗透的发散型发展，特别是在第二、第三产业融合中找到新的增长点。通过紧密的产业关联、共享的资源要素、丰富的社会资本、有效的竞合机制，充分发挥外部性优势，培育和促进现代服务业集群的形成与发展，增强其吸纳人口就业的能力。

5. 加快第三产业发展，提高其对就业的吸纳能力

我国的三大产业中，第一产业的劳动力相对过剩，第二产业的就业空间已不

---

[1] 顾燕：《产业 - 就业关联：城市现代服务业发展及对就业的影响》，硕士论文，2008。
[2] 顾燕：《产业 - 就业关联：城市现代服务业发展及对就业的影响》，硕士论文，2008。

大，第三产业还有较大的发展空间。因此，我们要加大服务业尤其是现代服务业发展的力度，这是由现代服务业自身比较高的就业弹性决定的。总的看来，目前我国城市的现代服务业还有很大的发展潜力，应积极发展金融、信息、咨询、法律、现代物流业等，以此提高现代服务业的整体水平，增强其吸纳人口就业的能力。

6. 重视培养现代服务业人才

现代服务业是知识密集型、智力密集型行业。目前我国十分缺乏现代服务业方面的人才，因此必须立足提高自主创新能力，大力推进科技进步，优先发展教育事业，加强人力资源开发和人才队伍建设，为加速现代服务业发展提供更好的技术动力和智力支持，以提升现代服务业整体水平。努力构建多层次的人才吸纳机制，完善各项配套政策，加快现代服务业中高级人才的培养，吸纳高校毕业生加入发展现代服务业的行列中来。此外，要放宽户籍以及就业市场等方面的限制，促进人口的合理流动，为现代服务业的发展提供人才储备。[①]

参考文献

〔英〕威廉·配第：《政治算术》，陈冬野译，商务印书馆，1960。

〔美〕H. 钱纳里、S. 鲁宾逊、M. 塞尔奎因：《工业化和经济增长的比较研究》，吴奇等译，上海三联书店，1989。

陈甬军、陈爱民主编《中国城市化：实证分析与对策研究》，厦门大学出版社，2002，第 295～299 页。

Fan Lida, "The City's Functions Development Impetus and Realistic Options", in *Urbanization China City Planning Review* 4 (3)：24–32, 1988.

Renaud B., *National Urbanization Policy in Developing Countries*. Oxford University Press, 1981.

Zong Lin, "On the Scale, Structure and Development Strategy", *China City Planning Review* 4 (4)：13–21, 1988.

陈柳钦：《产业发展与城市化》，《中国发展》2005 年第 3 期。

郭松：《城市规模对经济增长影响的实证研究》，东北财经大学硕士论文，2006。

---

① 时峰：《中国现代服务业地区差异及其对城市化影响的实证研究》，硕士论文，2008。

郭文杰：《服务业增长、城市化与经济发展——改革开放后中国数据的经验研究》，《当代经济科学》2006 年第 5 期。

郭文杰：《中国城市化与服务业发展的动态计量分析：1978～2004》，《河北经贸大学学报》2007 年第 3 期。

顾燕：《产业－就业关联：城市现代服务业发展及对就业的影响》，复旦大学硕士论文，2008。

韩景华：《我国发达城市服务业发展与就业弹性问题研究——以北京市为例》，《经济纵横》2007 年第 12 期。

季斌：《城市化水平与城市服务业发展的动态计量分析——以南京为例》，《南京社会科学》2007 年第 11 期。

江小涓等：《服务业与中国经济：相关性和加快增长的潜力》，《经济研究》2004 年第 1 期

李诚固等：《城市产业结构升级的城市化响应研究》，《城市规划》2004 年第 4 期。

李培祥等：《城市化与产业结构演变的调控模式及对策》，《青岛大学师范学院学报》2003 年第 2 期。

李玉凤等：《产业结构与就业结构的协整分析》，《统计与决策》2008 年第 4 期。

刘辉群：《我国第三产业就业效应新论》，《重庆工商大学学报》2005 年第 3 期。

刘伟德：《我国人口城市化水平对城乡就业率影响分析》，《北京理工大学学报（社会科学版）》2001 年第 2 期。

裴长洪等：《集聚、组织创新与外包模式——我国现代服务业发展的理论视角》，《财贸经济》2009 年第 7 期。

蒲艳萍：《第三产业发展带动我国就业增长的实证分析》，《南京师范大学学报》2005 年第 2 期。

时峰：《中国现代服务业地区差异及其对城市化影响的实证研究》，湖南大学硕士论文，2008。

王红梅：《城市化与就业的相关性分析——以苏州市为例》，苏州大学硕士论文，2009。

王小鲁等：《优化城市规模推动经济增长》，《经济研究》1999 年第 9 期。

信春霞：《中国人口城市化率的深层次分析》，《上海财经大学学报》2002 年第 6 期

杨宜勇等：《我国城市化进程与就业增长相关分析》，《教学与研究》2005 年第 4 期。

杨治等：《经济结构的进化与城市化》，《中国人民大学学报》2008 年第 6 期。

郑吉昌：《服务业与城市化互动关系研究》，《经济学动态》2004 年第 12 期。

曾令华等：《非农就业增长与城市化进程相关性分析》，《经济体制改革》2007 年第 1 期。

周丽苹：《走以大城市为主导协调发展的城市化道路》，《市场与人口分析》2006 年第 3 期。

服务业集聚发展：重塑城市空间形态的主导力量

刘　奕*

摘　要：我国城市服务业呈现较明显的集聚发展趋势，集聚效应开始显现；大都市区内部服务业发展圈层结构明显；部分城市服务业显示出集聚化和郊区化并存的态势。同时，我国城市服务业集聚发展中也存在着定位雷同、过度重视硬件建设、城市中心区资源要素制约加剧、体制改革不彻底和政策体系不完善等问题。需要更新观念、合理规划、错位发展；顺应各服务行业集聚规律，确定不同的政策着力点；选取部分城市进行服务业集聚发展试点，并注重相关统计体系建设。

关键词：服务业　集聚发展　城市空间结构

20 世纪 80 年代以来，伴随着经济全球化的加快和信息技术的发展，世界经济的运行方式和产业空间结构发生了巨大变化。全球化分工、生产外包、服务外包等现象的出现，使得专业服务机构逐渐形成集聚，并成为国际大都市产业发展的主要趋势和空间组织形态。从国际经验看，服务业不仅集聚于大都市地区，而且高度集聚于大都市的商务中心区；大都市版图由于服务业集聚区的存在，形成了色彩斑斓、块状明显的"经济马赛克"（李志平，2008），现代服务业集群已成为重塑城市内部空间的主导力量。

服务业的集聚不仅反映了服务业发展的内在要求，而且也是提升城市功能、提高区域竞争优势的重要手段。在我国，对服务业集群发展规律的研究虽然处于

---

* 刘奕，中国社会科学院财政与贸易经济研究所助理研究员、中国社会科学院研究生院博士生。主要研究方向：服务经济理论与政策。

起步阶段，但集聚发展的方向已为政府和学界屡屡提及，我国城市正面临着推进服务业集聚的良机。根据国外的服务业区位选择理论，大都市服务业一方面具有强烈的向中心商务区聚集的特征，同时随着产业分工深化和技术进步，也具有向郊区扩散的趋势。那么在现阶段的中国，服务业集聚发展的现状如何？目前是否已经出现服务业郊区化的趋势？不同服务行业在城市的集聚发展分别具有怎样的特征？我国城市功能转型中的服务业集聚究竟存在哪些问题？本文对我国城市服务业集聚现状及规律的分析，将为制定城市服务业集聚发展的相关政策提供参考。

一 服务业集聚发展的国际经验及理论评述

（一）国际大都市服务业集聚发展的现状

最初的研究认为，服务具有的无形性、非贸易性特征，使之很难从生产和消费的过程中分离，所以服务业的空间布局是通过整个经济活动的空间模式表现出来的。[①] 然而过去 30 年间，服务业集群的迅速崛起却成为发达国家经济发展的新亮点，正如 Gaspar & Glaeser（1996）所指出的那样，复杂的、知识密集型的服务都聚集在最发达国家的最大城市里。

一方面，在制造业价值链重构、各环节空间分离的过程中，国际大都市成为全球经济管理控制中心。20 世纪 70 年代开始，随着制造业在西方国家城市中的地位逐步下降，具有现代经济特征的服务业在大都市中的地位越来越突出，成为城市经济增长的核心动力和源泉。随之而来的是制造业和传统服务部门等城市功能向郊区、边缘区和次级城市中心扩散，而另外一些包括服务、创新和管理的城市非物质功能如总部、金融、信息、保险、咨询等则不断向中心城市、特大城市集中，城市的服务功能不断强化。这些国际化大都市作为全球化经济的空间节点，承担着世界性调控和集散功能，高层级的城市已经成为国内外企业总部集聚地（表 1）。纽约、伦敦、东京、巴黎等在 20 世纪 70 年代或以前就完成了由制

---

① Bhagwati, " Splintering and Disembodiment of Services and Developing Countries ", *The World Economy*, 1984（7）: 133 – 143.

造型经济向服务型经济的转变过程，高端服务业在这些区域制造业衰败过程中的快速发展，使它们成为现代服务业的集聚地，而现代服务业的发展，又进一步扩大了这些城市的辐射半径，使其影响力越发得到增强。

表1　2009年世界500强企业分布城市排行

单位：家，百万美元

排名	城　市	所属国家/地区	500强企业总数	500强企业收入总和
1	东　京	日本	51	2237560
2	巴　黎	法国	27	1399172
3	北　京	中国	26	1361407
4	伦　敦	英国	15	994772
5	纽　约	美国	18	869150
6	首　尔	韩国	11	519351
7	慕尼黑	德国	7	485386
8	欧　文	美国	3	484592
9	海　牙	荷兰	2	479734
10	休斯敦	美国	6	434484

资料来源：http://finance.ifeng.com/roll/20090709/910383.shtml。

另一方面，现代服务业集聚发展是当前国际大都市的潮流和趋势，它主导着国际大都市经济的发展，决定着城市的繁荣及国际竞争力的高低。70年代以来，美国、欧洲和日本的生产者服务业迅速增长的同时，在空间结构上出现了急剧的区位集中。表2显示了纽约的CBD曼哈顿、伦敦的CBD伦敦市、东京CBD（包括三个中央商务行政区和新宿）的FIRE（金融、保险和房地产）和商务服务业的集聚情况。

表2　1997年纽约和东京CBD中FIRE和商务服务业的比重

单位：%

	FIRE		商务服务业	
	占全市FIRE就业份额	占全市或CBD总就业份额	占全市总商务服务就业份额	占全市总就业份额
曼哈顿	92.9	22.8	82.7	11.2
东　京	40.9	9.2	28.0	28.9
伦　敦	20.7	78.3	20.2	19.6

资料来源：沙森（2005）。

在北美，由于独特的区位条件和历史的惯性，纽约的都心区曼哈顿高度集中了纽约市各类服务性的企业。作为国际性的金融中心、通信和信息中心、贸易中心和跨国企业的办公中心，曼哈顿的地位是任何一个城市都无法取代的。然而从20世纪70年代开始，由于纽约城市环境的恶化和高税收等外部不经济现象，许多服务性企业和团体选择向纽约周边和一些中等城市发展；进入80年代，随着跨国公司的迅猛发展，纽约再次成为跨国公司的事务中心以及为这类企业提供服务的各类行业的聚集中心。西部的洛杉矶是美国的第二大商务中心。70年代后随着经济活动的全球化，洛杉矶作为企业本部和金融管理中心的地位不断提升，都市中心区不仅聚集了本国和世界各国的银行、保险公司以及信息和技术服务业，也是日本、加拿大和英国等跨国公司事务中心的区位选择点。此外，加拿大的服务业在都心区布局的比例也比较大，最大的商务中心多伦多的都心区吸引了许多跨国企业和各种等级、类型的服务企业的集中。

在欧洲，伦敦作为最知名的国际商务中心，都心区集中了60%以上的服务企业。以英格兰银行和证券交易所为核心的金融类服务业呈双层结构在中心部分集中，其左右为交易中心和出版等专业性服务区。在伦敦金融城1.4平方公里的范围内集聚了500家外国银行，180多个外国证券交易中心，每日外汇交易量达6300亿美元；在金融城周边的内伦敦地区，形成了英国的商业中心、行政中心，拥有商业建筑面积160多万平方米，仅年均零售额就达50.5亿英镑。法国巴黎形成了"一主两辅"的服务业布局，市区是城市主中心，集聚了巴黎70%的金融机构，60%以上的生产性服务企业，15%的商业中心；拉德芳斯是巴黎重要的企业集聚区和商务中心区，积聚了1600多家企业，包括法国最大的20个财团和20%的世界500强企业；马尔纳－拉瓦莱地区是研发服务及商业服务企业的集聚区，同时也是休闲产业的集聚区，迪斯尼就位于该区域的欧洲谷内。此外，法兰克福的金融业、会展业等也得到快速发展，成为德国重要的金融中心、国际著名的会展中心。与之类似的还有荷兰鹿特丹的港口物流业集聚、瑞士的旅游业集聚等。可以预见，随着欧盟统一市场的完善，伦敦、巴黎、罗马和法兰克福等城市将会成为整个欧洲的服务业集聚中心。

在日本，服务业高度集中在东京、大阪和名古屋三大都市圈。以情报信息服务业为例，三大都市圈约占全国的70%以上，且50%布局在都心区，只有很少的企业在郊区布局。计算机软件开发、设计业和金融服务业在大城市的集中更为明显。在三大都市圈中，东京服务业呈现"单极化"格局，是日本的金融和管理中心，以东京站为中心半径1公里的范围内集中布局了各类外资银行的78%；全日本资产超过10亿日元的大公司有近一半在东京，45%以上的上市企业也集聚于此；网络服务的集中度高达80%，证券交易更是占到86%。

上面的分析可以看出，国际大都市的服务业布局主要呈现如下特征：服务业高度集中在大城市及其周边地区；生产性服务业在城市内部主要聚集于都心区，特别是银行、保险、证券、信息和设计等行业。虽然20世纪70年代后服务业出现了"去中心化"的趋向，但国际化大都市依然是现代服务业最主要的集聚地，并由此成为全球管理和控制中心。

（二）服务业区位选择理论回顾：集聚（Convergence）或分散（Divergence）？

1. 服务业集聚发展的主要理论

以 Sassen 和 Friedman 为代表的学者们在全球城市的框架下对服务业进行研究，指出全球城市是服务业的生产、创新和市场的集中地，服务业发达是全球城市最重要的特点；在全球化进程中，服务业是支持企业跨越地域制度和文化障碍，实现全球运营的关键。西方主流学者对服务业集聚发展的主要观点如下：

第一，服务业比制造业拥有更明显的空间集聚特征（Dipasquale and Wheaton，1996）。Scott（1988）指出，新柔性集聚区域主要显著地建立在三大产业部门，即重获新生的工艺和设计密集型产业、高技术产业和服务性产业，若排除高技术产业中属于制造业的部分，集聚现象在发达国家主要出现在服务行业。Illeris and Philippe（1993）和洪银兴（2003）指出，与制造业相比，服务业的生产和消费在时间和空间上的不可分性，加上非物化、不可储存等特点，导致其比工业更依赖于本地市场的容量，造成服务业有更强的空间聚集效应，对区域经济增长的影响也较大。

第二，中心地理论①指出，"区域有中心，中心有等级"。城市的基本功能是作为其腹地的服务中心和与外部联系的商业集散地，聚集的结果是结节中心即中心地的出现。服务是中心地的基本职能，且中心地的重要性不同，企业的规模与

---

① 有关服务业空间布局的研究始于克里斯泰勒（Christaller，1933）提出的中心地理论，他认为商品和服务的集聚是城市形成的最初原因。

城市的等级秩序相关。正如 Gilmer（1990）、Noyelle and Stanback（1984）指出的，服务业的数量和多样化程度可以看做城市在城市体系中等级的函数。中心地理论传统上被用来解释生活性服务业的区位选择及城市体系的市场结构，事实上同样也可以解释城市体系层面和大都市内的生产者服务业区位选择。

第三，竞租理论指出，城市内部各经济活动的区位主要取决于城市中心的易达性和地租的支付能力，都市中各种经济活动的区位选择主要依据距离摩擦①最小化原则。城市土地级差收益的客观存在，必然吸引各类空间经济要素的向心集聚，城市中心区段的地价就会相应上升，从而产生排异现象，将附加值低的产业依次向聚集体外排斥，以达到控制城市集聚规模、保持集聚结构处于高效运行状态的目的。日本的统计资料显示，用于第一、第二、第三产业的土地单位面积产值之比为 1∶100∶1000，服务业产出最高，可以支付最高的地租（见图1）。付租能力强、重视面对面接触的现代服务业如金融保险、咨询、会计、法律等专业服务机构往往布局在条件最为优越的城市中心区，而占地面积大、付租能力低、对信息和市场不敏感的服务业一般布局在城市的近郊区（Scott，1988）。

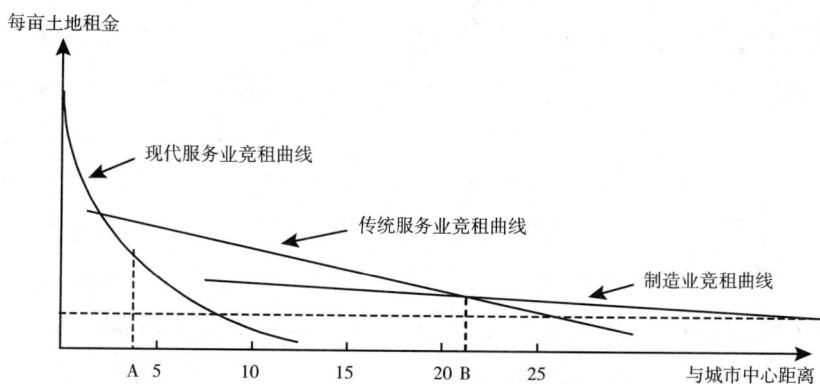

图1 不同产业在城市土地分配中的竞租模型

第四，集聚理论强调成本节约、服务厂商间的创新环境和信息交流以及全球化网络对大都市服务业集群形成的重要作用。都市中心区易于获得各种信息，也便于与同种或异种行业的交流，这有利于企业的经营和决策，同时减少不确定因素。此

---

① 距离摩擦是指为了克服空间距离需要支付的时间费用和货币费用。

外，大都市劳动者的素质较高，具有适应各类服务业发展的优秀人才，这对服务业布局也是一个不容忽视的因素。Naresh &Gary（2001）指出，服务企业在大都市的集聚有利于获得专业化的劳动力和服务企业间的支持性服务，而且服务企业在位置上的靠近还可以使企业便利地享受相互间的服务，同时有利于提高企业的声誉，加强企业与客户之间的信任。Keeble（2001）对欧洲高技术集群的实证研究证明，具有活跃集体学习过程的集群在创造新产品方面会表现出超凡的优势。Alexander（1970）对伦敦、悉尼、多伦多等城市事务所的调查发现，服务企业经营者追求集聚利益的目的为：①便于与外部组织的接触，②有利于和政府机关的接触，③接近于顾客和依赖人，④接近于关联企业，⑤接近于其他服务业，⑥决策者集中，等等。

2. 服务业分散化发展的理论回顾

20世纪90年代起，许多研究发现，都市内部服务业呈现由核心向边缘转移的趋势。Nelson（1986）对旧金山的研究发现，服务业具有一种持续的郊区化趋势；Sassen（1991）的研究表明，从70年代到90年代，纽约、伦敦、东京大都市区的生产者服务业在中央商务区高度集中的程度都有所下降；Kim（1987）发现1958～1977年美国生产者服务业在大都市区快速增长的同时也经历着扩散化分布，那些提供终端服务的生产者服务业在非大都市区和小的都市区增长很快（如金融、房地产、会计），他把这一模式归因于这些活动在城市体系中的"过滤机制"和人口分布的变化。1995年，美国经济分析局划分的172个国家级重点经济区域中，只有34个区域生产性服务业集中度等于或高于全国平均水平。

针对这种生产性服务业从中央商务区向"边缘城市"和郊区扩散的现象，学者们认为，交通和通信手段的发展降低了企业间及企业与外部市场的联系成本，使得服务业的布局不再受到限制，而郊区拥有更为便宜的租金、特定的劳动力市场、良好的环境、完备的办公设施、空间扩张的可能性等条件，相对而言都心区的吸引力变得越来越弱。与此同时，随着城市规模的增长，交通拥挤程度也在激增，遥控管理的成本降低导致城市和产业结构的均衡性转变。Scott（1988）指出，生产者服务业从城市中心区域向边缘区域扩散的现象源于经济发展的需要和弹性服务生产方式的出现，企业间的水平一体化逐渐取代垂直一体化，网络技术的兴起使得经济发展呈现更加分散的趋势，企业可以在更为广阔的区域内分享经济成长的成果。一部分学者甚至认为，先进的信息技术预示着城市中心作为信息交流主要集聚点的现象将会慢慢消失，并声称信息技术将给服务业的空间组织带来彻底的变革（如 Hohenberg and Lees，1985）。

3. 对服务业集聚化、分散化之争的解释

第一，生产者服务业向较小都市区和非都市区的扩散部分，只是经济活动中较低资金密集度的活动向小公司的转移分散。

第二，郊区化与分散化并不是同义词。郊区化体现了在 CBD 之外形成专业中心的少量多中心模式，面对面的交流在解释城市形态方面仍然是有用的工具，服务活动的郊区化加强了现存的许多极。

第三，基于城市持续增长和繁荣的现实，面对面的交流仍然是聚集的主要力量，信息技术和面对面的交流不能看做替代品（Friedman and Wolff，1982）。生产者服务企业为了增强其控制能力，需要与市场和其他企业通过频繁的面对面交流来交换信息，正如 Leamer 和 Storper（2001）指出的那样，尽管交通和通信技术促进了一些常规活动的分散，它们同时也增加了生产活动的复杂性和时间依赖性。经济活动的郊区化并不意味着都心区作用的下降，服务业分布于城市中心的格局并没有改变，反而加强了（Polese and Chapain，2000）。

第四，服务业集聚的演化路径具有多样性，最优的选址决策对各种企业是不同的，对于集聚和扩散，不可能有哪一种模式处在完全主导的地位。把服务业作为一个整体来研究其集中或分散的空间分布特征远远不够，应将视角深入到服务业内部各行业当中。不同类型服务业对于面对面联系的依赖是有区别的，需要面对面联系的服务业会从都心区得益，而需要一定场所或外部市场的服务企业更倾向于选择郊区。计算机服务业、工程和建筑服务业相对于法律、管理咨询服务业对面对面联系的依赖性要小（Goddard，1973），因而计算机数据服务业、研发实验室、设备租用服务业更倾向于郊区化，而 FIRE、广告业、会计审计业则更多地集中于中心城区（Stanback，1991）。

（三）对服务业集聚发展理论的简要评述

服务业在产业结构演进过程中的地位不断加强，不仅体现为其在区域经济中总量的提升和内部结构的优化，更体现为服务业集聚区在中心城市功能转型和空间重构中的作用越发突出和重要。

服务业集群的形成与发展和制造业集群不完全相同，它对外部环境、制度背景、相关产业发展以至城市政府管理水平的要求更高。综合国外的研究成果可以发现，服务业在大都市市中心的聚集和向郊区扩散是同时存在的，通信技术的进步、环境的制约等还未能从根本上改变高度依赖信息联系和面对面交流的服务业在城市中心的聚集。就不同类型的服务业而言，其空间分布是有明显差异的，生产性服务业区域集聚程度一般较高，消费型和分配型服务业区域集聚程度比较低，绝大多数社会型服务业因具有公共产品的性质，在空间上不适合集聚发展。① 不复杂的、能够实现标准化的服务交易活动会在空间布局上趋于分散，而复杂的、不能实现标准化的服务交易会选择集聚的布局模式。

如何认识服务业的空间布局规律，并将其运用到对服务业的规划和政策制定中是服务业研究的一个重要方向。长期以来，地理、空间等因素没能进入西方主流经济学特别是我国服务业的研究视野，国内外学者对服务业集聚发展的研究，多是从经济地理学探究其现状和变化，对服务业集群背后的形成机理、作用机制与存在问题关注甚少。目前在经济学中，有关集群的研究特别是实证研究，大多是基于制造业集群的传统聚集经济理论和模型，并不适合服务业（Moullaert & Gallouj，1993）。虽然最近几年出现了一批以 Keeble 和 Nacham 为代表的专门研究服务业集群及其案例的学者，但这方面的研究还是比较零散，并没有像制造业集群研究那样形成统一的范式。现有的文献中也多是基于制造业集群研究制造业和服务业的互动关系，而不是对服务业集群专门的、系统的研究。

二　我国城市服务业集聚发展的现状：一个描述性分析②

服务业集聚区的概念在 2004 年由上海最先引入并明确作为发展目标。目前，

---

① Browning 和 Singelmann（1975）将服务业按功能分为四类：生产性服务业（producer services），包括银行、信托及其他金融服务业、保险、房地产、工程及建筑服务业、会计和出版业、法律服务业、其他各种商业服务业；分配型服务业（distributive services），包括交通、仓储、通信、批发、零售（不含餐饮类零售）等行业；社会型服务业（social services），包括医院、教育、福利和宗教组织、非营利机构、邮政服务业、政府、其他社会化服务业；个人型服务业（personal services），包括家庭服务业、旅馆住宿业、餐饮业、修理服务、洗衣干洗业、美容美发业等。

② 本部分参考了胡霞（2009）、陈泽鹏（2007，2008）、马风华等（2006）、陈秀山等（2007）、顾燕（2008）、梁爽（2007）、李慧中（2007）、于涛方等（2008）、邵晖（2008）、芮伟（2008）、陈前虎（2008）、刘欣伟（2009）、李健等（2007）、张水清等（2001）、李文秀等（2008）、曹顺良（2008）等的实证分析结果。

我国正处于经济增长方式转变与产业结构升级的关键时期，一些区域中心城市如北京、上海、天津、南京、苏州等不但已经具备了服务业集聚发展的基础和条件，更将集聚化发展道路看做服务业特别是知识密集型服务业发展的方向所在。各地纷纷把发展区域经济的抓手从培育工业开发区转向培育现代服务业集聚区，以期抢占服务业发展的制高点。上海市"十一五"规划的主要任务即以现代服务业集聚区为突破口，大力发展现代服务业。"十一五"期间，上海将规划建设20个左右的大型生产性服务业集聚区，总建筑规模达到800万平方米，重点集聚以金融、物流和各类专业服务为主的生产性服务企业，特别是跨国公司的总部或地区总部。南京市政府在2006年提出着力打造各具特色的"十大"服务业集聚区，包括3个商贸商务服务业集聚区，3个综合服务业集聚区，1个商贸旅游服务业集聚区，1个商贸物流服务业集聚区和1个科技文化服务业集聚区等。而对于已经成功实现经济结构转型和"两个70"① 跨越的北京来说，创意产业园区、总部经济等更是屡屡出现在城市发展的相关文件之中。

本部分将从城市等级体系和都市区内部两个空间层次、基于各服务行业和各类服务业集聚区两个维度对我国服务业的集聚模式及特征进行分析，总结出我国服务业集聚发展的基本规律和存在问题。

（一）基于城市等级体系的服务业集聚发展现状

1. 服务业呈现明显集聚，比工业集聚更加突出

实证研究表明，在发展初期，我国的服务业比工业更加分散；随着服务业的不断发展，2003年我国服务业的集聚度已经超过工业，在中国的城市中，服务业已经成为集聚程度最高的产业。全国各城市地理集中指数的整体变动趋势显示，服务业的地理集中程度仍在缓慢提升，且速度快于工业。

2. 服务业集聚发展推动了城市和区域经济增长，集聚效应开始显现

目前，我国的服务业的集群已日益成为区域经济增长的新引擎，不仅推动了单个城市的发展，而且对促进城市群的兴起和区域经济的成长也有较为显著的作用。服务业集群大大加强了区域内原有城市间的经济联系，强化了城市间的人

---

① 根据2007年的统计数据，北京每100元地区生产总值中，有72元来自第三产业；每100名从业者中，有71人从事第三产业。北京是全国率先跨越这两个70%的城市。

才、资金和技术的流动，促进了城市间经济的合作与竞争。可以说，在服务经济时代，城市间的紧密合作与区域进一步协调发展就是围绕着服务业集群而展开的。

运用 DEA 方法考察上海市生产者服务业的整体效率可以看出，以浦东、徐汇、黄浦等区为主的生产者服务业集聚区的产业绩效较高，宝山、闵行等区在主导产业（钢铁、电子设备制造业）的带动下，形成与之配套的专业技术服务业集聚区同样具有较高的绩效，而其他区县生产性服务业空间分布比较分散，绩效也相对较低。同时，实证研究表明生产性服务业在中心城区的集聚对区域技术创新能力的提高具有显著的作用，服务业在中心城区的集聚有利于资源的有效利用，这也从侧面验证了集聚理论关于服务业集聚区形成的论点在我国的适用性。

3. 服务业的集聚发展趋势较强，区域间服务业集聚发展的差距将被不断拉大

我国三大地区各服务行业集聚度变化的差异显示，经济越发达，产业集聚度越高；服务业区域内部和区域间的集中度都在逐步加强，且区域间集中度提高的幅度大于区域内部。此种趋势说明，服务业集聚发展的力量越强大，三大地区间的服务业发展差距就会越大。同制造业相似，随着集聚程度的提高，区域服务业集聚发展的不平衡也会进一步加剧。

4. 服务业集聚与制造业集聚的区位相似度较高

实证研究表明，我国服务业有向制造业集聚程度高的地区集中的趋向。为制造业转型提供相关服务的租赁和商业服务业、科学研究、技术服务和地质勘查业以及信息传输、计算机服务和软件业的赫芬达尔系数较高，这在一定程度上说明了在中国经济从"工业经济"向"服务经济"转型的过程中，为制造业提供服务的行业集聚程度也在增加。也就是说，在我国服务业集聚发展初期，制造业块状经济不仅是我国经济的特色，更是服务业集群产生和发展的主因之一。

5. 服务业集聚程度与地区等级相关，"中心地理论"对我国服务业集聚有一定解释力

我国服务业从业人员在各等级城市中所占的比例与城市的规模等级成正比，城市等级越高，服务业从业人员所占的比例也就越高。从全国范围内看，经济发达、辐射力强的北京、上海、广东、江苏为主要的服务业集聚地区；从长三角各城市来看，服务业结构层次表现出以上海为龙头或增长极、省会城市和中心经济城市紧随其后的态势，在空间上则呈现不同层次都市圈构成的雁阵、点线布局。上海、杭州、南京、宁波及苏州的服务业企业数居 16 个城市前 5 位，其中上海的服务业企业数远远超过其他城市。服务业企业基本集中在特大城市、省会中心城市、经济中心城市和计划单列市，其中尤以分配型服务业最为突出，其次是生产性服务业、消费型服务业和社会型服务业。

（二）基于都市区内部的服务业集聚发展现状

1. 大都市区内部服务业发展圈层结构明显，城市功能转换步伐加快

相关研究表明，我国的城市中心区和郊区的分工差异日益明显。城市功能格局呈现"同心圆结构"特征——中心城区的产业功能随着工业的外迁而发生了很大的变化，由制造业生产基地转化为发展商贸、金融、房地产、社会服务等现代服务业和以"短小轻薄"为特征的都市型工业的集聚区。邵晖（2008）发现北京的生产者服务业在城八区内具有非常明显的集中分布的特征。表3可见，金融服务业有49.6%的企业集中在城八区6%的面积上；信息咨询服务业有49.9%的企业集中在7.6%的面积上，计算机服务业近29.5%的企业集中在3.2%的面积上，这充分说明生产者服务业在中心城市的空间集聚是确实存在的。北京市都市区生产者服务业的企业密度分布随着距离的增加而衰减，根据各组在空间上的位置关系，大致形成了四个圈层："高级服务型"处于北京的最核心区，"科技创新型"处于北京的"次核心区"，"工业－流通型"处于北京的外围区，而"农业－工业型"处于北京的边缘区。从中心城区到郊区的范围内，正在形成单位土地面积工业产出效率逐渐减低、劳动密集程度逐渐降低、资本密集程度逐渐增加的圈层结构，这符合"竞租理论"决定的城市内部服务业集聚分布的市场规律。

表3　北京三大类生产服务业在城八区的分布

单位：%

	面积比例	企业数量比例
金融服务业	2.8	29.9
	6.0	49.6
	21.3	89.8
信息咨询服务业	3.9	30.5
	7.6	49.9
计算机服务业	28.4	90.5
	3.2	29.5

资料来源：邵晖（2008）。

此外，陈泽鹏（2007）的研究表明，虽然城市的格局正在不断拉开，但城市郊区或新城教育、医疗等配套设施的不足是导致城市空间结构越发极化的一个重要原因。

2. 部分城市服务业显示出集聚化和郊区化并存的态势，但"一元集聚"仍是主导

服务业的空间演化呈现大区域集中、小区域分散，集中与扩散并存的局面，从不同圈层的格局来看，制造业、居住与部分服务业向郊区的转移以及高级服务业在中心城区内的集中是现阶段我国都市内部服务业布局的一个显著的特点。根据张水清等（2001）的研究，北京FIRE、批发和零售贸易餐饮业等的区位商集中度下降，过度集中于城八区的城市功能开始呈现分散化，反映了新城建设、郊区化以及中心城区和外围城区之间在服务业方面的差距逐步缩小，但从绝对数来看，中心城区仍然保持了绝对的优势。杭州生产性服务企业高度集中于面积不到全市面积1%的三大区块中，与此同时，杭州生产性服务业又呈现总体集聚态势下的局部分化——科学研究业、电子计算机业、邮电通信及信息咨询中介服务业等科研开发和信息类的行业已经形成了在城西区块集聚的态势。所以，与国际大都市相比，我国大都市服务业向郊区分布的态势并不明显，总体上看还是处于空间聚集的阶段，即呈现"一元集聚"的局面。区域中心城市中心城区承受着巨大的人口、交通、资源和环境压力，不利于中心城区服务业的良性发展。

3. 与西方发达国家相比，我国城市服务业集聚发展过程中政府推动的作用更为重要

我国区域中心城市服务业的分布现状，体现了政府通过规划和政策引导对城市服务业空间格局施加的重要影响。20世纪90年代，上海倡导"市区体现繁荣与繁华、郊区体现经济实力，中心城区以发展现代服务业为主、工业进一步向郊区扩散"的战略，经过多年的发展，中心城区和郊区的分工差异日益明显；在浦东地区开发之初，市政府就明确了浦东陆家嘴地区的功能定位，通过全市资源的调配、支援，加上不断给予政策倾斜，优先发展陆家嘴地区金融行业，目前该区域已经成为金融业集聚区。再比如北京市政府对海淀区高科技园区的建设促进了高科技企业的集聚，更促进了附近大量技术型生产者服务业集聚区的涌现；市政府在朝阳区进行的CBD规划和建设，促进了跨国公司总部和信息咨询类服务企业的集中，2006年底入驻CBD的近4000家企业中，生产型服务企业占到了

60%。这充分说明了在我国服务业集聚区发展的过程中，政府行为与市场力量都发挥了相当重要的作用。

（三）基于各行业类别的城市服务业集聚发展现状

1. 大多数服务行业的集聚程度不断提高

总体上看，服务业各行业的集聚程度在不断上升，而少数行业（科学研究和综合服务业、交通运输、仓储、邮电通信业）的集聚程度虽然出现了下降，但下降的幅度远低于增长的幅度。值得一提的是，从 2003 起为制造业提供服务的租赁和商务服务业的集聚程度明显提高。2000~2005 年区域集聚程度较高的行业主要集中在知识密集程度较高的科学研究、技术服务、地质勘查、租赁和商业服务、信息传输、计算机服务和软件等行业和传统的房地产、社会服务行业。

2. 服务行业的集聚度与行业的社会性质相关

同国际经验相似，我国的服务业集聚也呈现与行业公共性相关的性质，拥有独立市场主体和企业性质的服务部门大多具有集聚性，且一般趋向于选择特大城市或大城市。横向比较来看，商业化程度越高的服务业集聚的程度越高，如居民服务、商务服务业等；而为了保障社会公平的服务业分散程度较高，如公共管理和社会组织、教育业、卫生社会保障和社会福利业。

3. 各服务行业集聚程度和集聚特征差异较大

一方面，现代服务业区域集聚程度相对较高，而一些传统服务业因为需要进行接触式服务，区域集聚程度相对较低。比如在广州市服务业各行业中，金融、信息服务等现代服务业的区域集中度较高，其赫芬达尔指数分别为服务业赫芬达尔指数的 3 倍和 4 倍，其中金融业高度集中在越秀区和天河区，两区的金融业增加值占全市的比重高达 97%；而批发零售、住宿餐饮等传统服务业的区域集中度较低。

另一方面，各种服务行业的集聚呈现不同的特征。通常来看，金融服务业占据城市 CBD 地区；信息咨询服务业在中心城区聚集的同时也在近郊呈明显集聚态势；计算机服务业更倾向于在高等教育集中的地区集聚；零售业、餐饮业等随着工业和居住地的转移而向郊区扩散，分布日趋均衡；房地产业日益向郊区渗透；地质勘查、水利管理业越来越向市郊地区集聚；社会服务业在各地区分布比较均衡。

4. 分配型服务业、生产性服务业集聚程度更高

实证研究表明，各类服务行业集聚程度从高到低依次为：分配型服务业、生产性服务业、消费型服务业和社会型服务业。对于分配型服务业以多于其他服务业部门较大数量集中于城市极核的情况，不仅说明了该服务业部门在结构演进阶段的先期性，更表明分配型服务业即使在区域经济向一体化演进过程中有减弱的趋向，但它对于区域整体产业分工、生产力布局的实现依然具有重要意义。对于生产性服务业特别是知识和技术密集型服务业，正如集聚理论所显示的那样，集聚发展不仅是为了与其产业高端的形象和声誉相匹配，更是获取信息、获得专业服务、形成创新环境、接近全球化网络和尖端人才的必然选择。而对于消费型服务业和分配型服务业来讲，既要考虑各种设施的利用效率，也应该考虑所有公民均等享受服务设施的权利。所以，依托于消费主体的空间存在，消费型服务业特别是社会型服务业完全集聚发展是不现实的，也是不合理的。

（四）我国城市服务业集聚区的主要形态及布局规律

就我国目前的发展情况来看，以下七种服务业集群最具代表性。

（1）商务商业集群（CBD或微型CBD）。主要表现为大量相互关联的商务服务业与其支撑机构在某一地理区域内高密度分布。通常布局于都市中心区，以金融、商贸、商务为主体，高级酒店、高级零售和高级公寓相配套，依靠轨道站点等交通转换枢纽的人流集散优势开发商务商业设施，引进国际国内著名品牌以及总部型企业。

（2）旅游休闲集群。主要以城市旅游资源为依托，以从事旅游开发、休闲娱乐业的企业为主体，通过完善适宜人居的旅游配套设施和打造有震撼力的旅游文化吸引物，提供观光、休闲、商务、会议、培训、疗养等综合功能的区域。通常分布在旅游资源丰富或集旅游休闲等功能于一体的区域。

（3）创意产业集群。主要以从事研发设计创意、建筑设计创意、文化传媒创意、咨询策划创意和时尚消费创意的企业为主体，以市内保护性开发的古旧建筑群或存量土地为载体，以政府规划园区的形态出现在主城区工业企业的存量土地上，或是自发产生于经过改造的厂房及部分历史性建筑区域内；还有一些布局在成本较低的城市郊区（比如北京宋庄）。

（4）文化媒体集群。主要以从事新闻、出版、广电、文艺、网络传媒业的

企业为主体，以历史文化街区和特色街区为载体，主要布局在城市中心区内。

（5）科技服务集群。主要以科技研发设计类企业为主体，以为科技型企业创业、为中小企业发展提供各类专业技术服务，集技术检测、技术推广、工程和技术研究与试验、成果转化于一体的公共技术平台和孵化器为载体，形成集"总部经济"、"设计研发"、"创新孵化"、"综合服务"等功能的现代服务业集聚区。由于带有政府规划和主导的因素，我国科技服务集群的布局比较随机，可以位于接近大学、研究所等智力资源丰富的地区，也可以位于都市中心，也有部分布局在市郊的开发区内。

（6）商贸物流集群。以专业化分工为特征，以物流或商贸流通为主体，以物流园区或专业市场为主要形态，吸引全国和地区大型生产厂商及贸易商，实现产品供应商、贸易商、用户的直接联动，形成信息流、商流、物流、资金流的场内运行和功能空间的高度集聚，以及加工、配送、分拣、包装、仓储、运输、货代等的高度集中。主要布局在城市中具有先天区位优势的地区或工业开发区内。

（7）软件园。指的是以软件开发、生产、售后服务为核心，众多软件企业和相关服务机构聚集的区域。多位于市郊规划的工业开发区及高新开发区内。

（五）我国城市服务业集聚发展中存在的主要问题

1. 定位雷同，唯品牌、唯高端的现象比较普遍，缺乏必要的需求基础

现代服务业功能集聚区对我国来说还是新的概念，目前在地方打造过程中，往往会出现唯高端、唯品牌的定位趋向，产生定位雷同，造成重复建设、资源浪费，比如在沿海发达地区出现的一县一会展甚至多会展的分散布局发展态势，还有 2008 年轰轰烈烈的"金融中心之争"。以物流业集聚区为例，长三角地区目前已建成的或正在规划建设的综合服务物流服务园区已达到 60 多个，而德国整个国家拥有的综合物流集群数量也只有 30 个左右。而且在这 60 多个物流园区中，绝大多数追求大而全，导致多数园区服务功能大同小异，重复建设造成了园区资源无法得到充分利用，并出现了园区间无序竞争等状况。其实，需求是服务业集群形成和发展的原动力，服务业集群也不是说建成就能建成的，必须具有一定的需求基础。从未来的发展趋势看，还需进一步协调服务业集聚区之间的关系，做到错位发展。

2. 过度重视硬件建设，忽视集群内企业间的联系

目前，政府利用特殊政策手段兴建服务业园区的模式被各地广泛采用，这主要缘于其在协调各行为主体关系、引领产业发展方向等方面具有比较优势。但与此同时，这种政府主导的模式也存在着一些弊端，处在"筑巢引凤"阶段的园区往往出现这样的情况：企业呈孤立状态，交易费用高；企业间缺乏联系、知识流动和积累速度慢，创新气氛不足等。

国外服务业集群理论告诉我们，成功的集群往往是自发形成的，知识的获取与创新环境的形成对于服务业集群的形成和发展极为重要。如前所述，我国目前服务业集聚的形成过程中，政府意志所起的作用不容忽视；而以大量挂牌"园区"的方式推进服务业集群的发展，基本上是城市管理惯性思维的延续，与多年前房地产热潮中各个城市的"开发区热"异曲同工。企业是区域创新网络的主体，如果企业之间的联系较低，集群内部就无法形成有效的知识溢出和分工协作的外部性，集群就会缺乏强化衍生机制，无法发展区域创新网络。所以，城市服务业的集聚发展不能通过政府行政指令被动完成，过强的计划性必然导致我国服务集聚区内的企业间联系较弱，集群"形聚神散"。

3. 以城市中心区的现代服务业集群作为建设重心，导致土地环境等要素制约日益加剧

目前，城市中心区是我国服务业发展水平相对较高的地区，因而不少官员和学者认为，服务的特性决定了服务业集群应该布局在城市中心区。基于上述认识，城市中心已成为我国打造服务业集群的首选之地，而发展的重点，自然是以城市中心区域为核心的服务业集群。这种发展模式使得许多城市在服务业集聚发展的初期，就面临着要素资源的制约。比如，城市中心土地资源普遍紧缺，而现代服务业功能集聚区用地大都属于商业用地，取得项目用地比较困难，且用地价格也相对较高。此外，随着城市的发展，中心区租金越来越高，办公用房的租金、售价已不再是服务业企业档次形象的象征，而越来越成为集群中企业的负担。其实，伦敦金融中心也曾经出现以公司总部和专业服务业为主的商务活动集中区不断侵蚀市民住宅区、破坏中心区历史风貌的问题。伦敦市政府以抑制市场的策略阻止商务区的渗透，同时又推动形成了以泰晤士河码头区城市更新为代表的新城市化中心，使之逐渐成为伦敦第二个中央商务区。伦敦服务业集群发展的中心城区、内城区、郊外新兴商务区多点、多中心的发展模式值得我们借鉴。

4. 体制改革不彻底对城市服务业的集聚发展形成阻碍

条块分割体制和政府的强势推动左右着我国城市服务业集聚发展的命脉。如果说完善的市场经济体制使西方发达国家的城市空间演化更多地体现为自然演变规律，那么，转轨时期不可避免的制度缺陷，使我们在研究中国城市服务业空间演化轨迹的时候，必须对西方标准的理论模型作出修正。最近的一些研究表明，体制改革不彻底导致的区域间要素流动阻滞，限制了服务业集群的形成速度。[①]比如，虽然南京和杭州的金融服务业竞争力远不如上海，但其金融服务业的集聚度是在不断提升的。出现此种发展趋势的根源在于，改革开放以后，中央为了促进地方经济快速发展，下放给地方政府很多自主权力。各省为了维护本省的局部经济优势，设置了一些不合理的政策规定，间接阻止要素的自由流动。例如，按照人民银行的管理体制，上海大区行的辖区包括上海、浙江、福建三地，江苏大区行分管江苏和安徽。然而，上海、江苏、安徽和浙江原本属于"一市三省"的长三角大都市圈，拥有相同的经济增长模式，却人为地分成两个不同的金融体系，对资金的自由流动不利。

5. 促进城市服务业集聚发展的政策体系还未形成

以往从中央到地方的文件、政策中，集群大多特指"制造业集群"，这与我国的经济增长方式和产业结构是符合的，但也反映了对服务业集聚发展的认识不够。2007 年 11 月，国家发展与改革委员会下发了《关于促进产业集群发展的若干意见》，这是中央政府部门首次就产业集群发展制定指导性意见。该意见表明，生产性服务和公共服务配套对制造业集群的作用已经逐渐得到了政府部门的重视，但服务业集群仍然处于被动、从属地位；而对于服务业集群在重塑城市空间、促进城市功能转型中的"拉动"作用认识有限，容易造成服务体系的同质化、重复建设及低效率。目前，对服务业集聚发展的支持政策散落在对各行业的具体政策中，既没有以服务业集群这个整体为对象的政策，也没有专门针对某一服务行业"园区"或"基地"发展的具体措施。总的来说，目前在中央政策层面，服务业的集聚发展缺乏有力支撑。

从地方层面上看，在产业集群 20 多年的发展历程中，中央政府对各地集群

---

① 刘卫：《上海金融中心的形成与现状分析——金融服务业地理集聚》，《上海经济研究》2007年第 11 期。

的发展保持了默认和不干预的态度，与集群有关的政策措施制定主体是地方政府（镇、县和市）。然而，各地现有的针对服务集群的政策仅仅停留在提供税收和土地优惠、建设基础设施、吸引投资等与传统产业政策毫无差异的表层上，并未深入到与服务集群的动力机制、演化规律相匹配的层次，而且缺乏系统的规划及科学的设计、实施和评价流程。各地相互模仿和跟风，制定不出符合地方特色、具有生命力的政策措施。帮助各级政府制定切实有效的集群政策，促成集群良性竞争互动的环境，需要中央层面的服务业集群规划、布局及政策。

三　促进我国城市服务业集聚发展的政策思路

1. 更新观念，走出以工业园区模式构建服务业集群的误区

国外城市服务业集聚发展理论告诉我们，成功的集群往往是自发形成的，正式及非正式知识的获取与创新环境的形成对于服务业集群的形成和发展极为重要。而纵观目前地方的实践，各种服务业集群如金融、物流园区等被视作产业区的升级版和推动区域经济发展的"抓手"。政府力促形成的服务业集群，主要依靠土地经营和各种政策优惠措施圈地招商，大多由于没有基础而缺乏企业之间的必要沟通和学习的过程，更忽视需求方的作用，缺乏与地方产业特点的紧密联系。

市场驱动下自发生长起来的服务业集群，有其特殊的内在动力机制和演化规律。Schmitz 等（1999）指出，不可能成功地在完全无基础之地人为创造出一个集群，而是需要在已具有基础条件及潜力的地区逐渐构建，且必须结合相关政策机制促进其发展，并提升集群的创新能力与竞争力。所以，在服务业集群的发展过程中，不宜认定政府万能，或过分专注于集群的硬件开发，在引导地区产业集群升级时，更应重视现代服务业与制造业发展特性的差距。在服务业集群形成初期，通常更需要政府突破传统经济体制束缚的"无为"；而当服务业集群进入规模化经营时期后，在个体利益最大化的驱使下，企业、机构之间的相互独立将形成一种松散的无组织集聚现象，从而导致无序竞争的发生，且集群企业间的网络关系和集体行为的"锁定"（lock-in）可能阻碍集群的创新。在这个阶段，政府应该凭借其掌握的资源和信息优势，积极引导服务业集群的转型和升级。

2. 合理规划，在城市中条件成熟的区域积极促成服务业的集聚

理论和实践都告诉我们，服务业本身具有在城市集聚发展的特征。为了促进服务业集聚区在城市布局的科学化，政府应加强区域规划，通过运用宏观经济杠杆和产业政策对区域内服务业结构和区位的变化进行有明确目的的调控，以弥补市场机制的不足。在有条件的地方积极促成服务业的集聚，更好地发挥服务业集群在推动城市功能转型、重塑城市空间形态中的作用。

而多中心的良性发展态势，一方面是市场和企业选择的结果，另一方面政府的规划、引导和调控作用也很重要。为了实现服务业在城市中的多元集聚发展，一个重要前提就是必须改进和完善服务业集聚区的基础设施和生活配套环境，为就业者和居民服务。在满足商务活动需要的同时，更应满足人的教育文化、医疗保健、娱乐休闲、体育、餐饮、居住等多种需求，形成清洁、优美、安静、舒适的人居环境，以防城市服务业集聚发展中"外溢－回波"现象的发生。

3. 错位发展，实现城市服务资源在更大区域内的配置和共享

目前各地服务业集群的实践中，普遍存在着定位趋同和重复建设的问题。一方面，应以比较优势区域为中心，在宏观上做好服务业集聚资源的布局规划，在规划框架内整合和配置资源，促进区域服务业集群的梯次发展，明确分工后再进行重点建设。在规划中要特别突出各地的产业特色，促进专业化、功能性服务集群的发展；在服务业集聚区建设和招商的过程中，更应切实加强规划的贯彻力度，注意根据集聚区的定位和产业链的前后向联系主动进行"招商选资"。应严格把握服务业集聚区的准入门槛，符合集聚区主体功能定位的服务企业才可享受相应的水、电、气的优惠价格和土地税收等优惠政策。

另一方面，从前面的叙述中可以看到，我国市场正在走向"非一体化"，国内省际贸易强度不断减弱，国内市场被划分为众多子市场。[①] 可以说，区域分割和地区保护是长期以来制约全国统一市场形成的主要障碍，其结果必然导致地区间产业结构的同质化。专业分工是加剧竞争、增强产业竞争力的最好方式，而打破垄断则是实现竞争的基本前提。所以，加强对服务集群资源的跨区域整合、消除区域整合的制度障碍，构筑跨区域的供应链，在更大的区域范围内实现专业化

---

① 杨树旺等：《基于产业链分解的中小企业集群服务体系建设——湖北典型企业集群的调研分析》，《宏观经济研究》2008 年第 9 期。

和分工协作、形成区域综合服务体系，是避免重蹈制造业集群重复建设覆辙的必然选择，其重要性应该引起足够的重视。针对目前在服务业集群的税收减免政策上各地争相攀比、恶性竞争的实际，国家应在增加对服务业集群税收支持的同时，加大对各地集群税收优惠政策的审核力度，对滥用税收优惠政策损害国家利益的政策加以清理。

4. 顺应各服务行业在城市发展中的集聚规律，确定不同的政策着力点

西方的服务业集聚理论并没有考虑具体的产业形式。生产活动的联系特征和生产要素特征决定了不同类型的服务企业会选择具有不同禀赋条件的区位，各服务行业的布局特征和集聚发展的形态特点、发展要求是不尽相同的。政府对城市中各服务业集聚区发展的规划与引导要因地制宜，符合集群的发展规律，否则难以收到理想的效果，甚至会阻碍城市的发展。应根据各服务部门的集聚特性及其在区域经济和社会发展中所扮演的角色，促进服务业集群与城市的协调发展。

如前所述，城市中的服务业集群既包括以陆家嘴金融贸易区、中关村软件园为代表的知识密集型服务业集群，也包括以义乌专业市场群为代表的依托制造业集群发展起来的生产性服务业集群。对于前者而言，加快形成资源共享和合作机制、促成知识和技术外溢是其发展的关键。所以，对于这类集群，应着力构建集群内企业之间紧密的网络关系和创新环境，鼓励企业及其他机构之间的对话与互动，共享信息知识资源以提升创新能力。在政策上，可以先从设立中介机构做起，或由集群的管理机构组织安排集群内企业的对话、促进正式及非正式网络的形成，鼓励企业间协同收集及分享行业发展信息。而对于以制造业集群为依托的服务业集群，应将关注点更多置于其转型上，以弥补制造业集群供应链弱点、改进其微观环境为目标，着力完善服务业集群的配套功能，引导这类集群朝着标准化、专业化和信息化的方向发展。

5. 选取部分城市，进行服务业集聚区财政投入与政策支持试点

我国城市的服务业集聚发展还处于初期，增加对试点城市服务业集聚区的财政投入，是国家加大服务业投入的重要途径，将为各级财政增加对服务业的投入特别是服务业集聚功能园区的投入奠定基础。应在确保原有财政对服务业投入渠道增长的前提下，对国家财政收入每年的增量再设立专项，专门用于部分服务业试点功能园区的投入，这样将有利于促使我国城市服务业集聚区的投入逐步迈上新的台阶。集中有限的财力支持部分试点服务业集聚区的发展，有利于使服务业集聚区真正成为我国服务业的"领头羊"和推动城市区域经济增长的支撑点。

与此同时，参照印度班加罗尔集群等的发展经验，试点城市的服务业集聚区还可以作为政策的试验田。比如，目前制约我国软件服务外包领域的主要障碍在于通信基础设施问题、数据监管问题和知识产权保护问题。在部分有服务业集聚发展基础的城市，可以研究设立数据自由港这样的服务业集群形式，重点解决制约集群发展的主要问题，如加快集群内基础设施建设以解决国际带宽的问题、尝试特殊的数据监管方式以在形式上保护服务发包方数据私密性、区域内加强知识产权保护和惩戒力度等。

6. 完善城市服务业集聚度的相关统计和监测体系

我国服务业的统计资料中没有各行业销售额的统计，而目前采用的以就业人数计算市场集中度的方法，对于劳动密集型的服务行业来说，可能无法反映其真实情况。为了保证决策的准确性和科学性，应尽快建立和完善我国服务业集聚度计算的相关统计体系。

参考文献

Jess Gaspar and Edward Glaeser, Information Technology and the Future of Cities, NBER Working Paper No. 5562, 1996.

Scott, A. J., "Flexible Production Systems and Regional Development: the Rise of New Industrial Spaces in North American and Western Europe", *International Journal of Urban and Regional Research*, 1988, 12.

Moulaert, F. and Gallouj, C., "The Locational Geography of Advanced Producer Firms: the Limits of Economies of Agglomeration in Daniels", P., Illeris, S., Bonamy, J. and Philippe, J. *The geography of services Frank Cass*, London, 1993.

Naresh&Gary, "The Dynamics of Industrial Clustering in British Financial Services", *The Service Industries Journal*, 2001.

David Keeble, Why Do Business Service Firms Cluster? Small Consultancies, Clustering and Decentralization in London and Southern England, Working Paper No. 194 of ESRC Centre for Business Research, University of Cambridge. 2001.

Alexander I., "Office Location and Public Policy", *Methuen*, 1970.

Nelson K., "Labor Demand, Labor Supply and the Suburbanization of Low-wage Office Work", in Scott A. & Storper M. (ed.), *Production, Work, Territory*, London: Allen & Unwin,

1986.

Illeris S., *The Service Economy: A Geography Approach*. Chichester: John Wiley & Sons, 1996.

Goddard B., *Offices, Linkages and Location: A Study of Communications Spatial Patterns in Central London*, Oxford: Pereamon, 1973.

Christall W., *Central Places in Southern Germany*, Jena Germany: Fischer, 1933.

Dipasquale D. and Wheaton C., *Urban Economics and Real Estate Markets*, Prentice-Hall, 1996.

Gilmer W., "Identifying Service-sector Exports from Major Texas Cities", *Economic Review*, Federal Reserve Bank of Dallas, 1990, July.

Noyelly J. and M. Stanback. *The Economic Transformation of American Cities*, Totowa, NJ: Rowman and Allanheld, 1984.

Kim Thomas, "Growth and Change in the Service Sector of the U.S.: A Spatial Perspective", *Annals of the Association of American Geographers*, 1987, 77.

Stanback M., *The New Suburbanization: Challenge to the Central City*, Boulder, CO: Westview Press, 1991.

Sassen S. *The Global City. Princeton*, NJ: Princeton University Press, 1991.

Browning H. and Singelman J., "The Emergence of a Service Society: Demographic and Sociological Aspects of the Sectoral Transformation of the Labor Force in the USA, Springfield", VA: *National Technical Information Service*, 1975.

Hohenberg PM. and Lees LH., *The Making of Urban Europe*, *1000 – 1950*, Harvard University Press, 1985.

M. Polese and C. Chapain, CBD Decline Revisited: A Comparative Analysis of North American Cities, Working Paper of Meeting of the Canadian Regional Science Associations, 2000.

S. Illeris and J. Philippe, "Introduction: the Role of Service in Regional Economic Growth", *The Service Industries Journal*, 1993.

EE. Learner and M. Storper. "The Economic Geography of the Internet Age", *Journal of International Business Studies*, 2001.

H. Schmitz, "Collective Efficiency and Increasing Returns", *Cambridge Journal of Economics*, 1999.

于涛方等:《2000年以来北京城市功能格局与去工业化进程》,《城市规划学刊》2008年第3期。

邵晖等:《北京市生产者服务业聚集特征》,《地理学报》2008年第12期。

芮伟:《北京中央商务区现代服务业集群竞争优势研究》,首都经济贸易大学硕士学位论文,2008。

顾燕:《产业－就业关联:城市现代服务业发展及对就业的影响》,复旦大学博士学位论文,2008。

胡霞:《产业特性与中国城市服务业集聚程度实证分析》,《财贸研究》2009年第2期。

张文忠：《大城市服务业区位理论及其实证研究》，《地理研究》1999 年第 9 期。

陈秀山等：《大都市生产者服务业区位选择及发展趋势》，《学习与实践》2007 年第 10 期。

李井奎等：《服务业的空间分布特征及与城市化的相关性分析——以浙江省为例》，《浙江学刊》2007 年第 1 期。

陈泽鹏：《广州服务业空间布局的实证研究》，《珠江经济》2007 年第 12 期。

吴艳等：《国外高层次服务业空间分布的研究综述》，《科技进步与对策》2008 年第 6 期。

王德禄等：《国外现代服务业发展借鉴》，《商场现代化》2009 年第 4 期。

陈前虎等：《杭州城市生产性服务业空间演化研究》，《城市规划》2008 年第 8 期。

李慧中等：《结构演进、空间布局与服务业的发展》，《复旦学报》2007 年第 5 期。

〔美〕丝奇雅·沙森：《全球城市》，上海社会科学出版社，2005。

朱新艳等：《浅析现代服务业集群的成长机制与识别方法》，《华东经济管理》2007 年第 7 期。

陈泽鹏等：《区域中心城市服务业空间布局实证研究》，《广东社会科学》2008 年第 1 期。

梁爽：《上海服务业区位选择中公共政策引导作用研究》，上海交通大学硕士学位论文，2007。

曹顺良等：《上海市信息服务业产业集群分析》，《软科学》2008 年第 11 期。

刘欣伟：《生产性服务业产业集群研究》，上海社会科学院博士学位论文，2009。

贾干荣：《生产者服务业空间分布及其绩效研究》，东南大学硕士学位论文，2006。

马风华：《我国服务业地区性集聚程度实证研究》，《经济管理》2006 年第 23 期。

李志平：《现代服务业集聚区形成和发展的动力机制研究》，同济大学博士学位论文，2008。

李文秀等：《中国服务业集聚实证研究及国际比较》，《武汉大学学报》2008 年第 3 期。

李健等：《1990 年代以来上海人口空间变动与城市空间结构重构》，《城市规划学刊》2007 年第 2 期。

张水清：《上海郊区城市化模式探讨》，《地理研究与开发》2001 年第 4 期。

孙京海等：《产业聚集理论与现代服务业发展》，《大陆桥视野》2009 年第 1 期。

洪银兴：《城市功能意义的城市化及其产业支持》，《经济学家》2003 年第 2 期。

服务业开放与城市新一轮增长

姚战琪 *

摘　要：当前，我国已进入经济发展的新时期，服务业开放对城市新一轮增长意义重大，继续加快城市服务业开放步伐符合我国服务业发展战略和对外开放部署的总体要求。研究发现，对城市经济增长影响程度最大的因素是外商投资企业工业总产值，其次是服务业开放变量。各城市国际旅游收入对经济增长具有明显的促进作用，这与我国资源禀赋特点和比较优势相符。然而，目前城市服务业开放仍存在不少问题，化解服务业开放进程中存在的各种问题成为发挥服务业开放对城市经济增长贡献作用的关键。

关键词：服务业开放　经济增长　逐步回归法　国际旅游收入

一　服务业开放与经济增长关系的研究进展

中国实行对外开放战略以来，服务贸易发展迅速，极大地促进了经济增长和经济结构优化。20 世纪 80 年代后，中国服务贸易出口增速不断加快，服务出口大大高于同期 GDP 的增长速度，是世界上服务出口增速最快的国家之一。但是，总体上中国依然是服务贸易小国，且服务业出口层次低，与中国作为制造业出口大国的地位形成鲜明反差。同时，服务业利用外资增长迅速，尤其是加入世贸组织后，中国服务业吸引国际直接投资的规模及其占吸引外资总额的比重开始回升，2007 年服务业合同利用外资规模达 776.73 亿美元，占各行业外商直接投资

---

* 姚战琪，经济学博士，现为中国社会科学院财政与贸易经济研究所副研究员、服务经济理论与政策研究室副主任，中国社会科学院研究生院硕士生导师，主要研究方向为服务经济理论与政策、服务开放、金融服务等。

总额的33.15%，较2006年有较大幅度上升。但与其他大多数国家外资进入的产业以服务业为主的发展趋势不同，中国所吸收的大部分外商直接投资长期以来都集中在劳动密集型制造业，服务业吸引外资的比重一直徘徊在25%左右，明显低于世界平均水平。

近年来，服务业开放与经济增长成为理论和政策研究的热点问题之一。王小平（2005）对我国服务业利用外资的实证研究表明，我国服务业利用外资与服务业增加值、服务业就业、服务贸易等指标的直接相关性较弱，服务业利用外资的作用主要体现在促进和带动我国服务业的体制改革、管理创新、技术引进、产业带动与服务业的外向型发展等方面。夏晴等（2008）以浙江为例，对服务业外商投资与经济增长的关系进行了实证研究，认为浙江服务业外商投资与GDP、人均GDP以及服务业比重之间均存在着双向的因果关系。这表明浙江省的经济持续增长和结构升级是促进服务业利用外资增长的重要因素；同时，服务业利用外资的迅速增长促进了浙江经济进一步发展和产业结构的改善。梁丹丹、程大中（2005）分析了我国服务贸易增长率与经济增长率的实证关系，认为我国服务进口增长率对经济增长率具有较大的促进作用，但服务出口增长率对经济增长率的贡献小于服务进口增长对经济增长率的贡献。苗秀杰（2005）等也分析了中国服务贸易的效应。蒋昭乙（2008）对服务贸易影响经济增长的机制进行了实证分析，验证了服务贸易通过增加人均资本、加快制度变革进程等对人均产出产生正面影响。但服务贸易进口与出口的经济增长效应相互不平衡，并且总体上落后于货物贸易。刘泽照（2008）对1980～2005年世界服务贸易与经济增长关系进行统计分析，但没有分析中国服务贸易与经济增长的关系。目前，国内很少有人从城市服务业角度研究服务业开放与城市经济增长的关系，也很少有人从城市服务业开放的视角探究城市间服务业发展差距拉大的深层原因。

当前我国已进入经济发展新时期，服务业开放对城市新一轮增长意义重大，选择服务业开放背景下城市新一轮增长这个选题完全符合国家服务业发展战略和对外开放总体部署的要求。本文以代表性城市服务业开放的基本情况和特征为背景，主要从服务业开放和工业开放等方面分析影响城市经济增长的主要因素，鉴别不同因素影响城市经济增长的程度和作用大小，进而分析服务开放对城市增长的贡献和探讨服务业进一步开放的空间大小。

二 中国城市服务业开放的总体特征描述

（一）城市服务业利用外资的总体情况

随着经济全球化进程的不断加快，世界服务业的快速发展推动全球经济不断向服务经济转型。在以知识为基础的经济中，跨国公司对服务业的影响要远远大于对制造业和资源产业的影响（UNCTAD，2004），因此，跨国公司成为推动服务全球化的重要力量，并成为各国服务业深入参与全球产业分工的主要媒介。近年来，跨国投资在产业领域发生的结构性变化是制造业的跨国投资急剧下降，而服务业的跨国投资迅速增加。服务业跨国投资增长迅速，成为推动服务业全球化的主体。20世纪90年代中期以来，虽然中国吸引的外商投资仍以工业行业为主，但随着中国经济增长的巨大潜力逐步明朗和国内产业配套体系不断完善，外商投资企业开始迅速增加在服务业的投资，服务业成为跨国公司在中国进行投资的一个新亮点。

从服务业外商投资的城市分布结构分析，外商投资仍然较为集中于东部发达地区的城市，而中部和西部地区的城市服务业吸引的外商投资规模较小。服务业外商投资集中于经济发达地区的城市的主要原因是，城市是服务业自然集中的场所和地区，服务业的发展程度与城市的人口密度、城市化程度、人均收入等指标呈正相关（姚战琪等，2009），这些指标在发达地区城市的表现情况要大大优于落后地区的城市；同时发达地区城市的产业配套条件、基础设施状况和人力资本积累也优于落后地区，因而外商倾向于投资东部沿海地区的城市便成为其追求自身收益最大化的必然选择。

由于中部和西部城市数据不可得，我们收集到长江三角地区和珠江三角地区主要城市服务业实际利用外商直接投资的数据，并计算这些城市服务业外商投资占全行业外商投资的比重。从表1可以看出，长三角地区的主要城市服务业外商投资比重略高于珠江三角洲城市，2007年长三角城市服务业外商投资比重平均值为28.05%，珠三角城市服务业外商投资平均比重为27.47%。从两大地区内部城市服务业外商投资的对比看，长三角地区的部分城市服务业外商投资占外商投资总量的比重较大，例如，上海服务业外商投资比重为67%，杭州为62%，表明这些城市服务业发展成熟，这些城市正向后工业化阶段过渡，服务业成为该城市主导产业，因而外资对当地服务业的发展、经济增长和结构转换具有积极的促进作用。珠三角地区的服务业外商投资比重最高的是深圳（48.5%），其次为佛山（41.3%），这些地区的城市服务业发展基础相对长三角地区弱，加之长期以来支撑地区经济增长的是以重化工业为主的工业发展模式，迅猛发展的加工贸易和国外代工等外向型贸易结构带动了生产性服务的发展。因此，外商在珠三角服务业投资主要围绕全球生产体系和加工贸易配套的生产性服务业进行。

表1 我国长江三角地区主要城市服务业实际外商直接投资占全行业外商投资的比重

单位：%

城　市	2002 年	2003 年	2004 年	2005 年	2006 年	2007 年
上海市	37.5384	57.0427	44.6109	51.0657	62.1359	67.1086
南京市	18.2290	12.0930	29.7035	23.8724	29.9264	46.4357
苏州市	—	4.8167	7.6365	6.2880	5.6285	13.2839
无锡市	—	9.1588		11.2389	13.0519	20.0251
常州市	17.8282	19.9329	7.8810	16.1638	23.2834	45.5786
镇江市	9.1526	11.0736	—	—	—	20.0188
南通市				16.0089	19.4631	24.6670
扬州市	—	—	15.2746	29.0719	20.4417	44.0282
泰州市	—	—	—	9.5638	14.3927	24.4275
杭州市	19.9690	18.3074	23.7683	20.4701	43.8654	62.7444
宁波市	14.0847	4.6281	7.8324	9.3773	12.4448	17.7788
嘉兴市	5.8928	7.0028	2.6941	6.2438	11.3318	11.8001
湖州市	34.0473	24.8707	10.6477	17.3485	15.0736	15.4167
绍兴市	6.5685	9.1651	2.9025	2.5318	13.6138	6.8114
舟山市	—	67.4136	10.0400	32.0513	47.3316	13.4779
台州市	22.4852	32.5505	35.4436	17.2854	21.6456	15.2006
均　值	18.57957	21.38892	16.53626	17.90544	23.57535	28.05021

资料来源：《长江和珠江三角洲及港澳台统计年鉴》（2003～2008 年）。

表2 我国珠江三角地区主要城市服务业实际外商直接
投资占全行业外商投资的比重

单位：%

城 市	2002 年	2003 年	2004 年	2005 年	2006 年	2007 年
广州市	42.4120	34.7626	17.6138	21.8845	—	—
深圳市	27.5944	—	37.2261	38.6658	37.7427	48.4941
珠海市	23.1343	20.4578	11.7984	23.2307	14.5665	28.9995
佛山市	24.1045	11.1371	2.1927	8.1115	13.4810	41.3110
江门市	20.2173		9.9385	11.1903	13.6932	39.9745
东莞市	0.7507	2.9813	0.8949	1.9281	2.6903	2.4594
中山市	5.1568	—	6.0569	6.5627	0.0645	23.1807
惠州市	0.1605	39.3694	5.7139	0.8363	17.3095	21.2936
肇庆市	—				15.2068	14.0640
均 值	17.94131	21.74164	11.4294	14.05124	14.34431	27.4721

资料来源：《长江和珠江三角洲及港澳台统计年鉴》（2003～2008 年）。

（二）各城市金融服务业开放

目前入世过渡期已经结束，我国金融业进入全面开放阶段。金融服务业开放有利于改善我国金融机构的资本结构，改善国际收支和稳定国际资本流动，有利于吸收国外金融机构先进的经营管理经验、规范我国信贷和资金交易行为、提高我国金融业服务水平、促进我国金融业走向国际。按照加入世贸组织时金融服务贸易的总体承诺水平，在东亚地区和发展中国家中，中国金融服务自由化水平较高，跨境交易、境外支付、商业存在等三种金融服务贸易方式的总体开放程度高于大多数国家（Liu，2005）。

从各城市银行服务开放情况来分析，外资银行由最初集中于北京、上海、广州、深圳等东部城市向中部城市和西部城市扩散，但是外资银行仍主要聚集于长三角和珠三角等经济发达地区的主要城市（见表3）。

（三）各城市旅游服务开放

国际旅游是中国服务业对外开放的主要内容之一，也是中国服务贸易顺差最大和最具比较优势的服务产业。根据国家统计局提供的数据显示，1979～2007年，中国的国际旅游收入由2.6亿美元增加到419.2亿美元，增长了160倍，世

表 3　外资银行分行和代表处在不同城市的分布

单位：个

城　市	2001 年		2002 年		2003 年		2004 年		2005 年		2006 年	
	分行	代表处	分行	代表处	分行	代表处	分行	代表处	分行	代表处	分行	代表处
上　海	45	57	40	64	45	74	48	—	55	91	57	95
北　京	19	88	19	82	22	80	24	—	25	81	27	82
深　圳	24	4	20	6	20	5	20	—	22	6	22	6
广　州	15	18	15	15	15	14	16	—	18	18	19	17
天　津	14	5	14	4	15	4	15	—	14	4	13	4
厦　门	10	3	9	3	9	3	9	—	9	3	9	4
大　连	10	6	8	5	8	4	8	—	8	5	7	5
青　岛	3	3	3	3	4	3	4	—	5	3	7	1
福　州	2	2	2	2	2	2	3	—	4	2	4	2
珠　海	3	—	3	—	3	—	4	—	4	1	4	1
汕　头	3	—	3	—	3	—	4	—	4	—	4	—
苏　州	1	1	1	2	1	2	2	—	3	3	4	4
杭　州	—	1	—	—	—	1	1	—	2	2	3	2
南　京	2	1	2	1	3	1	3	—	3	1	3	1
沈　阳	—	3	—	2	—	2	1	—	2	3	3	4
无　锡	—	1	—	1	—	—	—	—	—	1	2	—
烟　台											2	—
海　口	1	—	—	1	—	—	1	—	1	—	1	—
东　莞	—	—	—	—	—	1	—	—	—	3	1	2
昆　明	1	1	1	1	1	1	1	—	1	1	1	1
昆　山	—	—	—	—	—	1	—	—	—	1	—	1
南　通	—	1	—	1	—	1	—	—	—	1	—	1
宁　波	—	1	—	1	—	1	—	—	—	1	—	1
泉　州	—	1	—	1	—	—	—	—	—	1	—	1
武　汉	2	5	2	4	2	4	2	—	2	2	2	3
哈尔滨	—	1	—	1	—	—	—	—	—	—	—	1
重　庆	1	3	1	3	1	3	2	—	4	1	5	1
成　都	1	7	1	7	1	7	2	—	5	3	7	2
西　安	1	—	1	—	1	—	1	—	1	—	2	—

注：由于无法从现有统计年鉴中获得 2004 年代表处的分类数据，故表中缺失该数据。
资料来源：作者根据《中国金融年鉴》相关数据制作。

界排名由 1980 年的第 34 位上升至第 5 位。2007 年国内旅游人数和旅游收入分别达到 16.1 亿人次和 7770.6 亿元，比 1990 年分别增长 4.8 倍和 44.7 倍。根据

2009 年最新公布的中国国际旅游收入的城市排行数据，国际旅游收入最多的城市依次是北京、广州、上海、天津、青岛、杭州、深圳、南京、济南、大连。可以看出，在国际旅游收入最多的城市中，全部是东部城市。为了清晰描述和对比三大地区国际旅游收入发展水平和速度，我们根据《中国旅游年鉴》公布的东部 32 个城市、中部 14 个城市和西部 14 个城市的国际旅游外汇收入数据，分析2001～2007 年的三大地区主要城市国际旅游收入的增长趋势（见表 4）。可以看出，东部主要城市国际旅游规模较大，增长速度也较快。2001～2007 年，北京国际旅游收入由 29.46 亿美元增长到 45.8 亿美元，增长 55.47%；上海由 18.08亿美元增长到 46.73 亿美元，增长 158.46%；西安由 3.20 亿美元增长到 5.43 亿美元，增长 69.69%；重庆由 2.18 亿美元增长到 3.82 亿美元，增长 75.23%；武汉由 1.60 亿美元增长到 2.28 亿美元，增长 42.5%；哈尔滨由 0.67 亿美元增长到 1.53 亿美元，增长 128.36%。总体分析，在我国国际旅游市场中，东部城市的市场规模最大，开放度也最高；西部城市的市场规模大于中部城市，开放度也高于后者。

表4　我国东部、中部和西部地区代表性城市国际旅游收入对比

单位：亿美元

年　份	2001	2002	2003	2004	2005	2006	2007
北　京	29.46	31.15	19.04	31.73	36.19	40.26	45.80
上　海	18.08	22.75	20.53	30.41	35.56	39.04	46.73
广　州	18.71	16.52	16.22	18.97	22.85	27.97	31.91
武　汉	1.60	1.21	0.94	1.26	1.72	1.95	2.28
长　沙	1.49	1.08	0.24	1.42	1.51	2.40	3.04
黄　山	0.50	0.58	0.28	0.60	0.92	1.09	1.75
哈尔滨	0.67	0.76	0.61	0.85	1.16	1.33	1.53
西　安	3.20	2.90	1.46	3.30	4.09	4.67	5.43
桂　林	2.26	2.09	1.09	1.91	2.36	2.63	3.60
重　庆	2.18	1.63	1.13	2.03	2.64	3.09	3.82

资料来源：根据《中国旅游年鉴》相关数据整理。

（四）各城市房地产服务开放

外资进入我国房地产服务业主要有以下几种方式：第一种方式是直接购买境

内房地产。资料显示，截至 2006 年 10 月底，境外投资者在国内房地产领域投资约 40 亿美元，占同期国内全部房地产投资总量（包括土地市场交易）的 3%，主要投资集中在北京、上海、广州、深圳等一线城市；第二种方式是设立外资房地产公司；第三种方式是非居民外汇流入国内后进入房地产市场；第四种方式是外资通过各种地产基金方式进入国内房地产市场（李晓晗，2008）。

国内一线和二线城市是外资进入房地产市场的主要区域。外资进入我国城市房地产市场对弥补房地产业资金缺口、提升房地产企业竞争能力和满足国内消费者差异化需求等方面具有积极作用，但由于我国房地产市场运行机制的不健全和政府监管机制的不完善，外资进入房地产市场不可避免地导致了房地产价格波动、加剧了国内市场供求结构失衡和增大了人民币汇率升值压力（中央党校经济学部课题组，2008）。从图 1 可以看出，从 2002 年我国进入新一轮增长周期以来，外资在几个主要的一线和二线城市投资规模波动幅度较大。外资在多数城市房地产投资起步较晚，但增长速度非常快。根据统计年鉴，我们计算了 2002 ~ 2007 年我国东部 16 个城市、中部 8 个城市和西部 11 个城市外商房地产投资规模。例如，2002 年东部主要城市房地产利用外资规模为 99.67 亿元，2007 年增长到 340.36 亿元，增长了 2.41 倍，西部主要城市 2002 年房地产利用外资为 6.67 亿元，2007 年增长到 82.62 亿元，增长了 11.39 倍，中部主要城市 2002 年房地产利用外资为 4.51 亿元，2007 年增长到 43.41 亿元，增长了 8.63 倍，可以看出，主要城市房地产利用外资规模增长最迅速的时期，恰恰是我国政府对房地

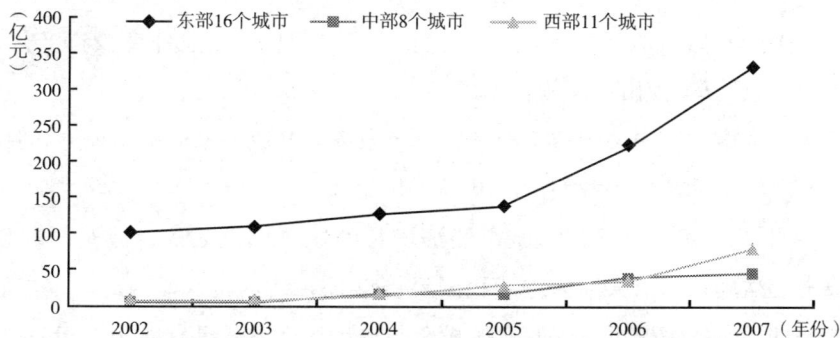

图 1　2002 ~ 2007 年我国东部 16 个城市、中部 8 个城市和西部 11 个城市外商房地产投资变动

资料来源：根据《中国房地产统计年鉴》（2003 ~ 2008 年）相关数据计算。

产市场实行宏观调控的时期。例如，2006 年 5 月以来，中央政府发布了严厉的政策措施遏制房地产市场泡沫，依法从高征收土地闲置费，紧缩房地产企业获取信贷的渠道。但在内资房地产企业资金流动性受到极大影响的同时，外资进入我国主要城市房地产市场的步伐没有减慢，反而加快了。例如，2006 年，北京房地产利用外资规模为 38.56 亿元，与 2005 年持平（2006 年北京房地产利用外资增幅变化不大是因为北京作为首都，受国家调控政策的影响最直接）；上海为 55.96 亿元，比 2005 年增长 15 亿元；深圳为 8.94 亿元，比 2005 年增加 6.5 亿元，其他城市都有不同程度增加。

三 服务业开放与城市经济增长关系：一项计量研究

（一）方法、指标选取和基本假设

本报告主要从工业外商投资、外商投资总量、出口、服务开放等方面分析影响城市经济增长的主要因素，鉴别不同因素影响经济增长的程度和作用大小，进而分析服务开放对城市增长的贡献度和探讨服务业进一步开放的空间大小。为了研究在其他因素不变量情况下服务开放对城市经济增长的影响程度，我们选择外商投资、出口等变量作为控制变量。首先，建立以下基本模型：

$$Y = f(FI, MF, SO, EX)$$

其中 Y 为各城市 GDP，FI 为外商投资总额，MF 为工业外商投资产值，SO 为服务业开放，EX 为出口总额。

其次，根据文献中关于城市经济增长与服务业开放关系的基本理论和我国城市产业开放的实际进展，我们做以下基本假设。

（1）外商投资是促进我国城市经济增长的主要因素之一。改革开放以来，外商投资迅猛增长，极大地促进了我国经济增长和结构转变。因此，本文假设，在其他条件不变的情况下，外商直接投资与城市经济增长具有显著正相关关系。

（2）工业是我国外商投资最集中的产业，外商在工业的投资额占我国实际利用外资额的 70%，而服务业仅占外商实际投资额的 30% 左右。现有研究已经表明，工业领域的外商投资是促进我国经济增长的主要因素之一。同样，城市是我国工业外商投资的主要区域，工业外商投资促进了城市经济的快速增长和结构转型。因此，本文假设，工业领域外商投资额与城市经济增长具有显著正相关关系。

（3）从传统的 GDP 核算公式 GDP = C + I + G +（X − M）角度进行分析，进口是作为经济活动成果的一个"漏出"因素进入核算公式的，因此，进口在短期内具有降低总产出的作用，而出口是增加总产出的一个直接因素。因此，本文假设，出口对城市经济增长具有显著贡献，二者保持明显正相关性。

（4）服务开放是促进城市经济增长的重要因素之一。在 1983 ~ 2007 年期间，中国服务贸易出口、服务贸易进口、GDP 三个时间序列都处于上升趋势，服务贸易出口与服务进口两个变量基本保持同步变动趋势，两个变量相关性很强。20世纪 80 年代后，中国服务贸易出口增速不断加快，服务出口增长速度大大高于同期 GDP，是世界上服务出口增速最快的国家之一。按照 1983 年不变价格计算，在 1990 ~ 2007 年，中国服务出口贸易年平均增长 17.64%，略高于 1983 ~ 1990年的 16.09%，总体增长速度为世界平均水平的 2.9 倍。同时，服务贸易进口以更快的速度增长，年平均增长速度由 1983 ~ 1990 年的 14.96%，增长到 1990 ~ 2007 年的 19%。城市是我国服务开放最为集中和开放程度最高的区域，服务开放对城市经济增长具有显著贡献，因此，本文假定，在其他条件不变的情况下，服务开放与城市经济增长也具有正相关关系。

（二）数据选择、描述性统计及相关分析

1. 数据选择

本文采用由 2007 年中国 35 个直辖市、省会城市和副省级城市构成的截面数据（不包括重庆市、台湾省、香港特别行政区、澳门特别行政区），数据均来自《中国统计年鉴》、《中国第三产业年鉴》、《中国劳动统计年鉴》、《中国人口年鉴》等公开资料。变量的具体解释见表 5。

表 5　变量的一般描述

变量名称	变量描述	符　号
外商直接投资	反映各个城市利用外资情况	TFDI
工业外商投资的工业生产总值	反映各城市工业外商投资对经济增长的贡献度	FDIOUT
出口	反映工业品出口的贡献度	EXPORT
服务业开放水平	用国际旅游收入作为各城市服务开放水平的替代指标	INTOU

2. 变量描述性统计

变量的描述性统计结果显示，国际旅游收入、外商投资等指标距离均值的离散程度较小，可以认为这些变量对城市经济增长有较稳定的影响。由于各城市经济发展水平不同，经济外向程度差异大，外商投资工业生产总值和出口等变量的标准差较大，符合中国各城市发展的实际。

表6　变量描述性分析

	均　值	标准差	样本数
GDP	2.9214E7	2.57585E7	35
FDIOUT	1.3457E7	2.29589E7	35
EXPORT	1.5322E7	2.94374E7	35
INTOU	5.4449E5	9.54655E5	35
TFDI	1.4108E6	1.49498E6	35

3. 各因素相关性分析

考虑到对各时序数据取对数之后不会改变时序数据的性质和关系，且所得到的数据易消除异方差问题，所以对所有变量取对数形式。通过计算各变量间的相关系数可以初步验证各变量是否对各个城市经济增长具有明显影响。如表7所示，

表7　变量相关系数矩阵

		LGDP	LFDIOUT	LINTOU	LTFDI	LEXPORT
Pearson 相关系数	LGDP	1.000	0.882	0.866	0.859	0.834
	LFDIOUT	0.882	1.000	0.835	0.926	0.848
	LINTOU	0.866	0.835	1.000	0.819	0.889
	LTFDI	0.859	0.926	0.819	1.000	0.760
	LEXPORT	0.834	0.848	0.889	0.760	1.000
置信度	LGDP	.	0.000	0.000	0.000	0.000
	LFDIOUT	0.000	.	0.000	0.000	0.000
	LINTOU	0.000	0.000	.	0.000	0.000
	LTFDI	0.000	0.000	0.000	.	0.000
	LEXPORT	0.000	0.000	0.000	.000	.
样本数	LGDP	35	35	35	35	35
	LFDIOUT	35	35	35	35	35
	LINTOU	35	35	35	35	35
	LTFDI	35	35	35	35	35
	LEXPORT	35	35	35	35	35

外商投资工业生产总值、国际旅游收入、外商投资总额和出口等 4 个变量与城市经济增长正相关，相关系数均通过 0.01 显著水平检验。表明这四个变量与因变量之间具有统计上的显著关系。外商投资工业总产值与城市总产出显著正相关，表明工业的外商投资是拉动各城市经济总产出增长的主要因素，工业行业的外商投资对经济增长的贡献最大。以国际旅游收入衡量的服务开放与各城市 GDP 也保持非常明显的正相关关系，说明依靠外部需求带动的国际旅游产业的快速发展是解释各城市总产出增长的主要变量之一。外商投资总额与经济总产出的相关系数虽然小于工业外商投资总产值和国际旅游收入两个变量，但仍具有统计上的显著性，表明外商投资是解释城市经济增长不可忽视的重要因素。与预期一致，出口与城市 GDP 也保持较明显的正相关性，说明货物贸易出口是推动各城市经济增长的重要变量。

4. 数据回归分析

基于以上各个因素相关性分析的结果，可以进一步利用线性回归模型研究各因素对城市经济增长的影响。将与城市 GDP 具有明显相关关系的自变量引入下面的计量模型。

$$\text{Log}(GDP)_i = b_0 + b_1 \times \text{Log}(INTO)_i + b_2 \times \text{Log}(FDIOUT)_i + b_3 \times \text{Log}(TFDI)_i + b_4 \text{Log}(EXP)_i + \mu_i$$

由于采用截面数据，模型中的各变量间可能具有一定的相关性，因此存在多重共线性的可能。为降低多重共线性对回归结果的影响，本文采用逐步回归法，剔除 F 检验的伴随概率大于 0.1 的自变量，保留 F 检验的伴随概率小于 0.05 的自变量，同时进行多重共线性检验。表 7 是根据逐步筛选法渐次进入回归方程的两个模型的系数分析结果。最终的回归方程为：

$$\text{Log}(GDP) = 10.658 + 0.210 \times \text{Log}(INTO) + 0.244 \times \text{Log}(FDIOUT) \tag{1}$$

标准化后的回归方程为：

$$\text{Log}(GDP) = 0.429 \times \text{Log}(INTO) + 0.524 \times \text{Log}(FDIOUT) \tag{2}$$

从表 8 可看出，自变量的容忍度均大于 0.1，膨胀系数均小于 10，表明模型不存在较为严重的多重共线性。同时根据克莱因法则，模型的拟合优度大于自变量与因变量的相关系数，也说明模型不存在严重的多重共线性问题。计算 White 异方差检验的 F 统计量、χ^2 统计值及其对应的 P 值显示，P 值大于给定的显著水平1%，在该显著水平上接受零假设，即原回归方程的误差基本上同方差（F检验值为1.48，P值为0.22；χ^2统计量为7.12，P值为0.21），表明方程基本不存在异方差问题。

表8　回归模型检验结果

模型		非标准化系数		标准化系数	t检验值	置信度	共线性检验	
		系数	标准误	Beta			容忍度	VIF值
1	常数项	10.638	0.582		18.281	0.000		
	LFDIOUT	0.411	0.038	0.0882	10.759	0.000	1.000	1.000
2	常数项	10.658	0.511		20.842	0.000		
	LFDIOUT	0.244	0.061	0.524	4.004	0.000	0.303	3.300
	LINTOU	0.210	0.064	0.429	3.278	0.003	0.303	3.300

注：被解释变量为LGDP，计量软件是SPSS15.0。

外商投资企业工业总产值和国际旅游收入作为对因变量影响显著的因素进入回归方程，并通过异方差检验、多重共线性检验。调整后的R^2达到0.824，表明方程2具有明显的线性关系，并且具有很好的拟合优度。从标准化的回归方程可以发现，对城市经济增长影响程度最大的因素是外商投资企业工业总产值，其次是国际旅游收入。外商投资总额及出口总量由于与其他变量存在多重共线性问题，因此没有引入模型。

各城市国际旅游收入对经济增长具有明显的促进作用，这与我国资源禀赋特点和比较优势相符。旅游是我国服务贸易出口最多的三大部门之一，在1998～2002年期间，旅游作为中国服务出口的第一大部门，其份额在50%以上。2003年以后，旅游业占服务贸易出口的比重缓慢下降，但2007年仍高达30.47%。2007年，运输占我国服务贸易出口的比重为25.63%，其他商业服务比重为22.02%。旅游产业显著的乘数效应和产业关联效应是其推动城市经济增长的主要原因。在学术界一些研究人员开创性地分析了国际旅游收入与地区经济增长的关系。马西森（Mathieson）和沃尔（Wall）于1982年提出旅游乘数的概念，并认为最初的旅游消费，通过乘数效应，能促使地区收入成倍增长。我们的分析结果与刘桂玉和张战仁（2008）对桂林市国际旅游业和经济增长的关系的研究结论一致。他们对国际旅游业和地方经济增长之间的动态关系进行了实证分析，数据结果显示，国际旅游业的发展与桂林经济增长存在长期稳定的动态均衡关系。这表明各城市国际旅游收入作为服务业开放的替代指标对推动城市经济增长有较大的贡献度。

外商投资企业工业总产值作为工业开放程度的替代指标对各城市经济增长具有显著的正效应。国内一些研究成果分析了工业外商投资与经济增长的紧密关系。例如，吴德进（2003）以福建省为例，分析了外商投资对福建工业增长和技术溢出的贡献，认为外商投资对我国工业增长提供了资金来源，扩大了工业总产值，增加了工业利税；同时为工业增长提供了先进的技术和管理经验，培养和提供了大量的人力资源。

（三）回归假设条件检验

1. 回归方程误差服从正态分布检验

通过观察图2的标准化残差序列正态分布的直方图和图3的标准化残差正态P-P图可以发现，残差项基本接近正态分布，满足回归的正态假设条件。

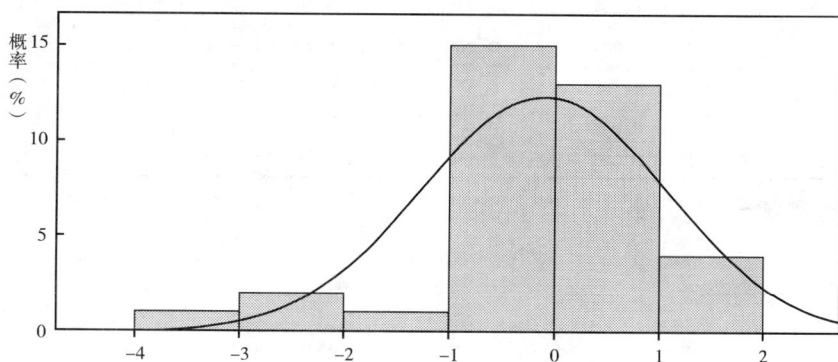

图2　回归残差正态分布检验

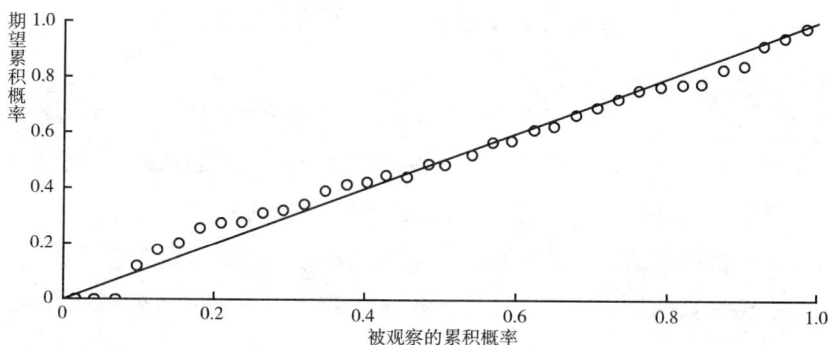

图3　标准化残差正态P-P

2. 多重共线性检验

从自变量共线性检验结果看，模型能够基本上排除多重共线性的可能。虽然表9中模型2的第3维度的条件指数较大，达33.14，但通过分析可发现，外商投资工业总产值的第4特征根解释了方差的98%，第4特征根也能解释国际旅游收入的绝大部分方差，因此，可以认为国际旅游收入和外商投资工业总产值这两个自变量之间不存在较强的相关性。同时根据克莱因法则，模型的拟合优度大于自变量与因变量的相关系数，也说明模型不存在严重的多重共线性。

表9　自变量共线性检验

模型	维数	特征值	条件指数	方差比		
				常数	LFDIOUT	LINTOU
1	1	1.993	1.000	0.00	0.00	
	2	0.007	16.621	1.00	1.00	
2	1	2.986	1.000	0.00	0.00	0.00
	2	0.011	16.351	0.81	0.02	0.18
	3	0.003	33.140	0.18	0.98	0.82

注：被解释变量为LGDP，计量软件是SPSS15.0。

3. 自相关检验

回归方程2的DW检验值为1.659，在5%的显著性水平下，DW统计量的临界值为 $d_u = 1.57$。因此，模型2基本无一阶自相关问题。

四　城市服务业开放存在的主要问题

改革开放以来，尤其是加入WTO以来，我国服务业对外开放程度不断提高，服务业开放成为中国融入世界经济的主要内容之一。在我国已进入经济发展的新阶段和世界经济呈现服务化的背景下，我国服务业开放的潜力非常巨大，服务业开放对城市经济增长的贡献不断增大，可以毫不夸张地说，服务业开放将成为推动城市新一轮增长和结构转型的引擎。但城市服务业开放仍存在不少问题，化解服务业开放进程中存在的各种问题成为发挥服务业开放对城市经济增长贡献作用的关键。

1. 各城市服务业开放程度的差距拉大，在一定程度上拉大了各城市间服务业发展的差距

从 2007 年底开始，我国服务领域开放基本上不再有地域限制，中西部、东北地区的服务业对外资开放的进程加快。但是，外资在我国各地区尤其是在各城市的分布是不均衡的，东部城市服务业开放程度高，而中西部开放程度很低。虽然在整体上，服务业对外开放促进了我国经济增长、要素重新配置和结构升级，但各城市服务业开放程度的趋异化，会使地区间本已拉大的服务业发展差距和结构问题更加凸显。以银行业开放为例，国际经验表明，外国银行进入东道国具有明显的区域倾向和产业倾向，增加了东道国信贷分配的不平衡。例如，在 1995 年，大约有 94% 的外国银行集中于阿根廷的布宜诺斯艾利斯，但是国内私人银行进入在该地区的比重仅为 70%。与此相类似，外国银行对阿根廷国内农业的资金投放比重很低，仅为 5%，但是国内私人银行该比重为 15%，公共银行为 15%（Clarke et al. 2000）。再以商业零售业对外开放为例，除了一些经济实力非常强大并已迅速占领中国国内市场为投资战略目标的外商企业以外，多数外商投资企业的主要投资区域仍是东部发达地区的城市，除非中西部城市和地区政府为招商引资有特别优惠的政策，外商零售商业企业短期内不会大举进入中西部城市（黄海，2000）。

2. 城市服务业开放的行业分布结构不均衡程度不断加大

我国城市服务开放的行业分布结构极不均衡，开放程度较高的行业主要包括旅游、国际物流、房地产和服务外包，而其他行业由于市场化程度严重不足和进入壁垒较高导致开放度低。旅游是我国最具比较优势的服务产业，也是各城市服务业开放程度最高的产业。在 1998～2002 年期间，旅游作为中国服务出口的第一大部门，其份额在 50% 以上。2003 年以后，旅游业占服务贸易出口的比重缓慢下降，但 2007 年仍高达 30.47%。再以房地产业为例，在 20 世纪 80 年代和 90 年代，外资在服务业的科学研究、综合技术服务业及教育文化艺术业投资所占份额平均不到 1%，而房地产、公用事业、服务业所占的比重最高，1992 年房地产业和社会服务业的外商投资占我国外商投资协议总额的比重达 31.1%，表明国际资本追求短期回报的目标非常明显。在 2000 年以后，虽然政府出台宏观调控政策限制外资进入房地产领域，但外商投资一线和二线城市房地产业的热情依然不减，外资在房地产业和社会服务业的投资规模约占服务业合同利用外资金额的

65%（殷凤，2006）。

3. 服务业开放对城市经济增长的贡献仍局限于部分行业

由于我国城市服务业开放的领域仍局限于少部分行业，因而服务业开放对经济增长、就业和税收的贡献度较小。旅游业开放是带动各城市经济增长的主要行业之一，根据对2007年全国35个城市的工业和服务业开放的截面数据测算，各城市国际旅游收入每增长1%，带动城市经济总产出增长0.21%，仅次于工业行业开放对城市增长的贡献率（根据我们的测算，各城市工业领域外商投资企业总产值每增长1个百分点，带动城市经济增长率提高0.24个百分点）。但其他服务行业由于开放程度有限，对经济增长的贡献较小，这些行业以电信等服务业为代表。在各城市电信市场中，由于国有资本控制导致的市场垄断，尽管外资参股中国基础电信是被允许的（在过渡期结束后外资股权可达到33%），但由于众所周知的国家资本控制基础电信的原因，因而外资企业几乎没有参股基础电信的机会。

4. 服务业体制改革滞后以及部分服务行业较高的进入壁垒极大地限制了各城市服务业开放度的进一步提高

在我国，由于体制改革不到位和存在较多的政策限制，外资进入城市服务业存在较大的障碍。同时，由于市场机制在服务业资源配置等领域作用较小，政府职能不规范，越位与缺位并存，事业单位改革滞后和国有企业改革的不彻底，政策不平等导致服务业企业负担重，经营成本高，产业组织结构不合理和企业治理结构不完善，服务业对内开放度低于对外开放度，这些因素不但制约了城市服务业对外开放的广度和深度，而且也使国内服务企业竞争力差，从而在服务全球化条件下面临极其不利的发展环境。

五　继续推动城市服务业开放的对策

1. 加强对外商投资的管理和调节，对于保持较快速度的服务贸易增长意义重大

推进服务业开放是我国长期坚持的政策，要继续鼓励引进国外服务业现代化的管理经验、先进技术和现代市场运作方式，完善符合世贸组织规则的法律法规，为广大外商来华投资和合作创造良好环境。完善服务业引进外资的相关政策，鼓励外商来华投资知识密集型服务业和用现代技术改造传统服务业，将服务业吸引外资的导向性产业政策适时纳入《外商投资产业指导目录》和《指导外商投资方向暂行规定》中，鼓励外商在西部投资服务业，放宽外商投资高技术含量服务业的持股比重和行业限制。同时积极扩大服务业的出口，在具备比较优势和地域文化特色的服务业领域形成具有较强国际竞争力的企业集团。

2. 国内服务行业尽快实现对内开放，营造外资和内资公平进入的竞争环境

首先，必须加大垄断行业的改革力度，增加市场主体。加快对垄断行业的改革步伐，推进非基本公共服务业的资源配置由政府为主向市场为主转变。其次，除个别涉及国家安全和必须由国家垄断经营的领域外，其他所有第三产业应允许非国有资本（外资和民营资本）进入。除国家法律、法规禁止进入的领域外，其他投资主体应享有同等进入的机会。再次，实行公开、透明和宽准入、严管理的政策。最后，规范竞争秩序，严厉打击地方保护主义，彻底拆除国内贸易壁垒。

3. 制定切实可行的政策，鼓励外商向西部城市的服务业投资

西部地区的城市服务业开放的重点是促进传统服务业向市场化、产业化和社会化服务业转化。制定政策鼓励外商向西部城市供气、供热、供排水管网建设经营、旅游景区开发和配套设施的建设和经营、生态资源开发和建设等领域投资。

4. 目前我国人才培养模式、人才结构和人才市场运行机制还很不适应服务业进一步开放的现实要求

首先，加强职业教育，培养一大批高层次、高技能、通晓国际规则、熟悉现代管理的服务业专门人才；其次，服务业是人力资本密集型行业，需要加大对具有科技型、创新型、专业型特点的服务业企业和服务项目所需的高层次专业人才的引进力度，加快人力资本的积累，形成与现代服务体系相适应的人才结构。采用多种形式引进和利用一些高级专门人才，特别是有创新能力的中青年科技人才、高新技术人才、高级经营管理人才、市场营销人才以及复合型人才；最后，建立竞争有序的人才市场体系，改善政府服务业。实施人才的柔性开放战略，鼓励人才的无障碍流动，加快知识、技术、信息的扩散与转移。

5. 积极推动制造企业将生产性服务环节外包

将服务外包（包括国际外包和国内外包）作为推动城市服务业开放的重要行业，不但要重视国际服务业外包，也要重视国内服务外包。服务业外包充分发挥和利用了发展中国家的比较优势，促进了经济增长。例如，原设在美国纽约的世界银行总部的会计部门，在 2002 年迁移印度，意味着银行业后台办公室职位开始实施外包模式。后台办公室职位外包已经为世界银行节省了大量人工成本，同时会计部门等外包服务会带来高质量的金融服务。应制定政策，改善投资环境，大力扶植中国服务外包业务，尤其是金融、会计、电信、管理等外包业务对于改善中国服务出口结构和提高服务贸易竞争力尤为重要。

参考文献

Clarke，G.，Cull，R.，D_Amato，L.，Molinari，A.，2000，"On the kindness of strangers? The impact of foreign entry on domestic banks in Argentina"，in Claessens，S.，Jansen，M.（Eds.），*The Internationalization of Financial Services*：*Issues and Lessons for Developing Countries*，Kluwer Academic Press，Boston，MA，pp. 331 – 354.

UNCTAD，2004，*World Investment Report*，New York and Geneva：United Nations.

Liu Li-Gang，2005，The Impact of Financial Services Trade Liberalization on China，RIETI Discussion Paper Series 05 – E – 024.

姚战琪：《服务全球化条件下中国服务业的竞争力：问题和对策》，《国际贸易》2009 年第 4 期。

李晓晗：《当前外资与我国房地产市场关系的探讨》，《中国高新技术企业》2008 年第 18 期。

中央党校经济学部课题组：《我国房地产市场外资问题的调查与思考》，《宏观经济研究》2008 年第 5 期。

蒋昭乙：《服务贸易与中国经济增长影响机制实证研究》，《国际贸易问题》2008 年第 3 期

梁丹丹、程大中：《我国服务贸易增长率和经济增长率的实证研究》，《经济师》2005 年第 10 期。

刘泽照：《基于国际服务贸易与经济增长的实证思考》，《江苏工业学院学报》2008 年第 12 期。

苗秀杰：《服务贸易自由化对我国的正负效应分析》，《理论前沿》2005 年第 11 期。

刘桂玉、张战仁：《国际旅游收入与地方经济增长动态关系的实证分析——以桂林市为例》，《旅游论坛》2008 年第 1 期。

吴德进：《外商投资对福建工业增长和技术溢出的贡献》，《福建省社会主义学院学报》2003 年第 1 期。

王小平：《中国服务业利用外资的实证分析》，《财贸经济》2005 年第 9 期。

夏晴、何万里：《服务业外资对区域经济发展及产业结构的影响——以浙江省为例的实证分析》，《国际贸易问题》2008 年第 5 期。

殷凤：《中国服务业利用外商直接投资：现状、问题与影响因素分析》，《世界经济研究》2006 年第 1 期。

黄海：《加入 WTO 对中国商业的影响及对策》，《中国外资》2000 年第 10 期。

服务外包：城市增长的新引擎

霍景东 *

摘　要： 服务外包是先导产业，对于提升制造业乃至整个经济的生产率起到了非常重要的作用，承接离岸服务外包可以解决需求质量的难题，同时可以发挥技术外溢效应以培养人才、积累知识。然而，发包方选择外包目的地，更加重视城市，而非国家，城市成为服务外包的主要载体，服务外包对于城市经济发展与转型具有重要意义。全球服务外包规模不断扩大，对于城市经济增长具有重要意义。我国服务外包处于起步阶段，批准了 20 个服务外包基地城市，服务外包增长较快，但规模仍然较小，今后要明确城市定位，加强人才培养和引进，完善信息、交通基础设施，提高城市服务外包吸引力。

关键词： 服务外包　城市增长　影响因素

一　服务外包：概念界定、研究综述与发展趋势

（一）服务外包的兴起与研究综述

美国企业将保安服务中心放在印度的班加罗尔，日本的企业将呼叫中心放在中国的大连，柯达把彩色扩印设备的维修服务转移给 IBM 与铁道部组建的"蓝色"快车，服务外包几乎成为随处可见的行为。Thomas L. Friedman 在《世界是平的》（*The World is Flat*）一书关于"碾平世界的十大动力"部分，认为上传、外包、供应链管理、内包等都与服务外包相关。服务外包是外包

---

* 霍景东，中国社会科学院研究生院财贸所在读博士生，北京市经济和社会发展研究所助理研究员，主要研究方向为服务经济与财政政策。

的一种类型，通常指依据双方议定的标准、成本和条件的合约，把原先由内部人员提供的服务转移给外部组织承担。[①] 服务外包是一项社会技术业务创新，它为企业提供了获得竞争优势的丰富源泉。

1. 服务外包的动因

Williamson Oliver E. （1975） 认为，专用性强且不确定性高的活动应该在企业内部自行经营，反之则应外包出去，由外部供应商来提供。Willcocks，Leslie P.，Lacity，M. and Hirschheim，R.（1994）指出，服务外包的原因包括财务原因（成本降低、增加成本控制等）、业务原因（回归核心竞争力等）、技术原因（获得技术人才等）、政治原因（证明效率、证明新资源的正当性等）。Diromualdo，A. and Gurbaxani V.（1998）认为，服务外包的意图主要是：降低成本和提高 IT 资源的效率、提高 IT 对企业绩效的贡献、利用市场上与技术相关的资产来开发和销售以新技术为基础的货物或服务。

关于服务外包离岸的动因，Rick L. Click &Thomas N. Duening（2005）认为，驱动服务外包的主要因素包括受教育程度、宽带网络、强大的数据存储、在线分析软件、网络安全、业务专业化等。James R. Markusen（2005）建立了白领服务离岸外包模型，该模型包括知识型资产（K）、熟练劳动（S）和非熟练劳动（U）三种要素。通过分析发现，如果接包方的商务环境好且技术外溢低，则发包方会选择外包，如果接包方的商务环境差且技术外溢程度高，则会选择直接投资。

2. 影响离岸外包的因素

对于发包方来讲，决定离岸外包地域选择的主要因素包括劳动力成本、贸易成本、法律构架、税收和投资体制、电信等基础设施质量、计算机技术和语言交流技能等（*World Trade Report 2005*）。不同因素重要性不同，虽然巨大的工资差异是推动国际外包的主要力量，但是语言文化、教育水平、基础设施状况以及职位要求的层次也是非常重要的因素，如印度、中国等国家具有高素质、低成本的人才，因而大量的服务外包转移到这些国家;[②] 但并不是所有的低工资国家都可

---

① *Business：the Ultimate resource*，Bloomsbury Publishing PLC，2003，p. 1303.

② Richard Zielinski（2004），"The Offshoring of Teleservices：Opportunities and Macroeconomic Effects in Developing Countries".

成为承接国，缺少辅助机构、法律不完善、基础设施落后和工人技能低下等因素均会削弱甚至抵消低工资产生的低成本优势；反之，在拥有良好的设施、对外包方需求适应能力强的合作伙伴以及对外包给予有效法律保护的情况下，高工资国家仍可能吸引外包。[①]

3. 关于中国承接服务外包的综述

江小涓等（2008）指出，承接服务外包的一个重要意义就是技术外溢效应，主要包括人力资本流动效应、示范和学习效应、竞争效应、规模经济效应和关联产业带动效应。赵楠（2007）指出，服务外包以互联网作为运行平台，受时间和空间制约较小，因而能够有效避免外商投资对区位因素的依赖，为地处内陆的地区利用外资创造了前所未有的机遇，这为中西部地区利用外资创造了条件，有利于我国区域经济的协调发展。李仲周（2006）分析了我国承接服务外包的比较优劣势，提出政府在承接服务外包中的定位：加速改革步伐，建立能够为所有基础电信运营商和增值服务供应商提供平等舞台的竞争市场结构；解决紧迫的人才短缺问题；进一步放开 IT 和电信服务领域的外商直接投资；将在华跨国企业作为目标客户；进一步加强与服务业相关的知识产权保护；打造政府－产业战略规划合作；继续改进软件科技园区，吸引外国直接投资；建立一个有效的网络安全体系。霍景东（2009）分析了服务外包的财税政策，认为我国首先要建立适应服务经济要求的财税政策体系，在这个框架体系下适度对离岸服务外包给予优惠，主要措施包括实行优惠所得税税率、零流转税、低土地价格等。

（二）服务外包发展现状与趋势

1. 从宏观上看，服务外包的规模不断扩大

服务外包主要包括信息技术外包（ITO）与业务流程外包（BPO），从全球市场份额的占有率来看，业务流程外包占近 60% 以上。

2008 年全球业务流程外包市场总额为 5084 亿美元，预计到 2011 年达到 6772 亿美元，而且主要集中在后勤、市场营销两大领域（见表 1）。

[①] Grossman, Gene M. and Elhanan Helpman (2004), "Outsourcing in a Global Economy", *Review of Economic Studies*, forthcoming.

表1   2006～2011年全球业务流程外包（BPO）支出

单位：百万美元

年　份	2006	2007	2008	2009	2010	2011
人力资源	14204	16029	18425	21244	24045	27120
采购	717	886	1103	1364	1665	1953
金融及财务	17019	19326	22170	25726	29112	32707
售后服务	26193	29610	33159	36353	39432	42545
后勤	200239	223007	249745	280838	315241	353025
市场营销	156997	166550	176270	186582	197258	208400
培训	5290	6348	7544	8722	9987	11409
合　计	420659	461756	508416	560829	616740	677159

资料来源：国际数据公司（IDC）。

2008年全球信息技术外包市场总额为2980亿美元，其中，软件管理占主体，达到90%以上，见表2、表3。

表2   2006～2011年全球离岸IT服务支出

单位：百万美元

年　份	2006	2007	2008	2009	2010	2011
应用管理	1379	1714	2124	2619	3155	3698
定制应用开发	3284	3675	4016	4432	4757	5011
IT咨询	746	813	906	1026	1182	1363
IS外包及网络与桌面应用外包	575	798	1148	1720	2559	3705
系统集成	2759	3325	4005	4764	5491	6151
其他	4327	5179	6025	6862	7697	8394
合　计	13070	15504	18224	21423	24841	28322

资料来源：国际数据公司（IDC）。

表3   2006～2011年全球离岸软件支出

单位：百万美元

年　份	2006	2007	2008	2009	2010	2011
应用开发及软件部署	50824	55421	60241	65471	71175	77009
应用软件	109604	117668	126163	135208	144556	154378
系统基础结构软件	69993	76992	84346	92103	99808	107751
合　计	230421	250081	270750	292782	315539	339138

资料来源：国际数据公司（IDC）。

2. 从微观上看，交易的集中度在上升

据全球服务社统计，2007 年 IT 服务领域最大的 10 项交易金额占到总服务金额的 74%；其中，美国政府是最大的发包方，仅阿连特项目就达到 500 亿美元，见表 4。

表 4　全球服务外包额最高的 10 项交易

单位：十亿美元

发包方	接包方	金额
美国政府(阿连特项目)	美国计算机公司、美国电子数据系统公司等	50
美国政府(网络公司)	美国电话电报公司、美国奎斯特通信公司等	20
美国国防部	美国诺斯洛普拉曼公司等	15
美国国防信息局	博思艾伦咨询公司等	12.2
IBM	AT&T	5
美国政府司法部	美国通用动力公司	5
联邦医疗保险与医疗补助服务中心	美国诺斯洛普拉曼公司等	4
意大利农业部	阿玛维瓦公司	1.7
保诚集团	Capital	1.5
阿斯利康公司	IBM 全球服务部	1.4

资料来源：*Global Service*，2008 年 1 月。

二　服务外包与城市经济：国际经验与启示

（一）城市是承接服务外包的载体

对于发包方来讲，选择合适的城市远比选择国家重要得多，也就是说在服务外包目的地选择的决策中，城市状况比所处的国家更加重要。Tholons 公司以成本、劳动力的规模和质量、基础设施、风险控制、商务环境、生活质量六项指标来评价城市服务外包的潜力，并评选出 8 个接包优势城市和 50 个新型城市（见图 1，表 5）。

各城市的产业功能也不同，如班加罗尔起步比较早，发展基础比较好，业务几乎涉及服务外包的所有领域，而新型城市的业务领域则比较窄，形成了一定的产业特色，见表 6。

班加罗尔

钦奈

新德里

都柏林

海德拉巴

马卡蒂

孟买

浦那

班加罗尔

新德里

马尼拉

孟买

都柏林

2007年全球接包城市5强　　　　　　2008年全球接包城市8强

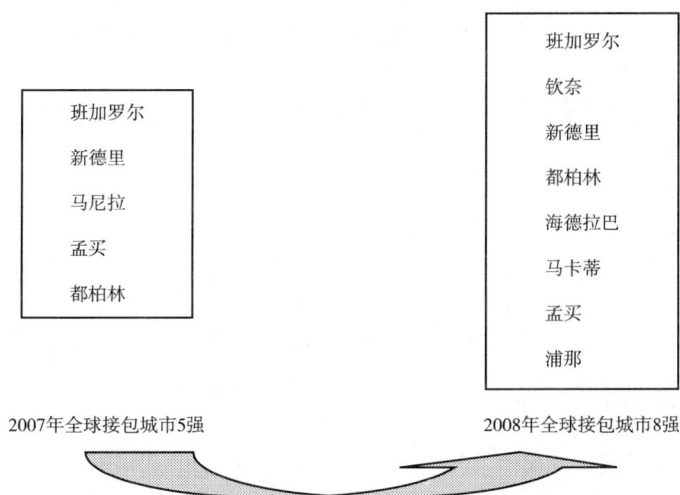

图1　全球优势接包城市变化（2007～2008年）

资料来源：*Tholons*，2007，2008。

表5　2008年全球新型外包城市50强

单位：百万

2008 名次	2007 名次	城　市	国　家	人　口
1	4	宿务	菲律宾	0.8
2	8	上海	中国	21.6
3	10	北京	中国	15.9
4	6	胡志明市	越南	5.4
5	16	克拉科夫	波兰	0.8
6	5	加尔各答	印度	13.6
7	11	开罗	埃及	7.7
8	15	圣保罗	巴西	10.9
9	14	布宜诺斯艾利斯	阿根廷	3
10	13	深圳	中国	26.3
11	12	河内	越南	2.2
12	9	昌迪加尔	印度	2.3
13	17	库里蒂巴	巴西	1.8
14	20	布拉格	捷克	1.9
15	23	帕西格	菲律宾	0.6
16	18	大连	中国	3.9
17	21	哥印拜陀	印度	4.7

163

续表 5

2008 名次	2007 名次	城 市	国 家	人 口
18	19	圣地亚	智利	5.4
19	7	科伦坡	斯里兰卡	2.5
20	25	约翰内斯堡	南非	3.9
21	新	奎松城	菲律宾	2.3
22	新	多伦多	加拿大	2.5
23	22	广州	中国	14.2
24	24	贝尔法斯特	爱尔兰	0.6
25	28	布达佩斯	匈牙利	2.5
26	新	里约热内卢	巴西	6.1
27	29	圣荷西	哥斯达黎加	0.4
28	26	华沙	波兰	1.7
29	27	布尔诺	捷克	0.7
30	新	墨西哥城	墨西哥	8.5
31	新	斋浦尔	印度	6.5
32	33	圣彼得堡	俄罗斯	4.8
33	32	吉隆坡	马来西亚	1.9
34	34	阿克拉	加纳	2
35	40	布拉迪斯拉发	斯洛伐克	0.5
36	新	新加坡	新加坡	4.6
37	新	成都	中国	7.8
38	43	布加勒斯特	罗马尼亚	1.9
39	42	莫斯科	俄罗斯	11
40	41	索非亚	保加利亚	1.3
41	46	蒙特雷	墨西哥	1.1
42	30	格拉斯哥	英国	0.6
43	44	巴西利亚	巴西	2.5
44	新	巴西利亚	墨西哥	1.6
45	新	曼达路仰	菲律宾	0.3
46	47	塔林	爱沙尼亚	0.4
47	39	圣安东尼奥	美国	1.3
48	35	哈利法克斯	加拿大	0.4
49	48	基辅	乌克兰	2.7
50	49	卢布尔雅那	斯洛文尼亚	0.3

资料来源：*Tholons*，2008。

表6　不同城市外包功能分类

功　能	城　　市
应用开发和维护	班加罗尔,钦奈,都柏林,海得拉巴,孟买,胡志明,浦那,深圳
商务分析	班加罗尔,钦奈,新德里,克拉科夫,孟买,布加勒斯特,开罗,上海
工程服务	班加罗尔,钦奈,广州,浦那,哥印拜陀,圣彼得堡,新德里,莫斯科,布拉格
金融和财务	班加罗尔,克拉科夫,马卡蒂,孟买,上海,宿务,科伦坡,浦那
人力资源	班加罗尔,布加勒斯特,布达佩斯,马卡蒂,布拉格,宿务,克拉科夫,塔林
法律服务	钦奈,马卡蒂市,宿务,孟买,约翰内斯堡,浦那
产品开发	班加罗尔,钦奈,胡志明市,莫斯科,上海,布加勒斯特,浦那,圣保罗
研究与开发	班加罗尔,都柏林,莫斯科,上海,北京,圣彼得堡,布加勒斯特,晨奈,布拉格
测试	班加罗尔,钦奈,胡志明市,海得拉巴,上海,布加勒斯特,开罗,圣保罗,多伦多

资料来源：*Tholons*，2008。

（二）服务外包对城市经济的带动——以班加罗尔为例

城市经济的发展有两种模式，一种是工业化城市通过产业结构调整，大力发展高阶生产性服务业，实现城市转型，进而实现城市的新发展。发达国家的城市基本上是这种模式，如伦敦、纽约等国际化大都市。而在这些城市转型的过程中，制造外包、服务外包起着非常重要的作用，如纽约逐渐把制造业、低端服务业外包出去，集中发展金融、信息、总部等产业，等于承接了其他国家的"高端外包"，实际上美国大都市的经济活动主要是出口导向型的生产性服务。另一种是城市在没有建立或者没有建立完善工业体系的情况下，通过承接离岸外包而直接进入服务业化阶段，进而实现城市增长。Harris（1996）指出，服务外包对于发展中国家城市转型具有重要推动作用，而且发展中国家应该重点发展出口导向型服务业，包括旅游、教育、医疗、金融等。这种模式的典型代表就是印度的班加罗尔，通过承接离岸服务外包实现城市的发展，服务外包是班加罗尔发展的主引擎。

班加罗尔是印度南部的花园城市。从20世纪50年代开始，火箭和卫星空间研究发展组织、印度科学研究组织、国家航空实验室、印度斯坦飞机制造公司等高科技研究机构进驻班加罗尔，形成了以空间技术、电器和通信设备、飞机制造、机床、汽车等产业为龙头的产业格局。

20 世纪 80 年代末期，班加罗尔吸引了国际软件和高科技公司的注意，1987年，德州仪器开始将服务业务外包到班加罗尔，1991 年，国际商用机器 IBM 进驻班加罗尔，之后通用电器设立研发中心。1991 年，班加罗尔设立了国家级软件技术园区，这成为班加罗尔服务外包发展的重要载体，在软件园设立软件公司的国际著名跨国公司有美国商用机器公司（IBM）、甲骨文（Oracle）、摩托罗拉、微软、三洋、三星、索尼等。

目前，班加罗尔有软件企业 1400 多家，其中 60 多家为 IC 设计公司，近250 家为系统软件公司，140 多家通信软件公司，350 家应用软件公司，350 家是与 IT 业相关公司。班加罗尔集中发展软件外包产业，成为全球重要的软件外包中心，1991～1992 年，班加罗尔的计算机软件出口仅为 150 万美元；2000～2001 年猛增到 16.3 亿美元，10 年内上升了 108 倍，2003 年其软件出口达到 35 亿美元，2008 年达到了 150 亿美元。软件出口额占全球市场份额的20%，世界 500 强的跨国公司中，有 200 多家向印度的公司定购软件。2007年，班加罗尔的 GDP 为 137 亿美元，总人口为 690 万，其中有 1/3 的从业人员在软件与信息服务相关产业从业，服务外包成为班加罗尔经济增长的主要推动力。

班加罗尔之所以能够成功，可以归结为四个方面的原因：建立科技园区、税收政策、人才与科技政策以及行业协会的发展。

三 中国服务外包基地城市的服务外包现状

（一）我国服务外包基地城市建设与发展状况

2006 年，中国推出服务外包"千百十"工程，开始选择服务外包产业发展基础好的城市设立"服务外包基地城市"和"示范园区"，确定服务外包基地城市 16 个：大连、西安、成都、上海、深圳、北京、杭州、天津、南京、武汉、济南、合肥、长沙、广州、哈尔滨、重庆；确定示范园区 4 个：苏州、无锡、大庆、南昌。2009 年，国务院批准北京、天津、上海、重庆、大连、深圳、广州、武汉、哈尔滨、成都、南京、西安、济南、杭州、合肥、南昌、长沙、大庆、苏州、无锡等 20 个城市为中国服务外包示范城市，并享受一系列优惠政策，包括：自 2009 年 1 月 1 日起至 2013 年 12 月 31 日，对符合条件的技术先进型服务企业，减按 15% 的税率征收企业所得税，对技术先进型服务外包企业离岸服务外包收入免征营业税；对符合条件且劳动用工管理规范的技术先进型服务外包企业，可以实行特殊工时工作制；对符合条件的技术先进型服务外包企业，每新录用 1 名大专以上学历员工从事服务外包工作并签订 1 年以上劳动合同的，中央财政给予企业不超过每人 4500 元的培训支持，对符合条件的培训机构培训的从事服务外包业务人才（大专以上学历），通过服务外包专业知识和技能培训考核，并与服务外包企业签订 1 年以上劳动合同的，中央财政给予培训机构每人不超过 500 元的培训支持。

2008 年，中国服务外包出口合同金额 58.4 亿美元，合同执行金额 46.9 亿美元，其中 ITO 占 68.4%。截至 2008 年，20 个服务外包示范城市共有服务外包企业 2598 家，占全国的 78.7%；取得各类认证的服务外包企业 985 家，占全国的 82.6%；从业人员 43.7 万人，占全国的 82.9%；合同执行金额 42.9 亿美元，占全国的 91.5%（见图 2）。①

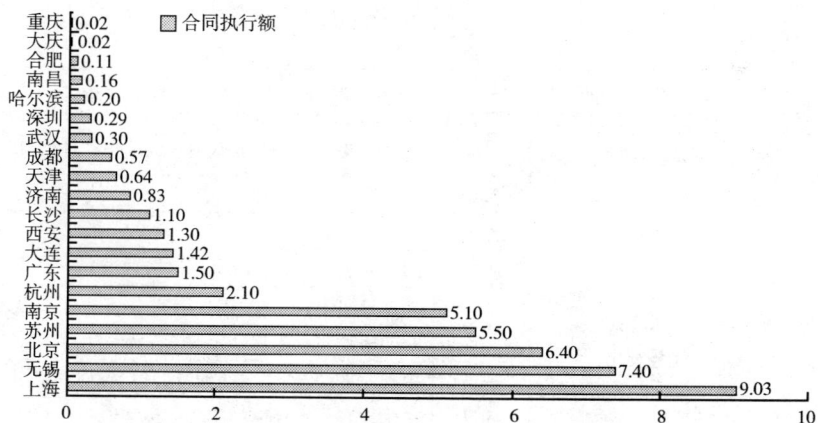

图 2　20 个示范基地城市服务外包规模（2008 年）

资料来源：《中国服务外包发展报告 2008》。

---

① 数据来源：《中国服务外包发展报告 2008》，上海交通大学出版社，2009。

（二）服务外包基地城市的竞争优势与定位

经过近几年的发展，我国服务外包示范基地城市形成了不同的竞争优势，如北京、上海等城市集聚了大量的跨国公司区域总部，商务环境较好，而且人才储备丰厚，具有综合竞争优势，因此定位也比较高，如北京提出要建设中国服务外包的领军城市，而上海要建设全球一流的服务外包中心城市。大庆等城市则利用专业化的优势，发展特色外包业务，打造特色外包品牌。

表7　服务外包基地城市的优势及定位

核心优势	优势表现	主要城市	定　位
综合竞争优势	综合商务环境好 集聚大量跨国公司区域总部 大规模的人才和基础设施	北京	中国服务外包的领军城市
		上海	全球一流的服务外包中心城市，亚太地区发包、接包业务集散的中心市场
		广州	
地区地缘优势	较强的制造业优势 毗邻区域中心城市 具有成本优势 人力资源丰富	天津	
		南京	中国一流的服务外包示范城市
		无锡	中国服务外包基地，上海服务外包承接中心
		苏州	打造成具有国际知名度的服务外包基地
		杭州	国际知名的金融服务外包交付中心，国内领先的软件外包中心
离岸地缘优势	与发包方市场紧密的历史和文化联系 发包方市场特有的语言能力	大连	建设全球软件和服务外包的领军城市
		深圳	中国重要的软件产业基地和国际化软件出口基地
成本优势	人力资源丰富 具有人力成本优势 运营成本优势突出	西安	中国服务外包之都
		合肥	
		成都	国际知名、全国一流的服务外包之都
		南昌	发展呼叫中心，逐步向以数据分析与数据挖掘为核心的高端业务流程外包业务发展
		重庆	中国西部地区"国家级服务外包示范城市"
		武汉	华中地区最大规模的软件外包基地
		济南	
专业化	专业化技能人才 围绕优势产业形成的特色服务外包	哈尔滨	具有本地特色的产业集群，把服务外包产业发展为新的经济增长点
		长沙	服务全省、辐射中西部、区域性服务业外包示范城市
		大庆	打造石油石化服务外包特色品牌

资料来源：根据《中国服务外包发展报告2008》和中国服务外包网有关资料整理。

四 影响服务外包的因素：理论与实证

（一）来自科尔尼公司的研究

A. T. Kearney 公司认为，吸引离岸外包的主要因素包括财务结构（补偿成本、基础设施成本和税收与规制成本）、人力资本（积累的外包经验和技能、劳动力总规模、教育水平和语言、消耗率）和商务环境（国家的经济和政治环境、基础设施条件、文化包容性、知识产权的安全性），并给出了不同因素的衡量方法和权重（表8）。

表8 影响服务外包发展的因素

一级指标	二级指标	衡量标准
财务结构（40%）	补偿成本	平均工资
		相关中介职位补偿成本（如呼叫中心应答、程序员、本地管理人员成本）
	基础设施成本	土地、电力、通信成本
		交通成本
	税收与运营成本	税收负担、腐败、汇率波动
人力资本（30%）	积累的外包经验和技能	现有外包市场规模
		联络中心和信息技术质量等级
		管理和信息技术培训等级
	劳动力总规模	总劳动力
		高等教育劳动力
	教育和语言	标准教育和语言测试分数
	消耗率	外包增长率和失业率相关度
商务环境（30%）	国家环境（包括经济和政治）	投资者和分析者对于总体的商务和政治环境评价
		外商投资者信心
		政府规模
		政府对ICT部门的支持
	国家基础设施	基础设施（通信、IT服务）综合质量
	文化包容性	
	知识产权安全	知识产权保护和ICT法律
		软件盗版率

资料来源："A. T. Kearney's 2004 Offshore Location Attractiveness Index"。

A. T. Kearney 公司对印度、中国、马来西亚等主要外包承接国服务外包吸引力进行了分析。中国的综合吸引力居第二位，第一位的是印度，第三是马来西亚，其次是泰国、巴西、印度尼西亚等。从分项指标来看，在人才素质方面，中国排在第三位，财务结构排在第 16 位，商务环境排在 37 位，可见我国的商务环境还是比较差的。

（二）来自 CIO insight 的研究

CIO insight 杂志发布的"The Outsourcing Report 2005"认为影响服务外包目的地选择的因素包括成本、风险和市场机遇，并给出了不同因素的衡量方法和权重（表9）。

表9　全球外包指数（GOI）的评价标准

因　素	具体内容	
成本（30%）	酬偿与工资、基础设施成本、税收成本、运营成本	
风险（54%）	地缘风险（10%）	政府的稳定性、腐败、地缘政治、安全
	人力资源风险（10%）	教育体系质量、劳动力总量、新毕业的 IT 学生数量
	IT 竞争风险（10%）	项目管理技能、高端技术与技能（定制编码、系统编程、研发、商务流程经验）
	经济风险（6%）	物价波动、GDP 增长
	法律风险（6%）	整体法制、税收、知识产权
	文化风险（6%）	语言兼容、文化亲和力、创新、适应性
	基础设施风险（6%）	IT 支出，关键基础设施的质量
市场机遇（16%）	第三方专家对每个国家全球竞争力和市场份额的分析，其他用于检验报告不够平衡的方面	

资料来源：Mark Minevich，Going Global Ventures Inc. and Dr. Frank-Jürgen Richter，HORASIS，"Global Outsourcing Report，2005"。

根据这一评价体系，认为印度仍然是最具竞争力的服务外包目的地，但在对 2015 年的预测中，中国将取代印度成为最具竞争力的服务外包东道国，其他一些亚洲国家如马来西亚、泰国等的竞争力将会逐渐增强。

（三）来自 NeoIT 公司的分析

NeoIT 公司认为影响服务外包目的地选择的因素包括人力资本、成本、基础设施、商务和生活环境以及风险因素，而且认为人力资本和风险是最重要的因素，不同的因素所占的权重也不同，见表10。

表10　全球服务外包城市竞争力指标体系

单位：%

总 指 标	权重	重要程度	分指标
人力资本	40	非常重要	劳动力的获得性 消耗水平 过剩情况
成 本	20	重 要	薪酬 固定资产 通信和电力成本 工资上涨
基础设施	10	比较重要	通信 电力 办公空间 航空通达与道路设施
商 务 和 居 住 环 境	20	重 要	政府支持 社会环境 对移居者的吸引力
风险因素	10	非常重要	犯罪率 政治稳定性 自然灾害

资料来源：*Global City Competitiveness*，NoeIT，2006。

根据这一套指标，NeoIT 评选出了全球服务外包城市 24 强，中国的上海排在第 10 位，广州排在 12 位，大连排在第 16 位。而印度的新德里排在第一位，排在前七位的均为印度的城市。

（四）来自上海社会科学院的研究

该指标体系主要由成本、人才、基础设施、商务环境、ITO、ITES、KPO 等指标体系组成，见表11。

表 11　服务外包吸引力的测评模型

一级指标	二级指标	三级指标
成　本	工资成本	在岗职工年平均工资（元）
	运营成本	写字楼平均销售价格
人　才	人才素质	人力资本吸引指数
	人才供给	高等学校在校学生总数
基础设施	信息化基础设施	信息化基础设施指数
	交通基础设施	民用航空客运量
商务环境	市场吸引力	外商直接投资数
	市场守信程度	知识产权保护度
ITO	软件业成本	软件企业的人力成本
	政府对软件行业的支持力度	地方促进软件产业发展的政策
ITES	语言能力	当地员工的语言能力
	服务类企业的国际化管理水平	通过 ISO9001 认证的服务类企业数
KPO	高层次人才的数量	科学家、工程师的比例
	当地的研发实力	研发经费投入情况

资料来源：周振华主编《城市转型与服务经济发展》，格致出版社、上海人民出版社，2009。

利用这一指标体系，分别利用层次分析法和主成分分析法对我国的 19 个城市的外包吸引力进行了综合评价①。在层次分析法下，19 个城市的排名依次为：武汉、西安、沈阳、济南、成都、广州、南京、重庆、长沙、上海、北京、天津、珠海、大连、杭州、苏州、厦门、宁波、深圳；但是采用主成分分析法后，由于权重的变动，上海、广州、北京由于商务成本和基础设施好，名次分别上升到了 3、4、5 名。

五　促进服务外包发展的对策建议

（一）实行差异化战略，实现区域协调发展

中国目前有 20 个服务外包基地城市，但是服务外包总规模赶不上印度班加罗尔一个城市。2008 年中国 20 个服务外包基地城市服务外包合同执行金额 42.9

---

① 参加评价的 19 个城市与 20 个服务外包示范基地城市略有不同。

亿美元，而班加罗尔超过 150 亿美元。出口规模和基地城市规模不协调，这势必会带来基地之间的过度竞争，尽管这种竞争会在一定程度上激励地方政府出台更加有利于服务外包发展的政策，但是也出现了一批为了享受优惠政策而不断搬迁的企业，这样不利于外包基地持续竞争力的培育，其主要原因就是外包基地发展定位不明确，功能定位雷同导致的。为了发挥每个基地的比较优势，减少过度竞争，增强基地城市的可持续竞争力，必须推行区域差异化战略，实现区域协调发展。如北京、上海等城市的商务成本高，但是人才优势突出、商务环境好，应该定位于发展 KPO、软件研发等高端外包业务，而大庆则应该发挥专业优势，做好石油、工程外包业务等。

（二）加大人才培养力度和引智环境建设力度

在所有的服务外包目的地域竞争力评价的体系中，人力资本都起着非常重要的作用。发展服务外包，人才是关键。对于我国的服务外包基地城市来讲，不仅是人才规模上的需求，更重要的是人才的质量，即高端人才的规模。解决人才问题的途径主要有两条，一是引进，二是培训。

1. 吸引留学人员回国发展

服务外包产业是高技术、高人力资本产业，特别是软件外包、知识流程外包等业务，进入外包高端产业环节，吸引海外人才是关键。中国有着庞大的海外留学群体，通过吸引在国外学习先进技术以及在跨国公司的工作实践培养出来的服务外包人才回国发展，能够弥补高端人才不足的缺陷，而且随着国内环境的改善，发展机会越来越多，许多海外留学人才愿意并且选择回国发展。吸引海外留学人员回国发展要从简单"筑巢"到打造全方位的服务平台，为留学回国人员提供良好的发展环境。一是建立绩效优先的人才选拔、激励机制，突出专家选拔、项目资助、职称评定、继续教育实施，强化公平竞争。二是为归国人员提供购房购车补贴、周转公寓补贴、家属安排、子女教育、保险衔接、出入境手续办理等方面的后续服务。三是建立留学创业基金，专项用于吸引具有企业经营管理经验、经营风险投资经验和有专业技能的研发人员回国创业。四是加大宣传，让海外留学人员了解基地城市服务外包产业发展的前景以及政府为软件人才提供的优越条件。

2. 吸引外籍服务外包人才

外包人才的国际流动越来越频繁，据统计，美国2005年有10.9万名计算机人才到海外工作，预计到2015年达到47.3万人，但是各外包基地城市的海外服务外包人才引入不足。实际上在上世纪末，欧美国家就是凭借雄厚经济实力、优越的科研和生活条件来吸引国外技术人才，如日本主张对在日本的高中、大学、研究生院结业的外国人给予永久居住权；德国政府决定对技术人员发放特别签证；英国和法国表明要在信息技术等预计会出现人才短缺的产业领域放宽劳动许可证的发放限制等等；而且多数国家将目光瞄向了软件大国印度，如德国政府敦促一些猎头公司到印度的高科技城市班加罗尔和海得拉巴去寻觅雇员，日本明确表示将从印度聘用1万名软件人才等。

海外服务外包人才熟悉国外市场，对于基地城市服务外包发展具有重要意义。因此各基地城市应该提高对国外人才的服务管理水平，如建立外国教育学校，解决海外人员子女上学问题，为外籍人才在基地城市工作生活创造便利条件。

3. 建立多层次服务外包人才培养体系

充分发挥政府的政策引导和推动作用，创造良好的服务外包人才培养环境，建立和完善多层次、全方位的人才培养体系和培训体系。一是健全高校的基础人才培养体系。深入开展高校、企业人才培养合作，帮助高校了解企业需求，引导高校切实针对服务外包产业发展的需要，增设相关专业。二是针对不同的需求实施人才培训。服务外包业务需要各种层次的人才，以软件外包为例，既需要程序员、项目分析师、程序设计师、行业专家（需求分析设计师）、应用人员（如数据库分析设计师）等高端人才，也需要代码编写、数据处理等蓝领，还需要营销人才。对于高端人才的培养必须走国际化的道路，通过与国际著名公司的交流、培训、技术合作等多种方式实现。蓝领人才则应引导职业技术学院增强软件技能型人才的培养能力，为外包企业量身打造实用型人才，引导社会化的培训机构增强外包人才的培训能力，并给予补贴。

（三）加快基础设施建设

对于服务外包来讲，基础设施主要是两个方面，一是交通基础设施，另一个是信息基础设施。交通基础设施的建设重点是空港交通设施建设，基地城市应该加强民用机场的建设力度，并争取更多的航线，特别是国际航线。信息基础设施建设主要是网络带宽、容灾备份中心、服务器租赁中心等。还可以构建服务外包信息平台，提供服务外包承接方和发包方的信息。同时可以定期组织服务外包峰会、交易会、论坛等等，为服务外包各方提供合作平台。公共服务平台要摆脱重建设、轻运营的格局，加大运营维护力度。

（四）加大外包园区载体建设

目前，多数外包园区建设和规划思路仍停留在硬件建设上，而忽略了对技术、管理人才的培养和对相关产业政策的制定，导致其企业和产品大致趋同，没有形成一个分工明确、体系完整、实力雄厚的产业链条，造成了人力物力资源的浪费。因此，要重视园区的管理机制、融资机制和创新机制建设。在硬件建设上，重点应放在技术平台、公共资源库、高速宽带通信基础设施的服务配套体系建设上，向企业提供"一站式"的政府服务和优良的公共服务。同时促进园区内企业的产权整合与资本运营，鼓励资产重组和兼并，实现优势互补，逐步形成大型骨干企业。同时，对于园区开发主体给予政策优惠，可以将给予服务外包企业的优惠政策扩展到园区开发、运营企业。对于服务外包园区（企业）占地，不应视为商业用地、采取招拍挂的方式出让，而应参照工业用地，采取协议转让的方式出让，降低服务外包企业的成本。

（五）加大知识产权保护力度和行业协会建设

知识产权保护对于承接服务外包具有重要意义，因此要加强知识产权保护力度。一是加快建立服务外包知识产权保护的标准，并制定合理有效的经济处罚办法作为必要的补充。二是加大知识产权保护执行力度。三是知识产权保护要靠法律、制度和规范，而不能靠技术。借鉴全印软件业和服务公司协会（NASSCOM）的经验，强化行业协会的桥梁和纽带功能，健全行业协会在帮助企业获取市场信息、沟通联系、组织宣传和展览、市场推介等方面的能力。

（六）要重视承接在岸外包

离岸外包的规模毕竟有限，而国内市场的规模潜力比较大，因此在承接离岸外包市场的同时，应重视承接在岸服务外包。鼓励国内企业（制造企业和服务企业）将服务业务外置，可以通过产权制度改革、补贴等方式来实现。

参考文献

Business：*the Ultimate resource*, Bloomsbury Publishing PLC, 2003, p. 1303.

Williamson, Oliver E. (1975), *Markets and Hierarehies*：*Analysis and Antitrust Implications*, Free Press, 1975, New York.

Rick I. Click &Thomas N. Duening (2005), *Business Process Outsourcing*：*the Competitive Advantage*, John Wiley & Sons, Inc, 2005.

Willcocks, Leslie P., Lacity, M. and Hirschheim, R. (1994), "Realizing Outsourcing expectations：Incredible Expectations Credible Outcomes". *Information Systems Management*, 11 (4), 1994.

Diromualdo, A. and Gurbaxani V. (1998), "Strategic Intent for IT Outsourcing", *Sloan Management Review*, 39 (4), 1998.

James Markusen (2005), Modeling the Offshoring of White-Collar Services：from Comparative Advantage to the New Theories of trade and FDI, NBER Working Paper Series, 11827.

Richard Zielinski (2004), "The Offshoring of Teleservices：Opportunities and Macroeconomic Effects in Developing Countries".

Grossman, Gene M. and Elhanan Helpman (2004), "Outsourcing in a Global Economy", *Review of Economic Studies*, forthcoming.

"A. T. Kearney's 2004 Offshore Location Attractiveness Index", http：//www. atkearney. com.

"Offshoring for Long-Term Advantage The 2007 A. T. Kearney Global Services Location IndexTM", http：//www. atkearney. com.

NoeIT (2006), "Global City Competitiveness", http：//www. neoit. com.

Mark Minevich, Going Global Ventures Inc. and Dr. Frank-Jürgen Richter, HORASIS, "Global Outsourcing Report, 2005", http：//www. globalequations. com.

"Top 50 Emerging Global Outsourcing Cities (2007, 2008)", http：//www. tholons. com.

Harris, N., 1996, *Cities and Structure Adjustment*, London：ULC Press.

〔美〕托马斯·弗里德曼著《世界是平的》，何帆、肖莹莹、郝正非译，湖南科学技术出版社，2008。

李仲周：《发展服务外包政府应该做些什么》，《WTO 经济导刊》2006 年第 11 期。

赵楠：《服务外包与我国利用外资的地区均衡——基于服务外包运行机制的分析》，《财贸经济》2007 年第 9 期。

江小涓等著《服务全球化与服务外包：现状、趋势及理论分析》，人民出版社，2008。

霍景东、吴家淼：《促进在岸外包的公共政策研究》，《广东商学院学报》2009年第3期。

霍景东：《发展服务外包业的财税政策探析》，《税务研究》2009年第3期。

中国服务外包研究中心（COI）编《中国服务外包发展报告2008》，上海交通大学出版社，2009。

周振华主编《城市转型与服务经济发展》，格致出版社、上海人民出版社，2009。

于慈江著《接包方视角下的全球IT和ITES离岸外包——跨国服务商与东道国因素研究》，经济科学出版社，2007。

案 例 篇

CASE STUDIES

软件与信息服务业：
支撑北京经济增长的重要力量[*]

夏杰长　霍景东　刘　奕[**]

　　摘　要：软件与信息服务业是现代服务业的重要组成部分。北京已具备大力发展软件与信息服务业的诸多条件，正致力于打造"国际软件之都"和"数字北京"，力求把软件与信息服务业打造为北京的高端产业、

[*] 本文是北京软件与信息服务业促进中心委托课题"北京软件与信息服务业对现代服务业影响的机制与对策研究"的成果之一。感谢北京软件与信息服务业促进中心胡清华主任、张冬敏工程师和科技部中国科技发展战略研究院吴志纯研究员对研究纲要和内容提出的宝贵意见，感谢北京市科委软科学处李海霞工程师为本课题的调研提供的便利。

[**] 夏杰长，1964 年出生于湖南省新宁县。现为中国社会科学院财政与贸易经济研究所服务经济研究室主任、研究员、博士生导师。主要研究方向：服务经济理论与政策；财税政策；霍景东，1981 年出生于山西省保德县。现为中国社会科学院研究生院博士生、北京市经济与社会发展研究所助理研究员，主要研究方向为服务经济与财税政策；刘奕，1980 年出生于陕西省西安市，现为中国社会科学院财政与贸易经济研究所助理研究员、中国社会科学院研究生院博士生。主要研究方向：服务经济理论与政策。

首都经济增长的重要支撑点和科学发展的强大引擎。软件与信息服务业对北京经济增长、劳动就业、出口创汇和产业结构升级起着越来越重要的作用。北京发展软件与信息服务业必须选择"高端、创新和内外向并举"的发展方向，坚持走与其他服务业、现代制造业融合发展的道路，努力创造良好的发展环境，着力培养一批具有国际品牌和竞争力的软件与信息服务业集团。

关键词：软件与信息服务业　经济增长　北京主导产业

软件与信息服务业是现代经济发展的重要标志，它以"数字化、网络化、智能化"等先进技术对现代产业发展起到了的基础性、支撑性和引领性的作用。它的发展和壮大不仅是城市经济增长的重要力量，也是推进城市产业转型与升级和提升经济运行效率与质量的关键因素。大力发展软件与信息服务业已成为绝大多数城市的重要战略选择。北京具备了大力发展软件与信息服务业的诸多条件，正在致力于打造"国际软件之都"和"数字北京"，力求把软件与信息服务业打造为北京的高端产业、首都经济增长的重要支撑点和科学发展的强大引擎。本文将在阐述软件与信息服务业基本概念与分类、剖析北京软件与信息服务业发展现状与机遇的基础上，论述软件与信息服务业对北京经济增长和产业升级的作用，探讨发展北京软件与信息服务业的对策思路。

一　软件与信息服务业的概念、范围及特征

软件产业是信息产业的核心与灵魂，是信息时代中极其重要的战略性、支柱性和先导性产业，是国民经济和社会信息化的基础，是智力密集型的高技术产业。对于软件的概念，目前国际上尚无统一的定义。世界上多数国家和国际组织原则上采用世界知识产权组织（WIPO）的意见，结合实际加以修改，都可以将软件理解为：①运行时，能够提供所要求功能和性能的指令或计算机程序集合。②程序能够满意地处理信息的数据结构。③描述程序功能需求以及程序如何操作和使用所要求的文档。但这种传统的软件概念是建立在一种常识的实体的观点之上的，把软件作为一个实物来看待和理解。从构词上看"软件"由"软"和

"件"两个字构成（台湾、香港等地把软件称为"软体"），"件"（或"体"）表示一种实物或实物的构成部分，"软"表示这种实物具有难以琢磨和不可见的某些特殊属性。[①]

对于软件产业的分类和范围界定，目前国际上没有一个统一的标准，各国或者各国际组织对软件产业的范围都有特殊的界定和理解。按照《国民经济行业分类》（GB/T4754－2002）中软件业的分类标准，我国的软件业包括基础软件服务、应用软件服务和其他软件服务三大类。基础软件服务一般包括操作系统、数据库系统和中间件；应用软件服务，指为专业领域使用计算机的用户提供软件服务，以及提供给最终用户的产品中的软件，主要包括：通用应用软件（文字处理软件、报表处理软件、地理信息软件、游戏软件、企业管理软件、多媒体应用软件、辅助设计与辅助制造软件、信息安全软件、信息检索软件、机器翻译软件等）、行业应用及系统集成软件（政府、金融、通信、制造业、商业、能源、教育、交通运输、物流、旅游、多行业应用集成等）、嵌入式软件（嵌入式操作系统、嵌入式应用软件、嵌入式系统软件）；其他软件技术服务则主要包括软件售后服务、软件咨询和供应、数据处理、软件测试、软件培训、IT 服务管理、业务流程外包等。[②]

软件业是一个特征鲜明的行业：一是几乎没有任何污染，对环境和资源不会产生任何破坏；二是微能耗，只要有照明电就可以工作；三是高就业，特别适合知识密集型劳动群体就业，对解决当前大学生就业难有着重要的意义，现在许多地方的软件外包园区就成为当地大学生就业的重要渠道；四是高个人所得税的行业，软件行业就业者收入普遍比较高，收入高自然就缴税多，因此，软件业既可以增加当地财政收入，又可以拉动本地区消费。

关于信息服务业，目前没有统一的定义。从广义上讲，信息服务业是指直接从事信息的收集、存储、加工、传递、交流，向社会提供各种信息产品或服务的行业。而现代信息服务业是指利用计算机、通信和网络技术对信息进行生成、收

[①] 佛山市软件行业协会：《软件服务定义、分类及统计方法（征求意见稿）》，http://www.fssia.org/showInfo.asp? SS＝1&TT＝35&ID＝261，2008 年 10 月 14 日。

[②] 赵弘、王小兰主编《中关村创新型服务业发展报告》，社会科学文献出版社，2007，第 46～47 页；北京软件与信息服务业促进中心主编《2009 年北京软件产业发展蓝皮书》，研究报告，2009，第 1 页。

集、处理加工、存储、检索和利用，为社会提供信息产品和服务的专门行业的集合体。①

不同的国家信息服务业的内涵和范围不同。美国的信息服务业包含七类：信息处理服务，网络服务，系统软件产品，应用软件产品，交钥匙系统和系统集成，专业服务（即咨询服务、教育、培训），作业外包（即承包信息管理业务、提供先进的信息技术服务）。法、德、英的信息服务业通常分为六类：信息处理服务，网络服务，系统软件产品，系统集成，专业服务（即咨询服务、教育、培训、软件开发等），交钥匙系统。日本的信息服务产业分为五类：信息处理服务，软件业，设施管理服务，数据库服务，其他服务（即咨询、培训、市场研究与调查）。

根据我国国家标准 GB/TT4754 - 2002《国民经济行业分类》为基础制定的《统计上划分信息相关产业暂行规定》，可将信息服务业分为三大类：信息传输服务、计算机服务和软件业、其他信息相关服务（广播电视电影音像业，新闻出版业，图书馆和档案馆）。本文所研究的软件与信息服务业是现代信息服务业实现过程中涉及的所有"软"的部分，包含信息传输服务、计算机服务和软件业、信息咨询服务业所涉及的软件、协议、流程等。从发展历程来看，全球信息服务产业经历了"专门化－专业化－产业化－信息网络化－信息社会化"五个阶段。目前，发达国家都已建立了以电信运营商为核心、以设备制造商为支撑、以内容提供商为创新之源的产业链。2007 年全球信息产业规模达到 46490 亿美元，其中，以软件产业、电信业和数字内容产业为代表的信息服务业在信息产业中的比重达到了 66.3%。②

二 北京大力发展软件与信息服务业意义重大

在学习科学发展观的实践活动中，北京提出了"人文北京、科技北京、绿色北京"的总体要求，其中，科技北京是建设人文北京、绿色北京的重要支撑

---

① 北京市信息化办主编《北京市信息服务业发展报告（2006）》，中国发展出版社，2007。
② 辅军、张爱清、王建会：《全球信息服务业发展研究》，http：//218.1.116.75/list/list.aspx？id = 5240。

和依托，是推动首都创新型城市建设和首都科学发展的重要动力。软件与信息服务业作为充分体现北京高科技优势的重点产业，是科技北京建设的重要内容和手段。大力发展软件与信息服务业是贯彻落实科学发展观和迈向现代化国际大都市的必然选择。①

1. 国际大都市普遍重视软件与信息服务业

软件与信息服务业在信息产业发展中的地位和作用越来越重要。软件开发是高附加值的智力劳动，从世界计算机产业结构的发展趋势看，正在逐步向软件倾斜，软件和信息服务业成为产业中增长最快的部分。全球的国际大都市无不抓住这一发展趋势，把软件与信息服务业作为其经济增长的发动机和提升城市影响力的支撑点。在纽约、伦敦、东京、香港等城市，软件与信息服务业都是最主要的产业之一，这些城市也是依赖软件与信息服务业的渗透与运用来改造传统产业，打造自己有特色、有全球竞争力的现代产业和提升城市公共服务水平，参与甚至影响全球经济。

2. 软件与信息服务业最有可能成为北京的主导产业

一个城市选择主导产业，主要是从市场需求和要素供给两个方面来考虑。

从需求方看，有两个重要的因素：①北京是中国首都，也是有影响力的国际大都市。国家部委都在北京，中央企业总部绝大部分也在北京，世界 500 强大多在北京设立分支机构或代理机构，这些单位智能化、信息化程度都比较高，对软件与信息服务业有着强大的市场需求。持续强大的市场需求是产业发展的原动力。事实上，北京已经连续八年稳居国内软件产业的"领头羊"，软件出口金额更是占到全国的 1/3 强。②软件与信息服务业附加值较高，其消费者需要较高的收入水平才能支撑其有效的市场需求。2008 年北京人均 GDP 已超过 9000 美元，达到了中上等发达国家水平。从动态上讲，北京的 GDP 和居民收入正处在迅速增长时期，收入的迅速增加也会在客观上拉动服务业结构的升级。一般而言，人均 GDP10000 美元左右是经济结构剧烈变动的时期，其突出表现就是以服务经济为主的经济结构得以巩固，而且服务业内部结构也快速向高端服务业升级。

从供给方看，北京发展软件与信息服务业等高科技服务业有着得天独厚的

---

① 夏杰长、戴建军：《依靠科技进步推动北京现代服务业发展》，《中国特色社会主义》2009 年第 3 期。

优势。与上海、深圳相比，北京科技信息发达，教育水平高，人才聚集，有大批现代化的医疗、体育设施，发展知识密集型现代服务业的比较优势明显，从而使北京现代服务业的发展从源头上具备了向更高水平发展的潜力。比如，北京已成为大型跨国公司、外埠企业研发和销售的首选基地。跨国公司在中国设立的研发机构总数的比例，北京占了 55%，上海占了 17%，北京的信息化水平总指数达到 89.87，比全国平均水平高 63.98%，在全国居于首位。北京也是我国乃至世界罕见的智力、科技资源最密集的地区。拥有国家级科研机构 400 多所，高等院校 60 多所，从事科技活动的人员 26.1 万人，其中科学家和工程师 20.6 万人，占 78.9%。拥有中科院和工程院院士 600 多人，占全国两院院士总数的 50% 以上。① 根据倪鹏飞主编的《中国城市竞争力报告 No.3》评价结果，北京的人才竞争力位居全国第一位。"智力"几乎是软件与信息服务业发展的唯一要素，而北京最具有竞争优势的要素供给，就是"智力"。中科院、工程院院士主要聚集在北京，国内最知名的高校和研究机构也大都在北京，学习计算机和软件专业大学生最多的也是北京，这是国内任何一个地方都无法比拟的。走高科技产业之路，是北京最具有比较优势的选择，而软件与信息服务业又是高科技产业的发动机和润滑剂，北京把它定位为主导产业是切实可行的。

3. 软件与信息服务业是北京走新型工业化道路的必由之路

北京的土地、自然资源等要素的制约和首都经济的特征决定了它不可能发展成重化工业和常规制造业。但北京又不能不发展制造业，适度地发展现代制造业或者高技术制造业也是很有必要的。如果没有现代制造业或者高技术制造业，北京的生产性服务业就缺乏发展的基础，即使发展起来了，也缺乏有力的市场需求。所以，北京不能放弃制造业。但是，又不能走传统工业化的老路子，必须走"以信息化带动工业化"的新型工业化道路，要让工业"软化"，这就只能依靠软件与信息技术。软件与信息技术以知识和技术密集为特征，大大减少了对能源的依赖，从而极大地改变了传统工业化中的资源和资本约束现象。现代制造业一大特色就是其中间需求发生了变化，过去主要是以物质产品为中间需求，现在则主要以生产性服务业为中间需求，包括软件与信息服务业、融资服务、商务与租

---

① 景体华主编《2006 年：中国首都经济发展报告》，社会科学文献出版社，2006。

赁、物流等。软件与信息服务业还通过改进传统产品、传统设备、传统工艺和改善经营管理来实现对传统工业的改造，使之具有新的形式和内涵，或者软件直接"嵌入"到产品中去，使得产品的效率、性能发生变化。同时，信息服务业的发展本身还可以带动一批新兴高技术产业的发展，推动产业结构高级化，这也是新型工业化道路的要求。

4. 软件与信息服务业是北京融入经济全球化的发动机

全球化进程的加快，一靠制度，即各国间放弃保护主义，实施开放的政策；二靠技术，主要是信息技术特别是互联网技术与服务。经济全球化的早期，主要以商品的流动与贸易为特征。但在当今世界，经济全球化的主要表现则是服务全球化，服务贸易的发展速度明显快于货物贸易，作为联系空间分散的经济活动和生产行为纽带的服务业已成为经济全球化的核心，现代信息技术的进步又为服务业可贸易边界的扩展和经营手段的变革提供了广阔的空间。通过先进的通信工具、电子计算机网络，服务的供应者和消费者之间建立起密切的网络联系。网络化不仅能够更有效、更方便地提供服务，而且也使规模较小、边远地区的服务商克服了地域的局限，极大地扩展了自身的服务市场。北京已经是现代化程度较高的国际大都市了，而且服务业附加值占 GDP 的比重已达 73%，融入国际经济当然是靠服务业，而北京最有特色的服务业就是软件与信息服务业、商务服务业、金融服务业等现代生产性服务业，从其竞争力看，金融服务业面临着上海等城市的竞争，不具有太多优势，而软件与信息服务业则具有明显的优势，依靠软件与信息服务业的出口或者承接软件服务外包是最现实的选择，是融入经济全球化的发动机，是参与国际经济竞争的一把"利器"。

5. 北京总部经济的发展需要软件与信息服务业的强力支撑

随着经济全球化程度的加深和信息技术的快速发展，企业资源配置方式发生了深刻的变化，把生产制造功能配置在土地、能源、材料、劳动力等常规资源成本较低的区域，将研发、营销、融资、战略管理等功能配置在人才、信息、技术等战略资源密集的中心城市，实现管理和生产的分离，即产生了总部经济。总部经济对于国际化大都市的发展具有非常重要的意义，国际化大都市一般是总部经济集聚区。纽约制造业总部云集，并形成了配套的新型服务业，世界财富 500 强企业中有 46 家公司总部在纽约。新加坡也是东南亚乃至全球的总部聚集地之一，全球有 6000 多家跨国公司的区域总部设在新加坡，中国就有超过 230 家企业在那里投资，美国和欧洲投资的企业分别超过了 2000 家，日本企业 1800 家，印度企业 800 家，澳大利亚和新西兰企业 800 家。[①] 北京吸引了众多跨国公司地区总部、研发中心和国内大企业集团总部聚集，总部经济规模居全国前列，形成了商务中心区（CBD）、金融街、中关村科技园区海淀园、丰台总部基地等几大总部经济聚集区，而这些总部经济聚居区在北京市的经济社会发展中起着主导作用。[②]

赵弘认为总部经济的产生和发展，基于以下三个条件"假设"：一是信息经济较充分发展；二是企业在发展中对于战略资源的需求地位上升；三是在发展水平差异较大的不同区域之间，两类资源的禀赋存在差异。[③] 发展总部经济的区域必须具有便捷的信息获取以及良好的同异地沟通的信息通道，便捷的信息、网络可以大大节约公司总部与制造加工基地分离导致的空间成本，进而有力地吸引银行、集团公司总部的落户。北京具有典型的总部经济特征，这也是北京经济竞争力所在。要巩固这一特征，完善总部经济，除了要在体制改革不断创新、人才素质不断提高上下工夫，还要大力发展软件与信息服务业，加强信息基础设施建设。

三　北京软件与信息服务业发展的现状与问题

（一）基本状况

1. 规模不断扩张，但结构有待优化

从总量来看，北京市软件与信息服务业总体规模（一般以"产值"表示总体规模，与下文讲的"业务收入"不是一个概念）不断扩张，维持了一个稳定快速增长的格局，从 2004 年的 749.5 亿元增加到 2007 年的 1784.0 亿元。主要表现为：信息传输服务业保持稳中有增；IT 服务及软件业增长迅猛，增长了近 3 倍；信息内容产业也增长较快，但总体规模较小（参见表 1）。

---

① 赵弘著《总部经济》（第二版），中国经济出版社，2005。
② 赵弘主编《中国总部经济发展报告（2008～2009）》，社会科学文献出版社，2009。
③ 赵弘主编《中国总部经济发展报告（2008～2009）》，社会科学文献出版社，2009。

表1 北京市软件与信息服务业总体规模变动情况（2004～2007年）

单位：亿元

产业 年份	2004	2005	2006	2007
信息服务业总规模	749.5	1047.7	1381.9	1784.0
信息传输服务业	302.0	353.4	380.2	419.8
IT服务及软件业	384.2	572.5	847.0	1168.2
系统集成业	142.0	171.0	232.4	363.2
软件服务业	219.0	374.0	580.0	760.0
IT咨询服务业	23.2	27.5	34.6	45
信息内容产业	63.3	121.8	154.7	196

数据来源：北京市信息化办公室主编《北京市信息服务业发展报告2007》，中国发展出版社，2008。

从结构来看，信息技术服务业占比为65.48%，总规模达1168.2亿元，其中，软件服务业占比为42.60%，IT服务占22.88%；而信息内容服务产业虽然发展很快，但其规模和比重相对较小，信息服务业的结构尚待优化和完善（参见表2）。

表2 北京市信息服务业产业规模明细情况（2007年）

单位：亿元，%

产业			规模	比重
信息传输服务	电信服务		419.8	23.53
	互联网传输服务			
	广播电视传输服务			
	卫星传输服务			
信息技术服务	IT服务业		408.2	22.88
	软件服务业		760.0	42.60
信息内容服务	互联网信息服务	电子商务服务	29.5	1.65
		网络动漫游戏	7	0.39
		互联网出版	12.8	0.72
		网络教育培训	12	0.67
		网络广告	14.9	0.84
		搜索服务	5.3	0.30
		邮件服务	3.2	0.18
		其他互联网信息服务	4	0.22
	咨询与调查业		72	4.04
	数据库业		7.1	0.40
	电信增值服务		23	1.29
	数字电视内容		5.2	0.29

数据来源：《北京市信息服务业发展报告2007》，中国发展出版社，2008。

2. 全国软件与信息服务业"排头兵"的地位日益巩固

2008 年，北京软件与信息服务业的业务收入为 1537 亿元，比上年增长近 23%。软件业务收入连续八年（2001～2008 年）居全国第一。八年以来，保持了持续的高速增长，年均增长率为 29.9%，最快的年份高达 72%。2009 年第一季度实现软件业务收入 418 亿元，同比增长 22.9%，大大高于全国的平均增速。① 北京的领先地位还表现在新认定的软件企业、软件产品的数量继续上升和重点、骨干软件企业的高比重上。据北京市政府戴卫副秘书长 2009 年 6 月 18 日在中国国际软件和信息服务交易会（简称大连软交会）上介绍，2009 年一季度北京新认定软件企业 120 多家，新增软件产品 400 多个。北京软件产业骨干实力也不断增强，目前有 38 家企业成为国家规划布局中的重点软件企业，大概占全国的 20%，2008 年中国软件收入百强企业中北京有 24 家。

北京软件与信息服务业的全国排头兵地位还表现为其出口在全国独树一帜。我国软件出口起步较晚，与印度等国家比较起来，有很大的差距。据海关统计，2006 年我国软件出口金额 11.45 亿美元，其中北京 3.56 亿美元，占全国 1/3 强。软件出口是北京经济增长的一大亮点，2000 年北京的软件出口只有 0.45 亿美元，2003 年也只有 1.33 亿美元，但到了 2007 年、2008 年，北京软件出口金额就分别达到 4.59 亿美元和 5.35 亿美元，仍遥遥领先于其他省市。北京软件出口不仅占全国比重高，而且实力雄厚的软件出口企业越来越多，如 2008 年出口超过千万美元的软件企业达 12 家，其中 1 家企业出口超过 4000 万美元，4 家企业出口超过 2000 万美元。②

3. 增加值占全市 GDP 比重逐年上升

据北京市统计局和北京软件与信息服务业促进中心提供的数据，2008 年北京软件与信息服务业增加值 526 亿元，同比增长 18.7%，增加值占全市 GDP 比重高达 5%，比 2003 年提高了 2.4 个百分点，呈现逐年上升的态势（参见表 3）。

---

① 北京软件与信息服务业促进中心主编《2009 年北京软件产业发展蓝皮书》，第 5 页。需要说明的是，北京软件与信息服务业业务收入不包含嵌入式软件和 IC 设计的数据，而其他地方则往往包括了嵌入式软件，例如江苏省和广东省的软件营业收入构成中，嵌入式软件分别占了约 1/2 和 1/3。因此，从这个意义上讲，北京的数据是被低估了的。

② 商务部主编《中国软件出口发展报告 2007》，第 56 页；北京软件与信息服务业促进中心主编《2009 年北京软件产业发展蓝皮书》，第 9 页。

表3　北京软件与信息服务业在全市经济中的比重

单位：亿元，%

年份	全市 GDP	软件与信息 服务业增加值	软件与信息服务业 增加值占全市 GDP 的比重
2003	5023.8	131	2.6
2004	6060.3	206	3.4
2005	6814.5	310	4.5
2006	7720.3	355	4.6
2007	9006.2	443	4.9
2008	10488.0	526	5.0

资料来源：北京市统计局、北京软件与信息服务业促进中心。

4. 向高效、高端和能耗低方向发展

软件与信息服务业发展的作用不仅在于自身对经济增长和财政收入的作用，而且以其极强的渗透力和融合作用来影响相关产业转型与升级，以高端、低能耗引领城市走集约型科学发展之道路。据第一次经济普查数据，2004 年北京信息服务业人均增加值达 15.8 万元，是全市服务业人均增加值的 1.8 倍。2% 的从业人员创造了全市 8% 以上的增加值，创造了全市 7% 的本级财政收入。2005 年以来，软件与信息服务业的劳动生产率稳步上升，2005 ~ 2008 年的人均增加值分别为 16.5 万元、17.1 万元、19.3 万元和 21.4 万元。软件与信息服务业是典型的低能耗产业，万元增加值能耗仅为 0.09 吨标准煤，仅为全市万元 GDP 能耗的 1/10。2007 年北京软件与信息服务业实缴税费总额为 82.6 亿元，同比增长 35.6%，是税收增长最快的行业之一，对北京财政作出了较大贡献。[①] 北京的软件与信息服务业高端发展的态势非常明显。以软件外包为例，北京服务外包产业的发展最初是以信息技术外包（ITO）为基础，但现在逐渐向业务流程外包（BPO）市场拓展。外包形式则从人力派遣、项目承包、开发中心再到研发中心的模式演进，使作为服务提供商的北京软件外包企业在人员管理、项目管理及成本控制方面的自由度越来越大。目前，北京很多有规模的服务外包企业已经进入研发中心外包模式阶段。这标志着北京软件与信息服务业的国际化、高端化日益

[①] 研师：《北京高技术服务业快速发展》，《科技与现代服务业》2008 年第 1 期；北京软件与信息服务业促进中心主编《2009 年北京软件产业发展蓝皮书》，第 11 页。

明显。当然，高端是相对的，是相对于北京的过去而言的。总体上看，以国际标准来衡量，北京软件产业还没有达到高端。自主基础软件尚未完成从"做出来"到大规模"用起来"的跨越，应用和推广面临较大困难；行业应用软件企业以系统集成和价格竞争为主要手段，没有掌握在咨询、品牌、行业核心业务系统等方面的高端能力；软件出口处于国际软件价值链的中下游，离岸外包业务没有与国内其他城市拉开档次；软件与文化创意、信息资源相结合的潜力有待进一步发挥。

（二）面临的问题

经过十多年的耕耘与发展，北京软件产业的内部基础和外部环境都处于最好的时期，也具备在"十一五"时期进一步加快发展甚至把它培育成主导产业的条件。但是，软件产业发展还存在一些深层次的问题。北京市政府副秘书长戴卫在"大连软交会"上曾把这些问题概括为三个方面：一是政府的扶持政策还没有惠及所有软件信息服务业。目前享受国家软件优惠政策的企业主要集中在基础软件领域，以及部分应用软件企业和部分嵌入式软件企业，而其他很多从事信息传输服务、互联网传输服务等新兴的企业还没有办法享受到现行软件政策的优惠。二是自主创新的企业面临国际企业的垄断。大多数软件企业仍以模仿和系统集成为技术战略，自主知识产权技术和产品的研发投入不足，没有充分利用好中关村丰富的科技资源，形成的专利和技术标准等重大创新成果还比较少，北京软件产业还没有真正形成创新驱动的发展模式。目前在政府采购的办法当中也没有明确优先采购规范和细则。三是高端人才远远不够，技术人才培养也不多。软件人才成为推动产业持续快速健康发展的关键，人才实际上是软件的核心资源。北京既有的软件国际化专业人才数量不能满足软件出口快速发展的要求，缺乏有效的国际市场渠道，联系的海外关键人物和关键机构还不够多。

四　软件与信息服务业对北京经济增长贡献的实证分析：基于影响力系数与感应系数的分析

影响力系数是指当国民经济某一部门增加1个单位最终使用时对国民经济各部门所产生的生产需求波及程度。影响力的表达式为：

$$Y = h_1/h_2 = \frac{\sum_j r_{ij}/n}{\sum_i \sum_j r_{ij}/n} \tag{1}$$

其中，h_1 代表某产业纵列逆矩阵系数的平均值，h_2 代表全部产业纵列逆矩阵系数的平均值的平均，r_{ij} 表示列昂惕夫逆矩阵的第 i 行第 j 个元素，Y 就是某产业的影响力系数，$Y>1$，说明该产业的影响力大于全部产业的平均水平，Y 越大，该产业的影响力越大；反之则越小。

影响力系数越大，该部门对其他部门的需求拉动作用越大；该系数大于 1，表示该部门生产对其他部门生产的波及影响程度超过社会平均影响力水平。根据投入产出表的分析，信息传输、计算机服务和软件业的影响力系数由 2002 年的 0.91 上升到 2005 年的 1.04，在现代服务业各行业中，仅次于综合技术服务业，对全市的经济增长起了较强的作用（参见表 4）。

感应度也称"感应力"或者"灵敏度"。在现代化经济社会中，任何一种产业的生产活动通过产业之间的相互联结的波及效果，必然影响和受影响于其他产业的生产活动，其中，把受其他产业影响的程度叫做感应度。感应度系数是指各部门均增加一个单位最终产品时，某一部门由此所受到的需求感应程度，可用投入产出法测度向前关联效应的量值。感应度的表达式为：

$$G = z_1/z_2 = \frac{\sum_i r_{ij}/n}{\sum_j \sum_i r_{ij}/n} \tag{2}$$

其中，z_1 代表某产业横行逆矩阵系数的平均值，z_2 代表全部产业横行逆矩阵系数的平均值的平均，r_{ij} 表示列昂惕夫逆矩阵的第 i 行第 j 个元素，G 就是某产业的感应度系数，$G>1$，说明该产业的感应度大于全部产业的平均水平，Y 越大，该产业的感应度越大；反之则越小。

该系数大于 1，表示该部门所受到来自其他部门的需求压力大于社会平均水平，该系数越大，在经济快速增长的过程中很容易成为经济运行中的"瓶颈"，因此从增加有效供给的需要出发，应重点加以扶持。[①] 信息传输、计算机服务和

---

① 北京市统计局统计报告：《调整、突破、提升——基于投入产出视角分析北京生产性服务业发展状况及对经济发展、产业结构升级的促进作用》，2008 年第 36 号。

软件业感应系数由 2002 年的 1.19 上升到 2005 年 2.52，在现代服务业各行业中仅比综合技术服务业低（参见表 4）。

表 4　软件与信息服务业的影响力系数和感应度系数（2002、2005）

行　　业	影响力系数		感应度系数	
	2002 年	2005 年	2002 年	2005 年
信息传输、计算机服务和软件业	0.91	1.04	1.19	2.52
金融保险业	0.80	0.58	2.21	2.30
房地产业	0.90	0.66	1.05	0.62
租赁和商务服务业	0.79	1.06	1.82	2.32
科学研究事业	0.90	0.98	0.68	0.75
综合技术服务业	0.93	1.14	1.28	2.57
教育事业	0.84	0.70	0.45	0.54
卫生、社会保障和社会福利业	1.02	1.03	0.47	0.54
公共管理和社会组织	0.89	0.88	0.39	0.53

资料来源：北京市统计局统计报告（2008）36 号。

五　软件与信息服务业对北京经济外溢性的实证分析

1. 模型描述

Feder（1983）提出用来分析出口对经济增长的影响及其外溢效应的模型，可以扩展到许多研究领域，本课题拟用该模型分析软件与信息服务业对北京市经济增长的贡献及其外溢效应。

我们将社会划分为两部门：软件与信息服务业部门和其他（非软件与信息服务业）部门。软件与信息服务业部门和其他（非软件与信息服务业）部门的生产函数分别为：

$$R = G(K_r, L_r) \tag{1}$$

$$N = F(K_n, L_n, R) \tag{2}$$

其中，R 为软件与信息服务业部门的产出，N 为其他部门的产出；K_r 为软件与信息服务业部门的资本存量，K_n 为其他部门的资本存量；L_r 为软件与信息服务业部门的劳动力，L_n 为其他部门的劳动力。

总产出 $Y = N + R$

假设两部门之间的要素边际生产率的偏差率为 δ，即

$$G_k/F_k = G_l/F_l = 1 + \delta \tag{3}$$

其中，F_k，F_l，G_k，G_l 分别为资本和劳动的增长率。在不存在外部性的条件下，当 $\delta = 0$ 时，资源的配置将使国民产出最大化，外部性造成的生产率差异不包括在 δ 中。

对式（1）、（2）进行微分可得：

$$\dot{N} = F_k \times \dot{K}_n + F_l \times \dot{L}_n + F_r \times \dot{R} \tag{4}$$

$$\dot{R} = G_k \times \dot{K}_r + G_l \times \dot{L}_r \tag{5}$$

其中，$\dot{K}_n$、$\dot{K}_r$ 表示各部门资本存量的变化，$\dot{L}_n$、$\dot{L}_r$ 表示各部门劳动力的变化，F_r 表示软件与信息服务业对其他部门的边际外在效应。

总产出的增长为软件与信息服务业部门和其他部门的增长，即

$$\dot{Y} = \dot{N} + \dot{R} \tag{6}$$

为了方便讨论，我们用投资来代替物质资本存量的变化，并将式（3）、（4）、（5）代入式（6）可得：

$$\dot{Y} = F_k \cdot (I_n + I_r) + F_l \cdot (\dot{L}_n + \dot{L}_r) + F_r \cdot \dot{R} + \delta \cdot (F_k I_r + F_l \dot{L}_r) \tag{7}$$

令总投资 $I = I_n + I_r$ 及总劳动力增长 $\dot{L} = \dot{L}_n + \dot{L}_r$。

由式（4）、（5）可得到：

$$F_k I_r + F_l \dot{L}_r = 1/(1 + \delta)(G_k \cdot I_r + G_l \cdot \dot{L}_r) = \dot{R}/(1 + \delta) \tag{8}$$

将式（7）代入式（8）得到：

$$\dot{Y} = F_k \cdot I + F_l \cdot \dot{L} + [\delta/(1 + \delta) + F_r] \cdot \dot{R} \tag{9}$$

假定在某一部门劳动力的实际边际生产率与经济中平均人均产出之间存在线性关系，那么在式（9）两边同时除以 Y，并假定 $F_k \equiv \alpha$，$F_l \equiv \beta$，经过整理得：

$$\dot{Y}/Y = \alpha \cdot (I/Y) + \beta \cdot (\dot{L}/L) + [\delta/(1+\delta) + F_r] \cdot (\dot{R}/R) \cdot (R/Y) \qquad (10)$$

在式（10）中，α 是非软件与信息服务业部门资本的边际产品；β 是非软件与信息服务业部门劳动力的弹性系数；$[\delta/(1+\delta) + F_r]$ 代表软件与信息服务业对经济增长的全部作用，$\dot{Y}/Y$、$\dot{L}/L$、$\dot{R}/R$ 分别是总产品、劳动力和软件与信息服务业产品的增长率；R/Y 是软件与信息服务业产品占总产品的比例，或者是软件与信息服务业部门在经济中的"规模"；I/Y 是指国内投资占 GDP 的比例。

假设软件与信息服务业部门对非软件与信息服务业部门的弹性是固定的，即：

$$N = F(K_n, L_n, R) = R^\theta \phi(K_n, L_n) \qquad (11)$$

其中 θ 为一参数，则：

$$\frac{\partial N}{\partial R} = F_R = \theta \left(\frac{N}{R}\right) \qquad (12)$$

将式（12）代入式（10）中得：

$$\dot{Y}/Y = \alpha \cdot (I/Y) + \beta \cdot (\dot{L}/L) + [\delta/(1+\delta) + \theta \frac{N}{R}] \cdot (\dot{R}/R) \cdot (R/Y) \qquad (13)$$

而且 $\theta\left(\dfrac{N}{R}\right) = \theta\left(\dfrac{N/Y}{R/Y}\right) = \theta\dfrac{1-R/Y}{R/Y} = \dfrac{\theta}{R/Y} - \theta$，利用这一结果可将式（13）整理为

$$\dot{Y}/Y = \alpha \cdot (I/Y) + \beta \cdot (\dot{L}/L) + [\delta/(1+\delta) - \theta] \cdot (\dot{R}/R) \cdot (R/Y) + \theta(\dot{R}/R) \qquad (14)$$

2. 数据描述

在确定了基本的分析方法后，就涉及数据的采集问题。在本模型的分析中，最主要的变量是软件与信息服务业部门的产出、国内生产总值、投资以及劳动力的投入。软件与信息服务业部门产出（R）由软件与信息服务业[①]收入表示（资料来自《2008 年北京软件产业发展蓝皮书》），国内生产总值、投资、就业人数（包括城镇就业人口和农村就业人口）均来自《北京市改革开放 30 年统计数据》，参见表5。

———————

① 由于数据不可得，这里用窄口径的软件与信息服务业收入。

表 5 北京市基本数据情况（2001～2007 年）

年份	GDP 增长率	软件与信息服务业产出增长率	I/GDP	劳动力增长率	软件与信息服务业占 GDP 比重
2001	11.70	37.37	41.24	1.55	7.03
2002	11.50	27.97	41.90	8.00	7.71
2003	11.00	15.36	42.94	3.55	7.67
2004	14.10	34.96	41.72	21.44	8.58
2005	11.80	50.00	41.06	2.80	11.33
2006	12.80	24.62	42.89	4.75	12.36
2007	13.30	28.81	42.41	2.50	13.39

3. 估计方法和结论

（1）软件与信息服务业对经济增长全部作用分析。

根据式（10），可以将回归方程写为：

$$y_t = \alpha_t \cdot k_t + \beta_t \cdot l_t + \lambda_t \cdot r_t + \varepsilon_t \tag{15}$$

其中，$y = \dot{Y}/Y$，$k = I/Y$，$l = \dot{L}/L$，$r = (\dot{R}/R) \cdot (R/Y)$，$\lambda = [\delta/(1+\delta)+F_t]$，$\varepsilon$ 为误差项，下标 t 为时间。

利用 EVIEWS 软件对方程（15）进行最小二乘估计，估计结果见表 6。

表 6 软件与信息服务业对经济增长的估计结果

解释变量	系数	解释变量	系数
k	0.67	r	0.50
l	0.12		

调整后的拟合优度 $R^2 = 0.68$。变量 r 的参数估计值就是软件与信息服务业对经济增长的全部作用，其中既包括外溢作用也包括要素生产力在不同部门间的差异作用，其含义是，假定其他条件不变，软件与信息服务业部门每多生产出一单位产品（R），总产品（Y）则增加 0.5 个单位。

（2）软件与信息服务业的外溢效应及软件与信息服务业部门的生产率偏差分析。

根据式（14）我们可以将回归方程写为：

$$y_{it} = \alpha_t \cdot k_t + \beta_t \cdot l_t + \gamma_t \cdot r_t + \theta_t d_t + \varepsilon_t \qquad (16)$$

其中，$\gamma = [\delta/(1+\delta) - \theta]$，$d = \dot{R}/R$。

同样，利用 EVIEWS 软件对方程（16）进行最小二乘估计，拟合优度 $R^2 =$ 0.496，变量 d 的参数估计值为 0.115，即软件与信息服务业部门对其他部门外溢效应为 0.115。

六　促进北京软件与信息服务业发展的政策思路

（一）继续加大对软件产业的政策支持力度，切实把它打造为北京的主导产业

1. 北京已经采取鼓励软件产业发展的政策措施[①]

在国务院《鼓励软件产业和集成电路产业发展的若干政策》（国发 2001 [18] 号）的引导下，地方政府纷纷制定了相应的落实措施和补充规定，鼓励软件产业基地发展的配套政策措施不断完善。北京市政府就很快就制定了《关于贯彻国务院鼓励软件产业和集成电路产业发展若干政策的实施意见》。根据这些政策和文件的规定，软件产业基地内的企业除了可以享受国家高新技术企业和软件企业的优惠政策外，还可以享有在当地的税收、用房、创业注册资金、人才落户、贷款担保、经费申请等方面的各项优惠。

（1）有关财政补助政策。北京市政府设立软件产业发展资金专项资金，用以引导、支持和补助软件企业的发展。在土地使用上提供了相应的优惠政策，对软件企业实行优惠地价。政府以划拨方式提供土地，使用期限为 30 年，企业以出让方式取得土地使用权，免交土地出让金；境内外企业在京设立研究开发机构，以出让方式取得土地使用权并建设自用的研发用房，其地价款按地价的 75% 征收，这是北京因地制宜的政策倾斜方式，因为土地费用是北京主要的商务

---

① 根据《关于贯彻国务院鼓励软件产业和集成电路产业发展若干政策的实施意见》（京政发 [2001] 4 号）、北京市科委《北京软件产业基地火炬 20 年总结》（北京科委网站，2008 年 10 月 9 日）、倪光南《软件与信息服务业是北京的优势产业》（研究报告，2009 年 5 月 4 日举行的"北京科技论坛"的会议资料）、北京软件与信息服务业促进中心主编《2009 年北京软件产业发展蓝皮书》四份材料总结而成。

成本，也是北京软件产业发展的重要制约。

（2）有关税收及优惠政策。在北京，新创办的软件企业经认定后，自获利年度起，第一年和第二年免征企业所得税，第三年至第五年减半征收企业所得税；在中关村科技园区内注册并经认定的软件企业，可以选择享受园区内高新技术企业的企业所得税优惠政策。在增值税方面，对增值税一般纳税人销售其自行开发生产的软件产品，2010 年前按 17% 法定税率征收增值税，对于实际税负超过 3% 的部分实行即征即退政策。所退税款由企业用于研究软件产品和扩大再生产，不作为企业所得税应税收入，不予征收企业所得税。

（3）着力打造北京软件产业基地，使之成为发展软件产业的核心载体。北京软件产业基地在国家和北京市有关政府部门的大力支持下，有效整合首都科技资源，持续完善软件产业公共服务平台建设，吸引了大量国内外知名软件企业入驻，形成了软件园、专业基地、孵化器协同发展的核心载体。2001 年 2 月，北京市政府正式颁布了《关于贯彻国务院鼓励软件产业和集成电路产业发展若干政策的实施意见》（京政发 ［2001］ 4 号） 及相关配套文件。《实施意见》对 18 号文件精神进一步落实和细化，提出了 24 条具体的政策措施。随后，陆续出台了软件企业和软件产品的认定管理办法、软件产业中高级人才的奖励办法、北京软件基地骨干企业推进 CMM 评估的措施等配套细则，使北京市扶植软件产业发展的政策落到实处，营造出"搞软件，在北京"的良好氛围。

（4）组建"长风联盟"，打造"产学研用"相结合技术创新体系。长风联盟成立于 2005 年 4 月，是北京市多年来着力支持与培育的软件产业联盟，它汇集了我国半数以上从事基础软件与大型应用骨干企业和大学、研究院所、重要用户以及第三方机构等 60 余个单位，秉承"标准是纽带、联合是力量"的宗旨，组成了"产学研用"一体化的产业联盟，其整体实力已经超过国内任何一家软件企业。据不完全统计，2008 年联盟骨干企业依托联盟技术标准和技术协作新增业务收入 26.8 亿元，是 2006 年的近四倍，其联盟的作用可见一斑。

2. 采取更有力、更具针对性措施，切实把软件产业打造为北京的主导产业

北京软件产业的发展要走"高端、创新和内外向并举"的道路，要充分发挥它的辐射力和影响力，切实把软件产业做成北京的主导产业，做更加强大的全国软件产业排头兵和引领者。这就需要政策支持力度要更大、支持的政策要更加灵活，特别是要支持具有自主创新的、高端的软件产业发展，形成一批具有国际竞争力和影响力的软件与信息服务业企业集团。我们认为，以下政策措施对做大做强北京的软件产业至关重要。

（1）除了继续实施既有的税收减免优惠政策外，还要充分利用折旧政策鼓励软件产业发展。这方面，美国给我们提供了可借鉴的经验。美国政府特别注意发挥折旧"挡税板"的作用，高新技术产业研究开发用仪器设备可以实行快速折旧，折旧年限仅为3年，是所有设备中折旧年限最短的。美国还以加速折旧作为政府对私人高新技术企业实行巨额补贴的一种方法，以此来促进对高新技术产业的投资。目前，美国每年的投资中，折旧提成所占比重最高达90%。软件是典型的高科技企业，提高折旧率，实施加速折旧，是比较切实可行的办法。

（2）利用风险投资和债权融资鼓励软件产业发展。软件产业创新节奏快、投入高，离不开源源不断的研发投入支持。比如在美国硅谷，就存在大量为高新技术企业服务的商业银行，如美洲银行、富国银行、硅谷银行等，其中以本土诞生的硅谷银行最具特色。硅谷银行将业务重点确定为技术型和成长型企业，不仅提供支票账户、现金管理和信用证服务，而且为技术型企业提供融资服务，包括为专利、工艺、商业计划等无形资产提供贷款。北京也应该探讨银行业支持软件产业的新模式，借鉴美国硅谷的成功经验，缓解软件企业发展资金不足的难题。

（3）实施公正公平的政府采购。目前，许多大型信息化工程在北京招标、签合同。但遗憾的是，这些大工程大多被跨国公司所获取，国内的公司只能得到其中一些低端工作和份额。利用《政府采购法》等保护国内软件产业是义不容辞的责任，要积极认真落实《政府采购法》、《自主创新产品政府首购和订购管理办法》和《政府采购进口产品管理办法》等法规，切实保证国内外软件企业有公平竞争的环境。还应通过采购导向，引导产业结构调整和升级，在同等性能价格比条件下优先购买国内产品，为国产软件开拓市场空间。

（二）坚持软件与信息服务业和现代制造业的融合与互动发展

在北京的经济结构中，现代服务业占据了主导地位。但这并不意味着北京就不搞制造业，而是对制造业的结构进行调整，也要发展部分适合北京资源（包括人力资源和物质资源等）特色和大都市规律的现代制造业。国际经验表明，先进制造业"起飞的翅膀"必须要靠现代服务业特别是高技术服务业"聪明的脑袋"来支撑。在我国产业发展过程中，最常见的问题就是制造业、服务业

"一手硬、一手软"，对服务业的内在规律缺乏认识。软件与信息服务业从高技术产业中衍生出来，又可以"嵌入"到制造业中去，成为制造业的有机部分，并改变制成品的形式和内容，使其更具竞争力。在发达国家，服务业占GDP的比重超过70%，为制造业服务的生产性服务业占整个服务业的比重也在70%以上，增幅是同期服务业增幅的近2倍。发达国家的经验启迪我们要把发展包括软件与信息服务业在内的生产性服务业作为重中之重，并鼓励两者的融合与互动发展。

（三）营造软件与信息服务业发展的良好环境

1. 完善和规范知识产权保护体系

在软件与信息服务业中，企业的竞争力主要依赖于无形资产的积累，特别是知识产权。软件与信息服务产业的脆弱就在于这些高技术、高知识的无形资产很容易被剽窃。以往的知识产权保护对于知识产权侵权行为的惩罚过于软弱，造成了企业间侵害知识产权的恶劣行为得不到有力的制止。政府应当从严处理企业间的知识产权侵权案，以保护软件与信息服务市场的公正与诚信。

2. 推进行业协会建设

随着政府职能转变，一些原来由政府承担的对企业进行管理、监督等职能，将逐步转移给行业协会和中介机构。政府要引导企业在自愿的基础上建立行业协会，在市场准入、信息咨询、规范经营行为、实施国家和行业标准、价格协调、调节利益纠纷、行业损害调查等方面发挥自律作用，切实维护和保障行业内企业的合法权益。强化政府、中介组织、行业协会和软件与信息服务业企业之间的沟通联系，以及服务业各行业间的协调配合。

3. 健全人才支撑体系

软件与信息服务业是智力密集型的现代服务业，充足的人力资源是其快速发展的保证。数量不足、软件人才结构不合理是制约我国软件业发展的重要因素。我国的软件人才结构表现为"橄榄形"，即专家级人才和技术工人都很缺乏，大量专业性人才从事的是技术工人的工作，造成了大量专业性人才的浪费。因此，要多层次地培养各类人才。除了专业型人才的培养外，要特别重视复合型的人才，即既懂得专业知识，又有管理技能，特别是项目管理实践经验的人才的培养。

参考文献

夏杰长、戴建军：《依靠科技进步推动北京现代服务业发展》，《中国特色社会主义》2009 年第 3 期。

景体华主编《2006 年：中国首都经济发展报告》，社会科学文献出版社，2006。

赵弘著《总部经济》（第二版），中国经济出版社，2005。

赵弘主编《中国总部经济发展报告（2008～2009）》，社会科学文献出版社，2009。

赵弘、王小兰主编《中关村创新型服务业发展报告》，社会科学文献出版社，2007。

北京软件与信息服务业促进中心主编《2009 年北京软件产业发展蓝皮书》，研究报告，2009。

北京市信息化办主编《北京市信息服务业发展报告（2006）》，中国发展出版社，2007。

商务部主编《中国软件出口发展报告 2007》，研究报告，2008。

北京市统计局统计报告：《调整、突破、提升——基于投入产出视角分析北京生产性服务业发展状况及对经济发展、产业结构升级的促进作用》，2008 年第 36 号。

倪光南：《软件与信息服务业是北京的优势产业》，"北京科技论坛"会议资料，2009 年 5 月。

倪鹏飞主编《中国城市竞争力报告 No. 3》，社会科学文献出版社，2005。

研师：《北京高技术服务业快速发展》，《科技与现代服务业》2008 年第 1 期。

佛山市软件行业协会：《软件服务定义、分类及统计方法（征求意见稿）》，http：//www. fssia. org/showInfo. asp？SS = 1&TT = 35&ID = 261，2008 年 10 月 14 日。

辅军、张爱清、王建会：《全球信息服务业发展研究》，http：//218. 1. 116. 75/list/list. aspx？id = 5240。

上海建设全球性
国际贸易中心的战略构想

裴长洪*

摘　要： 上海建设国际贸易中心，不仅是提高我国开放型经济水平的战略需要，也是国际金融危机后世界经济格局形成的战略机遇。上海已经具备建设国际贸易中心的物质技术基础，而且具有鲜明的开放型经济特征。为把上海建设成为现代化的国际贸易中心，中央政府应当制定正确的对外贸易发展方针并给予上海更灵活的自由贸易政策。上海在建设国际贸易中心过程中，应正确借鉴和吸取国际经验，立足当前，上海的国际贸易仍然要以实体产品贸易为基础；放眼长远，循序渐进地发展转口贸易和离岸贸易。在建设指导思想上，要实现两个加强和三个转变，围绕这个思路采取十项重大措施。

关键词： 上海　国际贸易中心　国家战略　思路与措施

把上海建设成为国际经济、金融、贸易和航运中心，既是上海经济建设的长远目标，也是上海继续发展的推动力量。从现实条件来看，率先发展国际贸易中心最具有可操作性，一方面它可以依托上海现有的制造业产业优势以及产业辐射能力；另一方面它可以为航运中心的发展提供有效的需求和市场。同时，与建设国际金融中心相比较，在上海、北京、香港这三大都市中，上海建设国际贸易中心的竞争优势也更强。

---

* 裴长洪，中国社会科学院财政与贸易经济研究所所长，研究员，博士生导师，主要研究方向为国际贸易与投资。

一 从国家战略高度思考上海国际贸易中心建设问题

上海建设国际贸易中心应成为国家战略，其依据有以下几个方面。

（一）这是党和国家关于我国经济持续发展和中华民族伟大复兴战略构想的重要意图

1992 年 10 月，党的十四大提出："以上海浦东开发开放为龙头，进一步开放长江沿岸城市，尽快把上海建成国际经济、金融、贸易中心之一，带动长江三角洲和整个长江流域地区经济的新飞跃。"1995 年，党中央国务院作出建设上海国际航运中心的重大决策，进一步提出把上海建设成为国际经济、金融、贸易和航运中心。党的三代领导人对上海的经济建设也有很宏伟的战略思想。20 世纪 90 年代初，邓小平在谈到上海发展时曾强调上海在科技、工业基础和人才等方面条件已不比香港、新加坡差，也不比西方某些大城市差多少。如果政策对头，不出什么大问题，至多 30 年可以把上海建成商业、金融、贸易、高科技、信息的综合性国际中心，走在香港、新加坡的前面。根据邓小平的战略思想，以江泽民为核心的党的第三代领导集体对上海的经济建设作出过明确的战略部署，即把上海建成"一个龙头、三个中心"；特别是 2001 年国务院在新一轮《上海市城市总体规划》的批复中，进一步明确了上海建设"四个中心"和现代化国际大都市的战略定位。党的十六大以后，党中央、国务院不仅肯定了上海经济建设的既定方针，而且还根据形势的发展提出了新要求。2004 年 7 月，胡锦涛总书记视察上海时提出"要继续推进上海成为国际经济、金融、贸易、航运中心的建设"。2006 年全国两会期间，他再次明确提出，上海要实现"四个率先"，大力推进"四个中心"建设。2008 年国务院在《关于进一步推进长江三角洲地区改革开放和经济社会发展的指导意见》中指出："继续发挥上海的龙头作用，加快建成国际经济、金融、贸易和航运中心，进一步增强创新能力和高端服务功能，率先形成以服务业为主的经济结构，成为具有国际影响力和竞争力的世界城市。"

（二）这是提高我国开放型经济水平的战略需要

中共十七大报告判断，我国开放型经济进入新阶段。因此，要在坚持对外开放基本国策条件下继续提高开放型经济水平。关于新阶段提高开放型经济水平，报告提出了要实现两个新的目标：①完善内外联动、互利共赢、安全高效的开放型经济体系；②形成经济全球化条件下参与国际经济合作和竞争的新优势。为了实现这两个新的目标，报告对新阶段的开放型经济发展提出了两项新要求和六项新任务。两项新要求是：①深化沿海开放、加快内地开放、提升沿边开放，实现对内对外开放相互促进；②加强双边多边经贸合作，实施自由贸易区战略。

六项新任务是：①加快转变外贸增长方式，发展服务贸易；②创新利用外资方式；③创新对外投资和合作方式；④加快培育我国跨国公司和国际知名品牌；⑤积极开展国际能源资源互利合作；⑥采取综合措施促进国际收支基本平衡，防范国际经济风险。

为了实现开放型经济新阶段的战略目标、各项新要求和新任务，不仅需要企业和地方政府在经济建设和发展规划中安排具体项目和部署，而且也需要中央政府采取国家级规划和举措实现重点突破。这是改革开放 30 多年来我国开放型经济发展的成功经验。20 世纪 80 年代，邓小平决定建设深圳等经济特区是对外开放的国家级举措；90 年代开放开发浦东新区和沿江城市，也是对外开放的国家级举措；进入新世纪，为了提高开放型经济水平，也需要国家级的战略安排，上海四个中心的建设和天津滨海新区的开放开发已经初步形成国家战略的具体体现。在我国开放型经济发展的新阶段，需要一种举世公认的新标志，而上海建设成为国际经济、金融、贸易和航运中心就是我国开放型经济新阶段最醒目的新标志，也是中国经济国际化最前沿阵地和最新成就。未来上海的四个中心，互相依存，相互支撑，集中体现了提高开放型经济水平的全面要求，形成我国开放型新阶段的新增长极，具有集中程度高、扩散性明显和带动力强的许多优势，是提高开放型经济水平战略部署中的最重大战役。

（三）这是国际金融危机后世界经济格局形成的战略机遇

国际金融危机的影响从虚拟经济向实体经济蔓延，不仅影响了与国际贸易密切相关的融资、外汇、市场需求等问题；而且也影响了国际产业分工联系，使国际贸易和世界经济受到严重损害，许多西方发达国家受到的影响远比中国和一些发展中国家严重，世界贸易的格局将发生新一轮的调整。

首先是中国的国际贸易地位将进一步上升。自 2003 年起，德国取代美国成为世界出口第一大国，2009 年可能从冠军宝座上跌落，2008 年中国出口 1.428 万亿美元，仅比德国 1.465 万亿略少，所以世贸组织 7 月 22 日称，由于 2009 年中国出口负增长幅度小于德国，因此 2009 年中国将超过德国。以进出口贸易总额衡量，中国早就仅次于美国，随着美国进口增长的降速，中国将在未来两三年内成为世界货物进出口贸易第一大国。

其次是发展中国家的全球贸易比重将提高。根据世界贸易组织秘书处统计，美国、日本、欧盟 27 国 2009 年进出口贸易与上年同期相比下降幅度分别是：美国 2009 年一季度出口下降 22.25%，进口下降 29.9%；日本 2009 年上半年出口下降 42.7%，进口下降 38.6%；欧盟 2009 年一季度出口下降 30.3%，进口下降 30.9%。同时，世界贸易组织预测 2009 年世界贸易下降约 11%，那就意味着发达经济体对外贸易下降幅度将高于发展中国家，因此，2009 年全球商品贸易的各国份额以及发展中国家的份额将发生有利于发展中国家的变化。

再次是世界制造业布局将进一步分化和改组。国际金融危机中，美国通用、克莱斯勒汽车公司的破产，标志着西方国家将进一步丧失制造业的竞争优势，美国企图通过转向低碳和新能源产业来重新振兴制造业，但由于新兴产业短期内难以迅速成长，原有的制造业，包括一些先进制造业必然继续向发展中国家转移。空中客车在我国落户和我国大飞机制造项目上马等等，标志着我国航空制造业的兴起，预示着世界制造业将重新分化改组，国际化的产业分工与贸易将进入一轮重新组合，这是我国产业升级和贸易结构升级面临的新机遇。

最后是世界主要贸易口岸的地位将重新改组。国际金融危机后的未来两三年内，世界经济将呈现经济恢复和低速增长态势。这也将使依托不同经济区域的贸易口岸发生荣枯兴衰的更替现象。由于美国经济（也包括其他一些发达经济体）既不可能继续依靠扩大家庭负债消费模式来支撑新的增长，又不可能倒退回依靠发展制造业和实体经济来挽救经济的衰落，美国奥巴马政府企图依靠新能源和低碳经济新模式来振兴美国实体产业的设想，虽然激发了西方发达国家对未来的预期，但它遭到代表石油等传统能源经济的跨国垄断资本的反对和阻挠也是必然的，在未来几年内能有多大进展具有很大的不确定性。因此，世界经济增长很可能处在不稳定和低速徘徊的情景中，依托美国、日本和欧洲经济的世界主要贸易口岸将根据各自的腹地和商品进出规模的增减程度发生景气变化，一些受国际金融危机影响严重的国家和经济体，其贸易口岸的业务吞吐量将发生下降，世界各主要贸易口岸都将受到不同程度影响，这必然使中国贸易口岸的相对地位进一步提高，特别是中国第一大贸易口岸上海的地位将更趋重要。

二 上海已基本具备全球性国际贸易中心的条件

从历史上看，上海很早就成为我国最大的工商城市和最大的港口，新中国成立以前，上海就是我国最大的国际商埠，从20世纪初期到20世纪60年代，上海也曾一直是东亚地区仅次于东京的第二大国际贸易港口。上海拥有天然的区位优势，它是我国南北海岸线的中心点，长江入海口，是"黄金海岸"和"黄金水道"的交会处，区位优势得天独厚。全市土地面积达6371平方公里。通过长江大动脉可沟通面积达180万平方公里，资源丰饶，粮、棉、工业品产量占全国半数的长江流域腹地；又地处西太平洋航线要冲，远涉太平洋可通世界五大洲，与日、美、澳、新及东南亚各国交通便捷。与香港、新加坡等国际贸易中心相比，区位条件相差不多；但上海拥有的经济腹地最为广阔、发达。

经过改革开放30多年的发展，上海的经济实力已经相当雄厚。作为国际贸易中心，它具备的条件已经相当充分。

1. 经济总量中国第一、全球第七

2007年，我国上海、香港和北京三个城市的地区生产总值均超过了9000亿元人民币，依次成为中国前三甲，上海独占鳌头（为12066亿元人民币），台北仅位居第七。当年上海预算内财政收入达到2056亿元，在国内城市中排第一，远高于北京的1478亿元。

表1 2007年中国城市20强

排名	城市	排名	城市	排名	城市	排名	城市
1	上海	6	天津	11	南京	16	大连
2	香港	7	台北	12	重庆	17	无锡
3	北京	8	佛山	13	沈阳	18	青岛
4	深圳	9	杭州	14	武汉	19	成都
5	广州	10	东莞	15	苏州	20	济南

资料来源：倪鹏飞主编《中国城市竞争力报告 No.7》，2009。

以 2007 年地区生产总值来比较，上海已取代香港在全球中排名第七的地位，而排在世界前六位的城市依次是：东京、巴黎、纽约、伦敦、墨西哥城、洛杉矶。2008 年后随着中国经济增长依然领先和人民币继续升值，以美元计算的地区生产总值比较中，上海和我国其他城市的排名必然继续跃升。

2. 最大的商品进出口货源/目的地

根据海关统计，2008 年以商品进出口货源/目的地计算的贸易金额，上海在我国城市中位居第一位（见表 2）。同时，上海也是目前中国最大的海关（见表 3）。

表2　中国商品进出口贸易（2008 年）

单位：亿美元

排名	城　市	进出口贸易额	排名	城　市	进出口贸易额
1	上　海	3139	5	宁　波	886
2	深　圳	2949	6	天　津	868
3	北　京	950	7	青　岛	733
4	广　州	906	8	大　连	508

资料来源：《海关统计》2008 年 12 月。

表3　中国前十位商品进出口海关（2008 年）

单位：亿美元

排名	海　关	进出口总值	排名	海　关	进出口总值
1	上海关	6062	6	黄埔关	1610
2	深圳关	3918	7	宁波关	1402
3	南京关	2401	8	广州关	907
4	青岛关	1990	9	大连关	861
5	天津关	1622	10	厦门关	662

资料来源：《海关统计》2008 年 12 月。

3. 国内最大的海运口岸

上海港是我国目前最大港口，2007 年吞吐量突破 1.7 亿吨，拥有 104 个码头泊位，开辟了 23 条远洋航线，通航 160 多个国家和地区。20 世纪 90 年代初期开始发展集装箱运输，发展速度相当快。年增长速度大大快于新加坡和香港；还开发建成了浦东4个万吨级泊位顺岸式码头。①

表4　中国内地各口岸吞吐量（2008年）

排名	港　口	进出口货运量（亿吨）	集装箱（万箱）	出入境人次（个）	进出船只（艘）
1	上海港（金山、上海、外高桥、吴淞、洋山）绿华岛、黄兴岛）	1.399（1）	1842（1）	689675（7）	25568（1）
2	天津港（东港，南疆，塘沽，天津）	1.345（2）	418.8（5）	312462（9）	11589（11）
3	青岛港（黄岛，青岛，泊港）	1.198（3）	438.8（4）	389108（8）	11079（12）
4	宁波港（北仑，大谢，宁波，镇海）	1.085（4）	577.8（3）	277189（13）	11998（10）
5	石泗港（日照）	0.623（5）	8.3（19）	153044（17）	2614（23）
6	大连港（大连，大窑湾，大连湾，和尚岛，大连新港分站）	0.617（6）	411（7）	292626（11）	10260（14）
7	舟山港（马迹山，舟山）	0.610（7）	0.9269（41）	69257（26）	3313（18）
8	广州港（广州开发区，黄埔，新港，新沙，洲头嘴）	0.487	131（9）	309551（10）	33326（2）
9	蛇口港（赤湾港、东角头港、妈湾港）	0.359（11）	418（6）	2045084（1）	66346（1）
10	厦门港（东渡，海沧）	0.318（13）	362（8）	1178452（3）	14824（9）
11	梅沙/盐田港	0.292（14）	641（2）	198452（15）	17546（7）

资料来源：中国海关总署；括号内数字为排名位次。

表5　全球主要港口集装箱吞吐量（2005年）

单位：万TEU，%

排名	港　口	所属国家/地区	集装箱吞吐量	年增长率
1	新加坡	新加坡	2319	8.7
2	香　港	中　国	2260	2.8
3	上　海	中　国	1809	24
4	深　圳	中　国	1620	19
5	釜　山	韩　国	1184	3.50
6	高　雄	中　国	947	−2.50
7	鹿特丹	荷　兰	929	12
8	汉　堡	德　国	809	16
9	迪　拜	阿联酋	762	19
10	洛杉矶	美　国	748	2.20

资料来源：中国交通运输网站。

① 本文采用海关货物吞吐量统计口径，与其他统计口径有别，例如，2009年5月4日上海市杨雄副市长在新闻发布会上公布，2008年上海航运中心港口的货物吞吐量达到5.8亿吨，全球第一；集装箱吞吐量2800万标准箱。

表6　全球主要港口货物吞吐量（2005 年）

单位：万吨，%

排名	港　口	国家/地区	货物吞吐量	年增长率
1	上海	中　国	44317	17
2	新加坡	新加坡	42327	7.60
3	鹿特丹	荷　兰	37023	5.10
4	宁波－舟山港	中　国	26881	19
5	广州	中　国	25037	16
6	天津	中　国	24069	17
7	香港	中　国	23014	4.20
8	釜山	韩　国	22345	1.70
9	南路易斯安那	美　国	22046	-2.30
10	青岛	中　国	18678	14.80

资料来源：中国交通运输网站。

表7　全球集装箱港吞吐量前十位（2008 年）

单位：万 TEU

排名	港　口	吞吐量	排名	港　口	吞吐量
1	新加坡港	2992	6	迪拜港	1200
2	上海港	2801	7	广州港	1100
3	香港港	2430	8	宁波－舟山港	1084
4	深圳港	2142	9	鹿特丹港	1083
5	釜山港	1342	10	青岛港	1002

资料来源：中国交通运输网站。

4. 国内最大的航空口岸

口岸运输和航空运输条件是支撑国际贸易中心的基础设施。根据 2009 年出版的由中国社会科学院财政与贸易经济研究所倪鹏飞研究员主编的《中国城市竞争力报告 No.7——城市：中国跨向全球中》，基础设施竞争力排名前十位的城市是：上海、香港、北京、广州、深圳、青岛、天津、澳门、大连和厦门。上海的对外基本基础设施和信息技术基础设施指标的得分都是第一。

表 8   中国内地各航空口岸吞吐量（2008 年）

排名	航空口岸	出入境人次/个	进出口货运量/吨	运输工具/架
1	上海机场(虹桥、浦东)	18068786(1)	2634289(1)	20074(3)
2	首都机场(北京机场)	13778221(2)	1218704(2)	84817(1)
3	广州机场(白云)	4569835(3)	536974(3)	36154(2)
4	厦门机场(高琦)	1672472(4)	127475(4)	15614(4)
5	青岛机场	1388289(5)	85613(7)	14836(5)
6	大连机场(周水子)	1364059(6)	44947(8)	13957(6)
7	杭州机场	1265937(7)	22349(9)	10734(8)
8	深圳机场	893819(8)	93717(6)	12538(7)
9	沈阳机场(沈阳)	700281(9)	12069(10)	6101(10)
10	南京机场(南京)	687498(11)	0(24)	6018(11)
11	福州机场	595045(11)	8898(12)	5517(12)
12	天津机场(张贵庄)	533321(12)	122105(5)	7580(9)

资料来源：中国交通运输网站，括号内数字为排名位次。

5. 开放型经济达到较高水平

在创造自由而宽松的贸易环境方面，上海已有重大突破。20 世纪 90 年代初期开放浦东，建立外高桥保税区。浦东外高桥已成为进出口自由、贸易自由、外汇自由、人员进出自由的自由贸易区。自由贸易区的开辟，吸引了长江三角洲及长江流域地区的出口商品在此储存加工，推进内转外、外转外的转口贸易发展，使全上海的自由贸易区环境已见端倪。

货物贸易量与结构：商品进出口贸易全国城市第一。2008 年上海关区（口岸）进出口总额 6062 亿美元，同比增长 16.4%；本市货物贸易进出口 3221.4 亿美元，同比增长 13.8%；其中出口 1694 亿美元，同比增长 17.7%。机电产品和高新技术产品出口分别占全市出口的 70% 和 42%，大大高于全国平均水平。

服务贸易全国城市第一，行政区第一。2008 年进出口额为 700 亿美元，同比增长 25%，高于全国增长水平 3.7 个百分点。

利用外资：2008 年实际利用外商直接投资达到 100.84 亿美元，同比增长 27.3%；特别是第三产业吸收外资同比增长 30.9%，达到 25.51 亿美元。截至 2008 年底，外商在上海累计设立总部经济机构 676 家，其中地区总部 224 家，投资性公司 178 家，研发中心 274 家。资本市场吸引外资，境外合格机构投资者进入中国资本市场以上海股票市场为主渠道。

对外经济合作：企业走出去投资，2008 年对外直接投资 7.08 亿美元，同比增长 9%；对外工程承包新签合同额在全国各省市中第一个突破 100 亿美元，达到 111.4 亿美元，同比增长 51.6%。民营企业对外投资活跃，投资额占全市总量的 27.3%。

金融业开放程度全国最高：2007 年上海金融业增加值达到 1209 亿元，居全国第二位，金融业增加值占生产总值比重已接近 10%；金融业对外开放处于全国前沿地位，集中了大量外资金融机构，在沪外资金融机构数量居全国第一，外资金融机构业务量居全国第一。截至 2008 年 12 月底，上海有外资法人银行 17 家、法人银行分行和保留分行 31 家，单一分行 33 家，支行 64 家。另有 3 家法人银行、1 家分行和 7 家支行在筹建中。外资金融机构代表处共计 108 家。法人银行总行、法人银行分行、管理行、外国银行分行、保留分行、同城支行等各种类型的外资银行存在形式会聚。埃及、西班牙等国家的银行也首次在我国设立分行，在沪外资银行的种类和国别较以前更为丰富。截至 2008 年底，在上海注册的外资法人银行资产总额达到 8450.53 亿元，同比增长 14.65%；各项贷款余额为 4452.53 亿元，同比增长了 9.34%；存款余额为 4680.18 亿元，同比增长 37.78%；税后利润为 75.49 亿元，同比增长 112.95%。上海外资法人银行资产、贷款、存款和利润四项指标增幅分别高于全国外资银行增幅 7.28、4.25、2.96 和 16.85 个百分点。四项指标分别占全国外资银行的 63.06%、60.95%、78.34% 和 63.44%。而且，国家外汇交易中心设在上海，为国际贸易中心的金融服务提供了有利条件。

三　中央政府需要考虑和给予的政策环境

上海建设全球性国际贸易中心，是国家级的战略性举措，需要中央政府采取正确的建设方针并给予必要的政策支持措施。

（一）确立走向贸易强国的正确方针

新中国用 60 年走完了贸易大国的路程，成就辉煌，但中国还不是贸易强国，这是人们的共识。说到中国还不是贸易强国，一般人们都会指出：中国出口商品的附加价值还很低，中国出口的商品是同类产品中的低端产品，而且，加工贸易出口商品在国内创造的附加价值往往不超过商品价值的25%；服务贸易出口的国际竞争力还比较弱。此外，不少人还会强调，中国还缺乏国际贸易规则的话语权，包括大宗产品的定价权；人民币还不是国际化货币等等。但人们往往会忽略中国的贸易数量问题，说规模大，其实只是绝对数量大，人均数量并不大。中国人口与世界市场份额很不相称，中国人口占世界的20.13%，2008年中国出口只占世界总出口的8.9%，而德国人口只占世界的1.26%，出口占9.1%；美国人口只占世界的4.6%，出口占8.1%；日本人口只占世界的1.96%，出口占世界的4.9%；欧元区15国人口只占世界的5.3%，出口却占到世界的34.8%。

作为贸易强国，不仅要强调贸易质量，而且也要强调贸易数量，特别是人均数量；没有人均数量就没有话语权，也不会有国际化货币。因此，未来中国走向贸易强国，不仅需要质量的提高，而且数量的增长仍然极其必要。从生产角度分析，中国产业结构优化，并不是以高技术和资本密集型产业完全替代低技术和劳动密集型产业，而是在继续保持低端产品竞争力优势的基础上，以高端产品的增量来优化结构，是产业系谱和产品结构的扩展型优化；反映在出口商品结构上，也应当是这种结构优化的反映。也就是说结构优化取决于足够的增量发展，离开增量讲优化，必然适得其反。从国民福利角度分析，产业结构和出口结构高级化，仍然要以中低技术水平的产业发展和出口增长为基础，才能保证居民就业、企业利润、经济体福利和全球福利的统一。因此，转变出口增长方式是以全面保证国民福利为基础、兼顾各方利益为前提的。

从上述经济含义出发，出口增长方式转变的动力机制就必然要求高速增长以及支撑高速增长的所有激励政策（汇率、退税、加工贸易优惠、出口加工区、保税区等等）。因为只有高速增长才能兼顾各方利益，也比较容易调整各个利益空间；相反，低速增长必然牺牲某一方利益，转变增长方式就难以实现。

为了实现增长方式转变和贸易强国的目标，我国应当用最短的时间、最快的速度使我国商品出口贸易在世界市场中占有20%以上的份额，这是我国开放型经济发展，也是我国经济建设发展的战略利益。所有质疑、反对达到这个目标的观点和认识都不利于中国人民的利益。尽管我们的经济政策未必都完全符合这个战略利益，但是国际金融危机后中国进出口贸易的继续增长都是必然的。在国际金融危机发生前后，美国人就不断反复提出的"全球经济失衡"与"世界经济再平衡"的观点，特别是美国人关于后危机的救世药方更强调中国限制出口贸易增长，这对谁有利？这显然不符合中国的利益，也不是对世界发展趋势的客观要求。这个理论说穿了就是要限制中国的出口贸易和经济发展，是贸易保护主义的理论依据。

（二）确立内外需并重的经济建设方针

我国经济建设方针应以什么为主？以内需为主是很流行的提法，其实这似是而非，我国经济建设的方针只能是内外需并重。

（1）我国自然资源禀赋不足以支撑国家现代化建设，要靠大量进口资源；国外资源对我国建设的意义已越来越重要，国家经济安全已经越来越和海外资源供给联系在一起，国家安全边界、国家安全战略都已发生根本性的转变，未来国家的战略利益必然与外需有更紧密的联系。

（2）我国人口规模和就业压力决定了我国充当"世界工厂"的角色，要大量出口商品和服务。我国还处在工业化发展阶段，工业部门仍然是吸收就业的重要领域，同时也是支撑服务业发展的重要基础。我国的工业化建设和高投资增长，依赖社会的高储蓄。这种高储蓄、高投资的增长机制既是我国国情的客观需要，也是新中国成立60年特别是改革开放30多年来我国经济建设的基本实践和基本经验，不应轻易否定。在这种增长机制下，我国出口贸易的高速增长就具有经济机理的内在要求，其最大的合理性就在于能够最大限度地满足最多国民的利益。我国将长期保持贸易顺差和经常项目顺差，国际收支平衡将不由经常项目来解决，而应在经常项目长期大额顺差的既定前提下去解决国际收支平衡问题。

（3）更为深层的原因是，我国将长期处在社会主义社会的初级阶段，社会各阶层的利益关系、国家与纳税人的利益关系以及全社会的收入分配利益格局调整的回旋空间都不大；同时我国正处在社会矛盾的凸显期，人民内部的利益矛盾错综复杂。在初次分配领域较大幅度调整收入分配几乎没有可能；再分配领域又面临各级政府财政收支的压力而难有太多大的举措。因此，居民收入的增长也只能逐步提高，居民消费增长也只能循序渐进。因此，把经济增长的希望过于寄托在居民消费上是不现实的，绝无忽视出口和外需的任何理由。

在上述指导思想和建设方针下，中央政府应当采取的政策措施如下。

1. 采取竞争性人民币汇率

在后危机阶段，世界制造业国际分工将重新洗牌和改组，为了建设上海全球性国际贸易中心，上海仍然需要大力发展先进制造业，继续吸引跨国公司在上海设立先进制造业的生产环节。为了支持我国发展先进制造业，需要适度的进口关税保护和竞争性的人民币汇率，尤其是后者对于保持和提高制造业竞争力更为必要，对于防止我国经济过早畸形金融化也具有实际重大意义。为此，人民币汇率不应当完全市场化，而应当具有调控功能。从当今世界看，各国汇率都是调控对外经济利益的手段，发达国家不仅调控本国货币汇率，而且还相互协商和要求别国调控汇率，实际上它已经成为世界经济和跨国资本调整利益关系的重要工具。人民币汇率也应当成为我国调控对外开放利益的重要工具，它不应是完全自由浮动的汇率，而应当是在政策目标调控与管理下发挥市场机制的作用。我国汇率工具使用的政策方向是，从我国利益最大化角度出发，人民币汇率应当是具有商品与服务出口竞争力的汇率，应当是保持较大规模贸易顺差的竞争性汇率。这就是人民币的均衡汇率，其经济含义是保护中国人民就业和收入福利的增长。背离这个实质问题奢谈所谓均衡汇率，不应该是中国人的立场。

2. 改革外汇管理体制

对贸易顺差恐慌的原因是认为外汇储备多，2万亿美元外汇储备对一个不久前的穷国来说确实很惶感，这不仅在心理上，而且在技术层面上，都有不知所措的感觉。中国的外汇绝大多数都集中在货币当局手里，从资产结构看，又都是金融资产，或者主要是美元金融资产，显得很无奈。其实换一个角度看，中国的外汇说少就少得可怜，按人均算少，按国民整体持有看少，按资产结构看，海外实物资产远比发达国家少得多。所谓外汇多，是因为很少有人去考虑怎么花或怎么经营。多一些人来考虑这个问题，就肯定会有更聪明的办法。改革外汇管理体制的目的就是要让地方政府、各种主权机构、商业银行、企业集团都有经营外汇的权力和积极性。把垄断集中管理和垄断集中经营改为具有一定竞争性的市场机制，使外汇使用经营的效率更高，更有利于资产的保值增值。这对建设上海国际贸易和金融中心都具有重要意义，应当赋予上海更多的外汇使用与经营权，进一步发育上海期货市场和全国外汇交易中心。

为此要建立新的国际收支平衡范式：经常项目持久的大额顺差与扩大资本流出相结合是未来的长期趋势；坚持与完善走出去战略、实现经济国际化是平衡国际收支的重要措施；树立以统筹国内外两种资源、两个市场、两个生产经营体系为基础的国际收支新观念，在全球资源配置中实现国际收支平衡。

3. 进一步明确跨国生产经营方向与目的

随着我国企业走出去，在全球寻求资源供给和扩大海外商品、劳务市场，跨国生产经营成为我国对外贸易扩大的新增长点，我国将有一批跨国企业涌现，新的资源配置方式和新的国际化生产经营布局将带动公司内贸易和供应链体系内贸易迅速发展，成为我国贸易强国的重要支撑力量。企业走出去应有更明确的目标，这就是：第一，对全球资源更强的吸纳能力和更合理的配置，保障我国资源供给的安全，更有效地规避价格风险。第二，建立全球性的生产经营网络，最大限度地扩大我国商品和服务的市场；在与贸易伙伴互利共赢中实现我国商品和服务的市场最大化利益。

4. 给予上海更多自由贸易政策条件

首先是"自由贸易区"政策。突破原保税区范围（洋山保税港区、外高桥保税区和浦东空港保税区）和政策界限，规划更大的区域面积并实施更灵活的政策，对资金、外汇、人员进出给予更大自由度，对货物进出税率实行优惠；并选择在某些合适地区或特殊监管区成立"服务型自由贸易区"，形成标志性的多功能贸易集聚区和国际贸易中心商务区，同时发展金融、现代物流、信息、设计等高端服务业。其次是采取更多的贸易便利化措施，如实施起运港退税政策，进一步加强上海口岸转口功能，增强在东亚的竞争力；简化企业货物贸易登记审批手续，对进出口货物在付款期限、收汇核销期限、预付款比例、进口设备的增值税抵扣等技术措施上给予更多便利和更优惠的政策；放宽国外游客免签证范围，延长免签证时间，以利于商务人员进出往来。

四　上海借鉴国际经验的若干认识问题

纽约、伦敦、东京、新加坡和香港是世界公认的五大国际贸易中心，其发展路径和经验不仅各有时代特点，而且也各有自身的自然条件，上海不可能照搬，需要通过分析，才能借鉴和吸取。根据上海的实际情况，从国际经验的学习借鉴中，应当得出的认识主要有以下几点。

（一） 上海的国际贸易仍然要以实体产品贸易为基础

世界五大国际贸易中心都走过实体产品贸易发展的阶段，即便是经济腹地很小、现在以转口贸易为主的香港和新加坡都不例外。目前上海本市进出口额仍然占上海关区进出口额的一半以上，这说明，上海的国际贸易以本市的制造业能力、依赖产品实体贸易和实体贸易网络为基础仍然是现实状况，不仅不可逾越，而且也是上海的优势，因此仍然要给予高度重视。

（二） 贸易网络的建设应以国内为起点

在货物贸易领域，中国只在低技术产品领域有优势，中高技术产品的生产和贸易控制在发达国家手中，这在短期内难以改变。低技术产品制造地趋向分散，未来发展中，上海也必然继续向其经济腹地扩散和转移一部分制造业或制造生产环节，这些不断增加而又分散的制造产品在全球寻找客户，需要贸易网络的建设。这就需要在上海聚集更多的贸易服务企业，开辟更多的实体贸易网络，使上海的贸易服务功能向更广阔的区域辐射和延伸，使上海的口岸和关区有更大吞吐能力。因此，在上海的经济腹地乃至全国建设高效率的贸易网络仍然大有文章可做，做好这篇文章是上海成为全国贸易网络龙头的基础。

（三） 海外贸易网络建设应以扩张上海国际贸易中心功能为目的

鼓励上海企业走出去建立海外贸易网络，是实现上海国际贸易中心功能扩张的重要途径，也是香港等城市至今能够牢牢占据国际贸易中心地位的经验。通过海外贸易网络的建设，不仅能进一步增强上海实体贸易网络的力量，而且还将使上海口岸的贸易内容、贸易枢纽方式、贸易网络方式、贸易主体组织方式发生程度不同的变化，促进上海从传统国际贸易中心向现代国际贸易中心转变。

（四） 发展转口贸易和离岸贸易是长远目标、需要循序渐进

现代国际贸易中心是以跨国公司为贸易主体、以中间产品贸易、转口贸易和离岸贸易为重要贸易内容；以现代信息技术为手段、在世界城市贸易网络体系中起中枢作用的城市。这是上海国际贸易中心建设的长期努力方向，需要循序渐进。

首先要依托跨国公司的全球生产、营销网络成为全球经济的神经中枢。2007年世界500强企业总部，47家在东京、22家在伦敦、20家在纽约、4家在香港。欧洲最大的500家企业的全球总部1/4在伦敦、欧洲50%投资银行业务在伦敦。日本跨国公司总部主要集中在东京。新加坡吸引了大量跨国公司的地区总部；截至2007年，跨国公司在香港设立的地区总部有1246家，驻港办事处有2644家。上海要成为现代国际贸易中心，没有大量跨国公司聚集是不可能实现的。

其次是要形成以服务业为主的产业结构体系，才能支撑现代国际贸易中心的成长，才能提供现代国际贸易中心成长所需的要素供给。20世纪80年代伦敦第三产业已占88%；2007年纽约已占90%；20世纪90年代东京占85%；2006年新加坡占63.5%；2000年后香港占85%以上；2007年上海占52.6%，经济结构需要继续转型。

再次是要成为贸易信息枢纽。与贸易相关的信息基础设施功能高度现代化，各类市场所生产与消费的数据、信息，指导着全球贸易运行，在全球范围进行贸易生产要素的配置。在发达的虚拟网络基础上，加上高效率的贸易服务功能，使国际贸易的内容日益转向转口贸易和离岸贸易，并在整个国际贸易中占有重要地位。2007年新加坡转口贸易占比47.9%，香港达到96%。这与它们的贸易服务功能与虚拟贸易网络发达是分不开的：咨询服务、运输仓储服务、金融保险服务、货物代理服务、信息服务以及客户服务等功能齐备，世界城市间的贸易网络联系通畅。这说明，上海要发展为转口贸易、离岸贸易占有一定比重的现代国际贸易中心，服务功能的强化和贸易信息枢纽的建设都是必要的条件。

又次是国际商务人才聚集。五大国际贸易中心都有培养高级国际商务人才的世界著名高校和著名的高级研究机构。人才聚集是国际贸易中心发展的重要条件。上海已经有不少这方面人才，但数量还远远不够，质量也有待提高，特别是操作型人才是人才结构中的薄弱环节。

最后也是最重要的是自由贸易政策安排。香港是自由港，实行的是完全的自由贸易政策，新加坡实行自由港政策，全国有5个自由贸易区，海关只在货物进出区时统一联网监管，在区内的货物操作十分便利，自由港良好的服务环境吸引了大量船舶过境；争取了充足的港口货源，港口不仅有各种增值服务费收入，还带动了金融保险、船运代理、货运代理等临港产业和服务业的发展。上海要建设成为现代化的国际贸易中心，也应当参考香港和新加坡的自由港政策给予上海更多的政策灵活性。

五 上海建设全球国际贸易中心的主要思路与重要举措

未来上海在建设国际贸易中心的过程中，在指导思想上应实现两个加强和三个转变。

（一）两个加强

第一是继续加强上海作为中国最大也是世界最大的实体贸易城市的地位；第二是继续加强上海作为中国最大也是世界最大的运输口岸城市的地位。目的是巩固上海已有的国际贸易中心地位，为向现代国际贸易中心转变打下坚实基础。为了加强实体贸易城市的地位，要继续引进和发展上海的先进制造业，为国际贸易持续发展奠定坚实的产业基础；同时继续向经济腹地扩散和转移不具有当地优势的制造业和制造环节，扩大贸易网络并促进上海经济结构转型。要继续发展本地保税区、出口加工区和在沪生产经营企业的对外贸易业务，还要关注上海作为货源/目的地的商品进出口业务；关注在上海海关报关的进出口业务；关注在沪注册，但不在沪生产经营、不在沪报关的进出口业务，力图为它们提供必要的生产性和公共性服务并促使它们在沪发展相关业务。使上海的商务服务企业和贸易服务网络不断加强和巩固。

第二是要继续加强上海的运输口岸能力。从发展眼光看，上海的港口码头吞吐能力、航空运输能力均需进一步加强。上海港不仅要有吞吐量为世界第一的集装箱码头，还要有相应的散货码头、矿物码头、石油码头，成为吞吐第一、功能齐全的世界第一海港城市。还要发展强大的远洋运输船队，改变我国长期以来远洋运力不足、运输服务赤字较大的局面。同时要加强航空运输能力。航空运输是世界先进的运输方式，对于压缩时空具有重大的经济意义，为发达国家普遍重视，成为运输结构转变的重要内容。上海除继续发展浦东机场的货运能力外，应考虑建设主要用于或专门的货运机场，特别是随着我国大型国产运输飞机投入使用，航空运输将长足发展，上海应把建设货运机场列入"十二五"规划中。

（二）三个转变

在两个加强的基础上，用更长的时间和更艰苦的努力实现三个转变：第一，从商品货源地/目的地中心向国际市场交易中心转变；第二，从单纯的货物集散中心向现代国际物流中心转变；第三，进一步从生产制造中心向服务型制造和服务经济中心转变。

实现第一个转变：现在上海是商品货源地/目的地中心，经营的是流经上海的商品，必定要利用上海的交通运输设施，经营者至少有一方是在沪的交易商（法人、自然人）。将来它应是国际市场交易中心，经营的可以是也可以不是流经上海的商品，可以用也可以不用上海的交通运输设施，经营者可以是也可以都不是在沪交易商，唯一必须依靠上海的是市场的服务功能和经纪人。转变的结果是超越、放大了上海的交通运输能力，使原有的点线之间的商品流通转变为网络状的商品流通；在沪经营与不在沪经营没有区别，转口贸易和离岸贸易比重上升。上海从一般意义的国际贸易中心真正转变为现代化全球国际贸易中心。

实现第二个转变：现在上海是单纯的货物集散中心，运输、仓储、货代、信息相互分离；供应商、生产商、分销商、最终用户需要多次衔接的传统商品流通方式。将来成为现代国际物流中心，可以对分散的运输、储存、装卸、搬运、包装、流通加工、配送、信息处理等基本功能进行有机整合和一体化运作；形成供应商、生产商、分销商和最终用户连成整体运作的商品流通模式。转变的效果是更充分地发挥了国际贸易对于我国经济的促进作用，使中国经济更适应全球采购、全球生产、全球流通、全球消费的新趋势，更节约物质成本和劳动时间，实现转变外贸增长方式的第二重含义，达到全社会劳动时间的节约和整体经济运行效率的提高。

实现第三个转变：现在上海基本还是生产制造中心，仍然有不少传统意义的工厂、车间和产业工人，随着自然资源价格和工资成本的提高，使传统的低制造成本优势很难长期维持，需要不断扩散和转移。但在扩散和转移中，上海又必须与制造业保持密切的有机联系，这就需要发展生产性服务业，特别是要发展服务型制造企业和产业，形成生产性的服务经济中心。使上海在生产价值链中寻找附加值高的环节，创造新的竞争优势，并对制造业形成价值链、供应链带动。这种转变的效果是，进一步增强上海对国内外的产业扩散和经济辐射，同时又紧紧凝聚经济辐射所产生的经济能量，延长上海全球性国际贸易中心的经济腹地和战略纵深，增强国际贸易中心的产业与经济功能。生产性服务经济中心的形成，必然在金融服务、商务服务、中介服务等各方面都得到加强，对于国际贸易中心地位的提升创造了更多的条件。

（三）体现两个加强和三个转变的重要举措

第一，健全上海的国际交易市场体系。要建设和完善一批国际大宗商品交易市场，如金属矿物、钢材、石油、汽车、电子与通信设备产品、轻工纺织产品、农产品等国际有形交易市场，能够影响全球市场价格、标准制定和交易数量乃至产量的国际交易市场，从而使上海成为世界与中国的资源、要素的置换中心。利用世界博览会的场馆设施，仿照广州进出口商品交易会，举办"世界进出口商品交易会"，形成上海国际商品大型展会。各类国际商品交易市场与上海国际商品交易会，再加上扩大的自由贸易区（保税区与特殊监管区），三者优势叠加，形成上海的国际交易市场体系。

第二，培育大型跨国商贸集团。扶持像上海华联一类的大型商贸企业走出去，建设国际商业分销网络或有形交易市场。对于总部设在上海、海外经营比重超过20%的境内外所有企业给予政策优惠和适当扶持。鼓励上海商贸企业经营加工贸易产品内销，并鼓励创办加工贸易产品内销市场，通过内外贸一体化扩大上海的贸易功能。上海应率先实现内外贸一体化，加工贸易占我国商品对外贸易半壁江山，其贸易方式的转变是成为贸易强市的必然趋势。随着加工贸易产品国内产业配套率的提高和产品内销的扩大，原有的两个技术质量体系和两个市场分割的局面将逐渐打破，内外贸一体化成为我国对外贸易经营的新格局，需要有大量经营能力强的新兴企业和市场主体涌现。

第三，建设上海的国际物流服务体系。培育一批具有国际竞争力的大型综合物流企业集团，建设重要产品的国际物流服务体系，包括石油、矿物产品、粮棉农产品、药品、汽车、建材、化学产品、快递等进出口大宗货物的物流服务体系，使上海成为我国的现代国际物流服务中心。

第四，加快服务贸易发展。要以商务服务、商务会展、市场交易服务、国际物流服务、口岸运输服务和信息服务等围绕国际贸易中心运行的服务贸易为突破口，形成上海特色的国际服务贸易发展新局面。上海应该先于全国让服务贸易比重在商品服务贸易总额中达到世界平均水平。

从后危机趋势看，服务贸易将成为新增长方式的突破口。2008年，我国服务贸易总额达到3044.5亿美元，尽管增速回落10个百分点，但仍然增长21.3%；其中出口贸易1464.5亿美元，增速回落12.7个百分点，但增长率仍达20.4%。说明发展服务贸易潜力很大。2008年全球商品和服务贸易出口总额19.5万亿美元，其中服务贸易出口为3.73万亿美元，占19.0%；我国服务贸易出口比重仅为9%。这个比重将随着我国成为贸易强国而提高。

第五，培育服务型制造企业，促进产业转型。学习借鉴IBM公司、通用电气、罗尔斯－罗依斯等跨国公司的经验，促进一批上海的大型制造企业发展自身的服务业务或剥离非核心业务，使非核心业务尤其是不再具有低成本优势的制造业环节向长三角地区转移，加强长三角地区的产业链联系，同时使上海的制造企业转变为服务型制造，进而使上海制造业转变为服务型制造产业。

第六，建设上海的供应链管理中心。上海的服务型制造企业应成为产品供应链的龙头企业，对产品全流程实施供应链管理，并与国际物流服务体系相结合，提高国际交易的运行效率。走出去的海外企业应是供应链管理的另一端，合理配置境内外资源和要素，整个上海应成为国际供应链管理中心，实现上海不仅买卖上海和中国产品，而且买卖全球产品。

第七，区域合作实体化、园区化。创新走出去方式，利用国际区域经济合作机制，在境外投资创办上海－中亚经济合作园区、上海－东盟经济开发园区、上海－东北亚经济技术合作园区或其他实体形式，采取政府主导、市场运作的方式，吸引上海和国内外企业进入这种园区，园区提供投资、技术、物流、营销、金融、行政管理等全方位服务，以投资带动出口，进而建立以上海为基地的国际产业链。

第八，进一步加强交通运输基础设施建设。建成京沪高速铁路、沪宁杭城市群轻轨铁路、完善长三角高速公路网、建设上海大型货运机场、提高长江航运功能并加强协作分工，将构成上海国际贸易中心的境内立体交通运输网络，需要在国家级的发展规划和上海市的发展规划中作出安排。

第九，加强信息基础设施建设。上海应成为现代国际贸易的信息港，应利用互联网和卫星通信技术建设一个国际贸易的信息平台,它是信息生产、流通和消费的聚集地。集中高效率的信息与数据的生产企业;披露信息的网络和媒介物;建立与采购及应用这些信息、数据的客户联系渠道;大量的商务服务企业通过这个信息平台沟通产销及消费者的联系。

第十,大量培养国际商务人才。上海高校中的财经、法律等专业应进一步改革教学管理和教材,以进一步适应上海成为"四个中心"的发展需要。有关部门还可以委托上海大型商贸企业开展职业教育,培养技能型人才;有计划选送中青年党政干部、企业管理干部、研究和教学人员到国际著名跨国公司培训、实习、研究,学习实际操作知识和经验。

参考文献

课题组:《加快推进上海国际贸易中心建设研究报告汇编》,2009 年 5 月。

上海市商务委员会:《上海服务贸易中长期发展规划(2009~2020 年)》,2009 年 5 月。

沈玉良、高耀松:《上海现代国际贸易中心建设:内涵、利益和思路》,《国际贸易》2008 年第 5 期。

施蓄生:《加强上海国际贸易中心的功能塑造》,《上海商业》2005 年第 4 期。

张泓铭:《上海商贸业发展与国际贸易中心建设》,《上海经济研究》2009 年第 7 期。

倪鹏飞主编《中国城市竞争力报告 No.7——城市:中国跨向全球中》,社会科学文献出版社,2009。

中国城市发展研究会:《中国城市年鉴(2008)》,中国城市年鉴社,2008。

倪鹏飞、彼得·卡尔·克拉索主编《全球城市竞争力报告(2005~2006)》,社会科学文献出版社,2006。

国际贸易中心：上海的目标与对策

李清娟　宋浩亮 *

摘　要：国际贸易中心城市是所在国家参与国际市场竞争的重要载体。国际贸易中心建设是上海建设国际经济、金融、航运中心的重要条件和基础。通过阐述上海建设国际贸易中心的战略意义，在提炼出当前国际贸易中心的内涵、特点、发展趋势以及上海国际贸易中心建设现状的基础上，提出了未来上海国际贸易中心建设的目标和思路建议。

关键词：上海　国际贸易中心　服务业

国际贸易中心城市是所在国家参与国际市场竞争的重要载体。国际贸易中心建设是上海建设国际经济、金融、航运中心的重要条件和基础。国务院通过的《关于推进上海加快发展现代服务业和先进制造业　建设国际金融中心和国际航运中心的意见》，将为上海加快建设国际贸易中心，率先实现服务经济为主的产业结构，完善上海城市服务功能起到重要推动作用。本文在研究上海建设国际贸易中心的战略意义，并阐述当前国际贸易中心的内涵、特点、发展趋势以及上海国际贸易中心建设现状的基础上，对未来上海国际贸易中心建设的目标和思路进行了分析，并提出了相应的建议。

一　上海建设国际贸易中心的战略意义

作为国际大都市，上海建设国际贸易中心的战略意义表现为以下四个方面。

---

* 李清娟，上海财经大学经济学博士，中国社科院金融所博士后，现任职于上海市商务委员会，主要研究领域：区域发展战略、产业发展与政策研究、生产性服务业、国际贸易等；宋浩亮，上海财经大学博士生，主要研究领域：企业战略、产业政策和区域发展战略等。

（一） 加快建设上海国际贸易中心是新时期实现国家战略的需要

改革开放 30 多年来，中国已成为世界贸易大国，但在国际贸易中高端产品比重过低，在从贸易大国走向贸易强国过程中要求上海承担起国际贸易中心功能；金融危机对中国贸易发展带来了很多不利影响，外需下降，贸易融资受阻，为应对诡谲多变的国际经济形势，上海应在开拓国际市场、拉动内需方面起到带头作用，提高贸易中心地位，带动我国经济发展；内外贸商务管理体制融合，上海应在统筹国际国内两个市场和两种资源方面发挥示范作用。据预测，长三角地区制造业到 2020 年占世界比重将达到 4% 左右，上海建设国际贸易中心具有重要的腹地资源和服务对象，需要进一步增强服务能力，更好地服务长三角，提高经济辐射力和影响力。

（二） 建设上海国际贸易中心有利于加快形成"四个中心"

上海建设国际贸易中心与上海"四个中心"建设相辅相成，互为支撑和渗透，在推进过程中互为因果，同步发展。贸易中心是连接国际金融中心和航运中心的桥梁与中间连接点，是经济中心建设的前提，金融中心和航运中心则为贸易中心提供服务。无论是经济中心，还是金融、贸易和航运中心，核心和关键是国际贸易中心，贸易交易的发生会带来大量的资金流、货物流和信息流，贸易是引发资金融通、航运物流等大量衍生需求的源头，现代贸易中心的发展将有效促进国际金融中心、国际航运中心和国际经济中心的发展。目前，国家推进上海建设金融、航运中心的文件已出台，但如何推进贸易中心建设还未取得突破性进展，加快国际贸易中心建设的紧迫性增强。

（三） 国际贸易中心建设有利于服务型经济的加快形成

发展服务业是上海经济增长的一个重要推动力，目前上海服务业发展已有一定基础，受金融危机和商务成本上升的双重影响，上海加工制造业向中西部地区转移趋势明显，上海工业投资多年来在全国同比增幅下降较快，加快上海制造业企业向运营控制、技术开发、融资中心等生产性服务业转型发展，占领价值链高端，将有限的土地、人力、政策和能源等资源向服务业集聚。建设上海国际贸易中心有助于上海抓住服务业国际转移重要机遇，不仅能够促进提升上海现代服务业水平，也将进一步发挥核心城市功能，引领带动长三角乃至全国的服务业发展，推动金融、物流、会展、商业等相关服务业快速提升，推动服务业专业化水平提高，实现服务增值。贸易中心建设能有效扩大服务业就业水平，据统计，近年来上海新增就业人口的90%集中在服务业。

（四）加快上海国际贸易中心建设有助于当前启动内需、扩大出口

在世界经济金融危机肆虐的大势下，刺激内需、稳定外需成为中国保持经济持续增长的两大关键环节。上海国际贸易中心建设将推动贸易便利化、市场化水平迈上新的台阶，促进国内商业中心与消费中心功能发展，加快长三角、长江流域内外贸一体化的贸易格局的形成。因此，加快上海国际贸易中心建设有助于上海及长三角、长江流域加快形成内需为主和积极利用外需共同拉动经济增长的格局，推动长三角、长江流域经济向更加均衡的发展方式转变。

二 新型国际贸易中心的内涵、特点、
发展趋势及国际经验借鉴

（一）新型国际贸易中心的内涵

20 世纪 90 年代以来，国际贸易在内容、主体和方式上发生了质的变化，这使得国际贸易中心从内涵到外延方面出现了相应的改变，世界正在形成一种新的国际贸易中心。

在贸易内容方面，货物贸易从最终产品贸易为主的货物贸易向中间产品贸易与最终产品贸易相结合的方式发展，制造业中的模块化技术使中间产品不断被细分，中间产品贸易不断扩大。同时，服务贸易不断提高，世界服务贸易从 1996 年的 25372 亿美元上升到 2006 年的 54043 亿美元，占国际贸易的 23% 左右，在服务贸易中，现代信息技术的发展使原来不可贸易的服务变成可贸易的，离岸服务和离岸服务外包成为服务贸易中增长最快的贸易类型。在贸易主体方面，跨国公司、跨国公司分支机构以及同跨国公司有契约关系的企业成为国际贸易的主体，它们实际上控制着国际贸易的主要流向。目前全球 6 万个跨国公司及其所属50 万个海外分支机构的产值已占世界总产值的 1/4，占这些跨国公司母国产值的

1/3，这些企业内部贸易约占世界贸易的1/2，加上契约贸易高达4/5。同时，跨国公司拥有世界上80%以上的新技术和新工艺专利，并且掌握着全球70%以上的技术转让。在贸易方式方面，中间产品贸易的出现，使加工贸易、离岸服务成为中间产品贸易的重要贸易方式，这些企业的资源配置模式完全面向全世界，根据各国不同的资源配置优势，形成不同的贸易方式和贸易模式。

由于贸易主体、贸易内容和贸易方式的变化，国际贸易中心从原来以贸易集聚为特征的传统国际贸易中心向以功能和网络为特征的现代国际贸易中心转变。现代国际贸易中心是以跨国公司和契约企业为主体，以中间产品贸易、转口贸易和离岸服务为重要贸易内容，以现代信息技术为手段，以高度自由化的贸易体制为基础，在世界城市贸易网络体系中起到中枢功能的城市。

现代国际贸易中心与传统国际贸易中心的不同特征是：第一，贸易内容不同，传统国际贸易中心以最终产品为主，现代国际贸易中心是中间产品贸易、最终产品贸易和服务贸易的综合，而且许多货物贸易中含有服务贸易，例如技术贸易，计算机和信息服务等。第二，贸易枢纽方式不同，传统国际贸易中心主要依赖海上运输，港口是重要的枢纽，但现代国际贸易中心是深水港、航空港、信息港的集合，由于中间产品在不同国家之间生产，产品的附加值不同，所依赖的贸易设施就不同，高附加值的中间产品通过航空运输的方式，中低附加值的产品则通过海上运输和公路运输方式，而服务产品则通过信息传输方式。第三，贸易网络方式不同，传统国际贸易中心主要依赖实体贸易网络，但现代贸易中心以虚拟网络来支撑实体贸易网络，并通过虚拟网络选择不同的实体贸易网络，虚拟贸易网络决定了现代国际贸易中心的广度和深度。第四，国际贸易中心的承担主体不同，传统国际贸易中心以国际贸易企业为主，企业经营主体单一，同时，国内市场与国际市场相对独立，而现代国际贸易中心除了国际贸易企业参与经营外，还包括跨国采购商、跨国渠道商、国际品牌制造商甚至包括跨国制造商。这些经营主体的出现使国际贸易与国内贸易联系在一起，也使贸易内容、贸易方式具有多样性。

（二）新型国际贸易中心的特点和发展趋势

在某种程度上，高技术决定了国际贸易的内容、流向及运输方式，并改变着国际贸易成本。20世纪80年代以后同国际贸易相关的技术突破主要表现为信息与通信技术、港口技术、生物技术、食品冷藏技术以及制造业和服务业发展中的模块化技术，这些因素中有些是整体上对国际贸易增长起到推动作用，有些是影响国际贸易的局部领域。但对新型国际贸易中心形成，最重要的技术是信息与通信技术。

信息通信技术对新型国际贸易中心的影响或者说发展趋势可表述为以下几点。

第一，集信息、订单、专业贸易服务为主的国际贸易中心。国际贸易中心的信息流、实物流和资金流可以适当分开，制造可以分散在周边城市。国际贸易中心可以处理订单的功能，使其以服务性公司为主。

第二，对制造业和服务业提供专利使用服务和特许服务的支撑。为了支撑多功能中心城市的发展，使大型企业形成核心竞争力，以跨国公司为主体，形成以市场为趋向的全球母公司与子公司之间的产权关联、非股权契约。跨国公司内部"更加集中于价值链中知识密集、资本密集、最具创造性等不易被模仿的功能，例如产品定义、研究和开发、管理服务以及核心价值营销和品牌等服务"。同时，跨国公司将最终服务通过技术手段分割形成几种服务工序，并将其标准化，在全球范围内根据成本最小化原则通过分支机构或外包的方式完成服务。因而中心城市是专利使用服务和特许服务的重要承担者。

第三，信息和通信技术使原来有些不可贸易的服务变得可以贸易了，形成了服务贸易的新增长点。如在计算机服务和某些商业服务领域，由于可以将服务产品分拆成几个不同的服务工序，使这些产品变成信息符号，储存和处理以后传输到客户那里，这样原来不可贸易的服务变得可贸易了。信息和通信技术可以将许多产业的服务变成标准化的符号，因而市场容量迅速扩大，计算机服务贸易和商业服务是最近在国际贸易领域增长速度最快的服务贸易类型，2000 年计算机和信息服务（CIS）贸易额为 517 亿美元，到 2007 年达到 1250 亿美元，增长约 1.5倍。

（三）国际贸易中心建设的国际经验借鉴

根据当前国际贸易中心的地位排名，文章选择了纽约、伦敦、东京、新加坡和香港等五大国际贸易中心城市进行了研究分析，总结得出以下结论。

1. 国际贸易中心的功能特征

（1）贸易要素配置功能。国际贸易中心都具有完善的市场体系和灵活的市场机制，即交易市场品种齐全，交易机制高度市场化。如纽约就是全球最重要的贸易信息枢纽之一，通过纽约交易所等生产要素市场、商品期货市场，每天产生和消费难以计量的数据、信息，并通过贸易实践，使得数据、信息升华为风向标，指导全球贸易的运行，在全球范围进行贸易生产要素配置。

（2）贸易主体中枢功能。现代国际贸易中心通常是依托跨国公司的全球生产、营销网络成为全球经济神经中枢的。贸易中心正是跨国公司最为密集的地区。如伦敦从20世纪60年代起，全面实施了以引进国际总部为主的开放型战略，使进驻伦敦的跨国公司和世界组织能直接面对政府和资本市场以及其他服务设施，快速作出发展与投资的战略决策并且加快实施。这一战略使伦敦成为欧洲吸引海外公司最成功的城市，目前共有来自92个国家的1.35万家海外公司落户伦敦。约有2/3的全球财富500强企业在伦敦设立了机构，有1/3的公司还将欧洲总部设在了伦敦；欧洲最大的500家企业有1/4把全球总部设在伦敦；伦敦的投资银行业务占全欧洲的50%。

（3）贸易辐射功能。贸易的辐射功能表现在进出口和内贸规模较大，口岸贸易发达，转口贸易在口岸贸易中占有较高比重。口岸贸易在该国对外贸易和世界贸易总值中占有重要地位。新加坡是"转口型"国际贸易中心，其转口贸易在对外贸易和国民经济中占有突出地位。2001~2007年，新加坡的转口贸易在总的出口贸易中一直保持在45%以上，而且比重逐年提高（见表1）。

表1 1996~2007年新加坡转口贸易占出口贸易的比重

单位：百万美元，%

年　份	1996	2001	2002	2003	2004	2005	2006	2007
总出口	176272	218026	223901	278578	335615	382532	431559	450628
转口贸易	72683	99582	104464	128020	155415	175084	204181	215725
占　比	41.2	45.7	46.7	46.0	46.3	45.8	47.3	47.9

资料来源：根据《2008年新加坡统计年鉴》整理。

自20世纪80年代以来，转口贸易已经成为香港贸易的重要部分，其占香港整体出口的比重越来越高，2007年占香港整体出口的96%（见表2）。

表2　香港产品出口和转口占香港整体出口的比例

单位：%

年　份	1960	1978	1985	1990	1995	2000	2003	2005	2006	2007
港产品出口	73	76	55	35	17	12	7	6	5	4
转　口	27	24	45	65	83	88	93	94	95	96

资料来源：根据有关资料整理。

（4）贸易相关的城市功能多样化。传统国际贸易中心的功能主要体现在货物的集散上，而现代国际贸易中心除具有货物进出口功能外，与之相关的物流、仓储、会展、金融、保险、商业等服务功能都高度发达，因此国际贸易中心同时也是国际金融中心、国际商业中心、国际航运中心、国际会展中心等。尤其是现代国际贸易中心的金融服务功能十分突出。如伦敦主导着全球最大的金融市场，占全球外汇交易额的1/3以上。纽约是实力与伦敦最为接近的竞争对手，占全球外汇市场16.6%的份额。其他领先的外汇交易中心是东京、新加坡，各占全球外汇市场的6%左右，香港占4%左右的市场份额（见表3）。

表3　五大国际贸易中心的外汇交易量和航运吞吐量比较

项　　目	纽约	伦敦	东京	新加坡	香港	上海
航运吞吐量（万标箱）	529	—	372	2793.5	2400	2600
外汇交易额 （排名、占世界比重）	(2)16.6%	(1)34.1%	(4)6%	(5)5.8%	(6)4.4%	—

资料来源：新加坡统计局网站、香港统计局网站。

2. 国际贸易中心产业及贸易环境特点

分析对比国际上公认的贸易中心城市发展轨迹和经验，现代国际贸易中心城市具有以下共性特征。

（1）以服务业为主的产业结构体系。国际贸易中心城市经过较长一段时期的发展，都面临着产业结构的全面调整与转型的要求，以适应城市经济持续发展的需要。现在，服务业在国际贸易中心 GDP 中所占的比重都在70%以上。从20世纪中叶开始，世界上主要国际贸易中心城市服务业占 GDP 比重逐年提高，现在，这些城市的服务业占 GDP 比重基本都在80%以上，例如2007年香港的第三产业占 GDP 比重高达91%。另外一个重要条件是服务机构众多，以纽约为例，当地有5000家法律事务服务机构、4000多家管理和公关机构、约3000家数据处理机构、近2000家财会机构、近2000家广告服务机构及约800家各类研究机构。香港的服务业自1980年已经接近67%，2000年之后已超过85%，服务业覆盖着金融、保险、商贸、航运、物流、旅游、法律、教育培训、中介咨询、公关、电子信息网络等诸多领域，是现代经济生活中最为重要的领域。

而且，服务贸易快速发展。国际贸易中心的发展都是从有形的货物贸易开始，都曾是国际贸易货物的集散中心。随着服务业的发展，特别是与货物贸易相关的金融、运输、旅游、会展、咨询等服务业的发展和输出，服务贸易发展速度超过货物贸易。以香港为例，1997年回归祖国后，在CEPA的强有力支持下，香港抓住珠三角快速发展的机遇，鼓励制造业和低端服务业向珠三角地区转移，不断完善与贸易有关的金融、保险、通信、批发零售、交通等服务基础设施，加强发展高增值经济活动，促进科技、创意及绿色经济发展，加快发展有活力的金融、商务、分销等高端生产性服务业，积极引进高端服务业，吸引有关设计、研发等领域的国际高素质人才，成为珠三角服务中心和中国乃至世界高素质人力资源中心，巩固了贸易中心城市地位。

（2）制度环境优越，贸易便利程度较高。国际贸易中心城市都十分注重贸易的自由化和便利化，注重贸易管理的规范、贸易政策的透明、政府工作的高效。有的实行"自由港"政策，货物、资金、人员能够自由流动。20世纪后半期，东京、新加坡、迪拜等港口城市开始大力打造国际贸易中心城市功能，并降低港口成本、细化政府服务内容、距离新兴市场更近等，都极大地提高了其贸易便利化程度。更值得一提的是新加坡，若在此成立一家公司仅需要5天时间，申请和申报各种材料均可通过网上进行，其贸易便利程度可窥见一斑。而且，这些国际贸易中心城市都十分注重制度创新。新加坡数次被世界经济论坛和国际管理学院评为最具竞争力的国家之一。

（3）与贸易相关的信息基础设施功能高度现代化。运用计算机信息网络最密集、电子商务普及程度最高、商务资讯传播最迅速和自由的地方，如香港是当今全球咨询流通最自由的国际大都市，正成为优越的国际信息枢纽之一。香港是全球第一个铺设全数码网络的城市，在电话线、流动电话及传真机普及率方面，也领先于许多亚洲城市。香港经营着全亚洲最大的卫星地面站，所连接的光纤电缆数目为亚洲第一，而且在开放电讯市场方面，比亚洲大部分国家先进得多（见表4）。

表4　2007～2008年信息化程度排名

国家/地区	排名	得分	国家/地区	排名	得分
美　　国	4	5.49	英　　国	12	5.30
新加坡	5	5.49	日　　本	19	5.14
中国香港	11	5.31			

资料来源：http：//www.weforum.org。

（4）拥有贸易要素配置和定价功能及自由贸易政策安排。国际贸易中心都具有完善的市场体系和灵活的市场机制，交易市场品种齐全，通过价格指数与定价功能，发挥市场配置资源的基础性作用。例如，纽约通过纽约交易所等生产要素市场、商品期货市场，每天产生和消费难以计量的数据、信息，并通过贸易实践，在全球范围进行生产要素配置。此外，伦敦通过航交所编制的波罗的海干散货指数，反映了包括煤炭、铁矿石和谷物等在内的全球大宗商品的需求。

（5）跨国公司总部和地区总部聚集。当前跨国公司贸易约占国际贸易总量的2/3，作为跨国公司总部和地区总部聚集的国际贸易中心城市成为全球贸易网络的控制节点。国际贸易中心城市还集聚了众多的国际组织或分支机构、外国商务机构、使领馆、中介组织和非政府组织。例如，东京不仅汇集了众多日本国内企业，外资企业总部也大多将东京作为首选地，70%外资企业的总部设在东京。作为亚太地区的营运枢纽中心的香港，外国企业在此设立了1228家地区总部、2167家地区办事处和2509家驻港办事处。

（6）贸易发展环境优越，生活环境较适宜。国际贸易中心城市拥有发达便捷的海、陆、空运输设施，先进的信息通信设施，一流的会展设施，齐全的专业服务体系和商贸人士理想的居住环境。例如，东京拥有发达的公共城市交通网络，共有20条铁路线，运行里程超过1000公里，其中仅地铁运行里程就有300多公里，遍布全市的各个角落，在信息网络方面，从20世纪80年代中期开始，东京就先后制订了多个推进都市信息化建设的规划，使东京建立起设施完备、住处畅通的网络系统。

三 上海国际贸易中心建设现状

（一）上海国际贸易中心建设现状

上海贸易中心的建设已经历了近 160 年的发展历程。早在 1850 年，上海已超过广州成为当时中国和远东地区的贸易中心城市；到 1949 年，上海贸易总量占全国半壁江山；我国实行对外贸易统制政策期间，上海也是中国的五大口岸之一，是中国最大的外贸出口口岸；1992 年中央确定上海"四个中心"发展目标以后，上海国际贸易中心建设与经济、金融、航运三个中心建设同时拉开序幕，快速推进。经过十几年的努力，上海建设国际贸易中心已在多个方面取得实质性突破与进展。

1. 贸易规模逐步加大，投资落户上海的国际贸易企业成为国际贸易中心的重要力量

从口岸贸易规模来看，2008 年，通过上海口岸的进出口货物总值 7949.9 亿美元，占全国外贸进出口总额的 31.03%。其中，上海的国际货物贸易进出口额为 3221.38 亿美元，占同期全国的 12.58%。上海口岸货物外贸依存度从 2000 年的 198% 升至 2007 年的 419%。从服务贸易规模来看，2007 年，上海国际服务贸易进出口额再度刷新历史纪录，达到 559.1 亿美元，快于同期上海国际货物贸易。上海服务贸易进出口额占全国的比重，已从 2001 年的 12% 升至 2008 年的 22.3%。2008 年，上海国际服务贸易进出口额超过 700 亿美元，继续高居全国榜首。企业主体对国际国内两大市场的影响力、辐射力大大增强。截至 2008 年底，外商在沪累计设立总部经济外资机构 676 家，国有、集体、外资、民营、个体、股份制等在沪各类外贸企业累计 34679 家，其中内资民营外贸企业 23803 家。

2. 要素市场集聚，辐射功能增强，要素市场及市场机制逐渐形成和完善

金融、土地、房地产、技术、人才、产权等要素市场体系框架初步确立。2008 年上海期货交易所成交额占全国期货市场总成交额的 40.15%。大宗商品的"上海价格"已逐步得到国际市场认可。上海已和伦敦、纽约一起被公认为世界铜的三大定价中心。除了市场规模扩张，汇市、股市的联动效应也正在加强，两个市场的定价都更加理性。

3. 现代流通体系逐步形成，内外贸联动发展的体制机制逐步理顺

大市场推动大流通，大流通带动大贸易。2008年，全市970个商品交易市场实现成交额4400亿元，其中82家重点商品交易市场实现交易额3403.6亿元，部分交易市场已成为真正意义上的产地、销地、集散地商品交易与服务中心。大宗商品电子交易市场活跃，其中钢材电子交易量占全国钢材电子交易总量的80%以上。功能性、枢纽型、网络化的综合交通基础设施建设取得重大突破，为现代流通发展奠定了良好基础，"大通关"平台和电子口岸建设不断深化，上海口岸通关效率和物流信息服务水平明显提高，电子标签及标准化立体仓库、自动拣选设备等现代物流技术装备得到推广应用。2008年10月21日，上海市机构改革方案正式通过国务院审批，正式成立上海市商务委员会，内外贸管理体制的统一，对上海的国际贸易中心建设将起到积极的推动作用。

（二）上海建设国际贸易中心的问题

虽然上海贸易中心建设已经具备了坚实的基础条件，但是与现代国际贸易中心的要求相比，在贸易环境、贸易主体、贸易内容和要素及平台等方面还存在一定差距。

1. 贸易经营主体缺乏，贸易网络控制能力不强

目前上海参与国际贸易的主体相对单一，缺乏大型本土跨国贸易主体企业。与其他国际贸易中心城市相比，2007年《财富》世界500强企业排行榜中，东京有47家，伦敦有22家，纽约有20家，香港有4家，上海仅2家（上汽和宝钢）。在跨国公司总部、外国银行、外资保险机构数量等方面，上海也远远落后于香港等其他国际贸易中心城市。

现代贸易中心贸易主体以虚拟网络来支撑实体贸易网络，但是上海企业存在下列问题：①实体网络为主，网络的技术程度不高，核心技术缺乏；②以国内网络为主，国外网络几乎没有，同时国内市场网络和国际市场网络之间缺乏联系；③网络的控制能力不高，由于国内贸易企业在网络延伸中没有深入到最终消费者，产业链中控制主体是跨国采购商、跨国零售商和跨国批发商。

2. 内外贸分割状况尚未完全消除，内外联动的统一大市场还未形成

在观念上，内外贸的分割根深蒂固。在法律法规上，外经贸领域建立了一系列法律法规，以《外贸法》为基本法、其他各种专业法为补充的法律框架基本健全，内贸立法步履蹒跚、严重滞后，远远不能适应国内市场变化的需要。从贸易主体运行看，目前普遍存在着内贸商业流通企业缺少外贸网络、人才和经验，而外贸企业缺少内销渠道。因此，虽然从政策上看，进出口经营权管理体制改革已经消除了外贸经营权限制，但企业运行机制上仍然内外分割。从政府管理上看，虽然商务部的成立早已从组织上解决了中央一级层面上内外贸一体化的问题，上海2008年机构改革商务委成立，也完成了政府管理组织的一体化，但在商务部（委）成立后，内外贸依然是两张皮，分割如旧，各内外贸司局（处）各有自己的业务范畴，在工作程序和方法上都不相同，缺乏相互间的联系与协作。同时，粮食、石油、棉花等关系国计民生的大宗商品一直实行内外贸分割管理的体制。在政策上，商品期货交易开放度差。

3. 贸易发展不均衡，服务贸易结构不合理

上海国际贸易中心发展不均衡主要表现在：服务贸易与货物规模差距较大，2007年上海服务贸易仅为货物贸易的19.76%，占全部贸易总额的16.5%，低于同年19.5%的世界平均水平；上海服务贸易逆差明显，并呈现进一步扩大的态势；海运、物流比较强，空运实力比较弱；从贸易流向来看，直接进出口贸易流较大，转口贸易弱；从服务贸易的项目比重来看，运输、旅游等传统劳动密集型服务贸易的比重约占50%，而咨询、金融服务贸易等知识密集型服务贸易仍处于较低的发展水平。

4. 贸易服务环境不能满足贸易企业需要

支持贸易发展的贸易融资、贸易保险业发展不充分，金融创新服务不足。2006年上海金融业增加值达到825.20亿元，但当年金融服务贸易只有2.32亿美元，按1∶8汇率计算，金融服务贸易只占上海金融服务业增加值的2.25%。

专业服务业发展不充分，主要原因：第一，大型服务企业没有进行充分的改革，传统非核心业务依然存在，而不是通过改革将低端服务外包出去，服务效率难以提高。第二，大型服务性公司想剥离非核心业务，但缺乏提供专业服务的服务提供商。第三，上海专业服务业还存在一些市场壁垒，包括开放的时间比较短，开放的程度还较低，国际会展受到审批制度的制约，物流和咨询等服务业行业的市场准入门槛较高等。

5. 要素集聚及辐射能力弱，商品的价格发现功能缺失

据不完全统计，上海服务业增加值只有香港的 1/4、东京的 1/10；外汇日交易量只有伦敦的 1‰，商品批发销售总额不及纽约的 1/6，国际集装箱中转量尚不到集装箱吞吐总量的 1%。目前上海转口贸易占比只有 2%，与香港的 75%、新加坡的 35% 相比差距还很大，国际贸易能级和价值含量也较低。

商品交易功能是国际贸易中心的内涵与核心。目前，上海已有贸易产品虽然多达几十类，但产品定价权大多在其他发达国家手中。因此，无论是产品集聚度还是期货市场定价话语权均亟待提升。

6. 面临国内其他城市国际贸易中心功能逐渐形成的压力

一是随着信息技术和电子交易的广泛应用，次级城市分流了核心大城市在部分专业市场方面的一级批发商地位，如义乌的"小商品市场"已成为全球消费品市场电子交易中心。二是随着跨国公司在中国建立采购中心，国内贸易呈现国际化发展趋势，国内其他商品交易市场也正在逐渐朝着规模化、市场化、专业化和现代化方向发展，政府推进大宗商品电子交易平台的力度较大，对上海贸易中心地位构成了一定挑战。三是国内部分省市如天津、广州、苏州等也在积极建设国际贸易中心。天津突出了"综合改革、先行先试"的重要特征，以建设东疆保税港区为重点，加快建设北方国际航运中心和国际物流中心。广州提出打造珠三角贸易中心地位，广交会成为世界影响力较大的大型贸易品牌展会，上海会展业的发展远不及广州，辐射国际及国内市场的展会还比较缺乏。苏州正在探索一条"非区港联动"模式向"自由港"升级的路径，苏州工业园区综合保税区整合了海关特殊监管区域的所有功能政策，计划成为上海洋山港、浦东空港及太仓港在内陆地区的喂给、疏散港，最终发展成为长三角地区制造集群的生产服务业基地和重要的国际货物集散地。

（三）上海建设国际贸易中心的瓶颈

由于经济结构转型滞后和服务业改革开放滞后，上海在建设国家贸易中心的过程中逐步显现瓶颈，主要体现在制度供给、管理优化、基础设施供给、人才集聚等战略性资源方面的缺失上。

1. 制度瓶颈

在"世界经济论坛"公布的《全球贸易便利指数》报告中，中国排名第 48 位，主要体现在进口贸易方面的关税和非关税壁垒的存在，进口货物成本还比较高。

在外界关注度较高的中国若干服务业部门，尽管中国已认真履行了入世承诺以及 CEPA 框架下的市场开放或准入门槛降低，但在现实中依然存在着大量对外资行业准入与业务范围的实际限制。主要体现在分销、物流、建筑施工与设计等行业，目前尚存在着大量的市场限制。例如分销业知识产权保护和企业品牌保护不力，地方本位主义依然严重，运输业中资产和注册资本要求未实现国民待遇，对外资建筑施工企业施工项目的限制和中外律所实行联营限制。另外，上海出台的跨国公司总部政策适用于吸引国内企业总部，对跨国总部进入没有太大的推动作用。

在企业经营中，目前企业反映较多的制度制约有：一是在税收制度方面，增值税和营业税相互不能抵扣；二是个人所得税过高，为合理避税，外籍高级管理人员选择在中国居住不超过 183 天，外籍高级管理人员比重低，形成上海吸引国际跨国公司、发展总部型经济的瓶颈。更为重要的是，没有形成国有流通企业做大做强的综合促进机制，一方面在服务业改革开放滞后中保护了落后的国有企业，另一方面在服务业进一步开放中又存在丧失主导权的风险。

2. 管理瓶颈

从我国现行的贸易管理体制看，政府职能手段和理念主要与服务业尚未充分发展的阶段相适应，贸易过程的每一个环节都有一个政府部门独立监管，涉及商务、海关、外汇管理、商检、税务、金融监管等多个部门。目前贸易管理上，一方面贸易便利程度不够，比如进出口贸易的过境管理缺乏透明度，效率程度不高。国际上很平常的贸易方式，如物流与资金流不一致的贸易方式问题，由于管理部门分割，在上海始终无法开展。另一方面，必要的管理能力不到位，对部分行业或项目，重审批，轻监管。例如，法律咨询行业在对外开放过程中，由于不注重契约精神，贸易企业征信系统不健全，监管制度缺乏等，部分律所及咨询机构无序经营，客观上扰乱了法律咨询业市场秩序。

3. 基础设施瓶颈

与其他国际贸易中心相比，上海无论在国际航线分布上，还是在基础设施规划、内陆货运能力、服务水平和手段等方面，均落后于其他国际贸易中心城市。现代贸易活动大多依靠信息网络来进行，并可实现高度的商、物分流和远程交易，但是上海服务贸易基础设施明显落后，网络速度和服务价格难以满足以电子商务为主要交易方式的企业需求。

4. 人才瓶颈

当前上海国际贸易人才队伍主要存在以下薄弱环节：人才总量不足，结构有待优化，尤其缺少拔尖人才、领军人才。涉外律师、国际商务谈判师、国际贸易研究咨询员明显偏少，复合型人才相当缺乏。其原因在于：一是培养人才的机制尚待完善。目前社会培训机构鱼龙混杂，在基础人才培训方面出现不正当竞争现象。而中高端人才培训，或因自身动力不足，或因经费投入不足，或因主管部门难以组织协调，培训力度较弱。二是人才的激励保障机制不够完善。激励的方式缺乏吸引力，保障的措施缺乏力度。三是对外籍、外地人才实行居住及户籍管理，制约高端人才在沪发展。四是教育、医疗、社会保障等方面体系不够完善，降低上海对高端人才的吸引力。

四　上海国际贸易中心建设目标

（一）总体目标

根据2001年5月国务院正式批复的《上海市城市总体规划（1999～2020年)》要求，到2020年上海将基本建成现代国际贸易中心，即以高度开放、便利、符合国际惯例的贸易发展环境和贸易运行机制为基础，以发达的深水港、航空港和信息港为依托；形成服务业高度发达、内外贸融为一体、货物贸易结构进一步优化、服务贸易优先发展的贸易格局；形成与国际金融中心、国际航运中心、国际经济中心建设相互支撑的国际贸易中心主体功能；确立信息流、订单流、商品流、服务流、资金流、人才流等贸易要素流动通畅，在全球贸易网络体系中具有影响力的国际性流通枢纽地位；支撑上海成为与国际化大都市地位相对应，对国内外市场具有强大集聚力和辐射力，并具有较强国际竞争力的国际贸易中心。

（二）上海国际贸易中心功能体系框架目标

上海国际贸易中心框架主要包括六个层面：即口岸集散中心、大宗商品交易与定价中心、贸易营运与控制中心、现代国际化采购交易中心、国际购物天堂和国际服务贸易中心。其中前五个层面是国际贸易中心的基本功能，而国际服务贸易中心则是现代国际贸易中心的重要延伸功能之一，也是国际贸易中心功能的重要组成部分。

口岸集散中心：货物贸易是上海国际贸易中心建设的基础，口岸集散是成为国际贸易中心的基本前提与标志之一。上海应以口岸集散中心建设为基础，形成国际国内主要商品进出口集散中心、亚太地区腹地型转口贸易中心。

大宗商品交易与定价中心：通过整合长三角各类专业批发市场功能，建设与贸易中心地位相适应、具备较大流通、集聚和辐射能力、虚拟与实体相结合的大宗商品电子交易平台，逐步成为长三角、长江流域乃至全国性的相关大宗商品交易中心和价格发现中心。应对国际市场利用"中国因素"炒高大宗商品价格的挑战，以原油期货等大宗商品期货交易作为先导，打造大宗商品期货交易平台，形成亚太地区以基础金属、贵金属、能源、化工等大宗商品为主的主要期货市场，发挥期货市场发现价格、规避风险的功能，逐步形成国际大宗商品交易与定价中心，变"中国因素"为"中国力量"，使"上海价格"成为我国最大幅度减少大宗商品价格波动对经济发展影响这一国家战略大局中的重要棋子，并最终成为国际贸易中心建设中的重要品牌和抓手。

贸易营运与控制中心：以对整个贸易过程、贸易收益的控制功能和提供贸易融资、保险、仲裁等与贸易相关的服务营运功能为追求，以交易合同、交易订单的控制、对贸易产业链上下游相关业务的整合以及对全球产业供应链的管理和控制为核心，打造贸易资源配置、营运与控制中心，使之成为上海国际贸易中心框架的高层次核心功能之一。依托跨国公司和国内大企业内部的产业链整合，集聚跨国公司和国内大企业的资源配置中心，打造跨国公司营运总部集聚地，形成国内外品牌的营销中心、内外贸易决策中心；集聚与培养订单分拨企业、以订单为核心的虚拟企业等，形成订单中心。

现代国际化采购交易中心：通过拓展展览设施规模，提高展会知名品牌集聚度，构建商务洽谈平台，建设各类交易市场，集聚跨国公司和国内大企业功能性总部等，建设世界级的商品展示中心、商品信息交流中心、各类新品信息发布中心、国内外大型批发企业集聚中心、国内外跨国公司采购中心的集聚地。

国际购物天堂：以"时尚之都"为目标，打造以地标式商圈、特色商街、商旅文化示范圈、轨道交通商业及郊区新城商业中心为核心的人性化购物环境；抓住人民币国际地位提高的机遇，引入最多最新的国际著名品牌商品，大力培育本土中高档消费品牌，形成国内外商品经销代理中心。连锁、电子商务、无店铺销售、网上购物、快递物流等现代流通方式不断创新，形成国际商业品牌、新型商业业态集聚、国内外顾客能够纷至沓来的国际化购物天堂。

国际服务贸易中心：这是上海国际贸易中心的主要延伸功能，重点发展国际离岸服务外包业务，形成全球服务外包的重要基地之一，重点开拓国际离岸服务外包总承接和对内服务外包总发包业务市场，形成服务外包订单交易港。

五　上海国际贸易中心建设思路建议

（一）以国际贸易中心引领"四个中心"建设，形成协同推进格局

上海"四个中心"建设要有机融合，贸易中心建设要求金融中心和航运中心建设提供巨大的资金与货物流量、喷涌的融资与结算需求、便捷的信息网络，同时又要抓住上海金融中心建设带来的贸易融资便利和航运中心建设的物流优势，乘势而上。目前应抓住人民币国际化机遇，加快推进人民币用于国际贸易结算试点，推进对外贸易、对外投资、对外劳务等以人民币计价，以扩大国际贸易，规避贸易风险。抓住航运中心江海直达、现代集疏运体系优化机遇，引导加工贸易向长江流域延伸转移。

（二）强化国际贸易中心对上海"三个服务"、对中国经济转型的支撑作用

上海国际贸易中心建设要以服务长三角区域一体化、服务长江流域经济联

动、服务全国实体经济转型为根本出发点和立足点，充分发挥国际贸易中心对长三角、长江流域经济发展、结构转型的重要推动作用。以健全的国际贸易支撑和服务体系为全国外贸货物经由上海口岸进出口提供优质服务；为长三角、长江流域提供多功能平台，为中国经济与世界经济对接提供载体；通过自身外贸发展重新配置价值链，推动加工组装环节向土地和劳动力要素供给充足、成本较低的长三角、长江流域地区扩散，带动长江流域进入国际产业分工体系。通过转变贸易发展方式，促进长三角、长江流域贸易结构优化。

（三）打造市场平台体系，构建沟通全球的交易网络

构建货物贸易市场体系，在长三角各类专业批发市场的基础上，打造集长三角专业市场之大成——集商品展示、信息发布、价格形成、融资、现代会展、电子商务、娱乐休闲等功能于一体的虚拟化现代展贸、采购、交易平台。构建服务贸易市场体系，要加快发展贸易结算、贸易信息服务、会展、物流、产品采购、报关、商务旅行服务等与贸易相关的传统服务市场发展，同时更应拓展高附加值的贸易支持服务，如离岸交易的商品、授权、代理、认证、设计、技术支持、融资、行政以及财务管理、培训等系列商贸支持服务。

（四）集聚高能级的贸易主体，构建富有活力的贸易产业组织结构

要继续大力吸引跨国公司和国内大企业总部，大力吸引跨国公司和国内企业把产业链中技术含量高、附加值高的环节转移到上海，把研发、顶端设计、增值服务、品牌定义等功能性中心设在上海，使上海成为国际贸易的增值中心。大力吸引国际贸易组织落户上海，使上海成为国际贸易关系的协调中心。形成由中小贸易商云集，若干大型跨国贸易企业为主导，跨国采购商、跨国渠道商、国际品牌制造商、贸易增值服务商、跨国公司制造商、贸易促进机构等共同参与、富有活力的产业组织结构。

（五）提高贸易自由化与便利化的程度，营造国际一流的商务环境

不断扩大贸易的开放度，降低准入门槛，使商品和要素能充分自由流动。进一步简化贸易程序，倡导贸易便利化。借鉴香港等国际贸易中心经验，加大贸易促进力度。倡导社会契约精神，加快建立企业诚信管理体系。按照 WTO 规则，

营造贸易制度环境，建立适应国际贸易中心建设和各类贸易主体需要的贸易人才环境，优化贸易设施环境。

（六）加快内外贸一体化进程，形成统一的内外贸大市场

要加快内外贸一体化进程，确立内外贸相结合的商务管理模式，实行与国际规范相一致的内外贸政策，加快内外贸渠道的融合。接轨国家十大产业振兴规划，进一步鼓励企业开拓国际和国内市场。发挥进口对消费促进的积极作用。

承接服务外包：助推广州经济增长

吴　竑*

摘　要：承接服务外包，能够促使生产要素投入量增加或提高生产要素效率，对承接国的经济增长有着积极的作用。广州在发展现代服务经济的进程中，重点发展承接服务外包产业，对提高劳动就业率、扩大内需、增加政府财政收入、吸引外资、提升人才素质、产业升级及优化产业链条等方面影响巨大，助推了广州经济增长。广州要发展成为"首善之区"和国际大都市，应更积极承接服务外包，使之在经济增长中发挥更大的作用。

关键词：经济增长　承接服务外包　现代服务业　生产要素

一　经济增长核算的基本模型

现代经济增长理论认为，经济增长主要取决于生产要素投入量的增加和全要素生产率的提高。在经济增长的模型中，经济增长通常被规定为产出的增加，这里，产出既可以表示为经济的总产出，也可以表示为人均产出。经济增长的程度可以用增长率来描述，产出增长是通过增加要素投入以及通过技术改进导致的生产率提高实现的。生产函数提供了投入与产出间的数量关系，为简化问题，首先假定劳动（N）和资本（K）是仅有的重要投入。方程（1）显示产出（Q）取决于投入和技术水平（A）（A 代表技术水平是因为 A 越高则给定水平的投入所生产出的产量也越多，有时 A 也被称为"生产率"）。

$$Q = AF(K,N) \tag{1}$$

---

* 吴竑，经济学硕士，曾在国有贸易公司承担外资引进和产品出口工作，现为汕头职业技术学院经管系经济学讲师，经济师。主要研究方向为国际贸易理论和实务。

更多的投入意味着更高的产出，换句话说，劳动边际产品 MP_L 和资本边际产品 MP_K 都是正的。

方程（1）将产出水平与投入水平以及技术水平联系起来，使用增长率比使用水平往往使工作更容易进行。方程（1）中的生产函数可以转变以明确投入增长与产出增长的关系，这个预测可被概括为如下的增长核算方程：

$$\triangle Q/Q = [(1 - \theta) \times \triangle N/N] + (\theta \times \triangle Q/Q) + \triangle A/A \qquad (2)$$

产出增长 =（劳动份额 × 劳动增长）+（资本份额 × 资本增长）+ 技术进步

其中 $(1 - \theta)$ 和 θ 分别代表收入中劳动的份额和收入中资本的份额。方程（2）总结了投入增长和生产率提高对产出增长的贡献：劳动和资本各自的贡献量等于它们各自的增长率乘以该投入在收入中所占份额，方程（2）中的第3项又被称之为技术进步或全要素生产率增长率。

上面的经济增长模型概括地归纳如下：一个社会的长期经济增长主要取决于生产要素的投入数量和生产要素效率的提高。生产要素包括劳动、资本和土地及其他自然资源。由于土地和其他自然资源被视为一种特殊形式的资本，因此，劳动和资本常常被看做影响长期经济增长的两个基本的生产要素。如果其他条件是一定的，那么一个经济社会投入的劳动数量和资本数量越多，产出就越多，经济增长就越快。劳动的数量取决于劳动者的人数和劳动时间，资本的数量则主要取决于资本积累，包括资本积累的规模和资本积累的速度，也包括引进外资的数量。同时，增长模型显示，经济增长不仅取决于生产要素的投入数量，而且与生产要素效率的高低相关。如果生产要素投入的数量不变，那么生产要素的效率越高，总产出的增长就越快。影响生产要素效率高低的因素主要有：第一是技术进步，即指通过技术革新、改造、新技术的应用、技术结构的调整和升级来提高生产要素的效率。第二是知识的积累和人力资本的积累。知识的积累是指可以用于生产过程的一般知识和专业化知识的增加；人力资本的积累是指通过正规的或非正规的教育而掌握了劳动技能的人力资源的增加。第三是制度创新。其通常是指对现存的具体的社会经济制度以及对现存的企业制度的变革。经济学在分析影响经济增长的因素时，常常把技术进步、知识和人力资本的积累以及制度创新视为除劳动、资本之外的决定长期经济增长的第三因素。在现代社会中，尽管生产要素投入数量的增加对经济增长的作用依然不可低估，但技术进步、知识和人力资本的积累以及制度创新等生产要素效率的提高对经济增长的促进作用越来越大。

二 承接服务外包促进经济增长的机理

(一) 概念和分类

虽然目前我国承接服务外包业务发展很快，但学术界和产业界对于承接服务外包的含义还没有形成统一的认识，相关文献还没有对承接服务外包进行定义。本文认为承接服务外包是指是在新的国际分工背景下，企业通过发挥比较优势，利用专业化团队来承接发包商服务外包项目，从而达到促进经济增长或转变经济增长方式的一种发展战略。目前，承接服务外包涉及领域已经相当广泛，并且按照不同的划分标准，有许多不同的分类方法。本文按照业务的特色和离岸的情况双标识复合分类，将承接服务外包归纳为承接信息技术外包（ITO）、承接业务流程外包（BPO）和承接知识流程外包（KPO）等三大类。表1列出了目前比较流行和通用的这三大类别所包含的内容。

表1 承接服务外包的分类表

类 别	内 容	
信息技术外包 （ITO）	系统操作服务	银行数据、信用卡数据、各类保险数据、保险理赔数据、医疗/体检数据、税务数据、法律数据(包括信息)的处理及整合
	系统应用服务	信息工程及流程设计、管理信息系统服务、远程维护等
	基础技术服务	承接技术研发、软件开发设计、基础技术或基础管理平台整合或管理整合等
业务流程外包 （BPO）	企业内部管理服务	为客户企业提供企业各类内部管理服务，包括后勤服务、人力资源服务、工资福利服务、会计服务、财务中心、数据中心及其他内部管理服务等
	企业业务运作服务	为客户企业提供技术研发服务、销售及批发服务、产品售后服务(售后电话指导、维修服务)及其他业务流程环节的服务等
	供应链管理服务	为客户企业提供采购、运输、仓库/库存整体方案服务等
知识流程外包 （KPO）	研发服务外包	科学研究试验、动漫制作、金融数据分析、市场问卷调查等
	金融分析服务外包	
	市场研究服务外包	

资料来源：根据张小庆撰《我国承接国际服务外包的 SWOT 分析》整理所得，《商业时代》2007年第31期。

（二）承接服务外包助推经济增长的理论依据

1. 比较优势理论

比较优势理论认为，一个国家总能通过从事本国具有比较优势的产业，从而在国际贸易中获得利益。其后发展出的 H-O 要素禀赋理论进一步指出，比较优势来源于不同国家资源禀赋的差异。在技术和其他条件许可的情况下，把不同的服务活动根据各国人力资源的比较优势拆分到这些国家进行，就能通过节省成本获得比较利益。由于人力资源要素相对价格在发展水平不同的国家之间差异较大，比较优势效应在服务的离岸外包领域表现尤为显著。如图 1 所示，CC 为发包国的成本曲线，C^*C^* 为接包国的成本曲线，当中间品生产处于区间 $[0, Z^*]$ 时，C^*C^* 低于 CC，因而承接外包能够获得比较利益，而当中间品生产处于区间 $[Z^*, Z]$ 时，C^*C^* 高于 CC，因而国内生产有利。

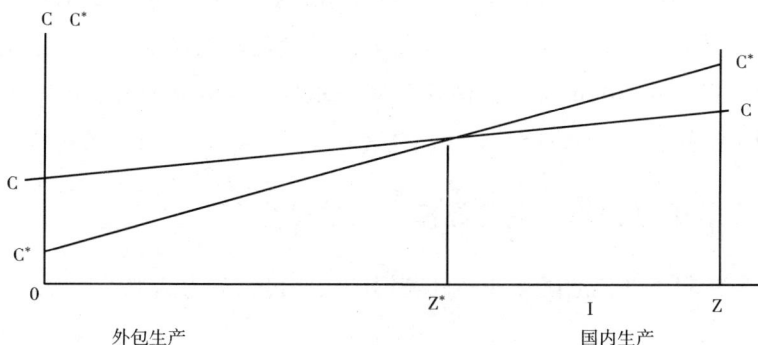

图1　服务业务发包国和接包国的比较优势

2. 培育自主创新能力理论

发展中国家要实现经济增长，培育自主创新能力是一个关键的因素。多年以来，中国凭借廉价的劳动力和土地要素、规模巨大的市场、优惠的财政让利政策吸引外资，过度追求外资数量导致大量外资污染项目向中国转移，"市场换技术"的设想基本落空，外资的强势技术一定程度上抑制了中国自主创新能力的培育。承接跨国公司的服务外包订单，可以直接参与国际分工中的服务环节，学习规范的服务流程与先进的管理经验，缩小与国际领先企业的差距。通过承接服务外包，本土企业可以在引进、消化、吸收的基础上二次创新，在整合全球资源的基础上进行集成创新，最终实现真正自主创新，从而在软件研发、商务服务等方面形成自己的核心技术，承接服务外包的技术溢出效应有助于中国建成开放型的国家创新体系。

3. 差异化战略理论

发展中国家可以通过发挥比较优势，利用成本优势来承接服务外包业务，但是降低成本终归是有限度的。然而，通过创造差异化的战略来承接服务外包的潜力却是无限的，迈克尔·波特在《竞争战略》中把差异化战略视为企业竞争的三大战略之一。所谓差异化战略是企业通过树立品牌形象、提供特性服务以及优势技术等手段来强化产品特点，以此增加购买者的选择余地，吸引顾客踊跃购买。在竞争的承接服务外包市场中，差异化策略极为重要，通过技术、性能、顾客服务、商业网络方面的差别化，使得承接服务外包企业在竞争激烈的市场上能吸引更多的外包订单。实施差异化策略，是企业承接服务外包业务的一种独特而又有效的手段，它可以使企业在承接服务外包的领域中独树一帜，形成一个稳固的市场，减少竞争；再者实行差异化的战略通常都可以确定一个较高的承接服务外包的价格，又消除了同类承接外包业务价格的可比性，避免了可怕的价格战。

（三）承接服务外包促进经济增长的效应

参与承接服务外包的国家或地区获得的效应可以分为两类：静态效应和动态效应。

1. 静态效应

服务外包静态效应，是指开展服务外包后，双方所获得的直接的经济利益，它表现为在资源总量不增加、生产技术条件没有改进的前提下，通过分工而实现的实际福利的增长。静态效应主要包括以下两点。

（1）就业效应。根据比较优势理论，发达国家的高技术服务型劳动相对工资比发展中国家要低，而发达国家的非技术服务型劳动相对工资比发展中国家要高。同时，由于发达国家的技术高于发展中国家，因而对发达国家来说属于非技术型的劳动是发展中国家的技术型劳动。发达国家会把技术性服务业务保留在本国生产，而把非技术型服务业务外包到发展中国家，这样就增加了对发展中国家来说技术型劳动力的需求，从而带来了服务外包承接国技术型劳动力的就业增长和工资增长。如图 2 所示，CC 为发包国的成本曲线，C*C* 为接包国的成本曲线。进一步假设，资本可以在两国间自由流动，且发包国的资本收益低于接包国（r < r'），则会有一些资本从发包国流入承接国，使发包国内资本量减少而承接国资本量增加，从而使 r 提高，r'降低。这样资本收益的改变会对工资会有一个较深远的影响，从图 2 可以看到，r 的增加使成本曲线 CC 上移，r' 的降低使成本曲线 C*C* 下移。在工资不变的情况下，两条成本曲线的交点从 Z* 移动到 Z，外包生产的范围扩大到 [0，Z]。因此，服务离岸外包可以带来发包国和接包国双方技术型服务劳动力相对工资的增长和技术型劳动力就业的增加，从而有助于提高发展中国家劳动者队伍中智力密集型劳动力的比例，进而提高第三产业就业人口在就业总人口中的比例，促进现代服务业规模的发展。

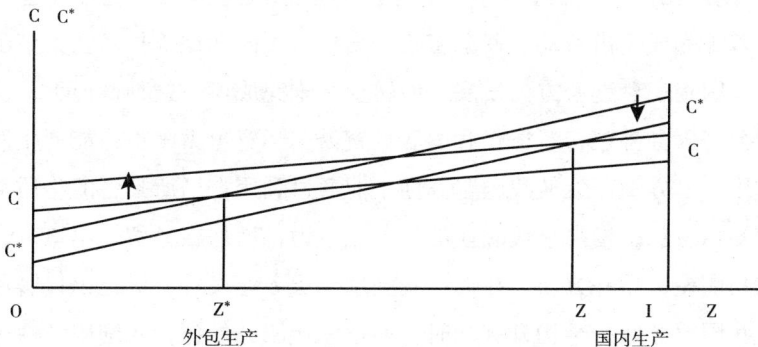

图 2 承接服务外包的就业效应

（2）出口结构优化效应。对发展中国家而言，承接国际服务外包是一种全新服务贸易方式。承接服务外包对实施出口导向战略的发展中国家具有特殊的意义。通过外向型经济的发展，很多发展中国家出口商品结构已发生重大的变化，工业制成品的出口已完全取代了传统的农、牧、矿等初级产品为主的出口地位，出口结构实现升级，由第一产业转向第二产业。承接服务外包，实质上是要将出口由第二产业向第三产业延伸。这一新型出口方式对改善服务贸易逆差，改善与主要贸易国的关系，优化经济结构产生积极影响，减轻经济高速增长对能源消耗与环境破坏的压力。这种产业转移无污染、无能耗，有利于发挥服务资源优势，扩大服务贸易规模，促进服务贸易持续增长，扩大发展中国家在国际服务市场上的份额，提升企业参与国际竞争的能力。

2. 动态效应

服务外包动态利益，是指开展服务外包后，对双方的经济和社会发展所产生的间接的积极影响，可以表现为投入的增加、技术的进步、经济结构的升级和观念的改变等。动态效应主要包括以下三点。

（1）提升承接国在国际分工中的地位。服务外包是国际分工向服务业的延伸与深化，与制造业加工贸易相比，承接服务外包是参与产业链上的更高层次的环节，创造的附加值更高。接包方的要素优势不仅在于廉价的一般劳动力，还在于可以培育知识型、技术型高级劳动力，通过提供这种相对稀缺的高层次生产要素，参与服务外包这类服务业国际分工的高附加值环节，可以提高接包方在国际分工中的地位，从而分享更多的要素收益。

（2）增强承接国的国际竞争力。印度通过承接跨国公司服务外包，服务贸易结构已基本完成了由劳动、资源密集型出口为主向知识、技术密集型出口为主的转变，我国正朝着这个方向发展，但转变并未完成。在这种情况下，我国加快承接跨国公司服务外包，对增强我国服务贸易国际竞争力来说，能产生两个方面的积极作用：一方面，促使我国服务性企业通过利用自己所具备的物质资源，发挥其专业知识特长，增强承接企业的核心竞争力，增加服务贸易出口额，实现我国服务贸易顺差；另一方面，在促进我国现代服务业发展，优化出口服务贸易结构，促进我国服务业的结构升级同时，通过承接服务外包，我国服务性企业还可以积累资金、知识和技术，提高管理能力，提升核心竞争力，从内向国际化转向外向国际化，加快我国服务业跨国公司的成长。

（3）提高承接国的城市国际化水平。随着国际服务外包涉及接包和发包方之间更多的人员、信息、技术等跨国交流，就会吸引外资流向服务业，将会加强城市和国际经济的业务往来，城市在人力、资本、信息以及文化等进行跨国交流合作的活动将不断增加，城市经济的国际联系会日趋紧密，其辐射力和吸引力将影响到国外的城市。

三 承接服务外包助推广州经济增长

广州是珠江三角洲的经济核心，也是华南地区的商贸流通中心、金融中心、科技中心和信息中心，已形成了以服务业为主的产业结构特色。在推动支柱型产业发展的基础上，广州寻找到以承接服务外包为重点的现代服务业作为新的经济增长点。2008 年，广州服务业完成增加值 4849.14 亿元，同比增长 13.6%，拉动全市经济增长 7.9 个百分点，对经济增长的贡献率达 64.6%。服务业增加值占地区生产总值比重为 59.02%，仅次于北京，居全国第二位，人均服务产品占有量位居大城市第一位。① 2009 年上半年，广州市实现地区生产总值 3917.3 亿元，同比增长 8.5%，其中服务业实现增加值 2353.4 亿元，同比增长 11.4%，拉动经济增长 6.7 个百分点，对广州市经济增长的贡献率达 78.7%，比上年同期提高 15.2 个百分点，② 服务业对经济的增长作用越来越大。从表 2 中可以看出，各年度服务业增加值占广州 GDP 比重都占一半以上，且所占比重基本呈逐年增加的态势，服务业增加值逐年增加，同比增长速度每年都达到二位数。显示了广州正由"工业型经济"逐步向"服务型经济"转变。

表 2　服务业对广州 GDP 增长的促进作用

单位：亿元，%

年份	GDP	服务业增加值占广州 GDP 比重	服务业增加值	服务业同比增长
2000	2383.07	52.35	1247.54	16.0
2001	2684.83	54.10	1452.59	13.5
2002	3001.69	55.59	1668.55	14.1
2003	3466.63	53.59	1857.60	11.0
2004	4115.81	53.03	2182.60	13.8
2005	5115.75	56.86	2908.96	12.6
2006	6068.41	57.77	3503.52	14.4
2007	7050.78	57.76	4072.80	14.1
2008	8215.82	59.02	4849.14	13.6

资料来源：广州市统计局。

广州在发展现代服务经济的进程中，重点发展承接服务外包务业。经过多年的努力，已初步形成了软件、动漫、创意设计、金融、物流等服务外包产业集群和特色服务外包示范园区，涌现了一批技术基础雄厚、产业规模较大的产业群体和以承接系统软件设计、数据处理、系统应用和基础技术服务、企业内部管理、

---

① 《广州统计年鉴 2008》。
② 《广州市 2009 年上半年国民经济和社会发展计划执行情况的报告》。

供应链管理等为主要业务的服务外包企业群体，成为我国南方重要的国际服务外包中心，目前已有超过 3000 家企业开展服务外包业务。① 承接服务外包的总体规模不断扩大，其中信息技术外包（ITO）企业群实力雄厚，正成为外资投资的新兴和重点领域。近年来，广州通过大力开展面向欧美和日韩地区的招商，拓展承接以跨国公司内部外包为主的信息技术外包，已形成了一批具有丰富经验的 ITO 外包企业群，软件产业整体实力位居全国前列，2008 年离岸接包业务额达到 2.1 亿美元，软件出口额 4.67 亿美元，软件出口占高新技术出口额的 6.2%。② 按照广州市"十一五"期间对软件业的发展规划，到 2010 年，广州将实现软件产业年均 35% 的增长速度，产值达到 1100 亿元，其中软件出口年均增长 30%，出口达到 12 亿美元，软件企业总数超过 2000 家，并培育一批有自主知识产权的软件出口企业；在业务流程外包（BPO）领域，广州服务外包企业形成全方位、多领域发展的格局，总部经济的辐射带动作用明显。围绕地区总部和在穗投资的世界 500 强等跨国企业，承接跨国公司信息技术、客户关系管理、会计、人力资源、呼叫中心等 BPO 业务的接包企业逐步发展壮大，2008 年接包额达 1.8 亿美元，BOP 项下的服务贸易收支总额首次超过 100 亿美元大关，服务贸易收入增长 30% 以上，支出增长 25.13%，均高于全市货物贸易进出口增长比例；目前新兴的以医药临床测试、研发设计、动漫游戏为重点内容的 KPO 业务在广州也出现了快速发展的趋势，成为承接服务外包的生力军。广州共有 605 家外商投资企业从事承接本企业内部或境外母公司的研究、开发、设计、试制业务，投资总额合计为 25.69 亿美元，合同利用外资合计为 12.32 亿美元，其中独立研发中心 10 家，包括美国安利、瑞士龙沙、瑞典爱立信、美国惠亚、德国拜尔聚合物、丰田汽车培训研发中心、法国亚力氏电讯研发中心等。在网游动漫和设计、创意设计、生物产业和医药出口等方面形成了各具特色、多极发展的区域布局。③

作为中国"第三城"，广州承接服务外包业务发展迅速，特别是在全球经济不景气背景下，承接服务外包业务却"逆势"增长，2009 年上半年广州服务外包合同登记金额 2.57 亿美元、执行金额 1.61 亿美元，分别超过和接近 2008 年

---

① 肖振宇：《服务外包：接轨国际高端服务业》，2007 年 7 月 9 日《广州日报》。
② 《广州统计年鉴 2008》。
③ www. gzboftec. gov. cn/articles/2007 - 10/22862. htm - 9k.

全年水平，位居国内承接服务外包示范城市前列，成为广州现代服务业发展的一大亮点。承接服务外包产业的蓬勃发展，助推了广州经济的增长。

（一）承接服务外包提高就业率，扩大内需，为经济增长提供了保证

1. 承接服务外包为经济增长提供了劳动力就业保证，成为提高大学生就业率的有效途径之一

承接服务外包中许多业务来自金融、电信、医疗、制造等行业，大学毕业生经过一定的培训后很适合从事这些行业的 BPO 业务。事实上，很多承接服务外包项目，本质上就是劳动力出口，所吸收的就业人数不亚于当年制造业向珠三角地区转移所创造的就业效应，对于充分利用巨大的劳动力资源有着非同寻常的意义。2008 年以来，受到国际金融危机的影响，珠三角地区出口导向型企业大量关闭，使各级各类学校毕业生就业问题雪上加霜，"就业难"成了社会的焦点。承接服务外包，成为解决"就业难"问题的有效途径之一。服务外包的适应范围广，从低端的软件测试、人力资源代办代理，到中端的财务处理，客户服务，再到高端的软件研发、项目管理，提供职业机会多，吸纳就业能力强，广州 900 多家服务外包企业 2008 年吸纳大学毕业生 2.3 万人。统计显示，在 2009 年就业总体形势压力大的情况下，1~6 月，广州服务外包企业新增从业人员 16462 人，同比增长 18.89%，成为"逆势"吸收大学生就业的主力军。仅仅一个香港汇丰，在广州设立的软件和客服中心这两大外包系统，就分别雇用 3000 人和 4000 人，而"前店后厂"的"汇丰模式"，眼下正在东亚电子、电讯盈科、数码通、国泰航空、美银电子、美心数据处理等大批港企中不断被克隆。按规划，到 2013 年，广州全市离岸服务外包业务额超过 100 亿元，由此推动广州服务外包从业人员将增加到 2013 年的 18 万人。相当于未来五年，将为大学生提供 15 万个就业岗位。对于当今社会顽症之一的"大学生就业难"，服务外包无疑是解决问题的出路之一。①

2. 承接服务外包对扩大内需、促进经济增长的效果显著

扩大内需的目的是保增长、保就业，而服务业发展是实现这一目标的重要手

---

① http：//zx. fsecity. com/show. php？ id=632793&cid=612.

段。从依靠外需向依靠内需的转型，经济增长需要新的亮点。在农业对增长贡献率相对较低、低端制造业受危机冲击最大的背景下，保增长重任自然就会落到服务业。"十五"时期以来，伴随着现代制造业的崛起和一批重大基础设施的完成，现代物流、会展、信息、商务等新兴生产性服务业快速崛起，使广州市服务业保持了持续快速发展的势头，总量规模及产业比重不断迈上新台阶。2008年广州三次产业结构为2.04∶38.94∶59.02，处于典型的二三产业"并重发展期"，人均GDP超万美元，按照世界银行标准，广州处于从发展中状态进入发达状态的标线。如果体制政策环境得当，服务业的发展很可能成为经济转型的助力，促进经济增长的主力。广州市按照《珠江三角洲地区发展规划纲要》要求，加快推进广州服务外包示范城市建设，积极承接国际服务业外包，促进贸易转型升级。以此为契机，广州把服务外包产业作为战略产业予以大力支持，积极鼓励企业承接国际服务外包业务，同时大力吸引有实力的境外服务外包提供商落户广州，并科学规划服务外包发展的集聚区域，积极打造服务外包的公共服务平台，加快制定鼓励服务外包产业发展的政策措施，考虑市场需求及现有配套产业的特点，重点发展软件、创意动漫、金融保险、仓储运输、信息资讯、研发设计等具有比较优势的服务外包产业。加快形成主要依靠承接服务外包等措施内需拉动经济增长的格局，同时努力保持出口和利用外资规模，促进经济平稳较快发展，为实现2009年地区生产总值增长10%、人均生产总值增长8.5%的目标创造条件。

（二）承接服务外包全面提高广州服务业吸收外资水平，增加地方政府的财政收入，带动经济增长

目前，服务业对外直接投资流入量约占世界对外直接投资总流量的70%，服务业跨国投资和服务贸易的迅速发展反过来推动服务外包快速增长。承接服务外包横跨招商引资、服务贸易、境外合作对外经济合作的三个领域，是开展外资、外贸、外经"三外联动"的最佳纽带，承接服务外包能提升广州吸收外资水平，推进广州经济社会发展模式的转型，推动广州在更高层次上参与国际分工。广州抓住国际资本向服务业和高技术产业转移的历史契机，积极吸引优质高效的跨国公司，逐步具备吸引跨国公司在广州形成先进服务业基地、先进制造业基地、研发中心和地区总部一体化的基本条件。一是良好的宏观经济态势和巨大的市场优势，庞大的制造业创造了巨大的服务需求，服务业吸收外资有很大潜

力，使广州对跨国公司保持着较强的吸引力；二是拥有质优价廉的综合人力资源优势，包括部分中高端科技管理人才；三是广州拥有较高水平的信息基础设施和较强的信息技术产业支撑；四是有着良好的开放环境和意识，在制度创新和特殊功能区域开放开发方面走在前列，具备在服务业全面实施开放带动战略的基础等。因此，一些国际机构将广州列为对跨国公司服务转移和外包有潜力的新兴市场和研发转移重要目的地。表3反映了2004～2008年广州服务业吸引外资的情况，从表中的统计数据可以看出，不论是服务业新批合同外资、实际使用外资的金额，还是服务业占全市合同外资比重，都逐年上升，说明服务业对广州经济的推进作用不断加强。

表3 服务业对促进广州吸引外资的作用

单位：亿美元，%

年份	服务业新批合同外资	服务业占全市合同外资比重	实际使用外资	服务业占全市实际使用外资的比重
2004	8.10	25.28	7.68	31.99
2005	10.60	31.15	8.81	33.26
2006	20.07	45.71	11.19	38.28
2007	39.50	56.15	20.74	63.12
2008	35.33	59.69	20.47	56.49

资料来源：广州市统计局。

1. 承接服务外包成为广州当前吸收外商投资的新方式

全球服务业吸收的跨国直接投资已经从1990年的不足50%上升到目前的60%左右，而制造业所占比重已从42%降至34%。大部分的服务业投资集中在以出口为导向的服务外包业。[①] 因此，与服务外包相关的外商直接投资已经成为发展中国家竞争的热点。2008年，服务业利用外资分别占全市合同外资和实际利用外资总额的59.69%和56.49%，并且服务业投资从房地产逐渐转向金融、物流、会展、设计、咨询等现代服务业，极大增强了广州作为区域中心城市的辐射功能。为更好地承接服务外包业务，广州出台了《关于加快我市服务外包发展的意见》，认定了4个"中国服务外包基地城市广州示范区"。构建穗港服务

---

① 《服务外包：接轨国际高端服务业》，2007年7月9日《广州日报》。

外包联盟，大力推动在欧、美、日、港等国家和地区设立广州服务外包接包点，拓宽广州服务外包业务的市场渠道，目前世界 500 强跨国公司在广州投资累计已达 160 家，投资项目达 348 个，这是服务外包一个极大的客户群，为服务外包接包方提供了巨大的市场空间。① 微软（中国）产业基地、IBM 软件创新中心、英特尔广州国际安全数据解决方案中心、百事高等一批国际先进的现代服务业项目相继在广州落户。全球 IT 软件外包服务 100 强的 Sierra Atlantic 与艾瑞软件开发有限公司合作成立了广州最大的承接软件外包企业。② 承接服务外包成为当前吸收外商投资的新方式。

2. 承接服务外包增加地方政府的财政收入，带动经济增长

服务外包产品附加值高的特点，使其已成为财政收入新的增长极，相较于制造业 2%～5%、最高不超过 15% 的增值幅度，服务外包的增值幅度高达 100%。从收益来看，服务外包对经济增长的贡献是来料加工制造业的 20 倍，能耗却只有制造业的 20%。自 2008 年以来，在国际金融危机的背景下，广州的经济发展亦受到一定冲击，服务业特别是现代服务业成为经济增长的主要拉动力量，为保持广州经济平稳较快增长作出了贡献。统计显示，2008 年服务业增长 13.6%，增速分别高于 GDP 和工业增长 1.3 和 2.7 个百分点；实现服务业增加值为 4849.14 亿元，占广州经济总量的 59%；现代服务业增加值占服务业增加值比重接近 80%，现代服务业主导的经济格局已现雏形。从表 4 可以看出，服务业对经济的贡献率在 2008 年已达到 64.6%，占据了地方政府财政收入的一半以上。

表 4　服务业对经济的贡献率

年份	服务业对经济的贡献率（%）	财政收入（亿元）
2004	47.7	1307.98
2005	52.6	1502
2006	56.3	1729
2007	56.1	2116
2008	64.6	2477

资料来源：广州市统计局。

---

① http：//www.gz.gov.cn/vfs/content/newcontent.jsp? contentId = 670991&catId = 4114.
② 《广州服务外包发展情况（2008 年）》，广州市对外贸易经济合作局。

（三）承接服务外包提升和改善了人才的知识结构，进一步加快了广州经济增长的水平

人才素质在发包商选择外包地点时起到了举足轻重的作用。服务外包业是IT和知识密集型行业，需要大量的高素质人才：既需要具备战略策划、项目管理、组织领导等综合素养的管理者，也需要具备外包业务运作能力的具体操作人才以及具备国际交流能力的语言人才。印度软件业的成功，根本原因也在于充分发挥了人才素质高、通晓国际商务且创新能力强的三大优势。承接国际服务外包有助于承接国培养高素质的专业人才，可以进行服务外包的领域非常广泛，从简单的客户服务到远程营销；从最基本的信息处理到复杂的财务、金融、保险分析；从简单的电脑日常维护，到高端的软件开发、新产品设计等等，涉及的环节越来越复杂，在价值链上的位置也越来越高。因此，外包企业的从业人员首先要具有一定的专业背景，如计算机、通信技术、外语等等，同时，外包企业还会根据项目要求对从业人员进行充分的岗前、在岗培训以及外语技能培训。这种培训包括各阶层的职员，从简单的生产操作员，到监督人员、高级技术专家以及上层管理人员。培训形式根据所需要的技能，可以包括在职培训、研讨会及更为正式的学校或海外母公司的培训。尽管外商企业的高级职位通常保留给外国专家，但本地管理人员的比例会随时间而增加。当外商企业的本地职员转到本地企业就职，或设立自己的公司，就会使在外商企业培训所得到的知识发生溢出。在这个过程中，服务外包可以帮助承接国培养一整套专业人才体系，以服务于承接国的国民经济发展，促进承接国国民经济的增长。

广州充分利用已经获取的"中国服务外包模范城市"、"国家软件产业基地"、"国家软件产业出口创新基地"、"国家网络游戏动漫产业发展基地"等国家级基地品牌，每年吸引大量全国各地人才到广东就业。同时进一步整合资源，积极吸引港澳地区中高级服务外包专业人员和留学回国人员来广州创业或工作。为了适应承接服务外包的需要，根据《教育部、商务部关于加强服务外包人才培养促进高校毕业生就业工作的若干意见》中"各类高校要在相关专业开展服务外包人才培养工作，在高职高专、本科、研究生等层次培养高质量的服务外包人才，力争在5年内培养和培训120万服务外包人才，新增100万高校毕业生就业，实现2013年承接国际服务外包业务300亿美元"的要求，结合广州的实际，

实施"千百十工程"人才培训计划，大力开展人才培育工程，加快组建服务外包团队，力争到2010年建立10000人的欧美软件外包团队，培育超过5000人的对日软件外包团队。人才素质的提高，进一步加快了广州承接服务外包水平。

（四）承接服务外包促进产业升级，带动相关产业的发展，优化产业链条

1. 承接服务外包提升现代服务业发展的层次，带动经济增长的作用加强

现代服务业已经成为产业进步的标志，其发达程度是衡量一个地区综合竞争力和现代化水平的重要内容。就国际服务外包的业务类型来看，目前60%的业务集中在以软件、数字内容、电子商务等为重点的信息服务外包，40%的业务集中在金融、后勤、人力资源、数据处理及分析、客户服务等业务流程外包，这两个领域均属于广州"十一五"期间重点推进的高端服务产业。因此，通过承接服务外包，广州直接与国际高端服务业接轨，提升现代服务业的国际竞争力。广州市服务外包产业已经形成了以数据管理服务企业群、系统开发和应用服务企业群、供应链管理服务企业群、内部管理和运营服务企业群等各具特色的企业群落。广州以其深厚的服务业底蕴，正在成为承接国际服务贸易和服务外包的一个新热点，成为新一轮经济增长的发动机。

2. 承接服务外包促进了广州制造业可持续发展，改变了经济增长方式

20世纪中后期，制造业的一项革命性变化就是它与服务业的一体化，而且已成为全球经济发展的趋势。不仅如此，在现代经济中，随着专业化分工的深化和服务外包趋势的发展，制造业的产业竞争力越来越依赖于设计策划、技术研发、现代物流等生产性服务业的支撑。以广州为核心的珠江三角洲是外资制造业集聚的经济活跃带，由广州和佛山组成的广佛经济圈工业总产值在2006年已经超过了1.5万亿元，而广州外资企业工业产值就达到5207.23亿元，占全市工业总产值的64.26%。在广州的近8000家外资企业制造业企业更倾向于通过服务外包满足商务需求，延伸产业链条。以汽车产业为例，随着本田、日产、丰田三大巨头齐聚广州，一大批日本零部件和上下游配套企业来广州投资落户，这些日本企业的信息化建设形成了庞大的软件及生产性服务业外包市场，而且从地域上优先考虑广州本地的对日外包服务企业。围绕日系企业，广州对日软件外包，承接日本企业定制软件开发业务日益增多，而本地对日软件开发能力的提升也为日系

汽车企业集群提供了可持续发展的强大动力。因此，开展服务外包促进了广州制造业的产业链和价值链向中高端提升，促进制造业加速发展。

3. 承接服务外包提高了服务贸易出口的竞争力

作为珠三角中心城市，广州服务贸易出口逐渐显示出强大的竞争力，2007年，广州地区服务贸易约95亿美元，实施服务外包出口合同登记备案98项，金额8182.93万美元。服务业合同外资和实际外资分别增长96.81%和85.34%，新批合同外资39.50亿美元，占56.15%；实际使用外资20.74亿美元，占63.12%，实现软件出口3.83亿美元，占高新技术出口额的6%。2008年登记软件（不合嵌入式软件）出口合同195项，合同金额1.54亿美元，同比分别增长3.43倍和5.8倍，服务贸易结汇超过50亿美元，占全市服务业增加值约一成，成为拉动广州市经济增长的主要力量，"广州软件"出口竞争力不断增强，成为经济增长的亮点。[1]

（五）承接服务外包提高当地政府的管理和服务能力，有利于优化制度环境

广州2009年获得"中国服务外包模范城市"称号。根据国务院办公厅的批复，广州的承接服务外包企业享受包括税收在内的一系列优惠政策：自2009年1月1日起至2013年12月31日止，对符合条件的技术先进型服务企业，减按15%的税率征收企业所得税，对技术先进型服务外包企业离岸服务外包收入免征营业税；对符合条件且劳动用工管理规范的技术先进型服务外包企业，可以实行特殊工时工作制，也就是说，为与国外对接，可以晚上上班；中央财政对服务外包示范城市公共服务平台设备购置及运营费用和服务外包企业创建品牌、知识产权保护、参加境内外各类相关展览、国际推介会、取得国际资质认证等给予必要的资金支持；制定符合服务外包企业特点和需要的信贷产品和保险险种。出台和落实相关的鼓励政策和措施，推动国际服务外包产业做大做强；制定鼓励发展服务外包产业的指导意见，加大扶持力度；将服务外包作为广州今后对外招商的重点领域，引进境外投资者在广州设立承接国际服务外包的外商投资企业；加大人才培训与引进工作力度，为承接服务外包业务提供智力支撑。在吸收新增劳动力

---

① 刘晓斌：《关于广州软件业发展的若干思考》，《珠江经济》2008年第9期。

方面，每新录用 1 名大专以上学历员工从事服务外包工作并签订 1 年以上劳动合同的，中央财政给予企业不超过 4500 元的培训支持，广州市财政也将投入 1∶1 的配套资金，也就是说，一个广州服务外包企业吸纳一名符合要求的员工将获得 9000 元补助。制度创新实际上为广州承接服务外包的企业降低了成本，提高了国际竞争力。

四 广州承接服务外包助推经济增长的 SWOT 分析

SWOT 分析是一种常用的战略分析方法，其实质是在对企业内部的优势（strengths）、劣势（weaknesses）以及企业外部环境的机遇（opportunities）、挑战（threats）进行综合分析的基础上，制定与其内部能力和外部环境相适应的经营战略，以保证企业经营的成功。由于 SWOT 分析具有清晰、简明、具体的特性，后来区域经济学者将其引入到区域经济发展战略的研究中，即区域 SWOT 分析。下面我们将对广州在新形势下发展现代服务业的优势、劣势、机遇和挑战进行阐述。

（一）优势分析

1. 具有区位优势和便捷的交通条件

广州市位于广东省中南部，珠江三角洲北缘，濒临南海，邻近香港特别行政区和澳门特别行政区，是珠江三角洲的经济核心，具有广阔的辐射面和带动力，交通发达，新机场、高速铁路、高速公路已陆续投入使用，逐步形成了覆盖面极为广泛的交通枢纽。良好的区位和交通优势，为广州市在新形势下积极承接国外外包的转移提供了坚实的载体支撑。

2. 具备良好的基础优势

广州市发展服务外包具有良好的基础和条件，主要表现在以下三个方面。第一，出台了《关于建设现代产业体系的决定》，提出建立既与世界接轨又有广东特色的现代产业体系，争当全国现代产业发展排头兵的战略目标，为现代服务业的发展创造了新的需求和更有利的发展环境。第二，以信息技术为核心的高科技迅猛发展，为广州市发展服务外包提供了技术支撑。第三，中国加入 WTO 和 CEPA 的实施，中国 - 东盟自由贸易区的建立，泛珠三角协作的开拓和广泛发展，为广州市服务外包的发展提供了更加广阔的空间和供给条件。

3. 政府更加重视承接服务外包产业的发展

2008 年 3 月，广州市出台了《关于加快我市服务外包发展的意见》和《中国服务外包示范城市广州示范区管理办法》。广州市政府决定在"十一五"期间投入 10 亿元以上促进信息技术服务外包（ITO）和业务流程外包（BPO）的发展，其中，设立了广州市服务外包发展专项扶持资金，每年安排不少于 1 亿元，鼓励对服务外包，产业的投资，支持人才引进和培训，加强示范园区环境建设等；设立总部或地区总部扶持资金，每年安排 2000 万元扶持总部经济发展；设立金融业发展专项资金，从 2005 年开始每年安排 5000 万元，奖励设立金融机构总部或地区总部。

4. 拥有人才与科教优势

承接国际服务外包，融高科技和知识密集性于一体，其发展必须以优秀的科技、创新型人才作为支撑。广州市拥有包括中山大学、暨南大学等国内外知名大学在内的高等院校 63 所，培养研究生的普通高校和科研机构 24 所，在校研究生 4.98 万人，普通高等学校在校本专科学生 67.93 万人；另有各类中等职业技术学校 107 所，在校学生 23.74 万人。与 20 多个国家和地区的 200 多家科研机构、大专院校和学术团体建立了合作关系。广州除了自身拥有充足的人力资源储备，还因为其产业结构完整，门类齐全，工业、商业及第三产业蓬勃发展，所以能吸引大批来自全国各地的优秀人才和技术熟练的劳动者，有数据显示仅通过南方人才市场的人才交流量平均每年约 30 万人。此外，每年来自全国各地高校的大学生、硕士、博士等优秀人才进入广东就业，为广州发展服务外包提供了丰富的人力资源。[①]

（二）劣势分析

1. 与世界多数国家相比服务业所占比重偏低

尽管广州市服务业已全面超越第二产业占据了国民经济的主导地位，成为国内仅次于北京而最接近"服务经济"发展阶段的中心城市。但与世界多数国家相比，服务业所占比重偏低，与经济发展水平不相符。2007 年，世界服务业占

---

① 郑京淑、袁飞：《关于广东发展现代服务业的思考》，《广东经济》2009 年第 1 期。

GDP 的平均比重已超过 70%，而广州市仅约 59.0%。可见广州服务业总量与国际先进城市尚有较大差距，不仅远远低于全球性国际大都市，纽约、伦敦等服务业占 GDP 的比重超过了 80%，而且明显低于香港、新加坡、首尔等新兴区域性国际大都市。从人均服务产品占有量来看，2007 年，广州人均服务产品占有量达到 35917 元，位居国内大城市第一位，但这一指标不及纽约、东京等全球性国际城市的 1/10，仅是香港、新加坡等区域性国际城市的 1/5 左右。可见，广州服务业发展水平与国际先进城市差距巨大。

2. 生产服务业欠发达，其中金融业严重落后

从服务业内部结构看，生产性服务发达是当今国际先进城市的一个显著特征，一般而言，在城市进入高级发展阶段后，其生产性服务业所占比重会逐步上升，占据主导地位，而广州流通部门占三产比重仍高达 39.4%（其中交通运输仓储更占三产比重 17.38%），2006 年，广州以金融、商务、信息、科技四大典型生产性服务业增加值合计占第三产业比重仅为 27.6%，还不到全球性国际城市如伦敦、纽约一个金融行业增加值所占比重。

金融业是现代经济的核心和"百业之首"，是城市高端服务功能的核心标志，当今国际城市金融业增加值占 GDP 比重都超过 10%，纽约、伦敦金融业占经济总量的比重达 30%，京、津、沪分别是 12.6%、10.0%、10.6%，而广州只占约 4%，居全国第五位；金融机构（银行、证券、保险）总部的数量，广州仅有 22 家，比北京的 141 家、上海的 132 家、深圳的 66 家少得多。广州金融业总量在京、沪、深、杭之后其增加值占服务业比重仅居国内第八位。

3. 创新能力不足

创新是推动区域经济发展的根本动力，有助于区域产业结构的调整和升级，提高区域经济增长质量和福利水平。当前广州市产业发展存在自主创新能力不足的问题，拥有自主专利技术的企业较少，高校和科研院所互动不强，产学研结合的链条没有有效形成。广州集聚了 63 所普通高校，每万人科学家和工程师数量达 93 人，科技人才高居亚洲大都市榜首。但广州 R&D 经费投入无论绝对量还是相对量却显著低于各国际城市，如广州 2007 年 R&D 经费仅 17 亿美元，而东京在 2006 年 R&D 经费为 272.0 亿美元，纽约在 2004 年经费为 176.2 亿美元。广州 2007 年 R&D 经费占 GDP 的比重也比北京、上海、深圳低得多。专利是创新产出能力的直接体现。2007 年广州专利申请量 12057 件，与香港、新加坡相若，与其他国际城市比仍有明显差距，首尔 2004 年已达 3.9 万件；专利授权比例仅50%，具有核心技术的发明专利仅有 11%，获国际专利数仅 247 件，其差距更大。

4. 体制约束

计划经济遗留的很多不利于服务业发展的体制，使服务外包的发展存在供给刚性的问题。尽管需求在不断提升，但供给滞后的矛盾短期内难以解决，广州市和其他地区一样，都是在这样的体制下发展。另外，当前服务外包的很多领域还是由政府垄断，市场开放不广泛，外资进入某些行业难，进而抑制了现代服务业的发展。

（三）机遇分析

1. 承接知识流程外包成为新的发展热点

近几年，在全球经济不景气的大背景下，特别是受金融危机的影响，跨国公司开始了新一轮全球产业布局调整，承接知识流程外包成为新的发展热点。服务业国际产业转移最初表现为项目外包、跨国公司业务离岸化等形式，随着国际市场竞争日趋激烈，产品和服务生命周期越来越短，企业要赶上迅速变化的市场需求，必须提高运营的效率。然而在 IT 服务、新产品研发和金融风险管理等知识密集的高端服务业领域，许多发达国家面临成本上升问题，在 20 世纪 90 年代后期，知识流程外包（KPO）应运而生。而目前广州重点发展的承接服务外包产业，如软件设计、生物制药研究、金融管理和动漫创意设计等产业已有一定的基础，能与 KPO 增长潜力较大的领域实现对接。因此，抓住服务业国际转移中知识流程外包这一新的发展机遇，将有利于广州服务业产业链向高端延伸，实现服务业产业结构的转型升级，带动整个服务外包产业的发展。

2. 清晰的发展战略为承接服务外包带来新的发展前景

2008 年广州成为商务部的"中国服务外包基地城市"，现在又升格为国家级的"中国服务外包示范城市"，为承接服务外包带来新的发展前景。按照构建现代产业体系"排头兵"和要发展成为"首善之区"的思路，广州提出了把承接服务外包作为发展重点。通过信息技术外包（IPO）、业务流程外包（BPO）和知识流程外包（KPO）方式，积极与实力强、规模大的跨国服务外包提供商开展合作，重点引进 IT 服务外包、研发设计外包、生产服务外包、共通服务外包、金融后台服务外包等，主攻计算机及相关服务、互联网相关服务、商务服务、金融服务、专业服务、影视和文化服务等六大相关产业，带动广州经济的增长。

（四）挑战分析

1. 国际上，新兴市场国家之间竞争激烈

在经济全球化格局中，世界各国市场全方位开放，资源配置和生产体系愈益全球化配置，以经济实力为基础的经济综合竞争力已成为在全球化市场竞争中取胜的重要法宝。最近几年，涌现出了一批像中国、印度、越南等新兴市场国家，其经济发展已经受到世界其他国家的好评。在新的国际产业转移趋势下，尤其是一些高端服务业成为国际产业转移的热点时，各新兴市场国家将会调整本国产业结构，抓住机遇承接服务外包，努力提高本国经济的综合竞争力，在这样激烈的竞争环境下，我国将会面临严峻的挑战。

2. 在国内，面临其他服务外包基地城市的威胁

我国加入 WTO 之后，国内市场对外逐步放开，东部沿海省市参与国际分工的力度越来越大，承接国际服务外包的竞争已演变得越来越激烈，上海、江苏等省市由于区位优势明显，吸引外资的数量逐渐增加，对广州市发展服务外包造成很大的威胁。因此，在国际产业转移新趋势下，服务业成为热点转移领域时，广州和这些地方的竞争将会更加激烈。

五 积极承接服务外包，促进广州经济增长的建议

广州承接服务外包具有独特的地理、产业和人才优势，已经形成了较强的核心竞争力。目前，广州服务外包发展迅速，业务规模迅速扩大，《广州市促进服务外包发展意见》已正式出台，承接服务外包被列入全市经济社会未来发展的重要产业，将在各方面给予大力支持。"十一五"计划提出每年将投入至少 1 亿元资金推动服务外包发展，并全方位支持示范园区建设、人才培养和培训、公共技术和服务平台建设、国际市场开拓和企业培育。计划建成 8 个具有一定规模、各具特色的服务外包产业聚集区；吸引 30 家以上跨国服务外包公司落户广州；培育 100 家取得国际认证资质的服务外包企业，其中：2 家以上营业额超过 10

亿元，2 家以上人数超过 5000 人；培养和吸引 6 万名从事服务外包业务的专业人才；2010 年服务外包出口额在 2005 年的基础上实现翻两番。要实现《广州市促进服务外包发展意见》和"十一五"计划所要求的目标，发展成为"首善之区"和国际大都市，广州应从下列方面进行努力。

（一）充分认识承接服务外包在经济发展中的重要性

目前，对承接服务外包的认识与广州经济发展的地位还不相称，有些人仍然存在"重制造、轻服务"观念，在制定相关政策时往往偏重于鼓励制造业发展而忽视服务业发展，经济发展战略仍然停留在"工业经济"的思维上，片面强调发展工业，还没有充分认识到承接服务外包对生产和生活乃至构建和谐社会的重要性，更没有将承接服务外包放在经济发展的战略高度上去考虑。一些人把工农业看成是创造社会财富和社会价值的"实业"，把承接服务外包看成是不创造社会财富和社会价值，只是消耗社会财富的"虚业"；把抓工农业看成是"真抓实干"，而把承接服务外包看成是"虚工虚作"。急需通过更新观念，提高认识，切实地提高服务业在经济发展中的地位，改变经济增长过度依靠工业拉动的格局，把承接服务外包发展成为未来推动广州经济增长的主要动力。

（二）构建以现代服务业为主导的现代产业体系

加快发展现代服务业，能够产生规模效应和乘数效应，带动整个大都市的经济发展。广州不能仅仅满足于传统服务业的发展，而要力争服务业的提升，应不失时机地扩大服务业领域对外开放，抓住新一轮全球产业转移特别是现代服务业加快转移的战略机遇，发挥自身先进制造业密集等比较优势，主动承接国际服务业外包，主攻知识密集型生产性服务业，率先构建以现代服务业为主导的现代产业体系，提升广州中心城市竞争力。当前，国际服务外包 60% 的业务集中在以软件、数字内容、电子商务等为重点的信息服务外包，40% 的业务集中在金融、后勤、人力资源、数据处理及分析、客户服务等业务流程外包，这两个领域均属于广州"十一五"期间重点推进的高端服务产业。因此，通过承接服务外包，广州将直接与国际高端服务业接轨，提升现代服务业的国际竞争力。

（三）加强服务外包与先进制造业之间的互动

国际经验表明在现实的经济发展过程中，先进制造业和服务外包之间彼此依赖的程度日益加深，两者已表现为相互作用、相互依赖、共同发展的关系。随着经济规模特别是制造业部门的扩大，对服务外包的需求会迅速增加；服务外包的增长依靠制造业部门中间投入的增加。所以，要加强服务外包与先进制造业之间的互动，广州是外资制造业集聚的经济活跃带，外资工业产值已经占全市工业总产值的六成，外资制造业企业通过服务外包满足商务需求，延伸产业链条。以汽车产业为例，随着本田、日产、丰田三大巨头齐聚广州，一大批日本零部件和上下游配套企业来广州投资落户，这些日本企业的信息化建设形成了庞大的软件及生产性服务业外包市场，而且从地域上优先考虑广州本地的对日外包服务企业。围绕日系企业，广州对日软件外包，承接日本企业定制软件开发业务日益增多，而本地对日软件开发能力的提升也为日系汽车企业集群提供了可持续发展的强大动力。因此，广州承接服务外包应朝着有利于促进制造业的产业链和价值链向中高端提升方向发展，以产品和技术创新为特色及知识密集型的"高精尖新"工业为重点，促进产业升级、产业链延伸和功能完善，形成以产品研发和技术创新为特色的科技研发型承接服务外包产业群。

（四）人才培养

积极吸引港澳中高级服务外包专业人员和留学回国人员来广州创业或工作，给予他们多方面的便利。以产学研相结合的方式，支持各高等院校、中介结构和社会培训机构开展人才定制培训、综合培训、认证培训、专业课程培训等各项培训，大力培养适合外包企业发展需要的实用技能型和创业型人才，提高从业人员的职业技能。比如在承接软件外包中，应普及偏重计算机应用方面的技能，着力培养一批技术蓝领，解决目前软件外包行业基层人员的严重短缺问题。同时，政府和企业还应该重视人才的再培养，对一些中级水平的人才进行管理知识的普及，使之成为能够承担开发和管理双重业务的复合型高端人才。

参考文献

裴长洪：《新形势下利用外资问题研究——在第九届中国经济学家论坛的演讲》，《经济纵横》2008 年第 2 期。

裴长洪：《如何认识城市经济转变发展方式》，《中国党政干部论坛》2008 年第 8 期。

裴长洪：《正确认识我国加工贸易转型升级》，《国际贸易》2008 年第 8 期。

夏杰长：《中国服务业 30 年：回顾与展望》，何德旭主编《中国服务业发展报告 No. 7》，社会科学文献出版社，2008。

夏杰长：《大力发展服务业是解决"增长型失业"的有效途径》，《经济研究参考》2004 第 11 期。

张明志：《国际外包对发展中国家产业升级影响的机理分析》，《国际贸易问题》2008 年第 1 期。

郑后建：《承接国际服务外包是加快我国现代服务业发展的重要途径》，《湖南商学院学报》2008 年第 6 期。

对外经贸大学国际经济研究院课题组：《国际服务外包发展趋势与中国服务外包业竞争力》，《国际贸易》2007 年第 8 期。

刘志彪：《国际外包视角下我国产业升级问题的思考》，《中国经济问题》2009 年第 1 期。

中国服务外包网：http：//chinasourcing. mofcom. gov. cn/gz/gz1citymiennr1. htmlJHJ2。

文化创意产业：提升杭州品质与竞争力的"推手"

郑吉昌　夏　晴　郭立伟*

摘　要： 文化创意产业是集智慧、文化和科技于一身的"黄金产业"，其发展规模和程度，已成为衡量一个国家或区域综合竞争力高低的重要指标。杭州市正面临国际国内发展文化创意产业的良好机遇，提出打造全国文化创意产业中心具有重要意义。大力发展文化创意产业是杭州积极应对金融危机的重要举措，是杭州发展循环经济的更高要求，是杭州发挥比较优势的必然选择，是加快杭州产业转型升级的必然要求，是提升人民生活品质的重要依托，是提高杭州城市综合实力的必由之路。

关键词： 杭州　文化创意产业　服务业

文化创意产业是在世界经济进入知识经济时代这一背景下发展起来的一种推崇创新、推崇个人创造力、强调文化艺术对经济的支持与推动的文化理念、思潮与经济实践。文化创意产业意味着"经济增长、财富积累和扩大就业"。尽管"创意产业"的定义、种类有很多还无法统一，但许多国家和地区都将其视为对未来经济增长和创造就业有重要贡献的经济增长领域。在全球化趋势不断加强、国际化竞争日趋激烈的今天，文化创意产业的发展规模和程度，已经成为衡量一个国家或区域综合竞争力高低的重要指标。正因为如此，近年来不少国家和地区

* 郑吉昌，教授，博士生导师，浙江树人大学副校长，中国服务经济研究中心（CCSE）主任，主要研究方向为服务经济学；夏晴，经济学博士研究生，浙江树人大学现代服务业学院副院长，教授，主要研究方向为服务经济与服务贸易；郭立伟，经济学硕士，杭州科技职业技术学院讲师，主要研究方向为创意产业、资源与环境经济学。

开始把文化创意产业作为战略性产业和支柱产业，并采取相应的政策措施和手段积极推动其发展。

一 杭州文化创意产业发展的国际国内环境分析

（一）国际环境

文化创意产业是 21 世纪的"黄金产业"，自 1998 年由英国政府提出后，受到了世界各国特别是发达国家和地区的关注和重视。创意产业之父约翰·霍金斯在其《创意经济——如何点石成金》一书中指出，2005 年全世界创意产业产值高达 2.7 万亿美元，而且以年均 6% 的速度递增。[①] 根据世界银行的统计，2005 年全世界创意经济占了全球经济的 6.1%。

文化创意产业已经成为有些国家的支柱产业之一。全球文化创意产业最为发达的美国，2004 年，其知识产权[②]价值在 5 万亿～6 万亿美元之间，占该国 GDP 的 45%。2004 年，美国知识产权业的总出口额超过 4550 亿美元。2005 年，美国的创意经济市场规模达到 11570 亿美元，占全球创意经济的 42.8%。2006 年，美国麦肯锡咨询公司的评估报告指出：在美国，40% 的工作要求员工能够表达其创意天赋，与此同时，超过 60% 的新增岗位提出了这样的要求。最先提出"创意产业"的英国，2005 年，其创意产业的产值达 2150 亿美元，占英国 GDP 的 9.7%。1997～2004 年，英国创意产业的年均增长率为 7%，分别是传统制造业和传统服务业的 4 倍和 2 倍。创意产业从业人口超过 180 万，而且每年以 3% 的速度在增长。2004 年，创意产业紧随金融服务业成为伦敦的第二大产业，其创意产业每年的产值在 250 亿～290 亿英镑之间。[③] 据伦敦发展局估计，到 2012 年，创意产业将超过金融服务业而成为英国的第一大产业。

除美国、英国之外，日本、韩国的创意产业发展也各具特色。根据日本经济

---

① 〔英〕约翰·霍金斯：《创意经济——如何点石成金》，洪庆福、孙薇薇、刘茂玲译，上海三联书店，2006，第 93～95 页。

② 文化创意产业还没有统一的称谓，在美国称之为"版权产业"。

③ 〔澳〕约翰·哈利特：《创意产业读本》，曹书乐、包建女、李慧译，清华大学出版社，2007，第 195 页。

产业省调查，世界上放映的电视动画片有60%产自日本。日本2003年动画产业营业额高达90亿美元，动画产品出口值远远高于钢铁出口值。韩国动画产业后来居上，其产值仅次于美国和日本，跃居世界第三，其动画生产量占全球的30%，是中国的30倍，动漫游戏产业已成为韩国国民经济的六大支柱产业之一。

纵观全球，发达国家的众多创意产品、营销、服务，吸引了全世界的眼球，形成了一股巨大的创意经济浪潮，席卷世界。杭州正积极借鉴发达国家的经验，大力发展文化创意产业。

（二）国内环境

我国政府也高度重视文化创意产业的发展，近几年来，出台了许多政策措施来扶持其发展。从国家层面来看，2000年10月审议通过的《中共中央关于制定国民经济和社会发展第十个五年计划的建议》提出"完善文化产业政策，加强文化市场建设和管理，推动有关文化产业发展"。2006年8月出台的《国家"十一五"文化发展规划纲要》明确了"十一五"期间我国将着力发展的九类重点文化产业：影视制作业、出版业、发行业、印刷复制业、广告业、演艺业、娱乐业、文化会展业、数字内容和动漫产业，提出要加快构建文化创意产业群。胡锦涛总书记在党的十七大报告中明确提出要"大力发展文化产业，实施重大文化产业项目带动战略，加快文化产业基地和区域性特色文化产业群建设，培育文化产业骨干企业和战略投资者，繁荣文化市场，增强国际竞争力"来推进文化创新，增强文化发展活力，从而进一步"推动社会主义文化大发展大繁荣"。

在政策推动下，各地创意产业蓬勃发展。张京成在《中国创意产业发展报告（2007）》[1]中根据第一次全国经济普查年鉴的数据将我国城市创意产业的发展划分为三个层次：北京、上海为我国创意产业的先锋；广州、深圳、杭州等为第二梯队；重庆、青岛等为第三集团。根据最新统计，2008年北京市规模以上文化创意产业实现收入4773亿元，增加值在第三产业中仅次于金融业，位居第二。[2] 2008年，上海创意产业增长速度达到20%，[3] 已远远超过经济增速。根据

---

[1] 张京成：《中国创意产业发展报告（2007）》，中国经济出版社，2007，第10页。

[2] 杜弋鹏：《北京：完善文化创意产业投融资服务体系》，2009年5月18日《光明日报》。

[3] 张伟：《创意产业：上海经济发展中的新角色》，http://www.ccdy.cn/pubnews/564115/20090515/576225.htm。

已制定的《上海"十一五"创意产业发展规划》，到 2010 年上海创意产业增加值力争达到全市 GDP 的 10% 以上。广州市创意产业与国内一些城市在创意企业数量、就业人数、资产总额、营业收入等方面相比，仅次于北京、上海，排名全国第三，在全国副省级城市中居首位。据统计，2006 年广州创意产业实现增加值 308.2 亿元，占全市 GDP 的比例达到 5.1%。① 表 1 显示了国内部分城市创意产业的规模。

表 1 国内部分城市创意产业的规模

单位：亿元，%

年份	北京市		上海市		广州市		杭州市	
	增加值	占 GDP 比重	增加值	占 GDP 比重	增加值	占 GDP 比重	增加值	占 GDP 比重
2004	613.7	10.1	493.1	5.8	—	—	—	—
2005	700.4	10.2	549.4	6.0	—	—	—	—
2006	812.0	10.3	674.6	6.6	308.2	5.1	—	—
2007	992.6	10.6	857.8	7.0			493.0	11.0

资料来源：①北京的数据来自《北京拟发文化创意产业集合债》，2009 年 7 月 6 日《21 世纪经济报道》。②上海的数据：2004～2006 年来源于《上海今年创意产业增加值将达 650 亿元》，东方财经网，2006 年 11 月 23 日；2007 年来源于李志石撰《上海创意产业吸引世界目光》，2008 年 08 月 21 日《在线国际商报》。③广州的数据来自陶达嫔撰《广州创意产业全国排名第三》，2008 年 4 月 2 日《南方日报》。④杭州的数据来自叶辉撰《杭州市大力发展文化创意产业成果卓著》，2008 年 8 月 14 日《光明日报》。

浙江省很早就开始重视文化业的发展。1999 年 12 月，浙江省委十届三次全会正式提出了"发展文化产业，建设文化大省"的目标。2000 年 12 月，《浙江省建设文化大省纲要（2001～2020）》出台，提出了要把传媒业、旅游业、演艺业、美术业、会展业、体育业作为全省文化产业的发展重点。2007 年 6 月浙江省第十二次党代会确立了走"创业富民、创新强省"之路的核心战略，提出要"构建和谐文化，切实加快文化大省建设步伐"。2008 年 6 月省委工作会议提出要建立文化产业体系，着力发展文化创意产业。2008 年 7 月出台的《浙江省推动文化大发展大繁荣纲要》中明确提出要大力发展影视业、出版业、文化艺术服务业、旅游文化服务业、会展业、动漫业、设计艺术和艺术品经营业、文体用

① 陶达嫔：《广州创意产业全国排名第三》，2008 年 4 月 2 日《南方日报》。

品制造业等重点文化产业，加快培育文化市场主体，重点培育一批有一定实力和市场竞争力的文化企业，实施重大文化产业项目带动战略，大力发展文化创意产业，要支持杭州打造成为全国文化创意产业中心，充分表明了文化创意产业在文化大省建设中的巨大推动作用。

国内外文化创意产业蓬勃发展的态势和鼓励文化产业发展的政策导向，为杭州大力发展文化创意产业指明了方向，为杭州打造全国文化创意产业中心带来了重大战略机遇。

二 杭州文化创意产业发展的现状分析

（一）总体情况

1. 明确界定概念，提出发展目标

由于文化创意产业是一个新生事物、新兴产业，目前还没有一个统一的表述，但其核心内容是基本一致的。文化创意产业的核心是创意，灵魂是文化，支撑是科技，属性是产业，由此，杭州市将文化创意产业界定为"以创意为核心，以文化为灵魂，以科技为支撑，以知识产权的开发和运用为主题的知识密集型、智慧主导型战略产业"。2007年2月，杭州市第十次党代会首次提出打造"全国创意产业中心"的目标，2007年7月市委十届二次全会进一步确立打造"全国文化创意产业中心"的战略定位。杭州市发展文化创意产业的目标是"到2010年，文化创意产业的整体实力加快提升，产业特色初具轮廓，产业集聚快速推进，创新能力不断增强，创业环境持续优化，人才资源加速集聚，品牌效应开始展现，产权保护有效加强，公共服务得到完善，基本构建引领浙江、辐射全国的文化创意产业信息发布基地、技术研发基地和产品交易基地；到2015年，形成产业规模巨大、产业特色鲜明、创新能力强大、创业环境一流、专业人才集聚、知名品牌众多、产权保护严密、公共服务完善的文化创意产业集群，以文化、创业、环境高度融合为特色，把杭州打造成为国内领先、世界一流的全国文化创意产业中心"。[①]

---

① 引自中共杭州市委、杭州市人民政府《关于打造全国文化创意产业中心的若干意见》（市委〔2008〕4号）。

2. 设置专门机构，提供组织保障

为了更好地引领文化创意产业的发展，杭州市专门成立了市文化创意产业指导委员会，并下设正局级事业单位文化创意产业办公室，主要负责全市文化创意产业的规划制定、人才培养、政策出台、综合协调和检查考核等职能。各个区、县（市）和文化创意产业园区主体也相应成立了文化创意产业办公室，主要负责文化创意产业园区和产业规划的实施、建设、营运、管理等事宜。

3. 发展重点行业，构建十大园区

结合杭州的比较优势及城市发展定位，坚持"有所为、有所不为"的原则，2007 年杭州市将信息服务业、动漫游戏业、设计服务业、现代传媒业、艺术品业、教育培训业、文化休闲旅游业、文化会展业等八大行业确定为杭州市文化创意产业重点发展的行业。同时积极构建西湖创意谷、之江文化创意园、西湖数字娱乐产业园、运河天地文化创意园、杭州创新创业新天地、创意良渚基地、西溪创意产业园、湘湖文化创意产业园、下沙大学科技园和白马湖生态创意城等十大文化创意园区。目前十大园区建设进展顺利，新兴园区也在不断涌现。

4. 保持强劲势头，提升综合实力

在重点行业和创意园区的引领带动下，杭州文化创意产业保持了强劲的发展态势。最新统计显示，2008 年全市文化创意产业实现增加值 579.86 亿元，增长17.6%，比全市 GDP 增速要高出 6.6 个百分点；文化创意产业增加值占全市 GDP 比重达 12.1%，一举成为服务业"头把交椅"。[①] 根据全国政协副主席、著名经济学家厉无畏教授主编的《创意改变中国》显示，2008 年杭州文化创意产业综合实力又有了新的提升，排在北京、上海、深圳之后，位居全国第四位。[②] 动漫游戏产业是杭州文化创意产业中的一大亮点，国家广电总局最新公布的数据显示，2008 年杭州的动画生产量达到 16540 分钟，从 2007 年的全国第四位跃居第二位，超过了广州市和上海市。[③]

5. 出台扶持政策，激励快速发展

近年来，杭州市相继出台了《关于打造全国文化创意产业中心的若干意

---

① 陆健等：《文化创意产业成为城市软实力的重要指标》，2009 年 3 月 29 日《光明日报》。
② 资料来源：2008 年度杭州市打造全国文化创意产业中心创新创优自评材料。
③ 资料来源：2008 年度杭州市打造全国文化创意产业中心创新创优自评材料。

见》、《关于统筹财税政策扶持文化创意产业发展的意见》、《杭州市非公有资本投资文化创意产业指导目录》、《关于鼓励为文化创意企业提供融资服务的若干意见（试行）》、《关于鼓励为文化创意企业提供融资担保的实施办法（试行）》、《关于加快文化创意产业园区建设的若干意见》等政策文件。通过制定实施财政投入、税收优惠、投融资扶持、园区建设和人才建设等一系列扶持政策，激励产业快速发展。

6. 搭建多种平台，服务产业发展

近年来，杭州市通过举办中国国际动漫节、中国（杭州）文化创意产业高峰会暨投融资洽谈会、艺术博览会、文化创意产业博览会和西湖创意市集等活动，搭建了多种创意与市场间的服务平台。以中国国际动漫节为例，到 2008 年，杭州已成功举办了四届动漫节。据统计，前四届动漫节共吸引游客超过 130 万人次，累计成交额近 140 亿元。目前，中国国际动漫节已成为推动中国动漫产业发展的国家级、国际性、专业化的交流、合作和贸易平台。

（二）基于对五大创意产业园区的调查[①]

笔者所在课题组于 2007 年 7 月对杭州 LOFT49、A8 艺术公社、唐尚 433、开元 198 和杭州数字娱乐产业园五个创意产业园区企业进行了实地调查。该调查从企业经营基本情况、对经营环境的看法和企业发展规划三个方面展开。从企业经营基本情况来看，杭州文化创意企业中电信软件类企业最多，设计服务类居第二，影视文化类和工艺时尚类并列第三（从大类上分）；从中类上分，计算机服务、软件服务和文化艺术类企业并列第一，专业设计、建筑装饰和工艺品类紧随其后。从员工人数、经营面积和年营业额等方面看，杭州文化创意企业以中小型企业居多。企业创业资金绝大部分是靠自筹的。对经营环境的看法表明，杭州文化创意企业对产业发展环境基本上是满意的。创业者主要考虑的是创业场所和场所租金。从企业发展规划来看，大部分的文化创意企业有扩张的打算。

（三）小结

从目前情况看，杭州市文化创意产业总体实力走在全国前列，但前有"标

---

① 郭立伟等：《杭州创意产业发展问题研究——基于对五大创意产业园区的调查》，《经济问题探索》2007 年第 12 期。

兵"（北京、上海、深圳等）、后有"追兵"（南京等），竞争压力较大。而且产业发展过程中也存在一些问题，比如：文化创意企业规模偏小；产业集聚度有待加强，产业链不完整；高层次创意人才紧缺，市场运作能力差；融资还比较困难等。

三 杭州大力发展文化创意产业的战略意义

（一）大力发展文化创意产业是杭州积极应对金融危机的重要举措

创意产业以文化创意为内容和原动力，以科技创意为手段和支撑，以市场需求为根本导向，是文化、科技和经济相结合的产物。① 正因如此，文化创意产业摆脱了以往传统产业对自然资源等有形生产要素的高度依赖，更加注重人的智慧、创意和科技手段的综合运用，对金融危机有一定的抵御能力。2008 年，杭州市文化创意产业逆势而上，面对国际金融危机，表现出旺盛的生命力，实现增加值 579.86 亿元，占 GDP 比重为 12.1%。以动漫游戏产业为例，2008 年末，杭州动漫游戏企业达到 135 家，其中动画企业 49 家，漫画企业 9 家，游戏企业 47家，动漫衍生品企业 30 家，全年实现营业收入 5.14 亿元。② 2008 年，作为浙江动漫游戏产业的龙头企业，中南集团卡通影视有限公司经过 4 年多的拼搏终于迎来了收获的季节，企业动画产品出口量居全国第一，海外销售收入达 170 多万美元，公司全年收入 4000 多万元，并首次实现了盈利。同时，文化创意产业在扩大就业方面发挥着重要的作用。根据统计估算，到 2008 年底，杭州市文化创意产业从业人数达到近 32 万人。③ 以淘宝网为例，IDC 预测，截至 2008 年底，淘宝网创造直接就业机会达 43.7 万个，并带动间接就业岗位 124.5 万个，共为社会创造了 168 万个就业机会。④ 所以，大力发展文化创意产业是杭州积极应对金融危机的重要举措。

---

① 张京成：《中国创意产业发展报告（2007）》，中国经济出版社，2007，第 85 页。
② 王夏斐：《我市动漫游戏业集聚和辐射成效显著》，2009 年 3 月 7 日《杭州日报》。
③ 资料来源：2008 年度杭州市打造全国文化创意产业中心创新创优自评材料。
④ IDC 预测：淘宝网 2008 年创造 168 万个就业岗位，http://www.itbear.com.cn/ZiXun/2009 - 01/15027.html。

（二）大力发展文化创意产业是杭州发展循环经济的更高要求

循环经济是一种以资源的高效利用和循环利用为核心，以减量化（Reduce）、再利用（Reuse）、资源化（Resource）为原则，以低消耗、低排放、高效率为基本特征，符合可持续发展理念的经济增长模式。文化创意产业是以创意为核心，以文化为灵魂，以科技为支撑，以知识产权的开发和运用为主题的知识密集型、智慧主导型战略产业，符合循环经济的"3R"原则。文化创意产业在节约资源能源和保护生态环境方面发挥着重要作用，因此可以实现"更大经济效益，更少资源消耗，更低环境污染和更多劳动就业"的愿景。杭州可以借助文化创意产业，加快循环经济发展的步伐，以文化创意产业带动知识经济与循环经济相结合的知识型循环经济。因此，大力发展文化创意产业是杭州发展循环经济的更高要求。

（三）大力发展文化创意产业是杭州发挥比较优势的必然选择

杭州因缺少地矿、港口等自然资源，不适合发展传统重化工业。但杭州市发展文化创意产业有独特的优势。一是经济优势。杭州市经济总量连续多年居全国省会城市第二位、副省级城市第三位，城市竞争力排名中国内地城市第五位。《杭州市 2008 年国民经济和社会发展统计公报》显示，经初步核算，2008 年杭州市实现地区生产总值 4781.16 亿元，按国家公布的 2008 年平均汇率计算，全市按常住人口计算的人均 GDP 为 8699 美元，按户籍人口计算的人均 GDP 为10199 美元。二是文化优势。杭州不仅是一个风景秀丽的"人间天堂"，同时也是一座历史悠久的文化名城。杭州有 8000 年文明史、5000 年建城史，是国务院首批命名的国家历史文化名城。杭州有"精致和谐、大气开放"的城市人文精神，有"敢为人先、敢冒风险、敢争一流、宽容失败"的创业文化，这些都适宜于杭州文化创意产业的发展。三是人才优势。杭州市作为浙江省的省会城市，高校、科研院所和研发队伍强大。2008 年，拥有包括名列全国前茅的浙江大学在内的 36 所高等院校和众多的科研院所，集聚了浙江一半以上的人才资源，在校大学生 40.96 万人，其中在校研究生 2.97 万人。据不完全统计，目前在杭高校中文化创意产业相关专业的在校大学生有 12 万，仅 2007 年就有超过 1 万人毕业。[1]

---

[1] 王国平：《拓展新蓝海，培育新增点，倾力打造全国文化创意产业中心》，在杭州市打造全国文化创意产业中心大会上的讲话，2008 年 4 月 18 日。

四是环境优势。杭州有秀丽的湖光山色，有深厚的文化底蕴，有丰富的人才资源，有成熟的市场机制，有一流的人居环境，有高效的政府服务，不仅是生活居住的天堂、旅游休闲的天堂，更是投资创业的天堂。近年来，杭州市政府始终坚持"环境立市"战略，积极倡导"和谐创业"模式，投资创业环境不断优化，先后获得了国际花园城市、联合国人居奖、全国环保模范城市、全国绿化模范城市等10多项世界级、国家级桂冠，并连续4年被世界银行评为"中国城市总体投资环境最佳城市"第一名，连续5年被美国《福布斯》杂志评为"中国大陆最佳商业城市排行榜"第一名，连续4年被新华社《瞭望东方周刊》评为"中国最具幸福感城市"第一名。雄厚的经济实力、浓厚的文化底蕴、丰富的人才资源和优越的投资环境，特别适合发展集智慧、文化和科技于一身的文化创意产业。所以，大力发展文化创意产业是杭州发挥比较优势的必然选择。

（四）大力发展文化创意产业是加快杭州产业转型升级的必然要求

产业是城市发展的基础。2008 年，杭州市第一、二、三产业结构为 3.7：50.0：46.3，但是，由于工业化和城市化的快速推进，面临的资源环境压力较大。文化创意产业是文化产业发展的新阶段，除了服务于个人的精神文化消费需求之外，还服务于生产领域提升产品附加值和提升产业结构的要求，具有"生产性服务业"的性质。在传统产业中融入创意元素，并提高创意在传统产业中的贡献率，延长其生命周期和产业链。文化创意产业通过对第一、二、三产业的整合与提升，可以极大地推动传统产业从低端向高端、从低附加值向高附加值、从制造向创造的转变，从而促进整个产业的转型与升级，推动区域经济社会发展方式的转变。正因如此，2008 年杭州市提出"要通过五至十年的努力，建立一个既与世界接轨又有杭州特色，制造与创造相互促进，制造业与服务业相互配套，工业化与信息化相互融合，科技、文化、人才互为支撑，以创新性、知识性、开放性、融合性、集聚性、可持续为主要特征的'3＋1'现代产业体系"。[①]

（五）大力发展文化创意产业是提升人民生活品质的重要依托

文化创意产业颠覆了传统的价值增值理论，将创新引入生产函数，把高新技

[①] "3"就是一、二、三产业，"1"就是文化创意产业。见《推进产业转型升级建立现代产业体系》，http：//www. hangzhou. gov. cn/main/zwdt/bzbd/mfmq/T256918. shtml。

术融入传统产业，创造出新的价值增值源泉，不仅可以创造财富、扩大就业，而且它是一种生活与创业高度融合的产业，是一种生活与创业完美结合的创业模式，属于生活型经济。文化创意产业中的某些门类，比如工业设计业，对于推进制造业结构调整、产业转型升级具有重要作用；还有电子商务，可以降低企业经营成本，让利于广大消费者，这些对于提高人民群众经济生活品质具有重要意义。文化创意产业是以文化为灵魂的产业，它的产品绝大多数是文化产品。以动漫游戏产业为例，杭州创作了包括《天眼》、《火星娃勇闯魔晶岛》、《劲爆战士》和《魔幻仙踪》等多部优秀动画片，这有利于满足人民群众日益增长的精神文化需求，有利于提高人民群众文化生活品质。文化创意产业是智慧经济，消耗的有形资源较少，几乎不产生任何环境污染。其中的某些门类，比如建筑设计、环境规划设计、园林设计和城市色彩设计等，与提高城市的品位和档次息息相关，这些有利于提高人民群众的环境生活品质。近年来，文化创意产业中的文化休闲旅游、文化会展等行业也在快速发展。杭州是"中国最佳旅游城市"和"东方休闲之都"，目前已经打响了中国国际动漫节、中国网商节等一些知名会展品牌，这些与提高人民群众的社会生活品质密切相关。所以，大力发展文化创意产业，对于提升人民生活品质，具有独特的、不可替代的作用。图1显示了文化创意产业发展与人民生活品质提升的作用机制。

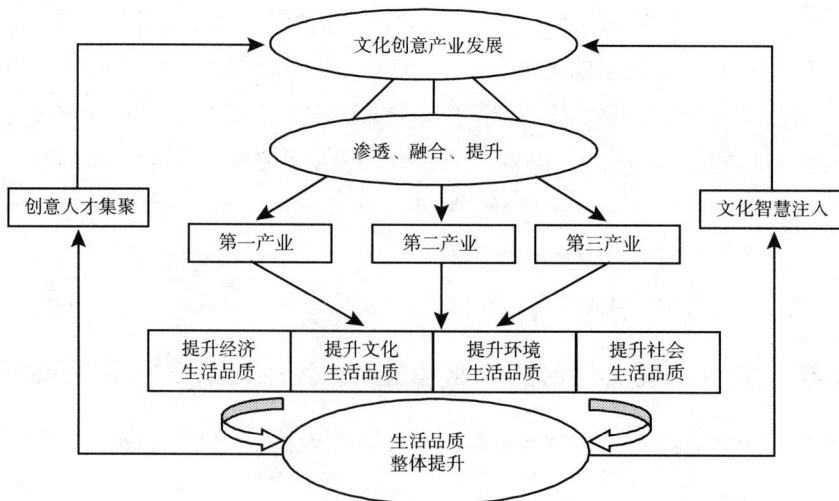

图1 文化创意产业发展与人民生活品质提升的作用机制

（六）大力发展文化创意产业是提高杭州城市综合实力的必由之路

一个城市的综合实力，主要由经济"硬实力"和文化"软实力"构成。提升城市综合实力，既要关注经济"硬实力"，也要关注文化"软实力"。当今世界，随着经济文化化、文化经济化、经济文化一体化加速发展，文化创意产业已越来越成为国民经济新的增长点和综合实力的重要组成部分。2008 年 1 月 28 日，美国《时代》杂志创造了一个新词"纽伦港"（Nylonkong，New York-London-Hong Kong），指出"纽伦港"已主导了全球经济发展。究其原因，一个重要的原因是这三座城市的文化创意产业高度发达。伦敦是全球知名的"创意之都"，其创意产业每年的产值在 250 亿~290 亿英镑之间。纽约创意产业从业人员在 1992~2001 年间增加了 52%，2007 年达到 30 万人。香港文化创意产业对 GDP 的贡献率超过 15%。可见，无论是提升经济"硬实力"，还是提升文化"软实力"，都离不开文化创意产业。正因如此，杭州市在《关于进一步打造"天堂硅谷"推进创新型城市建设的决定》中提出：根据杭州市产业发展的基础、优势和市场前景，集中力量发展文化创意等战略创新产业，做大做强信息产业，不断拓展通信、软件、微电子、数字电视、动漫、网络游戏六大产业链，加快"信息港"建设。发挥杭州城市优势和资源特色，推进科技与文化有机结合，大力培育文化创意产业，提升传统文化产业，建设区域性创意设计中心，使杭州成为全国创意产业重点城市、长三角创意产业重要基地。

四 杭州打造全国文化创意产业中心的对策思路

（一）加强文化创意产业集群化发展，构筑完整产业链

产业集群化发展是当今产业发展的趋势之一。文化创意产业作为新兴产业，其较强的产业融合性决定了其发展过程中需要整合各种资源，而众多企业集聚在一起，能共享多种要素，降低企业生产成本。因此，建立创意产业集聚区，发挥产业集群的网络协作功能就显得十分重要。根据世界知识产权组织（WIPO）的定义，文化创意产业集群是指文化创意产业在地域上的集中，它将文化创意产业

的资源集合在一起，使创意产品的创造、生产、分销和利用得到最优化。① 这种集聚行为最终将促使合作的建立和网络的形成。目前国内创意产业集聚区的形成机制主要包括三种类型，即自上而下的政府引导推动型（如上海"8号桥"创意产业园区）、自下而上自发形成型（如北京798艺术区）和自发形成与政府推动相互促进型（如杭州LOFT49）。无论何种机制下形成的创意产业集聚区，都必须在充分认识文化创意产业自身属性的基础上寻找和构建其发展所需的环境，使文化创意产业园区成为创意企业和创意人才的集聚地、文化创意产业的发源地、创意成果的展示窗口。

同时，要积极构筑完整的文化创意产业链，形成规模经济。文化创意产业链强调以创意为龙头，以内容为核心，驱动产品的制造，拉动批发和营销，带动后续产品开发，形成上下联动、左右衔接、一次投入、多次产出的链条。② 以动漫游戏产业为例，在发达国家，动漫游戏产业已经形成一个完整而清晰的产业链：先在杂志上连载－选择读者反馈好的发行单行本－改编成动画片－制作衍生产品（根据漫画造型制作玩具、服装等）－开发游戏。从产品创意形成到生产、销售及衍生产品的开发，已经形成了完整、延伸、循环的产业链（动漫生产－播出－衍生产品开发－收益－再生产）。

综上所述，杭州市应对各文化创意产业园区进行统一规划和整合，并进行合理的功能定位，构建完整的文化创意产业链，打造各具特色的文化创意产业集群，提升产业竞争力。

（二）加强高端文化创意人才培养和引进，强化创作和市场运作能力

人才是文化创意产业发展的主体，人才聚集是文化创意产业成长壮大的基础。目前，杭州创意人才还相对缺乏，创意人才结构、素质还不能适应产业快速发展的要求。以动漫游戏产业为例，对于一个成功的动画企业来说，前期的创意研发和后期的经营开发要比中期的加工制作更为重要，利润空间也更大。杭州有处于"中间"的加工制作人才，但缺乏前端的策划人才，也缺乏后端的国际营

---

① 郭鸿雁：《创意产业链与创意产业》，《当代经济管理》2008年第7期。
② 郭鸿雁：《创意产业链与创意产业》，《当代经济管理》2008年第7期。

销人才。杭州动漫游戏产业的人才结构是"橄榄形"的，两头小而中间大，而动漫人才结构的理想状态是"哑铃型"的，前端和后端的人才都要发达。所以杭州市应加强对创意人才特别是高端创作人才、经营类人才的培养和引进。一方面，大力加强自主培养力度，继续大力实施紧缺人才培训工程（比如新世纪"131"优秀中青年人才培养计划和"356"培训工程），启动"杰出文化创意人才发现计划"和"文化创意人才梯队工程"，抓好"杭州市年度文化创意产业风云人物"评选工作，建设一大批文化创意人才培养基地。比如在浙江大学、中国美术学院、浙江传媒学院、浙江工业大学、浙江理工大学、杭州电子科技大学等高校开设创意相关课程或专业，等条件成熟以后可设立创意学院，以培养创意人才和开展创意研究，同时也可在各类高职院校开设相关课程，培养各类动手能力强的基层人才。另一方面，大力加强人才引进力度，吸引具有国内外知名度的高层次、高素质创意人才到杭州来从事创意活动。此外，还要落实人才政策。在市文化创意产业专项资金、市人才专项资金中各安排一部分，用于文化创意人才的培养、交流、引进、使用和奖励。

（三）扩大投融资渠道，化解资金短缺问题

杭州文化创意企业大多规模较小，资金实力不强，投融资问题一直是制约中小型文化创意企业发展的因素之一。欧美各国政府在资金方面的支持可谓不遗余力，普遍的形式是建立各种发展基金。英国还通过发行彩票等形式来为创意产业筹集大量资金，使一批重大创意产业项目有雄厚的资金支持。同样，韩国也设立了文艺产业振兴基金、信息化促进基金、广播发展基金、电影振兴基金、出版基金等众多基金会。杭州应坚持"非禁即入"原则，放宽市场准入条件，鼓励丰裕的民间资本投资文化创意产业，支持民资、外资、风险资本以多种形式投资兴办文化创意企业。同时，应积极支持和引导金融机构、担保机构、产权交易机构及有关中介机构为文化创意企业提供融资服务。自 2008 年起，杭州市将"市大文化产业专项资金"更名为"市文化创意产业专项资金"，资金总额增加到每年1.52 亿元，并根据需要可逐步增加。2008 年，杭州首开全国之先河出台了文化创意产业融资政策，推出了宝石流霞文创企业债权信托产品，建立了文化创意产业融资战略合作机制，搭建了文化创意产业融资对接平台，这些举措可很好地用于破解杭州中小型文化创意企业的融资难问题。

（四） 加强宣传引导，培育创意产品消费

根据笔者所在课题组 2007 年 7 月对市民的随机调查，只有 35% 的人知道创意产业。[①] 以动漫游戏产业为例，大部分的人对动漫还是比较喜欢的，也认为漫画是老少皆宜的读物，但是从实际行动上来看，无论是每天看漫画的时间、动漫节或动漫展的参加次数、每年购买的动漫杂志，还是每年在动漫产品（书、音像制品及相关衍生产品）的消费上，个人对动漫的参与度都显得比较低[②]。

因此，有关部门要切实加大宣传力度，全方位地利用电视、广播、报纸、网络等各种新闻媒体，充分发挥各种教育机构和行政机构的作用，进行长期大力的宣传，宣传文化创意产业在杭州市经济社会发展中的重要带动和支撑作用，进一步提高社会各界对发展文化创意产业重要性的思想认识。继续弘扬鼓励创新、勇于探索、崇尚成功、宽容失败的创新创业文化，大力培育创意产品消费观念，以更开放、更宽容和更实效的态度，推动杭州文化创意产业快速发展。

参考文献

〔英〕约翰·霍金斯：《创意经济　如何点石成金》，洪庆福、孙薇薇、刘茂玲译，上海三联书店，2006。

〔澳〕约翰·哈利特：《创意产业读本》，曹书乐、包建女、李慧译，清华大学出版社，2007。

王夏斐：《我市动漫游戏业集聚和辐射成效显著》，2009 年 3 月 7 日《杭州日报》。

张京成：《中国创意产业发展报告（2007）》，中国经济出版社，2007。

王国平：《拓展新蓝海，培育新增点，倾力打造全国文化创意产业中心》，在杭州市打造全国文化创意产业中心大会上的讲话，2008 年 4 月 18 日。

杜弋鹏：《北京：完善文化创意产业投融资服务体系》，2009 年 5 月 18 日《光明日报》。

郭鸿雁：《创意产业链与创意产业》，《当代经济管理》2008 年第 7 期。

郭立伟等：《杭州动漫游戏产业发展研究》，《中共杭州市委党校学报》2009 年第 3 期。

郭立伟等：《杭州创意产业发展问题研究——基于对五大创意产业园区的调查》，《经济问题探索》2007 年第 12 期。

---

① 郭立伟等：《杭州创意产业发展问题研究——基于对五大创意产业园区的调查》，《经济问题探索》2007 年第 12 期。

② 郭立伟等：《杭州动漫游戏产业发展研究》，《中共杭州市委党校学报》2009 年第 3 期。

服务业发展与西部区域中心城市转型：以兰州为例

姚战琪　张丽丽*

摘　要：近年来，服务业对各城市的经济增长、就业结构转变和结构升级的贡献度不断提高。兰州作为西部中心城市，不断利用自身优势条件，使服务业得到了较快发展。同时，服务业对兰州城市经济发展水平的提高、城市产业结构的优化以及居民生活水平的改善作出了重要贡献。虽然服务业已成为兰州城市发展的一个新增长点，但兰州服务业体系尚不完善，仍然存在较大发展空间和潜力，因此，必须不断完善服务业体系和促进现代服务业快速成长。

关键词：兰州　现代服务业　经济增长　经济转型

随着经济发展水平的提高，服务业在国民经济中的地位不断提升，因此，它不再属于边缘性经济。Shelp（1984）指出：农业、采掘业和制造业是经济发展的砖块，而服务业是把它们黏合起来的灰泥（程大中，2004）。相比普通商品，服务的生产和提供具有无形性、生产和消费的同时性、服务品的异质性以及知识性等复杂特征，这一性质使得服务需求和增长率的波动幅度都比较小。当服务业的比重上升时，经济的稳定性就会增强。理论研究已经表明，服务业的发展有助于促进产业集聚、加快工业化进程和实现经济持续、快速增长（姚战琪，

---

* 姚战琪，经济学博士，现为中国社会科学院财政与贸易经济研究所副研究员、服务经济理论与政策研究室副主任，中国社会科学院研究生院硕士生导师，主要研究方向为服务经济理论与政策、服务开放、金融服务等；张丽丽，中国社会科学院研究生院 2009 级硕士研究生，研究方向为现代服务业。

2009）。

近30年来，兰州工业体系不断完善，工业基础实力不断增强。同时，兰州基于自身的产业优势不断改善产业结构、促进经济转型，以工业带动服务业，以服务业促进工业，并使服务业成为促进工业转型的催化剂、经济发展的新增长点，使经济得到又好又快的发展。

从国际发展经验来看，伴随居民收入的提高和产业分工的深化，服务业的市场需求将会不断增大。兰州在国家西部大开发政策的影响下，经济发展水平有了很大提升，居民可支配收入明显提高，花钱买服务已成为新的消费趋势。

从国际产业转移现状来看，服务外包增长迅速，服务业全球化趋势越来越明显，服务业开始成为全球产业转移的重点产业（姚战琪，2009）。兰州要想缩小与其他城市的差距，必须抓住国际服务外包这一机遇，引进国际先进管理经验和技术，推进自身服务业的发展，带动城市经济快速增长。

从国内宏观经济环境看，我国的消费结构已经开始发生改变，居民消费不再以吃穿用为主，消费理念也发生了改变，对服务消费的要求越来越高，因此产业结构的转变势在必行。随着土地、能源等生产要素数量的限制以及其他原材料价格上升的趋势日益显现，高产品附加值和较强的企业创新能力开始成为企业新的竞争优势。越来越多的现代服务产品成为其他产业产品的中间投入要素，同时，服务业通过专业化和高效率的服务，提高了其他产业的生产率和产品附加值。因而，随着我国进入经济发展新时期，服务业将面临快速增长和结构升级的有利时机。

无论从国际经验对比，还是从国内发展现实和兰州自身发展阶段来看，兰州市要实现经济结构升级和提高城市竞争力，必须大力发展服务业，通过深度挖掘服务业发展的潜在空间，促进城市转型和城市能级提升。

一 兰州服务业发展的现状、特点和趋势

（一）兰州服务业发展的基本条件分析

1. 不断增强的工业实力使兰州发展服务业具有坚实的产业基础

国民经济持续快速增长和工业实力不断增强，为兰州服务业的快速发展奠定了坚实的基础。兰州国民经济增长迅速，地区生产总值由"十五"初期的

341.68 亿元增加到 2007 年的 732.76 亿元，年均增长 16.35%；人均生产总值达到 22325 元，年均增长 13.12%；全社会固定资产投资达到 3586085 亿元，年均增长 15.43%；地区财政收入完成 34.70 亿元，一般预算收入由 19.61 亿元增加到 46.63 亿元，年均增长 19.68%；城镇居民人均可支配收入 2007 年达到 10271.18 元，农民人均纯收入达到 3102.64 元，在 2000~2007 年的 8 年间，年均分别增长 9.45% 和 6.84%。兰州工业基础不断加强，已形成以石油化工、有色冶金、机械电子、医药、纺织、建材为主体的工业体系。"十五"末期工业增加值达到 197.7 亿元，年均增长 12.55%，占地区生产总值的比重为 34.9%，对全市经济增长的贡献率达到 34%。2007 年兰州市工业总产值为 12466174 万元，规模以上工业总产值为 1180674 万元，工业增加值比 2006 年增长 17.12%。工业产值的大幅度提升为全市经济发展提供了强有力的支撑，也为服务业的发展提供了良好的经济基础。工业发展水平的提升，提高了居民收入并带动了居民消费结构的转变，促使消费结构向发展型、享受型转变。居民用于吃穿的消费支出所占比重显著降低，而对旅游、娱乐、教育、医疗卫生、保险、房地产等服务业的需求不断增加。同时，消费结构的转变对服务业的发展水平和发展质量提出了更高要求，这将进一步带动服务业的快速发展。

2. 良好的自然和人文环境、区位优势和国家宏观政策的支持促进了服务业的快速发展

兰州发展服务业不仅具有优越的地理区位、良好的自然景观优势，近年来国家宏观经济政策的支持也为兰州加快发展服务业提供了非常有利的政策环境。兰州是西北地区的中心城市，是西部重要的商品集散中心，人流、物流、资金流、信息流日益活跃，商品辐射面遍布西部八个省区，在西部市场中有很强的集聚辐射功能，因而促进了兰州商品流通市场的发展。它还是丝绸之路上的要道和重要枢纽，丝绸之路为兰州留下了众多名胜古迹和灿烂文化；黄河穿越市区而过，同时还有五泉山、白塔山等名胜古迹，使得兰州形成了山水结合的独特城市景观，这些良好的自然和人文景观为兰州发展旅游业提供了有力的支撑。同时，国家为缩小区域经济差异，实施西部大开发战略，又为兰州经济腾飞和城市转型提供了难得的发展契机。《关中－天水经济区发展规划》经国务院批准实施后，兰州与西安在市场对接、产业互补、资源整合、人才交流等领域得以开展深入合作，为兰州经济提供了一个良好的发展平台。

3. 初具规模且较为完善的职业教育体系为兰州现代服务业提供了极其有利的发展条件

2003 年以来，甘肃省职业教育进入快速发展的新阶段，兰州职业教育体系不断完善，迅速发展的职业教育事业是落实中央扩大内需政策、优化教育结构、提升劳动力素质、扩大就业的重要途径。同时，职业教育作为现代服务业的主要内容，对于完善服务业内部结构、促进服务业技能型人才的培养、提高现代服务业企业竞争力、为其他服务行业提供强大的知识和人力资本储备具有十分重大的现实意义。兰州在中央和甘肃省政府的各种扶植政策和资金的支持下加快发展高等教育，培养智能型人才，同时，也在不断发展职业教育，为城市发展提供技术型人才。职业教育是以就业为导向，教育培训机构根据就业市场的需求制定培训内容，实施特殊的教育培训计划，具有较强的实用性、针对性，成为下岗职工再就业以及农民增收的重要手段。2008 年财政部安排的 1000 亿元中央投资中为教育事业安排的投资为 44 亿元，其中为中等职业教育安排的投资为 10 亿元，10 亿元的投资中为中西部安排的比例占到 80%，这为各省市职业教育基础设施的完善提供了有力的物质基础。甘肃省政府对贫困学生实施免费培养，发改委追加 6500 万元投资用于 21 所中等职业教育培训学校的校舍建设，教育部积极组织藏区学生到省内外接受免费培训。兰州市职业教育在中央以及省内各项优惠政策的指导下迅速成长，并借鉴发达地区经济发展经验扩大了中等职业学校的办学规模，提高了办学层次，学校与企业的合作力度不断加强，师资力量以及办学环境得到了较大改善。据统计，2009 年甘肃省职业教育实际招生将达到 20 万人，比 2008 年普通高中招生仅差 1 万人，其中符合条件的返乡农民工以及"农村两后生"① 数目将会有显著增加。返乡农民工综合素质的提高利于培育新型农民，利于农业科技在农村的普及、提高农民收入、推动社会主义新农村建设、缩小城乡差距、加快城市经济发展。"农村两后生"科技技能的提高有助于稳定社会秩序，提高农村后备资源的整体素质，使新农村建设具有坚实的人才支撑。职业教育的特殊培养模式使其服务经济的能力越来越强，为第一、第二产业以及服务业的其他产业部门输送了大量的人才，拓展了就业渠道。所以，兰州职业教育取得的骄人成果为城市发展和结构转型提供了良好的人力和智力支撑。

---

① "农村两后生"指农村应届初、高中毕业生未升学就业的人。

（二）兰州服务业总体发展现状分析

1. 服务业成为兰州国民经济的主要部门

近几年来兰州市服务业发展态势良好，对国民经济和社会发展的贡献度越来越大。2009 年 1~3 月地区生产总值为 179.86 亿元，同比增长 5.5%，其中第一产业生产总值为 3.64 亿元，同比增长 4.8%；第二产业生产总值为 82.51 亿元，同比下降 2.6%；第三产业生产总值为 93.71 亿元，同比增长 12.9%，第三产业已成为兰州市生产总值增长的主要拉动力。从 2001 年到 2007 年的统计数据也可以看出，兰州服务业总产值占地区生产总值的比重均达到 50% 以上。同时，近 7 年间兰州服务业吸纳就业的人数平稳增加，大大超过了第一、第二产业，很明显，服务业已成为兰州增加财政收入、扩大社会就业的主渠道（见表 1 和表 2）。

表 1 2001~2007 年三大产业生产总值占兰州地区生产总值的比重

单位：%

年　份	2001	2002	2003	2004	2005	2006	2007
第一产业	4.94	4.64	4.24	4.12	3.9	3.56	3.56
第二产业	44.89	43.75	43.51	43.64	44.1	45.48	45.87
第三产业	50.17	51.61	55.25	52.24	52.00	50.96	50.57

数据来源：兰州统计信息网，《兰州市统计年鉴 2008》。

表 2 2001~2007 年三大产业吸收的就业人数占总就业人数比重

单位：%

年　份	2001	2002	2003	2004	2005	2006	2007
第一产业	32.22	31.51	30.71	27.75	29.64	28.42	27.26
第二产业	28.20	28.04	29.73	32.93	28.64	29.82	29.73
第三产业	39.58	45.45	39.92	39.32	41.72	41.76	43.01

数据来源：兰州统计信息网，《兰州市统计年鉴 2008》。

2. 兰州服务业发展存在的隐忧

（1）从指标绝对数值角度看兰州服务业整体水平。兰州、西安和成都都属于西部重要省会城市，武汉和广州分别是东部和中部较发达城市。规模以上工业增加值体现的是工业基础情况，该指标可以表明工业基础为服务业发展提供支撑作用的强弱。社会消费品零售总额体现了商贸流通服务业的发展水平，金融机构贷款余额和城镇固定资产投资额则体现了城市金融机构的资金凝聚力和资本投资强度。从各城市绝对数值来看，兰州在规模以上工业增加值、社会消费品零售总额、金融机构贷款余额、城镇固定资产投资额等指标方面大大小于西安、成都，与较发达城市武汉、广州更是没有可比性。可以看出，兰州服务业整体水平不高，但也表明兰州服务业具有很大的发展空间（见表3）。

表3　2009年1~3月各城市主要经济指标对比

单位：亿元

城市	规模以上工业增加值	社会消费品零售总额	金融机构贷款余额	城镇固定资产投资额
兰州	61.75	109.93	1711.97	27.53
西安	133.73	339.00	3878.25	233.73
成都	316.50	471.80	8125.00	—
武汉	347.15	514.08	6200.46	409.59
广州	565.07	807.28	11624.25	—

数据来源：兰州统计信息网2009年4月月报数据。

（2）从区位商角度评判兰州服务业内部结构。区位商又称专门化率，是指一个地区某种产业生产产值（劳动力）在该地区所有产业产值（劳动力）中所占的比重与全国（或一个区域内）该产业产值（劳动力）占全国（或一个区域内）所有产业该指标的比重之比。区位商概念排除了区域规模差异等因素，利用相对数值反映区域的优势行业以及产业发展中的薄弱环节，有利于确定区域经济发展的主导产业，进而分析促进产业结构优化的具体方向（杨徐伟、郑建民，2006）。

我们把兰州、西安、重庆、武汉四个城市作为一个区域整体，四个城市的生产总值作为区域总值，利用如下公式计算区位商：$Q_j = (Y_{jk}/Y_j) / (Y_k/Y)$。其中 Q_j 为第 j 个城市的区位商，Y_{jk} 为第 j 个城市服务业内部的 k 行业的产值，Y_j 为 j 城市服务业的总产值，Y_k 为区域内服务业中 k 行业的总产值，Y 为区域内服务业的总产值。若 Q 值大于1，则表明该城市产业的专业化程度超过区域产业整体的专业化程度，Q 值越大，表明城市的该行业的比较优势越明显，专业化程度越高；若 Q 值小于1，则表明该城市产业专业化程度低于区域整体水平，具有比较劣势，Q 值越小，比较劣势越明显。

表4　2007年兰州与其他三个城市的区位商比较

城市	交通运输、仓储邮政	信息传输、计算机服务、软件业	批发零售	住宿餐饮	金融	房地产
兰州	1.03	0.70	0.77	0.89	0.57	0.55
西安	0.60	0.79	0.88	0.72	1.05	0.61
重庆	0.97	0.80	0.85	0.66	0.58	1.03
武汉	0.74	0.89	0.78	1.05	1.03	0.78

数据来源：根据兰州、西安、重庆、武汉等城市统计信息网、2008年统计年鉴整理。

由表4可以看出，虽然兰州传统服务业的发展情况较好，现代服务业的发展却不尽如人意。交通运输、仓储邮政业，旅游业，批发零售业都属于传统服务业，金融和房地产属于典型的现代服务业。兰州交通运输、仓储邮政业的区位商达到1.03，该产业的专业化程度比较高，在四个城市中位居第一位；住宿餐饮业区位商为0.89，居第二位，具有比较优势；另外，兰州批发零售业的区位商虽然在四个城市中排名最后，但相对于兰州自身其他行业来讲，区位商较高，仅次于交通运输、仓储邮政业。兰州的金融和房地产区位商相比其他三个城市以及兰州自身其他行业来讲都较小，说明兰州服务业发展结构仍不尽合理，现代服务业比较优势较弱，但也表明兰州现代服务业具有巨大的发展潜力。

二　服务业与兰州城市转型：现状分析与比较研究

（一）传统服务业发展较快，但层次有待提升

1. 商贸流通服务业发展势头良好，对经济贡献率不断提高

从广义来讲，商贸流通服务业主要包括两个部门：一是商业，即批发零售业；二是专门为商业服务的行业，主要指仓储业、运输业、包装业等物流业。专业化的生产与多样化的消费过程的对接是通过商贸流通业来完成的，商贸流通业的发展可以引导生产与多样化的消费相适应，减少产品库存、降低产品运输时滞，优化产业结构，提高社会资源配置效率，增加社会福利。

兰州在历史上是丝绸之路的重镇，又是新亚欧大陆桥的重要联结点，位于我国陆地板块的几何中心，是联系东、中、西部地区的纽带，是重要的中转站。一

直以来，国家都把兰州作为重点发展的城市之一。兰州是甘肃省的空中交通枢纽，兰州中川机场可起降中短程干线客机，有38条航线，同时市内建设了陇海线、兰新线、兰青线和包兰线4条铁路干线，不仅方便了居民出入，同时提高了市内货物的流通速度；市内建有国道6条、省道5条、县道13条、乡道32条，以11条纵横干线为框架形成辐射全省的网络；水路运输方面建成了黄河兰州段38.4公里五级航道，疏浚整治七级航道33.7公里，交通方便快捷。近年来，兰州利用其西部地区交通枢纽的优势，配合兰州市城市发展规划，积极引导城市联合优势资源，为发展地区经济作出了较大贡献。

通过对近几年兰州客运总量和货运总量的数据观察，我们可以看出这两个指标具有持续攀升的趋势（见图1）。客运总量和货运总量的持续攀升意味着人流、物流、信息流、技术流的迅速周转，说明商贸流通业发展迅速，商贸流通业对经济增长的贡献率日益提高。

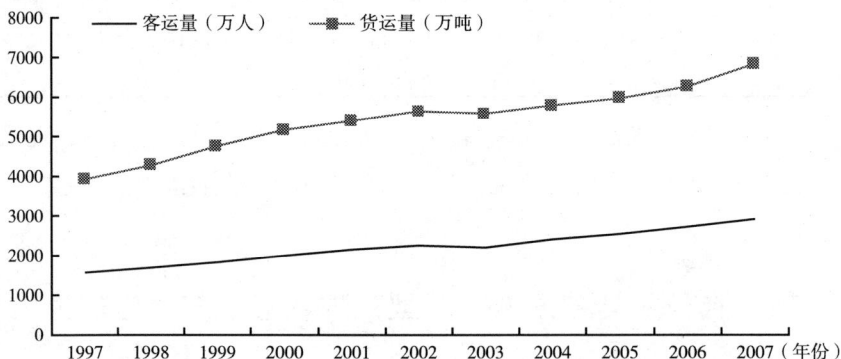

图1 兰州1997～2007年客运总量和货运总量的变化趋势图

交通运输业的发展是为商贸流通服务业提供人流、物流、信息流、技术流的周转通道，商业网点的建设则为其提供了商品经济交易的活动中心。1994年8月，国家体改委、国家计委、国家经贸委、国内贸易部、对外贸易经济合作部对建立兰州商贸中心的建设规划做了联合批复。兰州商贸中心的建设使得兰州市场流通规模不断扩大，规模较大、档次较高的市场相继建成，进一步提升了兰州商贸设施的管理和经营水平。兰州第十一个五年规划纲要指出：优先发展现代流通业，提升商贸中心功能，整合归并各类批发市场。兰州目前已经发展成为西部地区重要的商品集散中心，商品流通的市场化程度有了显著提高。2007年兰州市社会消费品零售总额达到 3375659 万元，其中进出口贸易总额为 7.15 亿美元，同比增长 19.01%，占全省进出口贸易总额的比重为 30.88%。

城市的发展要靠企业。商贸流通业的发展提升了企业的经济实力和市场竞争力，同时，拥有优质的经营人才和先进管理经验的企业不断进驻兰州，为兰州商贸流通企业整体竞争实力的提高带来了新的机遇，也为城市的发展注入了新的活力。

商贸流通的发展使兰州树立了大市场、大流通的理念，并使其成为多种生产要素的集聚和扩散之地。兰州要不断扩大自身的吸引力和辐射范围，加快电子商务网络的建设，降低产品流通成本和缩短产品流转时间，从而带动兰州甚至整个西部地区的经济发展。

商贸流通业的发展有助于兰州加快城市化进程。从发达国家建设经验来看，商贸流通越发达，城市经济建设就越快，城市化水平就越高。兰州商贸流通业的发展需要城市综合服务功能的不断完善。近几年兰州铁路、公路、航空等基础设施建设有了较大发展，同时市区的供水、供电、供暖等市政公用设施也有了进一步的配套和完善，投资环境有较大改善，从而增加了兰州商贸中心的吸引力。

2. 旅游业有所发展，但其优势资源尚未得到充分利用

旅游消费多是发生在旅游目的地，因此，旅游的过程可以看做货币的转移过程，即货币转移至旅游目的地的过程。并且旅游消费一般都会立即产生收入效应，通过收入的初次分配和再分配，可促进地区经济发展，缩小区域经济差异。

旅游消费不是单一的景点消费，还包括消费者对餐饮、住宿、商品娱乐等各个相关行业的物质和服务产品的消费，进而引发一连串的企业生产和交易活动。旅游业带来的收入具有乘数效应，有利于促进区域收入总量的增加，增加当地居民的可支配收入，改善居民生活条件。

旅游属于人们一种精神上的消费，它要求一个城市必须拥有较高质量的基础设施和良好的城市形象。因此，旅游业的发展除了可以带动旅游业相关行业的发展之外，同时还可以潜在地带动旅游基础设施的建设，对于促进产业结构优化和区域经济的发展具有积极的促进作用。

兰州素有"中国黄河之都，西北山水名城"的称号，它是唯一被黄河穿越而过的省会城市，黄河也成为兰州市城市发展的轴心，支撑着兰州的空间发展。兰州的城关、七里河、安宁、西固四区通过黄河串联在一起，加上南北滨河路的修建拓展和白塔山、小西湖公园的建成，初步形成了以黄河为轴线的城市景观长廊。兰州处于黄土高原、青藏高原、内蒙古高原三大高原和祁连山交会地带，融中原文化、西北游牧文化、汉族文化和少数民族文化为一体，具有独特的民族和人文自然风情。这些都为兰州旅游业的发展创造了良好的条件。

随着兰州城市化进程的加快，农村剩余劳动力和外来务工人员不断增加，就业压力也不断增大。旅游业属于劳动密集型产业，就业门槛较低，不同的旅游者旅游需求层次和品位不同，这样便为不同层次的人群提供了不同层次的就业空间。

旅游业为兰州经济发展的贡献率不断提高，但在发展过程中仍存在各种问题。兰州拥有丰富的自然资源和人文资源，但这些优势并没有完全和充分地发挥出来。目前，旅游产业还不是兰州的支柱产业，旅游收入主要依靠门票、住宿等，由于城市旅游产品开发类型单一、档次较低，大型休闲娱乐购物场所较少，造成国内其他城市以及国外游客在此的滞留时间较短。同时，城市自身的高收入休闲人群也会流失到其他城市，使得旅游业在兰州经济发展中的地位不断下降，这在一定程度上造成了旅游资源的浪费。

（二）现代服务业市场基础比较薄弱，但有较大发展潜力

1. 金融服务业发展滞后，制约了兰州经济的发展

金融与经济的发展是互动的。其一，金融为经济发展提供资本，雄厚的资本可以使城市在更高的水平上进行建设，推动资本生产率的提高。资本的发展可以增加社会总需求，提高信贷总量，推动经济的发展。不同区域金融业的发展还可以缩小地区经济差距，促进城乡经济均衡发展，实现经济发展一体化。其二，金融机构的发展，有利于创造良好的宏观金融环境，扩展企业融资渠道，提高企业直接融资比重，满足不同层次企业的资金需求，尤其有利于中小企业的发展，进而形成较多的市场参与主体，最终形成有规模的市场体系。如果政府支持企业进行股份制改造，建立现代企业制度，并力争使得更多的企业上市，加强对资本市场的建设，便可为企业赢得更多的发展基金。其三，金融业的发展还可以支持能源、交通、电力等基础设施建设，为经济发展、人民生活质量提高和树立良好的城市形象，打下扎实的基础。其四，金融机构的发展有利于资金流向最有效益的企业，使得资金使用效益最大化，最终达到优化产业结构的目的。其五，高新技术产业是最具发展潜力的产业之一，但它的发展需要大量资金并伴随有一定的风

险。金融业的发展可以满足高新技术产业成长过程中的资本需求，金融衍生工具的使用还可以降低高新技术产业的风险，这将激励更多投资者把资金投入高新技术产业，利于高新技术产业的发展壮大。

金融业是推动西部大开发的重要力量，中央为加快西部大开发进程，实施了一系列的金融优惠政策，比如引导资金流入、降低企业筹资成本、提高企业资金利用效率和产出效益、完善金融体系，这些政策为带动兰州金融业发展提供了良好的机遇。兰州市根据自身发展目标，把金融中心建设纳入兰州市发展和城市建设规划，同时制定了一系列与金融业发展和金融中心建设相关的配套政策，并引入银行竞争机制，清理取消了一些不合理的、垄断性的限制性政策，使得兰州金融业进入一个良性发展阶段。目前兰州已形成多种金融机构并存的多元化体系，拥有银行、保险、信托等各类金融机构，并且证券市场和保险市场不断完善，服务水平不断提高，对区域经济的辐射作用和凝聚作用也不断加强。据兰州 2009 年 7 月的月报统计数字显示，截至 2009 年 7 月末，兰州市金融机构存款余额为 2490.45 亿元，同比增长 24.66%，金融机构贷款余额为 1817.04 亿元，同比增长 27.51%，存贷款余额稳定增长，银行资金回笼速度加快，银行整体盈利水平提高，对地方税收的贡献越来越大。

兰州金融服务业在发展的同时仍存在较多的问题。2007 年兰州地区生产总值为 732.76 亿元，第三产业增加值为 370.59 亿元，金融业增加值为 25.49 亿元，金融业对地区生产总值和第三产业的贡献率分别仅为 3.48%、6.88%。这说明兰州金融业尚未得到充分发展，需要分析并解决它在发展过程中存在的各种问题，以使它对经济增长作出更大贡献。

（1）金融机构服务对象结构不合理。兰州商业银行体制改革落后于市场体制改革，银行贷款主要投向了政府主导的基础设施项目和其他一些有隐性担保的建设项目，而急需资金的乡镇企业、个体私营经济和农业贷款以及具有较大风险的技术改造贷款的数目较少（见图 3 和图 4）。银行放贷对象结构的不合理也从另一方面反映了兰州市信用评级体系的缺失，大型国有和集体企业改制为非公有企业后，使企业原来的信用等级下降，而银行的信用评级指标并没有改变，因此在很大程度上增加了中小企业的贷款的难度。另外，中小企业尤其是乡镇企业财务制度不健全，信息披露的真实性难以判断，造成银行不敢对其放贷。这些都极大地限制了金融机构对经济发展的促进作用。

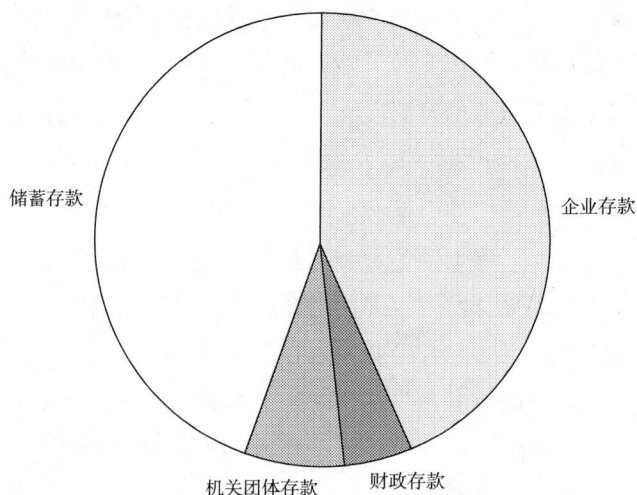

图 2 兰州市 2007 年存款构成

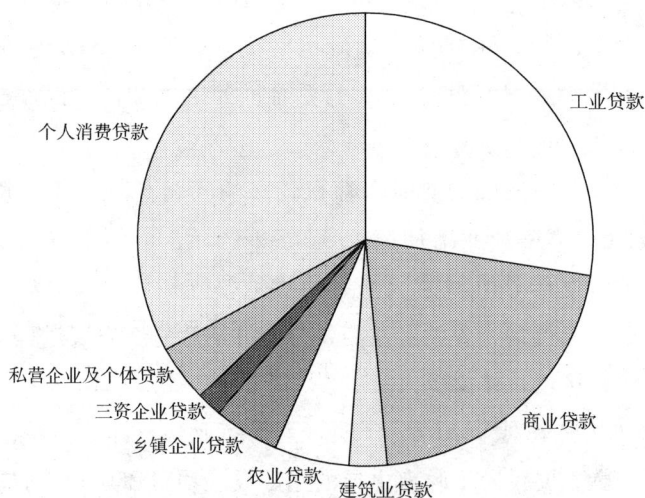

图 3 兰州市 2007 年短期贷款构成

（2）金融机构竞争力较弱。金融机构竞争力主要通过资金凝聚力来体现，资金凝聚力可以通过金融机构各项存款与贷款的余额以及保费收入数额进行量化比较，存贷款余额越大、保费收入越高，则金融体系资金凝聚力越强。从表 5 数据可以看出，兰州在西部地区的资金凝聚力不强，在全国范围内相对其他城市还很弱。

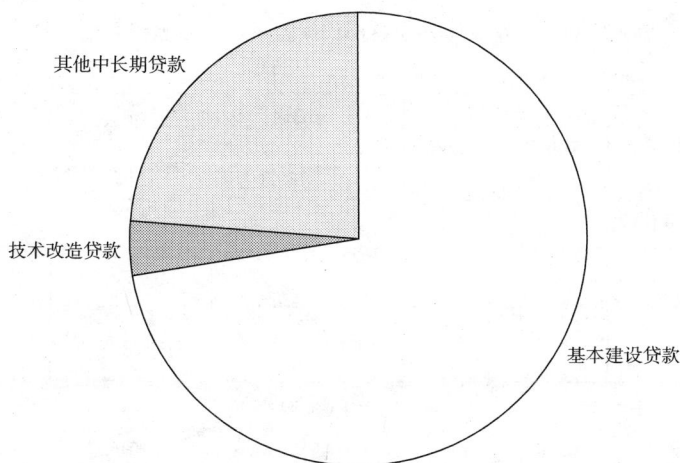

图 4　兰州市 2007 年中长期贷款构成

表 5　2008 年兰州与其他几个城市的金融主要金融指标数据对比

单位：亿元

城　　市	金融机构各项存款余额	金融机构各项贷款余额	保费收入
兰　　州	2156.29	1520.26	35.45
银　　川	993.91	965.08	18.07
成　　都	8317	5410	184.2
西　　安	5711.27	3235.84	101.45
贵　　阳	1994.78	1623.77	33.71
重　　庆	8102	6384.03	200.56
昆　　明	4267.47	4012.41	—
广　　州	16929.47	11079.55	309.38

数据来源：兰州、银川、成都、西安、贵阳、重庆、昆明、广州统计信息网，2008 年国民经济和社会发展统计公告。

2. 信息服务业发展滞后，影响了服务业现代化进程和城市能级提升

信息服务业属于高智能的知识密集型产业，具有很强的溢出效应，是我国乃至全球最具活力的新的经济增长点。它通过现代信息技术改造提升传统服务业和其他产业的整体素质，促进信息化和工业、农业的融合，是社会经济发展的主导产业之一。信息技术对各行业的渗透，可以提高经济增长进程中的科技管理水平，增强城市综合竞争力，加快服务业的现代化进程。

表6　2007年兰州服务业各部门就业人数与产业增加值对比

单位：%

部　门	信息传输、计算机服务与软件业	金融	房地产	交通运输、仓储以及邮政业	批发零售业	住宿餐饮业	教育	卫生、社会保障和社会福利业
各部门从业人员总数占服务业总从业人员的比重	2.56	2.61	2.53	11.80	29.62	9.75	10.29	4.57
各部门产业增加值占服务业增加值的比重	5.23	6.88	6.03	16.13	18.89	71.87	11.22	3.28

数据来源：根据兰州统计信息网，《兰州统计年鉴2008》整理。

总体分析，兰州的信息服务业发展比较滞后。从表6数据可以看出，兰州信息服务业从业人员占服务业从业人员总数的比重仅为2.56%，产业增加值占服务业增加值的比重为5.23%，就业比重是各服务行业中最低的，增加值比重仅高于卫生、社会保障和社会福利业，可以看出，信息服务业是兰州服务业发展最为薄弱的部门之一。总体看，与兰州服务业其他部门相比，信息服务业的发展规模较小，行业产出效益较低。信息服务业的发展离不开高素质的人才，兰州的经济发展水平不高，不利于高技能人才的发展和良好创业环境的形成，直接限制了信息服务业整体水平的提高。兰州的信息服务业目前尚处于发展的起步阶段，与发达城市相比，基础比较差，缺乏相应的政策支持与引导，行业管理体系不健全。信息服务企业不具有规模效应，缺乏具有较强带动作用的龙头企业，核心技术和创新能力不能得到最有效的开发应用，信息服务市场整体水平仍然较低。这些因素直接制约了兰州信息服务业的发展空间，对产业结构优化和城市整体竞争力的提升产生了不利影响，不利于现代服务业整体水平的提升。

3. 房地产业发展空间较大，市场秩序仍不规范，居民生活环境有待提高

房地产业是国民经济的支柱产业。首先，房地产是社会经济活动的基本物质前提，是其他一切产业部门发展不可缺少的物质条件。其次，房地产业产业链较长，与很多行业相关联，房地产的发展具有明显的溢出效应；此外，房地产业的发展还可以改善人民生活水平，提高城市居住环境质量。房地产业的发展不但满足了市民的居住需求，同时随着经济的发展以及房地产开发理念的创新，智能化、环保、安全的生活小区逐渐形成，大大改善了居民的生活居住水平。最后，房地产的发展可以扩大投资总额。公共房屋建筑的建设是投资行为，可以通过对公共建筑的经营逐步回收资金，并且带动资金升值。个人购房属于消费行为，在兰州居民消费中住房消费占据相对较高的份额，同时由于人均住房面积相对较小，因而住房需求空间较大，这意味着今后住房投资潜力仍然较大，将会带动房地产业较快发展。

兰州市政府根据城市实际发展情况，制定了一系列的宏观调控政策措施。在兰州市第十一个五年规划中规定：规范和发展房地产市场，扩大土地有偿使用范围，规范土地出让方案，鼓励存量房地产全面进入市场，同时建立规范的房地产价格体系，发展房地产信息、评估等中介服务。这使兰州房地产业取得了平稳较快发展。受国际金融危机的影响，2008 年城镇固定资产投资总额增长幅度较小，根据兰州 2009 年 4 月和 7 月月报数据显示，房地产开发总额 4 月下降 26.88%，7 月下降 6.26%，而城镇固定资产投资总额分别增长 4.87% 和 11.46%，房地产开发总额下降幅度的降低使得城镇固定资产投资总额有了很大提高。

根据 2007 年的统计数字显示，兰州市房屋施工面积达 896.94 万平方米，房屋施工新开发面积达 175.29 万平方米，房屋竣工面积达 165.43 万平方米，商品住宅竣工套数达到 1162 套。兰州市的房地产开发正向规模化、多元化方向发展，这将有利于推进整个城市的现代化建设。但与其他城市如成都相比，兰州房地产市场仍处于发展的起步阶段。2007 年成都市完成房地产投资 909.9 亿元，全年含预售在内的商品房销售面积达 2243.3 万平方米，其中住宅销售面积达 2101.7 万平方米，实现商品房销售额 957.1 亿元，增长 73.8%，其中住宅销售额达 880.6 亿元。

房地产业是缓解就业压力的重要途径。房地产业的发展为大量建筑工人和农村剩余劳动力提供了就业岗位。另外，由于房地产相关产业较多，它自身的发展可以带动建材、林业、轻工业等的发展，各行业的发展有利于积聚各类人才，缓解目前的就业压力。但兰州房地产业吸纳就业的人数仍较为有限，2007 年兰州市房地产业从业人员有 1.67 万人，仅占兰州全部从业人员的 1.08%，占服务业就业人数的 2.53%。兰州房地产业仍然缺乏拥有相关管理和经营经验的人才，对人才的吸引力不强，限制了行业的良性发展和竞争力的提高。

兰州市房地产企业资质参差不齐，开发企业规模不大，企业经营管理落后。一些企业只重视眼前利益，做虚假售房广告，降低房屋质量，损害消费者利益。住房建设仍处于粗放式生产阶段，小区缺乏严格的规划设计，环保节能材料利用率较低，居民居住环境不能得到迅速改善。

另一方面，黄河穿越兰州虽然为它带来了独特的城市景观，但也在一定程度上限制了兰州房地产业的发展。整个城市构成围绕黄河布置的组团式布局，严重制约了房地产业的发展格局和人们对居住环境的选择空间，也造成了兰州市区房地产供给有限、需求远大于供给的局面。

（三）兰州不断加大新兴服务业的投资力度，为产业结构优化提供了便利

科技教育和医疗卫生属于新兴服务业的两大主要部门。科技在现代化生产中的广泛应用使得劳动者的智力因素在生产劳动中的地位越来越重要，随着经济的发展，它对经济的改造提升作用也日益显现出来，并成为推动区域经济发展的强大动力。当今世界是知识经济的时代，即以知识和信息为基础，打破了对传统的三大生产要素即土地、资本和劳动增量的依赖，提高了对生产要素的知识和技术含量的要求。全社会知识和技术水平的提升要以教育作为基础，劳动者要获得必要的科技知识和较强的创新能力，接受教育是必然手段。医疗卫生属于城乡居民的刚性需求。完善医疗卫生服务体系，降低居民对医疗卫生的支出水平，可以提高居民生活水平，使更多的居民可支配收入用于旅游、投资、文化娱乐等消费领域，进而优化产业结构。

兰州市为发展教育事业不断增加对教育的支出预算，2003 教育支出为 61438 万元，2007 年增长至 181881 万元，占全市支出总额的 21.83%。兰州目前拥有科研机构 138 个，科研人员 10 万余人，其中中国科学院兰州分院是兰州重要的科研基地，拥有国家重点实验室 9 个。兰州市政府对居民医疗保健的支出也在逐年增加，2006 年的支出总额为 35598 万元，是 2003 年的 1.73 倍。目前兰州市已建有各级各类医疗卫生机构 2694 家，其中集体和民营医院 23 家。同时，兰州政府为加强对社区卫生服务的建设，扩大社区卫生服务中心的覆盖率，为居民生活提供便利，已基本形成 15 分钟社区卫生服务圈。

三 完善服务业体系，促进兰州服务业成长

近几年兰州的服务业发展呈现总量持续攀升、占比不断提高的趋势，服务业

对经济的贡献率不断增长，但与国内其他城市相比仍有较大差距。目前，兰州市已进入经济跨越式发展阶段，积极发展服务业尤其是现代服务业，完善服务业发展体系，发挥服务业促进经济增长的作用成为主要的任务。

（一） 引入新的商业理念，为兰州经济发展增添新的活力

商业的发展水平代表着城市的繁荣和现代化程度，商业中心和商业街是城市商业的缩影，如北京有王府井商业街和西单等商业中心，上海有南京路商业街、徐家汇和新上海等商业城。商贸流通的发展有助于满足不同层次的消费者需求，完善城市服务功能。兰州商贸中心虽已经建设成功，但仍缺乏自身特色，要提升兰州商业贸易的档次和水平，可以考虑为兰州引入新的商业理念并构建特色商业中心和商业街，为兰州经济发展带来新的活力。

（二） 整合各种旅游资源，推动旅游成为兰州经济新增长点

旅游业是为了满足旅游者各方面的需求，对于物质和精神产品的要求都比较高。旅游业的发展不仅需要各行业的合作，还需要各区域的合作，通过各方面资源的优势互补，使旅游产业稳定健康发展。兰州市应明确自身旅游业的发展定位，即建成西北旅游中心城市，推动区域城市化和统筹城乡关系，推动兰州实现产业结构调整。切实采取措施延长旅游者的逗留时间，提高其需求弹性，并规范餐饮住宿行业的经营管理行为，全面提高旅游业从业人员的综合素质。

旅游者需求不同，有些是为体验少数民族的人文风情，有些是为感受西部美丽自然风光。要满足游客的个性化需求，兰州旅游业应使人文资源和自然资源充分结合。通过整合旅游资源确立兰州的旅游核心优势，开发一些强势资源项目，并加强对边远地区旅游资源的开发，改变粗放式经营方式，形成规模集聚效应，增加旅游吸引力，进而形成兰州新的经济增长点。

（三） 完善金融业服务体系，促进兰州经济与金融的协调发展

兰州市政府应加强与当地金融机构的合作，针对金融体系发展中存在的各种问题，采取各种措施促进金融业的发展。要根据国家法律，结合当地实际情况健全金融企业的治理机制，降低私人资本进入金融业的门槛，为金融市场化创造条件。支持地方性金融机构与国家性金融机构的合作，完善金融体系。同时，政府

还应积极推进对农业的贷款支持，加强农村金融机构建设，为农村金融服务业的发展打下更坚实的基础。金融企业要切实承担起防范化解风险的责任，建立规范化、现代化的行业技术标准，引进高素质的金融专业人才，提高金融服务业的竞争力。金融企业还应丰富贷款种类，增加对高新技术产业和中小私营企业的贷款，完善对农业乡镇企业的信用评级体系，切实增强金融服务功能。

（四）完善房地产市场体系，加快兰州的城市化进程

政府应严格市场准入和退出制度，规范房地产秩序和维护公平的市场竞争环境，鼓励企业守法经营，积极引导企业间的合并重组，提高企业的综合实力，使企业走上规模化、集约化发展的道路。政府可通过土地出让规划来控制房地产开发投资速度，以便遏制不正当的市场竞争。为降低房地产价格，政府部门应加强自身监督机制建设，极力消除不合理的税收政策，抵制寻租行为。加强对经济适用房和廉租房的建设以及监管力度，对于建设中的一切费用加强管理，以降低房地产价格，解决低收入者的住房问题。鼓励企业使用节能环保材料，提高小区规划设计标准，改善城乡居民生活条件，加快城市化进程。

（五）大力发展职业教育，为兰州服务业发展培养合格、适用的人才

兰州经济发展仍落后于其他城市，要从根本上解决这个问题，就必须有一个长效机制和适宜的发展战略，这就是"富民先富脑"战略（夏杰长，2009）。兰州目前已经基本形成初具规模的职业教育体系，在中央和甘肃省财政政策的支持下，中等职业教育的办学环境也有了较大改善，居民对职业教育的理解有了初步改变，但仍需要对职业教育发展中的很多问题进行改进。目前，大多数人对成才观念的理解仍停留在初中升高中、高中升大学的阶段。因此，应进一步纠正居民对职业教育的错误认识，增加对职业教育的宣传力度，以使职业教育和普通高等教育处于平等地位，尽力消除重科研人才、轻技术人才的现象，以使人力资源得到充分利用；增大对职业教育的资金支持力度，提高国家和省市各级政府对职业教育投入资金的使用效率，建立职业教育专项资金，并由专门的部门统一经营、支配和管理，降低民办资本进入职业教育领域的门槛，使职业教育市场化，逐渐为其引入市场竞争机制，促进职业教育行业健康发展；职业教育课程设置的内容

要有针对性，并要时刻关注最新的技术使用方法，对社会发展变化要有一定的预见性，以使学生学到的技术可以适应经济发展变化的需要；优化师资结构，对于专业课教师和实习指导老师的专业理论知识和实际操作能力均要设定一定的要求，努力增加指导教师中娴熟高级技术工人的数量，加强与企业的合作力度，形成"师傅带徒弟"的培养模式，增加学生动手实习锻炼的机会，推进实习基地建设，为企业培养有较多实践经验的高级技工人才；提供更多的优惠政策吸引返乡农民工和"农村两后生"参加职业教育培训，为他们增加一技之长，进而提高劳动者整体素质，推进科学技术成果的运用，加快劳动力的转移。

参考文献

姚战琪：《服务全球化条件下中国服务业的国际竞争力：问题和对策》，《国际贸易》2009 年第 4 期。

姚战琪等：《技术进步与现代服务业：融合、互动及对增长的贡献》，社会科学文献出版社，2009。

程大中：《论服务业在国民经济中的"黏合剂"作用》，《财贸经济》2004 年第 2 期。

陈秀山、张可云：《区域经济理论》，商务印书馆，2004。

杨徐伟、郑建民：《西安服务业的竞争优势及发展对策》，《西安石油大学学报（社会科学版）》2006 年第 2 期。

赵凯、宋则：《商贸流通服务业影响力及作用机理研究》，《财贸经济》2009 年第 1 期。

潘秀、孟令余：《兰州构建区域性金融中心的目标定位》，《甘肃金融》2009 年第 2 期。

夏杰长：《发展职业教育宜成为甘肃扩大内需和带动就业的着力点》，中国社会科学院国情调研课题研究报告，2009 年 5 月。

2008 年兰州市统计年鉴，http：//www. lzstats. gov. cn/newsshow. asp？id = 218。

2008 年武汉市统计年鉴，http：//www. whtj. gov. cn/documents/tjnj2008/1/1 – 11. htm。

2008 年重庆市统计年鉴，http：//www. cqtj. gov. cn/tjnj/2008/yearbook/index. htm。

2008 年西安市统计年鉴，http：//www. xatj. gov. cn/article/sort052/sort0157/list157_1. html。

Shelp, R. , The Role of Service Technology in Development, in Service Industries and Economic Development –Case Studies in *Technology Transfer*, Praeger Publishers, 1984.

发展生产性服务业与促进资源型
城市转型：以东营为例

课题组*

摘　要：山东东营是典型的资源型城市。积极发展生产性服务业，对于东营的产业转型与升级、解决资源型城市的可持续发展、建设"黄河三角洲高效生态经济"示范区、提升区域竞争力具有重要的现实意义。东营生产性服务业发展的重点领域包括物流服务业、科技服务业、金融服务业、服务外包产业和软件与信息服务业等。东营要紧紧围绕石油工业发展配套的生产性服务业，坚持制造业和生产性服务业融合与互动发展，既要通过发展生产性服务业实现服务业和石油工业双赢的目标，又要通过发展生产性服务业来提升东营经济的辐射力、影响力和竞争力，把东营打造为黄河三角洲高效生态经济区建设的示范区和排头兵。

关键词：资源型城市　生产性服务业　石油工业　黄河三角洲高效生态经济区

一　生产性服务业是资源型城市转型的重要支撑

（一）资源型城市的定义与产生背景

学术界对资源型城市的定义并不统一。本文无意在概念纷争上多着笔墨。

---

* 本文是东营市发改委委托课题"东营服务业发展规划和空间布局（2009～2020）"的成果之一。课题顾问：曹连杰、张传胜、丛培田、邵杰光。课题主持人：夏杰长。本文执笔人：夏杰长、霍景东、刘奕、李勇坚、李颖明。

我们理解的资源型城市是指伴随资源开发而兴起，并以资源型的开采、加工为主导产业的城市类型，这些城市以生产和输出资源及其初级产品为主，城市经济和社会发展、劳动就业和财税收入对当地资源禀赋及其开采有明显依赖性。

资源型城市的存在是一个世界性的现象，也是工业化进程的必然结果。当然，各国国情不一样，体制上又有较大的差异，工业化的认识也不尽一致。所以，资源型城市的产生背景是不一样的，发展的轨迹和结果也有所差异。在中国，资源型城市的产生有其特定的背景。国内学者吴奇修认为，20 世纪 50 年代的国际政治经济环境决定了新中国不可避免地要实践以重工业为主的工业化模式，只有依靠有计划地集中使用资源才能克服资源短缺对工业化的约束。在这种背景下，资源型城市的蓬勃兴起，是我国经济建设的必然要求。

（二）资源型城市的基本特征

1. 资源型城市建设速度较快

由于国家对资源的需求，往往加大了资源开发的力度，从而导致资源型城市发展极其迅速。以油都大庆为例，20 世纪 50 年代大庆地域总人口不足两万人，到了 90 年代，短短 40 几年时间，大庆已成为人口近百万的举世瞩目的大城市。不仅大庆如此，其他资源型城市如鸡西、鹤岗、伊春等也存在类似情况，虽然超常规的城市建设速度，为资源的开发和利用提供了便利的条件和生产服务基地，但这样的建设速度在当时的建设条件下，必然使城市建设缺少全面的规划和统筹安排，从而使生产和生活产生越来越明显的冲突和矛盾。①

2. 城市兴衰与资源开发密切相关

我国资源型城市在发展中，对城市可持续发展能力的建设重视不够，没有形成资源开发与城市发展的互动机制，只重视资源开发，没有将城市的可持续发展作为核心。我国多数资源型城市过分依赖于资源开发企业的发展，没有在资源开发的壮年期筹划、设计维持城市可持续发展的产业集群，即城市化没有推动工业化的升级。产业链短，虽然围绕资源加工与配套形成了一定的产业体系，但仍是

---

① 参阅《资源型城市的现状特点》，2008 年 8 月 18 日《大庆日报》。

不完善的。资源开发与城市发展的关系形成了"一兴俱兴、一衰俱衰"的因果关系。[①]

3. 产业结构低度化，产业序次低

产业结构的低度化一般是指以资源粗加工为主、产品精加工不足、技术含量不高的现象。作为典型的资源型城市，东营就存在这样的特征：一是东营市对资源的加工程度低，以初级原材料的形式向外输出产品；二是资源加工中的技术水平不高，输出产品中技术含量有待提高；三是加工工业和基础产业不发达，石油化工产业在城市经济发展中的压力过大，自身发展缓慢。[②] 产业序次则是指三次产业间产值的比例关系，特别是第三产业的动态变化。随着人均 GDP 增加，服务业增加值占 GDP 比重和服务业劳动就业占全部从业人员的比重都会提升。学术界大多认同人均 GDP 6000 ~ 10000 美元是产业结构剧烈变化、服务业比重明显上升的阶段，甚至是可能建立服务业为主的经济结构的阶段。2008 年东营市人均 GDP 已经达到了 1.4 万多美元，但服务业增加值占 GDP 比重只有 20.1%，服务业就业比重只有 39%。显然，东营的三次产业比例与国际标准模式或者一般的经济发展规律差距较大，产业结构明显不合理，且超重型化，服务业发展严重滞后。

4. 城市公共服务两套体系并存

我国大多数资源型城市都是依托一个或几个大型资源型企业而形成的。在城市发展的初期，无论是石油、煤炭、冶金还是森工城市，基本上都是采用政企合一的管理体制，即大型企业的领导兼任城市的党政领导，城市的基础设施一般都由企业负责建设与管理，企业与城市之间没有形成两个利益主体。随着企业的不断壮大，职工家属规模不断增加，城市不断扩展，在矿区的基础上又划入了一些区县由城市管理，城市的职能逐步健全，城市与企业逐步分离，但城市的一些基础设施如供水、供气、公交等仍继续由大型企业负责建设与管理。如大庆市的市区公共汽车仍由大庆石油管理局负责运营，白银市的城市供水仍由白银公司负责，鹤岗市的城市供热仍主要由鹤岗矿业集团负责等。[③]

---

① 吴奇修：《资源型城市竞争力的重塑与提升》，北京大学出版社，2008。
② 马颖、王军：《东营市产业结构分析及发展对策》，《湖北经济学院学报》2007 年第 7 期。
③ 刘玉宝：《我国资源型城市的现状特点及其历史贡献评述》，《湖北社会科学》2006 年第 4 期。

（三）资源型城市依靠服务业转型已有不少的成功案例[①]

世界上，资源枯竭型城市的发展有两种选择，一种是弃市，一种是转型。美国西部很多资源型城市在资源枯竭以后大部分都废掉了，一部分则依托原有的产业基础发展生产性服务业，典型的例子如休斯敦；还有一些则是以非自然型的消费为主体发展起来的，比如拉斯维加斯。

休斯敦市在 100 多年的发展历史中，走过了因油而兴、因高度依赖石油工业经济严重受挫和从单纯石油资源型城市到产业多元化、经济持续增长的新型大都市的发展历程。1836 年，地产商艾伦兄弟购下该地区 26.9 平方公里土地开发建市，到 1941 年，该地区的炼油能力占到全美国的 1/3 以上。在政府的直接和间接资助下，石化工业、炼油工业沿航道两岸迅速发展，大型化工厂达到十几家。石化产业发展带动了交通运输、钢铁、金属制作、石油工具、建筑行业的发展，使休斯敦的工业体系得到进一步完善，经济的独立性得到加强。20 世纪 70 年代，世界石油价格暴涨，休斯敦市石油工业得到迅速发展，并在 70 年代末和 80 年代初达到顶峰，获得"世界能源之都"的称号。80 年代中期，由于美国经济衰退，世界油价下跌和石化行业大萧条，休斯敦市经济严重受挫，失业率一度高达 10%，产业结构单一的弊端凸显。面对严峻的经济形势，休斯敦市从调整产业结构入手，大力推进产业多元化，优先发展石化工业以外的产业，伴随着服务业特别是科研、教育、医疗、金融、国际贸易、物流的迅速发展，到 20 世纪 90 年代末，休斯敦已经摆脱了对能源经济的依赖，城市性质由单纯的油城成为集资本、智力、技术密集于一体的综合区。2005 年，大休斯敦地区的生产总值超过 2500 亿美元，其中服务业、制造业、零售业、运输业和矿业的产值占了 75% 以上。

同样，拉斯维加斯也是这样一个通过服务业成功实现转型的城市。拉斯维加斯原本只是到加州路上的一个绿洲，周围是一望无尽的沙漠。20 世纪 30 年代，内华达州决定使赌博成为合法的事业，从此拉斯维加斯以博彩业闻名于世。近年

[①] 《美国资源型城市可持续发展考察报告》，http：//www. dqfgw. gov. cn/article_ show. asp? dclass =% B4% F3% C7% EC% BF% C9% B3% D6% D0% F8% B7% A2% D5% B9&article_ id =2457，2006 年 11 月 22 日；《休斯敦成功转型的启示》，http：//www. dqfgw. gov. cn/jingjlt/article_ show. asp? article_ id =278，2006 年 9 月 25 日；《拉斯维加斯华丽转型》，http：//travel. 21cn. com/news/express/2009/04/02/6085810. shtml，2009 年 4 月 22 日。

来，拉斯维加斯大力发展非博彩类服务资源，包括会展、休闲娱乐、表演、购物以及自然景观旅游。如今的拉斯维加斯具有独特的娱乐文化与丰富的旅游资源，除了众多豪华酒店外，还拥有星级餐厅、主题各异的游乐园、艺术画廊、高尔夫球场和豪华 Spa。这里汇集了世界最顶尖的表演团队，从国际知名的太阳马戏团，百老汇盛演不衰的"歌剧魅影"到当红艺人的巡演。奢侈精品店和品牌折扣店几乎云集了全球所有最著名的品牌。同时，拉斯维加斯也是全球知名的"世界会议之都"和全球拥有客房最多的城市，先进完备的会展设施、卓越的服务接待能力和多姿多彩的休闲旅游资源使其成为卓越的会展旅游目的地。拉斯维加斯的目标不仅是休闲和商务游的目的地，更要成为世界级的综合旅游目的地。

（四）大力发展生产性服务业对东营城市转型意义重大

1. 发展生产性服务业是"制造业服务化"趋势的必然选择

全球产业结构正在呈现从"制造型经济"向"服务型经济"转型的趋势，生产性服务业已成为发达国家现代服务业发展的主要增长点和就业增加的主渠道，世界经济中增长幅度最快的行业，在世界经济发展和国际竞争中的地位日益显著。现在不少发达国家服务业占 GDP 比重超过 70%，生产性服务业占服务业比重超过 70%。服务经济的发达是以工业化和城市化为基础的。服务经济的最重要特点是生产性服务业从制造业中逐渐分离，而且与制造业的关系日渐密切。生产性服务业主要是由于制造业企业将一系列以前由内部提供的生产性服务活动（研发、设计、内部运输、采购、融资等）进行垂直分解，并实施外部化的结果。也就是说，生产性服务业是要以较发达的工业为前提的。东营的胜利油田在全国位于第二，石油工业非常发达，围绕石油工业配套的化工工业也较发达，人均 GDP 超过 1.4 万美元，在全国名列前茅。较发达的制造业一方面将会分蘖出一些服务业态，另一方面又会对生产性服务业产生强大的市场需求。只有善于把握"制造业服务化"的趋势，适应制造业和服务业融合与互动的规律，东营的生产性服务业是很有前途的，将是资源型城市转型很合适的接续产业或者替代产业。

2. 发展生产性服务业是东营提升石油产业竞争力和促进石油产业升级的必然要求

东营作为我国典型的以石油为主要产业的资源型工业城市，正处在大力发展接续产业、积极发展服务业的资源型城市结构调整阶段，无论是城市功能完善、工业化发展的内在需要，还是产业转型、产业融合和产业升级的驱使，均离不开生产性服务业的有力支撑。胜利油田是我国的著名油田，但也进入了储存量下降、开采成本上升的阶段。这个时候，必然要从"微笑曲线"的两端做文章，要凸显石油工业和围绕石油产业的生产性服务业融合发展，要重视前端的研发、软件和后端的营销服务以及贯穿于前后两端的物流服务业、商务与租赁服务业等，从中开辟新的利润源，推动石油工业的升级和提升石油产业竞争力。

3. 发展生产性服务业是东营建设"黄河三角洲高效生态经济区"的重要着力点

黄河三角洲高效生态经济区建设，客观上要求加快经济结构转变，实现生态系统与经济系统的高效结合、开发与保护的有机统一。传统发展模式中，"高效"和"生态"向来是一对矛盾；而生产性服务业具有新型业态多、资源消耗少、环境污染小等优点，能为工业化提供低成本支撑、为经济结构调整建立节约型产业模式、为可持续发展创造绿色增长方式。服务业的发展壮大，能起到助推器和润滑剂的作用，通过技术进步和产业融合，提高产业的竞争力和产品的附加值，从而达到以尽可能少的自然和社会资源获取更多社会福利的目的。加快发展服务业，推动经济结构调整、转变经济发展方式，能够促进石油城市多元经济结构的形成，更好地推进黄河三角洲开发建设。所以，为避免走过去"先污染、后治理；先开发、后保护"的老路，在黄河三角洲建设开发初期，就应该高起点地谋划东营服务业发展，努力构建现代农业、先进制造业和现代服务业高效、互动、协调、可持续发展的现代产业体系。

4. 加快发展生产性服务业是提升东营区域竞争力的有效途径

加快推进东营服务业的发展，特别是大力发展商贸流通、物流配送、旅游会展、科技研发等现代服务产业，同时积极承接国内发达地区（京津冀地区）和国外的服务业转移，不仅可以为东营产业生态化、高端化的发展提供重要基础，还可为国内外服务业的转移、升级、重组和合理布局提供有效载体，有助于东营在发挥比较优势的同时规避比较劣势，从而在激烈的区域竞争中占据有利地位。

二 东营发展生产性服务业的基础与面临的挑战

(一) 具备了较好的基础

1. 较高的经济发展水平

东营市的人均财力、人均 GDP、人均工资和人均消费在山东省居于前列，特别是拥有胜利油田这个巨大的消费群体，发展商贸、餐饮、房地产、教育等生活性服务业的条件得天独厚。2008 年，全市实现生产总值 2052. 6 亿元，占黄河三角洲地区的 43. 2%；人均生产总值 11 万元，是黄河三角洲地区平均水平的 2. 27 倍；财政总收入 413. 86 亿元，其中地方财政收入 70. 95 亿元，占黄河三角洲地区总量的 35. 8%，经济综合实力列全国百强城市第 27 位。

2. 丰富的土地资源

从山东省来看，制约发展最大的因素就是土地和水，土地对山东发展的制约是长期的。而东营市土地资源丰富，是我国东部沿海后备土地资源最多的地区，目前土地总面积 1208 万亩，在 450 多万亩的土地后备资源中，国有未利用土地 297 万亩，转换为建设用地具有成本低、不占耕地、不涉及 "三农" 问题等优势。随着防潮体系建设，土地后备资源还将逐步增加，适宜连片开发物流仓储等占地面积较大的服务业。

3. 区位优势

东营市地处黄河三角洲的中心，是环渤海经济区与黄河经济带的交会点，处于连接中原经济区与东北经济区、京津唐经济区与胶东半岛经济区的重要位置，背靠鲁北及鲁西北广阔的经济腹地，与日本、韩国等发达国家隔海相望，对外辐射与承接服务业转移的区位优势比较明显。目前，东营市已具有公路、铁路、水路、航空多功能交通网络，海陆空立体交通网络已具雏形，联系国内外的大通道正在建立之中。

4. 较好的工业基础

东营市的工业基础较好，经过多年的开发建设，形成了一批竞争能力较强的支柱产业、实力雄厚的骨干企业和市场占有率较高的知名品牌，是有影响力的石化基地、造纸强市、轮胎大市和石油装备制造业基地，地方炼油能力居全国第一，新闻纸产能全国最大，石油装备制造业主营业务收入占全国的1/3，纺织服装、轮胎、盐化工等产业也位居全省前列。2008年全市规模以上工业完成销售收入4205.9亿元、利税1239.1亿元、利润752.7亿元，分别比上年增长了34.2%、56.1%和38.1%。全市销售收入过亿元的地方工业企业达391家，原材料及产成品年运输总量达4860万吨。工业经济的快速发展与集聚发展，为仓储、运输、物流、金融、科研、商务等生产性服务业的发展提供了强有力的支撑。

5. 较强的科研资源

东营市是"全国科技进步先进市"、"国家技术创新工程示范城市"、"国家知识产权示范城市创建市"，拥有"211工程"高校1所、国家大学科技园1家和国家级高新技术创业服务中心4家。国家重点高校中国石油大学建有重质油加工国家重点实验室和提高油气采收率工程技术研究中心等26个省部级重点实验室；境内的胜利油田建有物探研究院、地质研究院、钻井研究院、采油研究院、勘察设计研究院、博士后科研工作站等一批重点科研机构；通过产学研结合，东营市还联建了38家省级工程技术研究中心（技术中心）。东营拥有大批专业技术人才，其中两院院士13人，专业技术人员达到7万人，这为东营依托优势产业发展科技研发服务业奠定了坚实的基础。

（二）面临的挑战

1. 产业类型单一，二、三产关联度和联动性尚待提升

产业发展规律表明，进入工业化中后期，随着专业化分工的日益深入，生产服务业逐渐从工业中分离出来，以社会服务的形式为工业生产过程提供中间服务。东营作为山东省单一产业结构模式最突出的城市，绝大部分工业产业都与石油有关，这种单一的产业结构在城市发展初期的财富积累中起到了非常重要的作用，但石油作为"空投"产业，根植性不强、与地方经济的关联度较弱，不利于当地生产性服务业的产生和发展。此外，与滨州类似，东营也属于大企业嵌入型经济发展模式，与大企业配套的中小企业发育不足，导致产业集群难以形成、专业的生产性服务业缺乏独立发展壮大的现实土壤。这种以大企业主导的产业组织结构导致服务业和工业互动与融合不够，生产性服务业的服务水平和配套能力难以提升。

2. 城市布局分散，服务资源难以集聚整合

东营市是依托油田而建成的资源型城市，产业布局不集中，城市布局分散、尺度较大。建成之初，城市发展让位于石油开采，原本不大的城市一分为二，形成了相对联系薄弱、分散孤立的一新城一老城，且东西城服务业发展不均衡。在城市规模不大的前提下分散发展，不仅带来人气缺乏的矛盾，更导致产业发展缺陷，不能形成一个二、三产业联动、互动的经济结构，服务业势必难以繁荣。新版规划为了将相对分散的城市整合起来，采取了在东西城之间打造一个新区的方法，如果能够成功，将在一定程度上解决服务业整合、集聚困难的问题。

3. 缺乏高层次服务业人才，城市宜居度尚需提升

作为胜利油田的主产区，东营的工业基础雄厚，人力资源主要集中在油区和地方工农业领域，服务业从业人员素质较低、服务意识薄弱，从事会计、法律、管理咨询、金融、证券及保险等专业的研发型、复合型人才和管理人才不足，难以符合"黄河三角洲服务业中心城市"发展的需要。制约高端服务人才入住东营的因素，除了服务业有效需求不足外，还有城市的环境和宜居度的问题。东营的生态比较脆弱，土壤和水质的限制提高了东营美化城市的难度和成本。

三 东营生产性服务业发展的重点领域与基本策略

（一）现代物流业

1. 发展目标

按照"提升空港、完善铁路、扩张海港、拓展公路、打通海运"的战略思路加快推进立体交通体系建设；鼓励生产企业将物流服务外包；搭建物流信息平台，系统整合物流资源，强化供应链管理，拓展金融物流、逆向物流等新业务，形成以网络化、信息化、系统化为主要特征的黄河三角洲综合性物流中心和全国区域物流枢纽及国际重要物流节点。

2. 主要任务

（1）物流企业信息化。推进企业信息化进程，引导企业广泛应用企业资源计划等先进管理技术和电子数据交换等现代信息技术，大力发展电子商务，建立以信息采集、处理、存储、传输和交换为主要内容的企业物流管理信息系统，实现订单处理一体化、仓库管理智能化、货物跟踪全程化、客户查询自动化、资金结算电子化，全面提高企业的物流管理水平。鼓励企业运用仓储管理系统（WMS）、运输管理系统（TMS）、电子订货系统（EOS）等信息管理系统，以及自动立体化仓库（ASW）、自动导向车（AGV）、射频识别技术（RFID）等装备技术，进一步提高物流的速度和效率，降低企业物流成本。

（2）物流公共信息平台建设。物流公共信息平台是提供跨地区、跨部门、跨行业综合物流信息收集、存储、处理与传递的中心，是物流信息网络的中枢系统。东营市应逐步形成基于互联网，联结物流相关企业、政府管理机构、行业协会、口岸，以及相关服务机构，具有数据交换、电子商务安全认证、金融结算功能的，高效便捷、国内领先、与国际接轨的现代物流信息系统。

（3）加快第四方物流市场建设。第四方物流市场通过创新体制机制，在一定程度和范围内解决了现代物流体系建设过程所存在的高价值网络贸易实现难、网络贸易结算服务难、网络贸易适用制度建设难、网络贸易标准化建设难、网络贸易交易秩序监管难等问题。四方物流市场平台应由政府主导投资，以政府补贴、企业付费的方式，维持日常运营，该平台的运作方式完全实现企业化运作。在技术上，平台运用现代信息技术，将物流信息集中到统一、安全、高效的平台上，实现政府与政府、政府与企业、企业与企业、企业与中介组织之间的信息变换和共享，实现物流政务服务和物流商务服务的一体化，范围涵盖海运、陆运、空运等多种运输方式，其功能支持运输、仓储、分拣、配送等物流供应链全过程。

3. 发展策略

（1）规范物流业市场的管理。通过建立完善的市场体系及市场管理机制，形成公开、开放、竞争、有序的市场环境，保证市场机制的正常运行，促进物流资源的有效配置，保障物流业的健康发展。

（2）加强对物流基础设施的投入。对于社会物流的共同基础设施，由于其建设投资巨大，而建成后又对经济发展起到重要的支撑和引导作用，因此，从国内外的发展情况来看，基本上都是由政府作为投资主体来进行建设的。

（3）对专业物流基地进行规范管理。将基地内的土地以生地价格出售给不同类型的物流行业协会，这些协会再以股份制的形式在其内部会员中招募资金，用来购买土地和建造物流设施，若资金不足，政府可提供长期低息贷款。政府对已确定的物流基地积极加快交通设施的配套建设，在促进物流企业发展的同时，促使物流基地的地价和房产升值，使投资者得到回报。

（4）物流园区优惠政策。对物流园区、大型配送中心等物流服务设施的建设，在合理、集约用地的前提下从用地指标、征地费等方面给予优惠政策；对物流园区的建设和管理可参照科技园区与经济开发区的政策；建立物流园区用地预留制度，预留地保持启动期的优惠价格；以物流园区为试点，加紧建设工商、金融、保险、税务、海关、三检联合办公模式，变行政管理为行政服务；对符合规划的原仓储、运输及其他物流企业外迁至物流园区的，给予同工业企业外迁同样的政策；在物流项目建设中尽量减少地方的收费项目或降低收费标准，以减轻项目的负担。

（5）物流企业政策。重点扶持大型第三方物流企业、实施物流分离和外包的大型工业企业、传统运输业向第三方物流转型的企业、大型连锁经营、集中配送的商业企业和来东营市开展物流业务的国内外知名物流企业。

（6）融资政策。积极把市政公用设施建设和经营推向市场，通过出让股权和经营权，盘活存量资产，实现资产置换和良性循环；积极采用项目融资、租赁、债券、股票等国际通行方式筹集资金，吸引更多的民间资本和外商投资进入城市开发建设领域。

（7）保税区政策。建议设立东营港保税区，以加快推进东营港经济开发区建设。

（二）科技服务业

1. 发展目标

自主创新是制造企业的核心竞争力，技术进步与制度创新是现代服务业发展的双引擎。科技服务业作为现代服务业的重要组成部分，对现代产业发展起着重要支撑和引领作用。东营市科技服务业要坚持"高端创新、强劲辐射、产业提升、环境优化"的思路，培育一批科技创业服务平台、科技中介服务机构，完善区域创新体系，促进科技服务业和现代制造业、现代服务业、现代农业融合发展，提升科技进步在经济发展中的贡献率，实现真正的"头脑经济"。

2. 重点任务

（1）完善主体产业相关的科技服务业发展，发挥东营区域发展优势。作为典型的石油资源型城市，2008年东营市规模以上工业企业增加值中，石油和天然气开采业、石油加工、炼焦及核燃料加工业、化工原料及化学制品制造业占70%左右。与此相对应，东营市具备相当高的石油装备制造水平，可以制造石油勘探装备、钻井设备、采油装备、海洋石油装备等各类石油装备。东营经济结构的特点，决定了完善以石油机械、石油化工等传统产业为核心的科技服务业发展是当前的首要选择。以中国石油大学国家大学科技园、国家和省级高新技术创业服务中心为依托，提升东营市石油产业的科技服务水平和服务质量。到2020年，建立覆盖全国的石油产业科技创业服务平台，建立石油装备业科技服务中心、石油化工及化学制造业技术服务中心、石油开采与加工技术服务中心；以科技研发为核心，为区域创业企业提供技术支持、信息咨询、知识产权转让等多种形式的服务，实现智力资源和科技成果的快速转化，采取政府推动、市场运作和官办民营相结合的方式，建设一批特色鲜明的孵化器（创业服务中心），提高企业自主创新能力和区域创新能力。

（2）加快产业结构多元化的科技服务业发展，均衡东营区域发展结构。目前，东营已初步形成了能源、机械、化工、纺织、食品、大农业及第三产业综合发展的基本体系。推进东营市产业结构的多元化发展，就是加大科技服务业对于总产值占很大比例，并且具有很大增长潜力的纺织业、橡胶制品业、电气机械及器材制造业的支撑和引导。

以广饶橡胶工业园和垦利胜坨橡胶工业园为依托，建立橡胶制造技术公共服务平台。围绕质量检验、技术进步、产品创新、装备升级，进一步拉伸产业链条，扩大轮胎及相关产业规模，突出抓好全钢载重子午胎、钢帘线、胎圈钢丝以及废旧轮胎综合利用、橡塑复合轻轨枕木等项目建设，建成全国重要的轮胎制造业基地。

以广饶县华泰集团为核心，政府扶持企业化运作的方式，以泰山学者岗位为基础，建立造纸业综合技术研发基地。加快林纸一体化、多元化原料结构、废纸回收利用、木浆造纸以及高档纸等领域的研发，领先国际新闻纸、超级压光纸、高档彩色胶印纸、书写纸、包装板纸等领域的技术前沿。

在广饶建设集纺织业科技成果汇集发布、科技创业投融资服务、技术交易服务等功能于一体的纺织技术及装备创新服务平台。积极研制生产高仿真、高强度纤维等特色产品，加强棉、麻、丝的改性研究，加速纺织原料的更新换代。重点发展高档、高支、精梳纱线和高档坯布技术，开发特种印染后整理新技术，推广纳米等加工技术。加强企业之间的合作、共建与联盟，有效集成各类技术创新资源和科技创业投融资资源。

（3）引领产业转型前沿领域的科技服务，保持东营市可持续发展。借鉴一些资源型城市转型过晚的教训，为防止出现油竭城衰，东营市必须尽快建立可持续发展的长效机制，发展接续替代产业。实际上东营市在高新技术发展、清洁生产、可再生新能源等产业具有很大优势。东营市地处环渤海和黄三角大经济圈的交会处，是继长三角和珠三角后中国第三个增长极。

东营市丰富的土地、海水、淡水、风能资源、太阳能、地热能和便捷的交通，为发展新能源建设提供了条件。以东营经济开发区发展为基础，建立新能源科技研发与推广中心。充分利用石油采掘、石油设备制造、机械制造等产业能够为新能源的发展提供技术、零部件和人力支持的优势，开展可再生能源的科学研究、技术开发及产业化等活动，争取2020年，研发中心能够引导东营市形成可再生能源技术和产业体系。

东营市经济可持续发展和产业转型升级的重要任务就是实施高科技战略，发展信息科技、生命科学和其他知识密集型经济。重点加大对新材料、生物医药、电子信息等科技含量高、市场潜力大、产业基础好的新兴高端产业科技支持与服务。逐步形成一批具有自主知识产权、自我创新能力和产业竞争优势的战略性优势产业，培育发展高新技术产业群。

（4）注重科技向现代服务业渗透，推动东营城市转型。现代服务业是未来东营市产业发展和城市转型的关键，技术创新是现代服务发展的重要推动力。因此，创新机制体制，才能充分发挥科技服务业对于现代服务业的带动作用。

3. 发展策略

（1）理顺管理体系。第一，成立东营市科技服务业发展协调机构，负责指导、协调全市科技服务业发展工作，提出科技服务业的发展重点，统筹规划，切实做好组织实施工作。第二，各有关专业部门按照职能分工负责该业务范围内的发展问题，部门之间要加强配合，充分发挥政府的协调、监管作用，为科技服务业提供宽严适度的发展环境。第三，健全科技统计体系，建立科技服务业统计工作制度。确保统计数据的准确性和及时性，加强对统计数据的分析，增加反映科技服务业发展质量、速度、效益的统计指标，编制科技服务业季报和年报，实行科技服务业统计信息发布、重大信息披露制度，实行统计信息资源共享，为促进东营市科技服务业发展提供科学依据。

（2）巩固人才基础。东营要不断完善科技服务人才的培养、引进、任用、挽留制度。第一，借助东营大学科技园，加强与高校的合作。保持政府与石油大学的良好合作与优势互补，鼓励、支持高校开设相应专业课程、从事相关专业研究，为科技服务业可持续发展储备高级专门人才。第二，加大从业人员的多层次培训、教育力度。制定优惠政策措施，吸引更多人才从事科技服务业。协调推进科技咨询师、科技评估师、项目管理师、技术经纪人等专业培训和执业资质考核认定工作。加强从业人员的法律保护和行为监督，使科技服务的智力劳动在市场经营中得到社会承认，获得劳动报酬。第三，培养科技创新文化。积极活跃创新文化的培养是科技服务效率提高的重要环境条件。政府相关科技部门需开展多种形式的宣传活动，加强各种思想观念和意识的交流与融合。通过设立创新基金等方式对优秀的项目和创新服务组织给予奖励。创新氛围活跃、科技资源丰富，则科技服务效率也会随之提高。

（3）优化发展环境。首先，充分发挥政策的集成和导向作用，尽快制定、推行一批有利于区域科技服务业发展与市场体系培育的政策措施。优先支持具有行业带动和经济拉动作用的科技服务业项目建设。积极向中央和省申请黄河三角洲重要服务领域的开发实验项目。第二，理顺各项政策、法规，健全服务贸易法律体系。规范科技评估、技术交流和技术产权交易等服务行为，加强商标权、名誉权等知识产权方面的执法，优化知识产权保护环境，建立良好的法制环境和市场秩序，保护公平竞争。第三，加强科技服务业的宣传工作。加强对科技服务价值和社会功能的宣传，通过各种媒体，普及科技服务和科技创新知识，使全社会特别是企业充分认同科技服务的价值。

（4）拓宽融资渠道。东营市科技服务业正处于发展的初始阶段，要调动各部门、各方面的积极性，广开投资渠道，实行政府投资和市场融资相结合，多渠道、多方式筹集建设资金。第一，实行科技中介机构财政专项资金扶持制度，重点支持公益性、基础性重大科技服务项目建设，对科技服务业企业在用地、办公厂房租金等方面给予财政扶持。第二，加快科技服务业中小企业信用体系建设，建立担保机制，按市场经济的规律筹措资金。争取国家政策性拨款和国际上优惠低息贷款，充分发挥中央各部门信息化建设资金的支持作用，利用政府投资带动社会投资。第三，建立风险投资机制，支持符合条件的科技服务业企业，通过股票上市、企业债券、项目融资、资产重组、股权置换等方式筹措发展资金。鼓励上市公司以资产重组或增发新股的方式进入服务业。第四，建立完善服务业重点项目库，加强项目筛选和论证，每年筛选一批在市场化、产业化、社会化方面运作比较好、发展潜力比较大的科技服务业项目，加大对科技服务业重点建设项目国内外招商引资力度。

（三）服务外包产业

1. 发展目标

服务外包是经济服务化的动力，大力发展服务外包是突破服务业需求限制，实现服务业跨越式发展的重要推动力，服务业国际转移的潮流已经到来，东营作为黄河三角洲的中心，有宜居的生态环境、便利的交通环境，在承接服务业国际转移方面具有独特的优势。要兼顾在岸外包和离岸外包，将东营打造为黄河三角洲承接服务业国际转移示范城市，实现服务业跨越式发展。

2. 主要任务

（1）确定服务外包的重点领域。服务外包可以分为五个层次：一是后勤办公，如数据输入、转化和文件管理等；二是顾客服务，如呼叫中心、在线顾客服务、远程营销等；三是普通公司业务，如金融、会计、人力资源、采购、信息技术服务等；四是知识服务和决策分析，如研究咨询、顾客分析、证券分析、保险索赔、风险管理等；五是研究开发，如软件开发、建立数据中心、医药检测与分析、技术系统工程设计、建筑设计、新产品和新工艺设计等。随后还出现了 BTO（业务转型外包）、KPO（知识流程外包）等高端的外包形式。东营市承接国际外包的不足在于基础比较薄弱且当地需求不足。因此，从近期来看，东营市发展的业务类型应该是金融信息后台支持、客服中心、数据处理、影视动漫制作、商务服务等后台服务；随着服务业发展水平的提升，进而承接 KPO、ITO 以及研发、金融等高端服务环节。

（2）明确服务外包的路径选择。服务外包竞争力是一个逐步提升的过程，发展服务外包必须选择合适的路径。从市场路径选择方面，应首先关注东营企业的外包服务，扩展到山东乃至全国范围承接在岸外包，其次要关注日本、韩国等东亚市场，然后再争取欧美市场。从服务外包来源方面，应首先承接国内的特别是外资企业的服务外包业务，其次将目光集中到来鲁乃至全国的跨国公司的母公司服务外包业务，然后逐步承接发达国家的大型企业的服务外包业务。

3. 发展策略

（1）建立激励本市企业服务外置的机制。推进服务产业标准化，通过税收、土地、金融、科技等政策鼓励工业企业将辅助业务外置。

（2）加强载体建设。建设东营市服务外包园区，集中提供公共服务、技术服务平台。

（3）加大人才引进力度。东营市发展服务外包的另一瓶颈是人才问题，特别是高端人才，但是对于一个城市来讲，人才资源是无限的，因为人才是可以流动的。因此人才的发展环境至关重要。吸引人才的关键因素除了就业岗位本身外，主要有以下几个方面：一是住房。东营市有大量的闲置土地，可以开发一些高档的公寓、别墅等以成本价向高端人才提供。二是医疗、养老保险等。东营市可以会同行业保险机构、政府社会保障机构建立一个高等人才社会保险计划，专门为高端人才提供保障。三是子女上学问题。东营市可借助民营资本办各类高端学院。

（4）建立数据自由港。目前在软件及软件相关服务出口中，由于信息涉及企业的机密，因此很多企业不愿意接受信息监管。我们可以考虑建立一个数据通信出口港，借鉴发展制造业外包建立保税区的概念，只要数据来自国外，在加工处理后不在国内传播，就可以免予监管。

（5）争取国家政策优惠支持。根据国外资源型城市转型的经验，国家的大力支持是非常必要的。东营市作为黄河三角洲开发的中心，争取作为国家服务业对外开发的试点城市，在服务外包领域享受特殊政策优惠。

（6）完善信息基础设施。加大基础设施建设力度，重点是与服务外包相关的信息基础设施，如服务器租赁中心、容灾备份中心，同时提高网络带宽。

（四）金融服务业

1. 发展目标

充分发挥金融业促进东营经济和提升东营城市功能的作用，将东营建设成为金融机构齐全、金融市场发达、金融创新活跃、监管体系合理、金融服务快捷、金融辐射能力强劲的黄河三角洲区域性金融中心。

2. 现状与差距

目前，东营市金融体系的主体是商业银行和保险公司，商业银行主要从事传统的信贷业务和少量的票据融资业务，保险业中财险主要是机动车险，占80%左右。金融业的发展不能满足未来东营市黄河三角洲核心的定位，主要表现在银行体系不健全，政策性银行、中小银行缺乏；金融创新不够，金融咨询服务、风险投资、证券业务等发展不足；金融布局分散，缺少金融核心区等。

3. 主要任务

（1）完善银行体系。银行业体系包括三种类型：中央银行，政策性银行，商业银行；其中商业银行又有国有商业银行、股份制商业银行、城市商业银行、村镇银行以及农村信用社等五种类型。

一是政策性银行。黄河三角洲的开发需要大量的资金，需要特殊的金融政策，更离不开政策性银行。浦东开发成立了浦东发展银行，深圳开发成立了深圳发展银行，天津滨海开发成立了渤海银行。因此东营市应该组建黄河三角洲开发银行。黄河三角洲银行应该是专门为黄河三角洲开发提供金融支持的政策性银行。设立黄河三角洲银行可以引入民营资本、外商战略投资者等。同时应吸引国家农业开发银行、国家开发银行、国家进出口银行到东营开设分支机构。

二是商业性银行。吸引中国光大银行、招商银行、中国民生银行等股份制银行在东营设立分支机构，同时创造条件，吸引北京银行等地方性银行在东营设立分支机构。

三是大力发展村镇银行、社区银行。加快农村信用社改革，大力发展村镇银行、社区银行，为中小型客户提供金融支持。

四是丰富银行业务。银行业务要从传统的存、贷、汇等单一领域发展到存、贷、汇、票据承兑及贴现、回购、大额可转让存单、国债交易以及资产托管等领域；拓展消费贷款品种，积极发展耐用消费品、旅游、助学、综合性消费贷款等多个品种。

（2）拓展保险产品。在人寿险和普通财险的基础上，积极拓展责任保险、信用保险、保证保险、农业保险、医疗保险等相关险种。

（3）引进风险投资、金融中介、证券经纪等金融机构。

（4）大力发展企业金融。一是企业并购，运用专业知识和丰富经验为企业提供战略方案、机会评价和选择、资产评估、并购结构设计、价格确定及收购资金的安排等服务；统一协调参与收购工作的会计、法律、专业咨询人员，最终形成并购建议书，并参加谈判。二是资产管理，为公司或个人担任资产管理人，通过建立附属机构接受客户委托，为其管理资产。三是项目融资，作为中介人，把项目融资中的各方联系在一起，并组织相关专业人员共同进行项目的可行性研究，最终为项目投资筹措融通所需的资金。四是公司理财，根据客户的要求，对某一行业、市场、产品或者某种证券进行深入研究分析，提供决策参考资料；根据宏观经济环境的变化，投资银行对企业重新制定发展战略、重建财务制度等提出建议，提供可行性研究报告。

（5）积极发展金融后台业务。金融机构在全球 IT 技术的发展、成本压力以及自身安全要求和转移风险等因素的驱动下通过将前、后台业务分离，将金融后台服务包括金融数据处理、金融服务软件及系统研发、金融灾难备份、清算中心、银行卡业务等服务进行分离。东营市应该创造良好环境吸引国内外（重点是国内）金融机构的数据处理、金融服务软件及系统研发、金融灾难备份、清算中心、银行卡业务中心等业务。

4. 发展策略

（1）机构集聚战略。规模效应和集聚效应决定了金融业发展必然是一个中外资金融机构集聚格局。东营要想成为黄河三角洲区域性金融中心，必须加速金融机构的集聚，营造金融业集中优势，金融机构集聚战略的基本思路是外引内设。"外引"主要是通过提供优质服务和政策鼓励，引入国内外金融机构到东营设置分支机构，重点是外资银行和国内非银行金融机构。"内设"就是创造条件发展自己的金融机构，营造总部优势。争取形成银行业、证券业、保险业、信托业四大支柱产业突出、其他多种金融机构功能互补的金融机构体系。

（2）市场发展战略。金融业的建设，要求有健全的金融市场体系。健全市场体系，实现市场多元化，将东营自己的区域性市场与省内外金融市场相联结。

（3）环境优化战略。无论是金融机构集聚还是金融市场发展，金融环境优化是必要条件。重点抓好社会信用环境、金融稳定环境、金融生态环境、金融技术环境、金融人才环境。从金融的角度，打造"信用东营"、"绿色东营"。

（五）商务服务业

1. 发展目标

建立比较完备的商务服务业产业体系，形成专业服务业、中介服务业、租赁服务业、广告服务业等比较齐全的服务产业体系；同时要引进大企业、大集团企业总部，大力发展总部经济，发展虚拟总部等，基本形成与各行业相互融合、互动发展的产业发展新格局，能够满足区域企业、居民的需求，并辐射全省。

2. 现状与差距

商务服务业是东营市服务业中最弱小的行业。东营全市拥有律师事务所29家，执业律师246人；会计服务业机构37个，拥有注册会计师264名，注册审计师5名；各种组织形式的广告经营者有335户，职业中介机构共计45家。商务服务业是东营市服务业中最弱小的行业。目前所存在的问题，一是规模偏小。东营市商务服务企业规模普遍偏小，平均每个机构从业人员不到10人。而且，缺乏在省内有知名度与美誉度的知名企业。二是服务层次较低。由于东营市商务服务业的从业人员的素质参差不齐，高端人才缺乏，执业水平相对较低，因此，仅能提供一些基本的低层次的服务。三是企业分布地点分散。东营市商务服务企业缺乏必要的集聚区，分散于全市的各个角落，无法形成网络化商务服务体系，也不能进行必要的协作与合作。商务服务业发展水平不能满足黄河三角洲开发的需要，更不能满足东营建设国际化城市的要求。

3. 重点任务

（1）加快发展会展业。通过统一规划、有序推进全市展馆设施建设，形成以东营国际会展中心为中心，各县区中小展馆相呼应，布局结构合理的场馆格局。积极壮大会展业界专业化的经纪、咨询、策划、设计、服务机构和人才队伍，积极开展国际合作，培育和引进一批具有国际竞争力的展览公司、展览集团，提高会展业经营管理水平和配套服务水平。积极策划一至两个有国际影响的展会，形成一批全国知名的会展品牌。同时，支持会展企业走出去，兼并国内大型展会，开展展览项目联合，培育大规模的品牌展会。

（2）积极发展租赁业。支持石油装备租赁、通用机械租赁、交通工具租赁、房屋租赁等领域企业发展，重点培育和支持3~5家龙头租赁企业做大做强，在全国范围内开展品牌化、规模化、网络化经营。推动租赁企业在经营性租赁形式之外，发展直接购买融资租赁、转融资租赁等融资租赁形式。引导租赁行业与制造业融合，围绕产业集聚区和产业带建设，拓展发展空间。推动政府部门改变采购方式，扩大公车、办公用房用品、公务服务的租赁消费。建立覆盖全市租赁企业的电子商务平台，鼓励企业通过服务创新扩大交易规模。

（3）促进专业服务业的发展。积极鼓励兴办会计、审计、税务服务以及市场调查、经济咨询等专业机构和企业，引进一批具有国内外知名度和国际执业资质的咨询与调查服务机构在东营市设立分支机构。支持专业服务企业间开展合并重组，重点扶持和培育1~2家大型会计服务机构与律师服务机构。严格行业准入制度，完善职业资格的认证和考核体系，树立咨询调查机构的形象和品牌。

（4）大力发展技术和知识产权服务业。技术服务业主要包括技术咨询、技术交易及知识产权管理服务等。重点发展会展与交易场所——提供全面的产品展示、技术信息服务和谈判与交易的场所；技术咨询网络——帮助技术需求方找到合适的技术供给，提供从信息查询、谈判到最后实施的全套服务，克服组织、技术、需求方能力障碍，确保技术贸易的成功与实施的成功。

（5）积极发展总部经济。吸引全国性企业、国际性企业将地区总部设在东营；同时，利用税收、环境等政策优势，积极发展"离岸"业务，培育虚拟总部。

（6）大力发展特色职业教育。依托高等院校，推广蓝海经验，大力发展为服务业发展提供支撑的特色职业教育产业，如汽车修理、健康管理、酒店管理、商务服务等等。举办服务业管理培训，提升管理层的管理水平。

4. 发展策略

（1）促进商务服务业集聚发展。积极发展楼宇经济，在东营市建设一个商务服务业聚集区，为商务服务业发展提供载体支撑。积极推进微型中央商务区建设，使其成为国内外大型商务企业地区性总部、分支机构及行业龙头企业的集聚区。

（2）制定税收优惠政策。参照外省市促进商务服务业发展的税收政策，制定实施税收优惠政策。调整有利于行业发展的税收征收比例，确定科学的征收方式，减少因税负过高、重复征税、成本不合理计算等对企业造成的税收负担。努力营造平等竞争的发展环境。

（3）推进行业协会建设。结合商务服务业发展的实际，不断促进和规范商务服务业各行业协会的发展，充分发挥行业协会的桥梁和纽带作用。引导商务服务企业在自愿的基础上建立行业协会，在市场准入、信息咨询、规范经营行为、实施国家和行业标准、价格协调、调解利益纠纷、规避行业损害调查等方面发挥自律作用，切实维护和保障行业内企业的合法权益。强化政府、中介组织、行业协会和现代服务业企业之间沟通联系以及服务业各行业间的协调配合。使行业协会真正成为企业与国家立法部门、政府管理部门之间的桥梁，为企业服务。

（4）加快招商引资步伐。进一步加大商务服务业的招商引资力度，通过引进国内外商务服务知名企业，加快商务服务业的发展，提高商务服务业的总体水平。在招商引资过程中要注重引进有品牌的重大产业项目，并积极创造条件，为承接国际商务服务业转移做好准备。注重吸引国际知名中介服务机构的分支机构入驻。要拓展新兴商务服务业，通过营造发展环境，降低准入条件，推动中介服务业的快速发展，提升整体服务能力，努力打造"写字楼经济"。

（六）信息服务业

1. 发展目标

围绕信息技术服务于现代服务业的发展思路，重点发展数字传媒创意业，加快发展信息技术服务业，优化提升网络信息服务业，有效促进信息服务业与现代服务业的融合和互动发展，构建城乡一体化的信息服务体系，为东营市商贸、旅游、金融、文化创意、总部经济及中央商务区等现代服务业发展提供强有力的支撑。

2. 主要任务

（1）稳步发展信息传输服务业。推进基础网络设施建设工程。按照政府引导、企业参与、市场运作的工作机制，加强与信息基础设施运营商的沟通和协调，实施"宽带全覆盖工程、无线上网工程、数字商厦工程"等，加快实现宽带网络全覆盖；选择部分繁华地段建设无线宽带网络体验中心等。

（2）大力发展软件产业。一是嵌入式软件。东营市以石油产业为主，石油装备需求较大，随着石油装备技术的发展，石油装备的自动化、信息化程度越来越高，对有关软件的需求也会越来越多。而且东营在石油软件开发方面有一定的基础，因此，嵌入式软件是发展的重点。二是行业软件，围绕电子政务、电子商务、物流、管理信息化等领域发展行业应用软件。三是发展基础软件和安全软件，依托软件园引进一批软件提供商，逐步做大做强。四是发展数据录入、加工、存储等服务以及计算机硬件系统环境的维护和修理服务。

（3）大力发展 SaaS 和面向对象服务（SOA）。SaaS 作为软件产业的新趋势和企业信息化的新模式，对于中小企业的信息化有着非常重要的作用。信息服务业的发展离不开需求，而面向对象服务是扩大信息服务需求的先导性产业。面向服务的架构（SOA）是一种业务和技术架构，它与实施无关，使用从另一个架构提炼出的独立应用程序和系统"服务"。理想的 SOA 应该是模块化的，具有不同的功能代码、数据和表示接口层。每个服务应当是使用已发布的接口自描述的，并且可以被系统的其他元素（通常通过网络）访问。

（4）发展信息资源产业。拓展信息查询、移动短信、IP 通信业务、视频会议、远程教育、动漫娱乐、网上交易、多媒体服务等网络增值服务；大力开发信息资源，提高信息资源的产业化、社会化和市场化水平；积极推进政府信息公开，实现政府信息资源共享，鼓励社会力量参与公益性、商业性信息资源的开发利用；推动网络互动娱乐产业发展；大力发展信息咨询产业和市场调查业。

（5）实施信息便民工程。建立健全社会公众信息服务平台、电子政务公共信息服务平台、企业公共信息服务平台、农村综合信息服务平台、公共信息服务平台等，同时要建设"东营社区呼叫中心"、征信信息系统建设等。

（6）重视信息技术对其他产业的渗透。如信息技术在物流业、零售业、专业市场等领域的利用，提升传统服务业的发展水平。

3. 发展策略

（1）疏通投入渠道，加大扶持力度。完善中小企业风险投资体系，鼓励社会风险投资机构和银行增加对信息服务业的支持，积极建立市场化运作的信息服务业风险投资机构。鼓励有条件的信息服务业企业进入资本市场，通过创业板上市、资产重组等多种形式筹集资金，扩大规模。发挥政府的扶持和引导作用，确定财政资金对信息服务业发展带动性强的重点项目以及新型信息服务业发展等项目给予支持。对新型的信息服务业业态如 IT 咨询、SaaS、解决方案、系统集成、软件外包、软件测试、网络服务、数字内容、动漫游戏以及嵌入式软件等非产品化的软件服务等参照对软件企业实行的税收和收入分配等优惠政策。创新补贴模式，对于信息服务的需方也可以适当补贴。

（2）推进全民信息化教育。建议通过社区、民间培训、政府培训等方式推进全民信息化工程。在当前金融危机下，可以将信息化教育作为促进内需的重要手段，如发教育券，或政府直接举办培训，以较低的费用向居民提供。

（3）推进行业协会建设。随着政府职能转变，一些原来由政府承担的对企业管理、监督、服务等职能，将逐步转移给行业协会和中介机构。政府要引导企业在自愿的基础上建立行业协会，在市场准入、信息咨询、规范经营行为、实施国家和行业标准、价格协调、调节利益纠纷、行业损害调查等方面发挥自律作用，切实维护和保障行业内企业的合法权益。强化政府、中介组织、行业协会和软件与信息服务业企业之间沟通联系以及服务业各行业间的协调配合。

图书在版编目（CIP）数据

中国服务业发展报告 No.8，服务业：城市腾飞的新引擎/
裴长洪主编. —北京：社会科学文献出版社，2010.1
（财经蓝皮书）
ISBN 978 - 7 - 5097 - 1208 - 5

Ⅰ.①中... Ⅱ.①裴... Ⅲ.①服务业 - 经济发展 - 研
究报告 - 中国 Ⅳ.①F719

中国版本图书馆 CIP 数据核字（2009）第 217931 号

财经蓝皮书

中国服务业发展报告 No.8
——服务业：城市腾飞的新引擎

主　　编／裴长洪
副 主 编／夏杰长

出 版 人／谢寿光
总 编 辑／邹东涛
出 版 者／社会科学文献出版社
地　　址／北京市西城区北三环中路甲 29 号院 3 号楼华龙大厦
邮政编码／100029　网址／http：//www.ssap.com.cn
网站支持／（010）59367077
责任部门／皮书出版中心（010）59367127
电子信箱／pishubu@ ssap.cn
项目经理／邓泳红
责任编辑／周映希
责任校对／南秋燕
责任印制／蔡　静　董　然　米　扬
品牌推广／蔡继辉

总 经 销／社会科学文献出版社发行部
　　　　　（010）59367080　59367097
经　　销／各地书店
读者服务／读者服务中心（010）59367028
排　　版／北京中文天地文化艺术有限公司
印　　刷／北京季蜂印刷有限公司

开　　本／787mm×1092mm　1/16
印　　张／21　字数／356 千字
版　　次／2010 年 1 月第 1 版　印次／2010 年 1 月第 1 次印刷

书　　号／ISBN 978 - 7 - 5097 - 1208 - 5
定　　价／59.00 元

盘点年度资讯，预测时代前程

从"盘阅读"到全程在线，使用更方便
品牌创新又一启程

·产品更多样

从纸书到电子书，再到全程在线网络阅读，皮书系列产品更加多样化。2010年开始，皮书系列随书附赠产品将从原先的电子光盘改为更具价值的皮书数据库阅读卡。纸书的购买者凭借附赠的阅读卡将获得皮书数据库高价值的免费阅读服务。

·内容更丰富

皮书数据库以皮书系列为基础，整合国内外其他相关资讯构建而成，下设六个子库，内容包括建社以来的700余种皮书、近20000篇文章，并且每年以120种皮书、4000篇文章的数量增加。可以为读者提供更加广泛的资讯服务；皮书数据库开创便捷的检索系统，可以实现精确查找与模糊匹配，为读者提供更加准确的资讯服务。

·流程更方便

登录皮书数据库网站www.i-ssdb.cn，注册、登录、充值后，即可实现下载阅读，购买本书赠送您100元充值卡。请按以下方法进行充值。

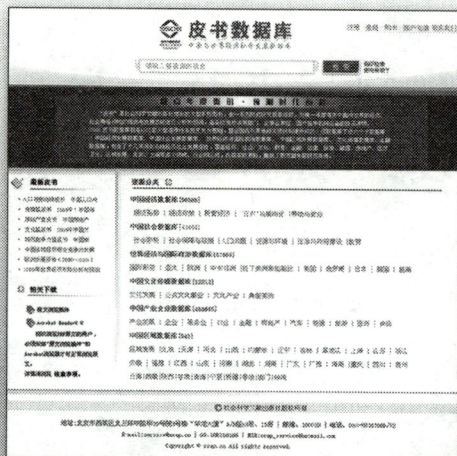

充值卡使用步骤：

第一步
· 刮开下面密码涂层
· 登录 www.i-ssdb.cn
点击"注册"进行用户注册

第二步
登录后点击"会员中心"
进入会员中心。

SSDB
社科文献资源库
SOCIAL SCIENCE
DATABASE

社会科学文献出版社 皮书系列
SOCIAL SCIENCES ACADEMIC PRESS (CHINA)

卡号：52443281062988
密码：

(本卡为图书内容的一部分，不购书刮卡，视为盗书)

第三步
· 点击"在线充值"的"充值卡充值"，
· 输入正确的"卡号"和"密码"，
即可使用。

如果您还有疑问，可以点击网站的"使用帮助"或电话垂询010-59367071。

盘点年度资讯 预测时代前程

社会科学文献出版社

2010年版皮书

权威·前沿·原创

社会科学文献出版社
SOCIAL SCIENCES ACADEMIC PRESS (CHINA)

1. 经济蓝皮书

2010年中国经济形势分析与预测

陈佳贵 李 扬 主编　2009年12月出版　49.00元

▲ 本书为"总理基金项目"，由中国社会科学院副院长、经济学部主任陈佳贵及中国社会科学院副院长李扬担任主编，中国社会科学院经济研究所所长刘树成、数量经济与技术经济研究所所长汪同三任副主编，联合国内权威专家学者共同编写，深度解析了全球金融危机背景下2009年中国经济的发展，并在此基础上对2010年中国的经济形势作出科学的预测。

2. 社会蓝皮书

2010年中国社会形势分析与预测

汝 信 陆学艺 李培林 主编　2009年12月出版　49.00元

▲ 中国社会科学院核心学术品牌之一，荟萃国内主要学术单位的多名社会学学者的原创成果。以社会学的视角来分析2009年中国的社会发展问题，并在此基础上，针对未来可能出现的社会热点、焦点问题作出科学的预测，并提供相应的对策建议。

3. 文化蓝皮书

2010年中国文化产业发展报告

张晓明　主编　2010年4月出版　59.00元（估）

▲ 本书由中国社会科学院文化研究中心与文化部、上海交通大学国家文化产业创新与发展研究基地共同编写，内容上涵盖了我国的文化产业分析及政策分析。既有全国文化产业发展的宏观分析，又有文化产业内不同行业的年度发展分析，是研究我国文化发展问题的难得的年度报告。

4. 经济信息绿皮书

中国与世界经济发展报告（2010）

王长胜　主编　2009年12月出版　69.00元（估）

▲ 本书由国家信息中心主编。全书论述在全球金融危机演变的背景下中国及世界经济发展问题，高屋建瓴，从宏观角度及全球经济一体化的背景考虑我国经济发展的定位、战略目标、战略重点、战略对策等深层次问题。

5. 世界经济黄皮书

2010年世界经济形势分析与预测

王洛林　李向阳　主编　　2010年1月出版　　49.00元

▲　本书由中国社会科学院世界经济与政治研究所编写，中国社会科学院特邀顾问、研究生院教授王洛林及中国社会科学院世界经济与政治研究所副所长李向阳两位作为本书主编。本书从2009年世界经济发展的现状出发，对2010年世界经济形势发展形势作出预测和分析。

6. 国际形势黄皮书

全球政治与安全报告（2010）

李慎明　王逸舟　主编　　2009年12月出版　　49.00元

▲　本书由中国社会科学院的相关学者专家编写，着眼于国际关系发展的全局，对2009国际关系发展的新的动态作出研究与分析，并对2010年国际关系可能出现的新的重大动态作出前瞻性的分析与预测。

7. 欧洲蓝皮书

欧洲发展报告（2009～2010）

周　弘　主编　　2010年2月出版　　79.00元（估）

▲　本书由中国社会科学院欧洲研究所及中国欧洲学会联合编写，从政治、经济、法制进程、社会文化和国际关系以及国别等角度，对欧洲的年度发展形势作出全面的分析与论述。本书对研究欧洲问题的学者和需要了解欧洲的读者有重要的参考意义。

8. 亚太蓝皮书

亚太地区发展报告（2010）

李向阳　主编　　2010年3月出版　　79.00元（估）

▲　本书由中国社会科学院亚洲太平洋研究所的专家学者编写，本书从经济、政治与社会、国际关系等角度系统地论述了2009年亚太地区发生的重大事件，并在此基础上对2010年亚太地区的发展作出科学的展望。

9. 农村经济绿皮书

中国农村经济形势分析与预测（2009~2010）

中国社会科学院农村发展研究所 国家统计局农村社会经济调查司 著

2010年4月出版 49.00元（估）

▲ 农村经济发展及研究的两大权威部门联合，针对2009年中国农业和农村发展和运行状况加以调查，系统分析农村发展中存在的各种社会问题，对社会各界关注的热点和难点问题进行科学分析，并在此基础上对2010年中国农村经济发展趋势提供了科学的预测。

10. 人口与劳动绿皮书

中国人口与劳动问题报告No.11（2010）

蔡昉 主编 2010年9月出版 49.00元（估）

▲ 本书关注中国当前人口的总量与增量情况，在人口学预测的基础上，研究我国人口总量及劳动力人口的数量与结构问题，提出随着"人口红利"的消失，我国劳动力供给方面可能带来的一些重要变化。本书对关心我国经济发展动力以及就业研究的人群有重要的参考意义。

11. 环境绿皮书

中国环境发展报告（2010）

杨东平 主编 2010年5月出版 59.00元（估）

▲ 本书由"自然之友"组织编写，汇集了学者、记者、环保人士等众多视角，考察中国年度的环境发展态势，附加经典案例分析，并提供翔实的环境保护资料索引。本书可供研究环境发展领域的学者进行研究参考，也适合对资源环境感兴趣的一般人群进行阅读。

12. 旅游绿皮书

2010年中国旅游发展分析与预测

张广瑞 主编 2010年5月出版 59.00元（估）

▲ 本书由中国社会科学院旅游研究中心组织编写，内容涉及2009年度我国旅游业发展的状况及未来发展态势。本书深入分析旅游业相关的各类因素的影响状况，并对旅游业的热点问题进行分析，提供其产业运行方面的深入思考。

13. 教育蓝皮书

中国教育发展报告（2010）

杨东平　柴纯青　主编　　2010年3月出版　　49.00元〔估〕

▲　本书由著名教育学家杨东平任主编，代表了中国教育的国际视野和专家立场，对于我国当前的教育改革进行了专业性的研究与分析，对关系我国教育发展的人群有重要的参考意义。本书同时推出英文版，是皮书系列中首批"走出去"的皮书。

14. 法治蓝皮书

中国法治发展报告（2010）

李　林　主编　　2010年9月出版　　68.00元〔估〕

▲　中国社会科学院法学研究所主创，对中国年度法治现状和法治进程进行客观的记述、分析、评价和预测。总结回顾了2009年我国法治发展所取得的一系列进步，并在此基础上，对接下来2010年我国法治发展情况进行了科学的探讨。

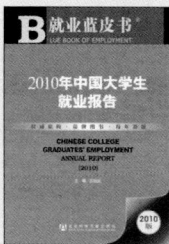

15. 就业蓝皮书

2010年中国大学生就业报告

王伯庆　主编　　2010年5月出版　　98.00元〔估〕

▲　这是一份基于科学的数据调查、借助于统计学和劳动经济学的科学体系来研究高等教育的全新报告，也是一个结果导向的评价系统。本书供高校的各级管理者、各级政府的教育管理官员、高等教育的研究者和招募大学毕业生的企业参考使用，对于高考生和求职的大学生而言也是一本了解就业市场的重要参考书。

16. 区域蓝皮书

中国区域经济发展报告（2009～2010）

戚本超　景体华　主编　　2010年3月出版　　69.00元〔估〕

▲　由北京市社会科学院、河北省社会科学院、上海社会科学院、广东省社会科学院等单位的专家联手编写，是对中国区域经济最全面、最深入的分析和预测。内容上涉及我国区域发展领域的新近动态，并提供2010年我国各个不同区域发展的科学预测。

17. 长三角蓝皮书

长三角发展报告（2010）

上海社会科学院 主编　　2010年5月出版　　59.00元（估）

▲　上海社会科学院、江苏省社会科学院、浙江省社会科学院强强联合，共同发布《长三角蓝皮书》，对中国最具活力和竞争力的长三角地区的经济、社会发展进行全面解读与预测。

18. 东北蓝皮书

中国东北地区发展报告（2010）

辽宁省社会科学院等 主编　　2010年9月出版　　69.00元（估）

▲　本书由东北地区的社会科学院联合编写，汇集了吉林、辽宁、黑龙江和内蒙古社会科学界学者的研究成果，同时也汇集了东北地区有关部门和院校专家的一些理论思考和理论探索。本书是顺应东北地区振兴战略形势而推出的一本蓝皮书，对东北地区的发展状况及态势提供了科学的分析与预测。

19. 中部蓝皮书

中国中部地区发展报告（2009）

河南社会科学院 主编　　2010年6月出版　　59.00元（估）

▲　本书由中部六省社会科学院联合编创，在承接东部产业结构升级、迎来发展良机的背景下，对中部地区2009年经济、社会发展状况进行了分析，并对2010年我国中部地区各省市的发展作出科学的展望。

20. 西部蓝皮书

中国西部经济发展报告（2010）

姚慧琴 主编　　2010年7月出版　　79.00元（估）

▲　本书由教育部人文社会科学重点研究基地——西北大学中国西部经济发展研究中心组织编写，汇集全国长期研究西部经济发展问题的众多专家学者的研究成果，对国家实施西部大开发战略进行了动态跟踪，并对西部经济发展中的重大理论与现实问题进行了深度分析。

21. 城市竞争力蓝皮书

中国城市竞争力报告No.8（2010）

倪鹏飞　主编　　2010年5月出版　　79.00元（估）

▲　本书由著名城市经济学家倪鹏飞担任主编，汇集了众多研究城市经济问题的专家、学者关于城市竞争力方面的最新研究成果。本书评述客观、内容丰富，基于详尽的基础数据，科学构建各项指标，对各级政府、有关研究机构、社会公众具有重要的决策参考及借鉴意义。

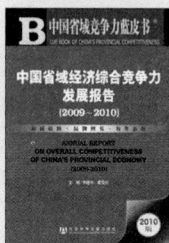

22. 中国省域竞争力蓝皮书

中国省域经济综合竞争力发展报告（2009～2010）

李建平　黄茂兴　主编　　2010年3月出版　　238.00元（估）

▲　本书在科学界定省域经济综合竞争力的基础上，紧密跟踪前沿研究动态，利用科学的指标体系及数学模型，深入分析当前我国省域经济综合竞争力的特点、变化趋势及动因，对我国31个省市区综合经济竞争力进行了比较分析。

23. 金融蓝皮书

中国金融发展报告（2010）

李　扬　主编　　2010年6月出版　　79.00元（估）

▲　本书由中国社会科学院副院长李扬担任主编，从多个方面对中国金融业总体发展状况进行分析和预测。本书对2009年我国的金融领域发生的各个重大事件进行了评述，对金融领域内研究及工作人群具有重要的参考和借鉴意义。

24. 房地产蓝皮书

中国房地产发展报告No.7（2010）

牛凤瑞　主编　　2010年4月出版　　59.00元（估）

▲　本书由中国社会科学院组织编写，汇集了众多研究城市房地产经济的专家学者关于城市房地产方面研究的最新成果。本书秉承客观公正、科学中立的宗旨和原则，追踪我国房地产市场的最新资讯，并对未来房地产市场发展的态势进行了深度分析。

经济类

经济蓝皮书
2010年中国经济形势分析与预测
著(编)者: 陈佳贵 李 扬 等 2009年12月出版 / 估价: 49.00元

经济蓝皮书春季号
中国经济前景分析——2010年春季报告
著(编)者: 陈佳贵 等 2010年5月出版 / 估价: 49.00元

经济信息绿皮书
中国与世界经济发展报告(2010)
著(编)者: 王长胜 2009年12月出版 / 估价: 69.00元

宏观经济蓝皮书
中国经济增长报告 (2010)
著(编)者: 刘霞辉 2010年3月出版 / 估价: 49.00元

农村经济绿皮书
中国农村经济形势分析与预测 (2009~2010)
著(编)者: 中国社会科学院农村发展研究所
　　　　国家统计局农村社会经济调查司
2010年4月出版 / 估价: 49.00 元

民营经济蓝皮书
中国民营经济发展报告 (2009~2010)
著(编)者: 黄孟复 2010年7月出版 / 估价: 69.00元

发展和改革蓝皮书
中国经济发展和体制改革发展报告 (2010)
著(编)者: 邹东涛 欧阳日辉 2010年10月出版 / 估价: 98.00元

城乡创新发展蓝皮书
城乡一体化发展报告 (2010)
著(编)者: 傅崇兰 2010年10月出版 / 估价: 58.00元

城市蓝皮书
中国城市发展报告No.3 (2010)
著(编)者: 牛凤瑞 2010年5月出版 / 估价: 78.00元

城市竞争力蓝皮书
中国城市竞争力报告No.8 (2010)
著(编)者: 倪鹏飞 2010年5月出版 / 估价: 79.00元

省域竞争力蓝皮书
中国省域经济综合竞争力发展报告 (2009~2010)
著(编)者: 李建平 黄茂兴 2010年3月出版 / 估价: 238.00元

企业蓝皮书
中国企业竞争力报告(2010)
著(编)者: 金培 2009年11月出版 / 估价: 69.00元

民营企业蓝皮书
中国民营企业竞争力报告No.6(2010)
著(编)者: 刘迎秋、徐志祥 2010年11月出版 / 估价: 59.00元

中国总部经济蓝皮书
中国总部经济发展报告 (2009~2010)
著(编)者: 赵弘 2009年11月出版 / 估价: 55.00元

金融中心蓝皮书
中国金融中心发展报告 (2010)
著(编)者: 王力 2010年10月出版 / 估价: 58.00元

就业蓝皮书
中国大学生就业报告 (2010)
著(编)者: 王伯庆 2010年5月出版 / 估价: 98.00元

人才蓝皮书
中国人才发展报告 (2010)
著(编)者: 潘晨光 2010年6月出版 / 估价: 65.00元

人口与劳动绿皮书
中国人口与劳动问题报告No.11 (2010)
著(编)者: 蔡昉 2010年9月出版 / 估价: 49.00元

商业蓝皮书
中国商业发展报告 (2010)
著(编)者: 荆林波 2010年3月出版 / 估价: 49.00元

商品市场蓝皮书
中国商品市场竞争力报告 (2010)
著(编)者: 荆林波 2010年10月出版 / 估价: 59.00元

社会类

社会蓝皮书
2010年中国社会形势分析与预测
著(编)者: 陆学艺 李培林 2009年12月出版 / 估价: 49.00元

社会保障绿皮书
中国社会保障发展报告 No.4 (2010)
著(编)者: 陈佳贵 王延中 2010年5月出版 / 估价: 59.00元

老年蓝皮书
中国老年发展报告（2010）
著(编)者：田雪原　2010年10月出版 / 估价：58.00元

教育蓝皮书
中国教育发展报告（2010）
著(编)者：杨东平　柴纯青　2010年3月出版/估价：49.00元

环境绿皮书
中国环境发展报告（2010）
著(编)者：杨东平　2010年5月出版 / 估价：59.00元

气候变化绿皮书
应对气候变化报告（2010）
著(编)者：潘家华　2010年10月出版 / 估价：68.00元

民族蓝皮书
中国民族发展报告No.2（2010）
著(编)者：郝时远　王希恩　2010年6月出版 / 估价：59.00元

宗教蓝皮书
中国宗教报告（2010）
著(编)者：金泽　邱永辉　2010年3月出版/估价：59.00元

法治蓝皮书
中国法治发展报告（2010）
著(编)者：李林　2010年9月出版 / 估价：68.00元

妇女绿皮书
中国性别平等与妇女发展报告（2009～2010）
著(编)者：蒋永平　姜秀花　2010年3月出版/估价：79.00元

妇女发展蓝皮书
中国妇女发展报告（2009~2010）：妇女与传媒
著(编)者：王金玲　2010年2月出版 / 估价：59.00元

妇女生活蓝皮书
2009～2010年：中国女性生活状况报告
著(编)者：韩湘景　2010年4月出版 / 估价：49.00元

妇女教育蓝皮书
中国妇女教育发展报告（2009～2010）
著(编)者：宋胜菊　2010年8月出版 / 估价：68.00元

政府创新蓝皮书
和谐社会与政府创新（2009～2010）
著(编)者：俞可平　2010年3月出版 / 估价：78.00元

电子政务蓝皮书
中国电子政务发展报告（2010）
著(编)者：王长胜　2010年4月出版 / 估价：55.00元

创新蓝皮书
创新型国家建设报告（2010）
著(编)者：詹正茂　2010年6月出版 / 估价：79.00元

民间组织蓝皮书
中国民间组织报告（2009～2010）
著(编)者：黄晓勇　2009年12月出版 / 估价：59.00元

企业公民蓝皮书
中国企业公民报告（2010）
著(编)者：王再文　2010年7月出版 / 估价：58.00元

企业社会责任蓝皮书
中国企业社会责任研究报告（2010）
著(编)者：陈佳贵　2010年10月出版 / 估价：59.00元

慈善蓝皮书
中国慈善发展报告（2010）
著(编)者：杨团　2010年8月出版 / 估价：59.00元

文化类

文化蓝皮书
中国文化产业发展报告（2010）
著(编)者：张晓明　2010年4月出版 / 估价：59.00元

公共文化蓝皮书
中国公共文化服务发展报告（2010）
著(编)者：张晓明　2010年10月出版 / 估价：59.00元

文化创新蓝皮书
中国文化创新发展报告（2010）
著(编)者：文化部文化科技司　武汉大学国家文化创新研究中心
2009年11月出版 / 估价：98.00元

文化遗产蓝皮书
中国文化遗产事业发展报告（2010）
著(编)者：刘世锦　林家彬　苏杨　2010年11月出版 / 估价：69.00元

科学传播蓝皮书
中国科学传播报告（2010）
著(编)者：詹正茂　2010年6月出版 / 估价：79.00元

区域类

区域蓝皮书
中国区域经济发展报告（2009～2010）
著(编)者：戚本超　景体华　2010年3月出版 / 估价：69.00元

北京蓝皮书
北京经济发展报告（2009～2010）
著(编)者：梅松　2010年3月出版 / 估价：59.00元

北京蓝皮书
北京社会发展报告（2009～2010）
著(编)者：戴建中　2010年3月出版 / 估价：49.00元

北京蓝皮书
北京文化发展报告（2009～2010）
著(编)者：张泉　2010年2月出版 / 估价：49.00元

北京蓝皮书
北京城乡发展报告（2009～2010）
著(编)者：黄序　2010年2月出版 / 估价：59.00元

北京蓝皮书
北京公共服务发展报告（2009～2010）
著(编)者：张耘　2010年2月出版 / 估价：58.00元

北京蓝皮书
中国社区发展报告（2009～2010）
著(编)者：于燕燕　2010年2月出版 / 估价：59.00元

上海蓝皮书
上海经济发展报告（2009）
著(编)者：陈维　2010年2月出版 / 估价：49.00元

上海蓝皮书
上海社会发展报告（2010）
著(编)者：卢汉龙　2010年1月出版 / 估价：59.00元

上海蓝皮书
上海文化发展报告（2010）
著(编)者：叶辛　2010年3月出版 / 估价：59.00元

上海蓝皮书
上海资源环境发展报告（2010）
著(编)者：王泠一　2010年3月出版 / 估价：59.00元

广州蓝皮书
中国广州经济发展报告（2010）
著(编)者：李江涛　朱名宏　2010年6月出版 / 估价：59.00元

广州蓝皮书
中国广州社会发展报告（2010）
著(编)者：涂成林　2010年5月出版 / 估价：49.00元

广州蓝皮书
中国广州文化发展报告（2009～2010）
著(编)者：王晓玲　2010年8月出版 / 估价：59.00元

广州蓝皮书
中国广州科技发展报告（2010）
著(编)者：涂成林　2010年6月出版 / 估价：49.00元

广州蓝皮书
中国广州城市建设发展报告（2010）
著(编)者：涂成林　2010年7月出版 / 估价：49.00元

广州蓝皮书
中国广州创意产业发展报告(2010)
著(编)者：卢一先　范旭　舒扬　2010年7月出版 / 估价：65.00元

广州蓝皮书
中国广州汽车产业发展报告（2010）
著(编)者：李江涛　2010年9月出版 / 估价：49.00元

深圳蓝皮书
深圳经济发展报告（2010）
著(编)者：乐正　2010年3月出版 / 估价：68.00元

深圳蓝皮书
深圳社会发展报告（2010）
著(编)者：乐正　2010年5月出版 / 估价：59.00元

深圳蓝皮书
深圳劳动关系发展报告（2010）
著(编)者：汤庭芬　2010年1月出版 / 估价：78.00元

经济特区蓝皮书
中国经济特区发展报告（2010）
著(编)者：钟坚　2010年4月出版 / 估价：79.00元

河南蓝皮书
2010年河南经济形势分析与预测
著(编)者：刘永奇　河南省统计局　2010年4月出版 / 估价：49.00元

河南蓝皮书
2010年河南社会形势分析与预测
著(编)者：焦锦淼　2010年2月出版 / 估价：49.00元

河南蓝皮书
河南文化发展报告（2010）
著(编)者：赵保佑　2010年2月出版 / 估价：59.00元

河南蓝皮书
河南城市改革发展报告（2010）
著(编)者：焦锦淼　2010年7月出版 / 估价：55.00元

陕西蓝皮书
陕西经济发展报告（2010）
著(编)者：杨尚勤　2010年2月出版 / 估价：59.00元

陕西蓝皮书
陕西社会发展报告（2010）
著(编)者：杨尚勤　2010年2月出版 / 估价：59.00元

陕西蓝皮书
陕西文化发展报告（2010）
著(编)者：杨尚勤　2010年2月出版 / 估价：49.00元

四川蓝皮书
2010年四川经济形势分析与预测
著(编)者：侯水平　2010年8月出版 / 估价：55.00元

四川蓝皮书
四川文化产业发展报告（2010）
著(编)者：侯水平　2010年7月出版 / 估价：59.00元

武汉蓝皮书
武汉经济社会发展报告（2010）
著(编)者：刘志辉　2010年5月出版 / 估价：49.00元

武汉城市圈蓝皮书
武汉城市圈经济社会发展报告（2009～2010）
著(编)者：李春洋　2010年2月出版 / 估价：79.00元

武汉城市圈蓝皮书
武汉城市圈房地产发展报告（2009～2010）
著(编)者：王涛　2010年6月出版 / 估价：89.00元

郑州蓝皮书
郑州文化发展报告（2010）
著(编)者：窦志力　2010年1月出版 / 估价：49.00元

浙江服务业蓝皮书
2009浙江省服务业发展报告
著(编)者：浙江省发展和改革委员会　2010年2月出版 / 估价：68.00元

温州蓝皮书
2010年温州经济社会发展形势分析与预测
著(编)者：王春光　2010年3月出版 / 估价：59.00元

海南蓝皮书
海南经济发展报告（2010）
著(编)者：刘仁伍　2010年3月出版 / 估价：49.00元

辽宁蓝皮书
2010年辽宁经济社会形势分析与预测
著(编)者：曹晓峰　方晓林　张卓民　2010年2月出版 / 估价：59.00元

东北蓝皮书
中国东北地区发展报告（2010）
著(编)者：辽宁省社科院　等　2010年9月出版 / 估价：69.00元

环渤海蓝皮书
环渤海区域经济发展报告（2010）
著(编)者：周立群　2010年5月出版 / 估价：59.00元

长三角蓝皮书
长三角发展报告（2010）
著(编)者：上海社会科学院　2010年5月出版 / 估价：59.00元

珠三角蓝皮书
珠三角发展报告（2010）
著(编)者：中山大学港澳珠三角研究中心　2010年4月出版 / 估价：59.00

中部蓝皮书
中国中部地区发展报告（2009）
著(编)者：河南社会科学院　等　2010年6月出版 / 估价：59.00元

西部蓝皮书
中国西部经济发展报告（2010）
著(编)者：姚慧琴　2010年7月出版 / 估价：79.00元

长株潭城市群蓝皮书
长株潭城市群发展报告（2010）
著(编)者：张萍　2010年8月出版 / 估价：69.00元

泛北部湾蓝皮书
泛北部湾合作发展报告（2010）
著(编)者：古小松　2010年8月出版 / 估价：65.00元

福建经济竞争力蓝皮书
福建经济综合竞争力报告（2009～2010）
著(编)者：王秉安　罗海成　2010年9月出版 / 估价：49.00元

环海峡经济区蓝皮书
环海峡经济区发展报告（2010）
著(编)者：李闽榕　王秉安　2010年9月出版 / 估价：49.00元

海峡西岸蓝皮书
海峡西岸经济区发展报告(2010)
著(编)者：叶飞文　2010年9月出版 / 估价：49.00元

香港蓝皮书
香港经贸发展报告（2010）
著(编)者：荆林波　2010年4月出版 / 估价：49.00元

澳门蓝皮书
澳门发展报告（2010）
著(编)者：吴志良　2010年1月出版 / 估价：79.00元

台湾蓝皮书
台湾经贸发展报告（2010）
著(编)者：荆林波　2010年4月出版 / 估价：49.00元

行业类

住房绿皮书
中国城市住房发展报告（2010）
著(编)者：倪鹏飞　2009年11月出版 / 估价：69.00元

房地产蓝皮书
中国房地产发展报告NO.7（2010）
著(编)者：牛凤瑞　2010年4月出版 / 估价：59.00元

汽车蓝皮书
中国汽车产业发展报告（2010）
著(编)者：国务院发展研究中心产业经济研究部
　　　　　中国汽车工程学会　大众汽车集团
2010年1月出版 / 估价：59.00元

医疗卫生绿皮书
中国医疗卫生发展报告（2010）
著(编)者：张文鸣　2010年11月出版 / 估价：68.00元

食品药品蓝皮书
食品药品安全与监管政策研究报告（2010）
著(编)者：上海市食品药品安全研究中心
2010年4月出版 / 估价：69.00元

金融蓝皮书
中国金融发展报告（2010）
著(编)者：李扬　2010年6月出版 / 估价：79.00元

金融蓝皮书
中国商业银行竞争力报告（2010）
著(编)者：王松奇　2010年4月出版 / 估价：49.00元

金融蓝皮书
中国金融生态报告（2010）
著(编)者：李扬　2010年4月出版 / 估价：49.00元

金融蓝皮书
中国理财产品分析与评价报告（2010）
著(编)者：殷剑峰　2010年5月出版 / 估价：59.00元

产权市场蓝皮书
中国产权市场发展报告（2009～2010）
著(编)者：曹和平　2010年7月出版 / 估价：59.00元

资本市场蓝皮书
中国场外交易市场发展报告（2010）
著(编)者：高峦　2010年11月出版 / 估价：58.00元

财经蓝皮书
中国服务业发展报告NO.9（2010）
著(编)者：裴长洪　2010年12月出版 / 估价：49.00元

旅游绿皮书
2010年中国旅游发展分析与预测
著(编)者：张广瑞　2010年5月出版 / 估价：59.00元

交通蓝皮书
中国交通发展报告（2010）
著(编)者：韩峰　崔民选
2010年10月出版 / 估价：58.00元

体育产业蓝皮书
中国体育产业发展报告（2008～2009）
著(编)者：中国体育产业研究中心
2010年3月出版 / 估价：59.00元

餐饮蓝皮书
中国餐饮产业发展报告（2010）
著(编)者：杨柳　2010年6月出版 / 估价：49.00元

循环经济蓝皮书
中国循环经济发展报告（2010）
著(编)者：齐建国　2010年3月出版 / 估价：79.00元

会展经济蓝皮书
中国会展经济发展报告（2010）
著(编)者：王方华　2010年4月出版 / 估价：55.00元

商会蓝皮书
中国商会发展报告（2009～2010）
著(编)者：黄孟复 2010年9月出版 / 估价：98.00元

传媒蓝皮书
中国传媒产业发展报告（2010）
著(编)者：崔保国 2010年4月出版 / 估价：79.00元

广告主蓝皮书
中国广告主营销传播趋势报告（2009～2010）
著(编)者：黄升民 杜国清 2010年8月出版 / 估价：68.00元

能源蓝皮书
中国能源发展报告（2010）
著(编)者：崔民选 2010年5月出版 / 估价：80.00元

煤炭蓝皮书
中国煤炭工业发展报告（2010）
著(编)者：岳福斌 2010年9月出版 / 估价：50.00元

电力蓝皮书
中国电力工业发展报告（2010）
著(编)者：张安华 2010年10月出版 / 估价：58.00元

农业竞争力蓝皮书
中国农业竞争力发展报告（2009～2010）
著(编)者：郑传芳 2010年9月出版 / 估价：89.00元

林业竞争力蓝皮书
中国林业竞争力发展报告（2009～2010）
著(编)者：郑传芳 2010年9月出版 / 估价：89.00元

茶叶产业蓝皮书
中国茶叶产业发展报告（2010）
著(编)者：荆林波 2010年4月出版 / 估价：49.00元

测绘蓝皮书
中国测绘发展研究报告（2010）
著(编)者：徐永清 2010年8月出版 / 估价：58.00元

国际类

世界经济黄皮书
2010年世界经济形势分析与预测
著(编)者：王洛林 李向阳 2010年1月出版 / 估价：49.00元

国际形势黄皮书
全球政治与安全报告（2010）
著(编)者：李慎明 王逸舟 2009年12月出版 / 估价：49.00元

世界社会主义黄皮书
世界社会主义跟踪研究报告（2009～2010）
著(编)者：李慎明 2010年1月出版 / 估价：79.00元

上海合作组织黄皮书
上海合作组织发展报告（2010）
著(编)者：吴恩远 2010年5月出版 / 估价：79.00元

美国蓝皮书
美国发展报告（2010）
著(编)者：黄平 2010年4月出版 / 估价：79.00元

欧洲蓝皮书
欧洲发展报告（2009～2010）
著(编)者：周弘 2010年2月出版 / 估价：79.00元

亚太蓝皮书
亚太地区发展报告（2010）
著(编)者：李向阳 2010年3月出版 / 估价：79.00元

中东非洲黄皮书
中东非洲发展报告（2009～2010）
著(编)者：杨光 2010年3月出版 / 估价：79.00元

拉美黄皮书
拉丁美洲与加勒比发展报告（2009～2010）
著(编)者：苏振兴 2010年4月出版 / 估价：79.00元

俄罗斯东欧中亚黄皮书
俄罗斯东欧中亚国家发展报告（2010）
著(编)者：吴恩远 2010年4月出版 / 估价：79.00元

日本蓝皮书
日本发展报告（2010）
著(编)者：李薇 2010年4月出版 / 估价：79.00元

日本经济蓝皮书
日本经济与中日经贸关系发展报告（2010）
著(编)者：王洛林 2010年4月出版 / 估价：79.00元

韩国蓝皮书
韩国发展报告（2010）
著(编)者：牛林杰 2010年3月出版 / 估价：79.00元

越南蓝皮书
越南国情报告（2010）
著(编)者：古小松 2010年7月出版 / 估价：49.00元

注：2010年起，每册皮书将附赠100元的皮书数据库阅读卡。

创社科经典　　出传世文献

社会科学文献出版社
SOCIAL SCIENCES ACADEMIC PRESS(CHINA)

社会科学文献出版社成立于1985年，是直属于中国社会科学院的人文社会科学专业学术出版机构。

成立以来，特别是1998年实施第二次创业以来，依托于中国社会科学院丰厚的学术出版和专家学者两大资源，坚持"创社科经典，出传世文献"的出版理念和"权威、前沿、原创"的产品定位，走学术产品的系列化、规模化、市场化经营道路，取得了令人瞩目的成绩，销售收入等主要效益指标取得了年平均增长20%以上的发展速度，先后策划出版了著名的图书品牌和学术品牌"皮书"系列、获得国家图书奖和"五个一工程奖"的《世界沧桑150年——＜共产党宣言＞发表以来世界发生的主要变化》、《甲骨学一百年》、《二十世纪中国民俗学经典》以及"全球化译丛"、"经济研究文库"、"社会理论译丛"等一大批既有学术影响又有市场价值的系列图书，使社会科学文献出版社的知名度和美誉度日益提高，确立了人文社会科学著作出版的权威地位。

基于人才的优势和创新的理念，通过准确的市场定位和科学的发展规划，社会科学文献出版社在选题策划、主题出版与主题营销、品牌推广、数字出版等方面取得了领先，虽然目前还不能称为大社、强社，但对专业学术出版的坚持与执着以及先进的经营理念和科学的管理方式已经使社会科学文献出版社具备了现代企业快速发展与大规模成长的条件。在新的发展时期，社会科学文献出版社结合社会的需求、自身的条件以及行业的发展，提出了新的创业目标，那就是：精心打造人文社会科学成果推广平台，发展成为一家集图书、期刊、声像电子和网络出版物为一体，面向高端读者和用户，具备独特竞争力的人文社会科学内容资源供应商。

规划皮书行业标准，引领皮书出版潮流
发布皮书重要资讯，打造皮书服务平台

中国皮书网
www.pishu.cn

皮书博客
blog.sina.com.cn/pishu

中国皮书网全新改版，增值服务大众

请到各地书店皮书专架/专柜购买，也可办理邮购

咨询/邮购电话：010-59367028 邮箱：duzhe@ssap.cn
邮购地址：北京市西城区北三环中路甲29号院3号楼华龙大厦13层学术传播中心
邮　　编：100029
银行户名：社会科学文献出版社发行部
开户银行：工商银行北京东西南支行
账　　号：0200001009066109151
网上书店　电话：010-59367070　QQ：168316188
网　　址：www.ssap.com.cn;www.pishu.cn